中国
退役军人事务年鉴
2022

CHINA VETERANS AFFAIRS YEARBOOK

退役军人事务部◎编

人民日报出版社
·北京·

图书在版编目（CIP）数据

中国退役军人事务年鉴．2022 / 退役军人事务部编．— 北京：人民日报出版社，2023．1
ISBN 978-7-5115-7540-1

Ⅰ．①中⋯　Ⅱ．①退⋯　Ⅲ．①退役－军人－人事管理－中国－2022－年鉴
Ⅳ．①E263-54

中国版本图书馆CIP数据核字（2022）第187429号

书　　名：中国退役军人事务年鉴．2022
ZHONGGUO TUIYI JUNREN SHIWU NIANJIAN. 2022
编　　者：退役军人事务部

出 版 人：刘华新
责任编辑：林　薇　梁雪云
封面设计：春天书装

出版发行：人民日报出版社
社　　址：北京金台西路2号
邮政编码：100733
发行热线：(010) 65369509　65369527　65369846　65369512
邮购热线：(010) 65369530　65363527
编辑热线：(010) 65369526
网　　址：www.peopledailypress.com
经　　销：新华书店
印　　刷：北京博海升彩色印刷有限公司
法律顾问：北京科宇律师事务所　010-83622312

开　　本：889mm×1194mm　1/16
字　　数：591千字
插　　图：38幅
印　　张：27.5
版次印次：2023年1月第1版　　2023年1月第1次印刷

书　　号：ISBN 978-7-5115-7540-1
定　　价：198.00元

2021年7月24日，退役军人事务部召开党组理论学习中心组（扩大）学习会议，时任部党组书记、部长孙绍骋主持会议。曹舒昊 摄

2021年7月29日，时任退役军人事务部党组书记、部长孙绍骋在贵州省调研“兵支书”工作。吕进 摄

2021年9月3日，第八批在韩中国人民志愿军烈士遗骸安葬仪式在沈阳抗美援朝烈士陵园举行。时任退役军人事务部党组书记、部长孙绍骋在安葬仪式上致祭文。万重 摄

2021年9月13日至19日，时任退役军人事务部党组书记、部长孙绍骋带队赴新疆和兵团调研退役军人工作，其间慰问“戈壁母亲”山东女兵王淑兰。孙思明 摄

2021年12月27日，时任退役军人事务部党组书记、部长孙绍骋带队赴北京市调研法律政策落实情况，召开退役军人事务部法律政策落实蹲点调研座谈会。曹舒昊 摄

2021年9月16日至17日，全国退役军人事务系统对口援疆工作会议在乌鲁木齐召开。退役军人事务部党组成员、副部长、部援疆工作领导小组副组长钱锋主持会议并总结。沙达提 摄

2021年5月17日，退役军人事务部党组成员、副部长、全国双拥工作领导小组副组长兼办公室主任钱锋在陕西省西安市调研军民共建“双拥班”工作，其间与陕西省军地领导为东方小学“西安市双拥示范学校”揭牌。行向辉 摄

2021年9月14日，退役军人事务部党组成员、副部长钱锋在新疆喀什地区塔什库尔干县提孜那甫乡看望慰问“时代楷模”、全国爱国拥军模范拉齐尼·巴依卡家属。马宁 摄

2021年8月19日，中央纪委国家监委驻退役军人事务部纪检监察组组长林国耀在直属事业单位座谈会上讲话。曹舒昊 摄

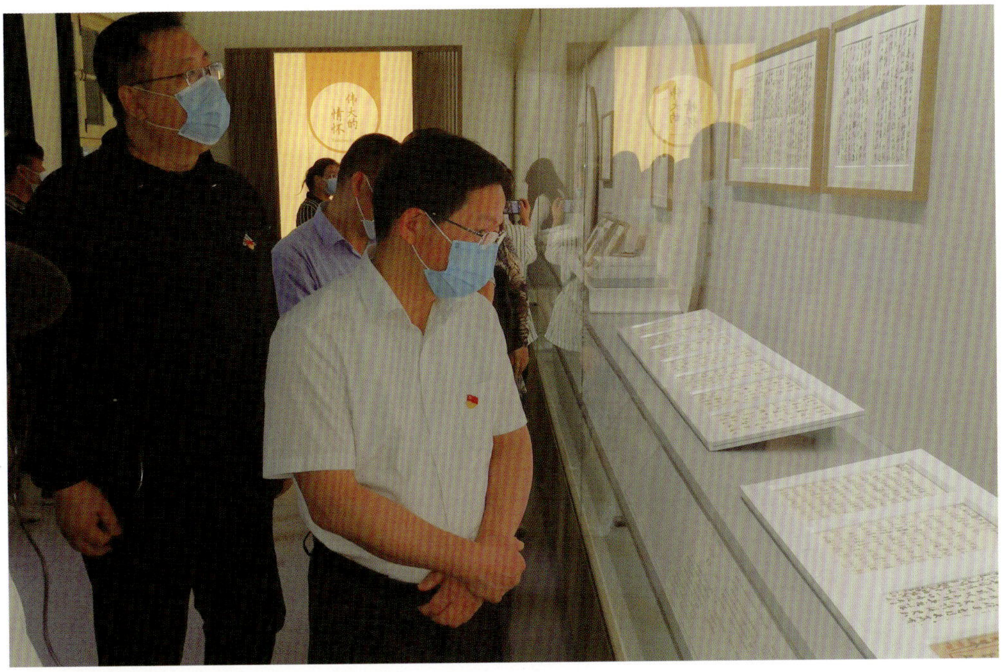

2021年5月27日，中央纪委国家监委驻退役军人事务部纪检监察组组长林国耀在天津市调研。驻部纪检监察组 摄

2021年6月9日，中央纪委国家监委驻退役军人事务部纪检监察组组长林国耀在新疆维吾尔自治区乌鲁木齐市调研。刘奕彤 摄

2021 年 3 月 31 日，全国退役军人就业创业工作视频会议在京召开。退役军人事务部党组成员、副部长常正国出席会议并讲话。曹舒昊 摄

2021年6月2日，退役军人事务部党组成员、副部长常正国调研湖南省浏阳市退役军人就业创业孵化基地。邓霞霖 摄

2021年7月29日，退役军人事务部党组成员、副部长常正国在陕西省延安市延川县梁家河村参观学习。行向辉 摄

2021年12月22日，退役军人事务部举办话剧《兵心》专家研讨会。退役军人事务部党组成员、副部长马飞雄出席会议并讲话。曹舒昊 摄

2021年10月21日，退役军人事务部党组成员、副部长马飞雄在江苏省苏州烈士陵园向烈士敬献花圈。苏倪奕 摄

2021年10月20日，退役军人事务部党组成员、副部长马飞雄实地考察江苏省南通市退役军人服务中心，就退役军人教育培训台账建设与工作人员交流。苏倪奕 摄

2021 年 3 月 15 日，农业农村部、退役军人事务部、全国妇联联合召开全国推动返乡入乡人员创业就业工作视频会。侯坤 摄

2021 年 4 月 22 日，退役军人事务部召开 2021 年全面从严治党暨党风廉政建设工作会议。曹舒昊 摄

2021 年 4 月 22 日至 23 日，全国退役军人事务厅（局）办公室主任会议在湖南召开。夏文颖 摄

2021 年 5 月 14 日，“老兵永远跟党走 · 让退役军人成为全社会尊重的人”主题演讲比赛复赛在山东省青岛市成功举办。王宾骆 摄

2021年5月21日，退役军人事务部召开中国退役军人关爱基金会工作座谈会。曹舒昊 摄

2021年5月27日，全国退役军人事务系统学习推广新时代“枫桥经验”现场交流会在河北省张家口市召开。张淳 摄

2021年6月11日，“传承优良传统，在党的领导下推动新时代退役军人工作高质量发展”研讨交流会在延安举行。行向辉 摄

2021年7月2日，退役军人事务部召开党组会，传达学习习近平总书记在庆祝中国共产党成立100周年大会上的重要讲话。曹舒昊 摄

2021年9月28日，全国政协常委、经济委员会副主任、武警部队原上将政治委员、中国退役军人关爱基金会名誉理事长孙思敬，退役军人事务部党组成员、副部长常正国向“致敬英烈·关爱烈属”公益募捐活动组委会成员代表颁发聘书。侯坤 摄

2021年10月15日，中央宣传部、退役军人事务部和中央军委政治工作部联合发布2021年度“最美退役军人”先进事迹。曹舒昊 摄

2021年11月29日，退役军人事务部、中央军委政治工作部召开退役军人服务保障先进单位及个人（含军休工作先进单位及个人、先进军休干部）表彰视频会议。曹舒昊 摄

2021年11月30日，《中华人民共和国退役军人保障法》颁布一周年电视电话会议在京召开。曹舒昊 摄

2021年12月14日，退役军人、其他优抚对象优待证申领启动仪式在京举行。曹舒昊 摄

2021年12月22日，全国退役军人事务厅（局）长会议在京召开。曹舒昊 摄

《中国退役军人事务年鉴2022》
编委会

《中国退役军人事务年鉴2022》编写组成员

于晓鹏	山　涛	马相聪	马晓琳	马续波	王立民
王敏桦	王　毅	叶婷婷	向洪波	刘　俊	刘恒贵
刘莎莎	刘　斌	齐　亮	闫予昌	许爱军	孙铁鸥
李天利	李　成	李春生	李　洪	李　贺	肖　燕
吴军锋	吴　涛	何光龙	邹　杰	汪明月	宋功祥
宋虎林	宋晓明	宋爱军	张天也	张莹莹	张　强
张新宇	张赛平	陈汉勋	陈治国	陈　浩	陈智慧
武世权	罗晶晶	周庆华	周兴礼	周　剑	周　翔
周燕红	孟　伟	赵　立	赵　宇	赵志成	赵艳萍
赵　姬	赵　铭	胡　凯	柏毅卿	段照明	姚若水
顾卫忠	倪光辉	徐　进	高　飞	高春霞	高海宾
郭嘉良	唐贵聪	董　瑞	蒋　程	韩　旭	韩思佳
程晓惠	谢少华	鲍金宝	魏　鑫	（按姓氏笔画排序）	

编辑说明

《中国退役军人事务年鉴》是关于退役军人工作的专业性史料工具书，旨在逐年记录、时序呈现、客观反映我国退役军人工作发展概况，为全国退役军人事务系统工作者和关心、关注退役军人工作的广大读者提供借鉴和参考。

《中国退役军人事务年鉴2022》收录2021年退役军人工作相关资料，共6个部分，包括党和国家领导人关于退役军人工作的活动和讲话、退役军人事务部领导讲话和署名文章、全国退役军人工作、地方退役军人工作、政策法规、大事记。其中，全国退役军人工作主要从国家层面反映政策法规、思想政治和权益维护、规划财务、移交安置、就业创业、军休服务管理、拥军优抚、褒扬纪念（国际合作）、教育培训、服务中心建设、烈士纪念设施保护、信息化建设、退役军人宣传等工作；地方退役军人工作主要从地方层面反映各省（区、市）和副省级城市及新疆生产建设兵团退役军人相关工作。

《中国退役军人事务年鉴2022》的编辑出版，是在全国退役军人事务系统的共同努力下完成的。在此，谨向所有参加编辑出版工作的领导和同志表示衷心感谢！因编者水平有限，疏漏之处在所难免，恳请广大读者批评指正！

编　者

2022年12月

序

2021年，适逢建党百年、“小康”梦圆。在走向中华民族伟大复兴的里程碑节点上，退役军人事务系统始终沿着以习近平同志为核心的党中央指引的方向，奋力推进各项工作，交出了一份让党中央放心、让退役军人和其他优抚对象满意的履职答卷。

这答卷，标注着信仰的高度。全系统深入学习贯彻习近平新时代中国特色社会主义思想，扎实开展党史学习教育，学党史、悟思想、办实事、开新局，不断增强坚定拥护“两个确立”、坚决做到“两个维护”的思想自觉、政治自觉、行动自觉，转化为做好退役军人工作的实际行动。全系统坚定的信仰信念在知行合一中扎根落地，成为推动退役军人工作高质量发展的原动力。

这答卷，融汇着时代的气息。这一年，退役军人事务领域首部国家级专项规划编制出台，退役军人安置和军人抚恤优待等法规的制定修订稳步推进，《退役军人保障法》宣传贯彻持续走深走实，“法律政策落实年”活动深入开展，退役军人工作法治化水平不断提升。这一年，全国退役军人信息化工程国家平台全面实施，“互联网+退役军人服务”不断普及，“一网通办”逐渐成为现实，信息化赋能退役军人工作迸发出强劲力量。

这答卷，饱含着温暖的关爱。“直通车”“定向岗”“专场会”为退役军人送来大量新岗位，“情暖老兵”公益行动传递了党和政府及各界的关爱，建档立卡信息采集使服务变得精准贴心，“烈士寻亲政府公共服务平台”成功为2700余位烈士找寻到亲属，优抚医院、光荣院、烈士纪念设施建设项目顺利推进，优待证申领全面启动，为退役军人、其他优抚对象提供专属优惠福利。

这答卷，镌刻着荣誉的价值。开展“百年英烈”褒扬纪念活动，7000余名英烈事迹进入中央党史馆展陈，营造崇尚英烈、捍卫英烈、学习英烈、关爱烈属的浓厚氛围；第八批109位在韩中国人民志愿军烈士的遗骸回到祖国的怀抱，以国之名，尊崇烈士，铭记历史，传承血脉。

这答卷，既由退役军人事务系统挥毫书写，也由广大退役军人共同绘就——战疫情、抗洪灾，有退役军人“逆行”出征；进乡村、谋振兴，有退役军人带头苦干；学雷锋、树新风，有退役军人争当模范。在乡村振兴、生态保护、基层治理、国防教育的一线，“老兵”力量气势如虹。

奋进新征程，建功新时代。站在全面建设社会主义现代化国家的新起点上，退役军人事务系统将以习近平新时代中国特色社会主义思想为指导，深入贯彻习近平总书记关于退役军人工作重要论述，认真落实党中央、国务院决策部署，埋头苦干、勇毅前行，奋力开创退役军人工作高质量发展新局面。

目录

党和国家领导人关于退役军人工作的活动和讲话

习近平给上海市新四军历史研究会百岁老战士们回信时强调

多讲讲党的故事光荣传统和优良作风
引导广大党员不忘初心牢记使命坚定信仰勇敢斗争

中共中央总书记、国家主席、中央军委主席习近平2月18日给上海市新四军历史研究会的百岁老战士们回信，向他们致以诚挚问候和美好祝福。

习近平在回信中说，你们青年时代就投身革命，为党和人民事业英勇奋斗，期颐之年仍心系党史宣传教育，深厚的爱党之情令人感佩。

习近平强调，对中国共产党人来说，中国革命历史是最好的教科书，常读常新。你们亲历了中华民族迎来从站起来、富起来到强起来伟大飞跃的历史进程，更懂得我们党的初心和使命。全党即将开展党史学习教育，希望老同志们继续发光发热，结合自身革命经历多讲讲中国共产党的故事、党的光荣传统和优良作风，引导广大党员特别是青年一代不忘初心、牢记使命、坚定信仰、勇敢斗争，为新时代全面建设社会主义现代化国家而不懈奋斗。

上海市新四军历史研究会成立于1980年，长期致力于党史军史研究宣传教育工作。近日，研究会施平、程亚西等40余位年逾百岁的新四军老战士给习近平总书记写信，结合自身经历讲述了“只有共产党，才能实现中华民族伟大复兴”的深切感悟，汇报了离休后积极参加党史宣传教育工作的情况，表达了传承红色基因、永葆政治本色、为党和人民事业不懈奋斗的决心。

习近平给上海市新四军历史研究会百岁老战士们的回信

上海市新四军历史研究会的百岁老战士们：

你们好！来信收悉。你们青年时代就投身革命，为党和人民事业英勇奋斗，期颐之年仍心系党史宣传教育，深厚的爱党之情令人感佩。

对中国共产党人来说，中国革命历史是最好的教科书，常读常新。你们亲历了中华民族迎来从站起来、富起来到强起来伟大飞跃的历史进程，更懂得我们党的初心和使命。全党即将开展党史学习教育，希望老同志们继续发光发热，结合自身革命经历多讲讲中国共产党的故事、党的光荣传统和优良作风，引导广大党员特别是青年一代不忘初心、牢记使命、坚定信仰、勇敢斗争，为新时代全面建设社会主义现代化国家而不懈奋斗。

祝大家生活幸福、健康长寿！

习近平

2021年2月18日

（新华社北京2021年2月19日电）

习近平在出席十三届全国人大四次会议解放军和武警部队代表团全体会议时强调

实现“十四五”时期国防和军队建设良好开局以优异成绩迎接中国共产党建党100周年

中共中央总书记、国家主席、中央军委主席习近平9日下午在出席十三届全国人大四次会议解放军和武警部队代表团全体会议时强调，今年是中国共产党建党100周年，是“十四五”开局、全面建设社会主义现代化国家新征程开启之年，也是国防和军队现代化新“三步走”起步之年。全军要强化责任担当、弘扬实干精神，抓好常态化疫情防控，扎实做好各项工作，确保实现“十四五”良好开局，以优异成绩迎接建党100周年。

会上，方向、辛毅、齐虎广、肖冬松、王辉青、王启繁等6位代表分别发言，就加快国防科技创新、发展新域新质作战力量、创新军士制度、创新人才工作、抓好我军建设年度计划落实、提高我军资产管理效益等问题提出意见和建议。

在认真听取代表发言后，习近平发表重要讲话。他首先对过去一年国防和军队建设取得的成绩给予充分肯定。习近平指出，在新冠肺炎疫情突如其来、国内外形势错综复杂的情况下，全军贯彻党中央和中央军委决策部署，有力抗击疫情，加强练兵备战，持续深化改革，狠抓规划落实，基本实现国防和军队建设2020年目标任务，出色完成党和人民赋予的各项任务。

习近平结合规划实施，就做好“十四五”时期国防和军队建设开局起步工作提出要求。他强调，要深刻领会党中央和中央军委决心意图，聚焦实现建军100年奋斗目标，紧紧围绕我军建设“十四五”规划布局谋划和推进工作。要坚持以战领建，加强战建统筹，抓紧推进战略性、引领性、基础性重大工程，加快打造高水平战略威慑和联合作战体系。要增强责任感、紧迫感、主动性，把我军建设年度计划安排的各项工作往前赶、往实里抓，确保早日落地见效。

习近平指出，要强化创新驱动，以更大力度、更实举措加快科技自立自强，充分发挥科技对我军建设战略支撑作用。要紧跟科技强国建设进程，优化国防科技创新布局和环境条件，用好用足各方面优势力量和资源，大幅提升国防科技创新能力和水平。要按照既定部署扎实推进国防和军队改革，不断释放改革效能。创新的根本在人才。要加强战略谋划、创新思路理念，拿出务实举措，把我军人才工作向前推进一大步。

习近平强调，要加强战略管理，优化项目论证方式和立项审批流程，加强重大项目统筹调控。要强化规划计划权威性和执行力，严格责任体系、时间节点、质量标准，加大评估和监管力度，督促规划任务高效落实。要推进我军现代资产管理体系建设，把资产盘活用好，提高管理使用效益。习近平指出，中央和国家机关、地方各级党委和政府要认真落实党和国家部署要求，把担负的国防建设领域职责履行好。要发扬军爱民、民拥军光荣传统，巩固和发展军政军民团结，汇聚强国兴军强大力量。

习近平最后强调，当前我国安全形势不稳定性不确定性较大，全军要统筹好建设和备战关系，做好随时应对各种复杂困难局面的准备，坚决维护国家主权、安全、发展利益，为全面建设社会主义现代化国家提供坚强支撑。

中共中央政治局委员、中央军委副主席许其亮主持会议，中共中央政治局委员、中央军委副主席张又侠，中央军委委员魏凤和、李作成、苗华、张升民参加会议。（新华社北京2021年3月9日电）

习近平在中共中央政治局第三十一次集体学习时强调

用好红色资源赓续红色血脉 努力创造无愧于历史和人民的新业绩

在庆祝中国共产党成立100周年之际，中共中央政治局6月25日下午就用好红色资源、赓续红色血脉进行第三十一次集体学习。中共中央总书记习近平在主持学习时强调，红色资源是我们党艰辛而辉煌奋斗历程的见证，是最宝贵的精神财富。红色血脉是中国共产党政治本色的集中体现，是新时代中国共产党人的精神力量源泉。回望过往历程，眺望前方征途，我们必须始终赓续红色血脉，用党的奋斗历程和伟大成就鼓舞斗志、指引方向，用党的光荣传统和优良作风坚定信念、凝聚力量，用党的历史经验和实践创造启迪智慧、砥砺品格，继往开来，开拓前进，把革命先烈流血牺牲打下的红色江山守护好、建设好，努力创造不负革命先辈期望、无愧于历史和人民的新业绩。

这次集体学习是中央政治局带头开展党史学习教育的一项重要安排，采取参观和讨论相结合的形式进行。

25日下午，习近平带领中央政治局同志来到北大红楼，参观“光辉伟业　红色序章——北大红楼与中国共产党早期北京革命活动主题展”，重温李大钊、陈独秀等开展革命活动、推动马克思主义在中国早期传播、酝酿和筹建中国共产党等革命历史。展厅内，一张张图片、一件件文物，全面展现了那个时期的光辉历史。习近平不时停下脚步，询问相关细节。他指出，北大是新文化运动的中心和五四运动的策源地，最早在我国传播马克思主义思想，也是我们党在北京早期革命活动的历史见证地，在建党过程中具有重要地位。要加强红色资源保护和利用，尊重历史事实，准确评价历史，正确学史用史。

丰泽园毛泽东同志故居，是毛泽东同志从1949年9月21日开始工作和生活了17年的地方。毛泽东同志在这里筹划了新中国建立和建设的一系列大政方略。习近平带领中央政治局同志来到这里参观瞻仰，察看颐年堂大厅现场展陈，观看毛泽东同志在丰泽园工作生活的影像短片，回顾毛泽东同志在这里主持召开的重要会议、作出的重大决策、会见的重要外宾，参观毛泽东同志办公区、会议室和藏书室，仔细察看毛泽东同志批改过的重要文件、阅读过的书籍、穿过的衣物、使用过的日常用品和书信、手稿、照片等，追忆毛泽东同志的卓越功勋和崇高风范。习近平强调，北大红楼和丰泽园在党的历史上都具有标志性意义，生动诠释了中国共产党是怎么来的、中华人民共和国是怎么来的，给我们上了一堂鲜活而又生动的党史课。

参观结束后，习近平等回到中南海怀仁堂，围绕主题进一步开展学习。习近平在主持学习时发表了重要讲话。他指出，红色是中国共产党、中华人民共和国最鲜亮的底色，在我国960多万平方公里的广袤大地上红色资源星罗棋布，在我们党团结带领中国人民进行百年奋斗的伟大历程中红色血脉代代相传。每一个历史事件、每一位革命英雄、每一种革命精神、每一件革命文物，都代表着我们党走过的光辉历程、取得的重大成就，展现了我们党的梦想和追求、情怀和担当、牺牲和奉献，汇聚成我们党的红色血脉。

习近平表示，党的十八大以来，我到地方考察，都要瞻仰对我们党具有重大历史意义的革命圣地、红色旧址、革命历史纪念场所，主要的基本上都走到了。每到一地，重温那一段段峥嵘岁月，回顾党一路走过的艰难历程，灵魂都受到一次震撼，精神都受到一次洗礼。每次都是怀着崇敬之心去，带着许多感悟回。

习近平强调，要教育引导全党始终坚持科学理论指导。马克思主义在中国的广泛传播催生了中国共产党，马克思主义使我们党拥有了科学的世界观和方法论，拥有了认识世界、改造世界的强大思想武器。一百年来，我们党坚持把马克思主义基本原理同中国具体实际相结合，创立了毛泽东思想、邓小平理论，形成了“三个代表”重要思想、科学发展观，创立了新时代中国特色社会主义思想，指导党和人民事业不断开创新局。中国共产党为什么能，中国特色社会主义为什么好，从根本上说，是因为马克思主义行。我们要从党的百年奋斗史中感悟真理的力量，不断深化对共产党执政规律、社会主义建设规律、人类社会发展规律的认识，用马克思主义的真理光芒照耀我们的前行之路。

习近平指出，要教育引导全党始终坚持理想信念。革命理想高于天，回望百年党史，千千万万共产党人为了理想信念不惜抛头颅、洒鲜血。共产主义是我们党的远大理想，为了实现这个远大理想，就必须坚定中国特色社会主义信念。全党同志要增强“四个意识”、坚定“四个自信”，在全面建设社会主义现代化国家新征程上披荆斩棘、奋力前行，不断夺取新时代中国特色社会主义新胜利。

习近平强调，要教育引导全党始终坚持初心使命。牢记和践行为中国人民谋幸福、为中华民族谋复兴的初心使命，是贯穿我们党百年奋斗史的一条红线。江山就是人民，人民就是江山，打江山、守江山，守的是人民的心，对我们这样一个长期执政的党而言，没有比忘记初心使命、脱离群众更大的危险。全党同志要从党的百年奋斗史中不断体悟初心使命，贯彻好以人民为中心的发展思想，矢志不渝为实现中华民族伟大复兴而奋斗。

习近平指出，要教育引导全党始终坚持光荣革命传统。党的伟大精神和光荣传统是我们的宝贵精神财富，是激励我们奋勇前进的强大精神动力。当今中国正处于实现中华民族伟大复兴关键时期，国家强盛、民族复兴需要物质文明的积累，更需要精神文明的升华，决不能丢掉革命加拼命的精神，决不能丢掉谦虚谨慎、戒骄戒躁、艰苦奋斗、勤俭节约的传统，决不能丢掉不畏强敌、不惧风险、敢于斗争、敢于胜利的勇气。全党同志要用党在百年奋斗中形成的伟大精神滋养自己、激励自己，以昂扬的精神状态做好党和国家各项工作。

习近平强调，要教育引导全党始终坚持推进自我革命。我们党历经百年沧桑依然风华正茂，其奥秘就在于具有自我净化、自我完善、自我革新、自我提高的强大能力，自我革命精神是党的执政能力的强大支撑。全党同志要增强忧患意识，以永远在路上的坚定执着将全面从严治党向纵深推进，严于律己，不断提高政治判断力、政治领悟力、政治执行力，始终做一名合格的共产党员，为把党建设得更加坚强有力作出应有的努力。

习近平指出，要用心用情用力保护好、管理好、运用好红色资源。要深入开展红色资源专项调查，加强科学保护。要开展系统研究，准确把握党的历史发展的主题主线、主流本质，旗帜鲜明反对和抵制历史虚无主义。要打造精品展陈，坚持政治性、思想性、艺术性相统一，用史实说话，增强表现力、传播力、影响力，生动传播红色文化。要强化教育功能，围绕革命、建设、改革各个历史时期的重大事件、重大节点，研究确定一批重要标识地，讲好党的故事、革命的故事、英雄的故事，设计符合青少年认知特点的教育活动，建设富有特色的革命传统教育、爱国主义教育、青少年思想道德教育基地，引导他们从小在心里树立红色理想。（新华社北京2021年6月26日电）

习近平谈湘江战役：中国革命成功的奥秘就是靠理想信念

25日上午，正在广西考察调研的习近平总书记，来到位于桂林市全州县才湾镇的红军长征湘江战役纪念园，向湘江战役红军烈士敬献花篮，并参观红军长征湘江战役纪念馆。他指出，湘江战役是红军长征的壮烈一战，是决定中国革命生死存亡的重要历史事件。红军将士视死如归、向死而生、一往无前，靠的是理想信念。为什么中国革命能成功？奥秘就是革命理想高于天，在最困难的时候坚持下去，这样才能不断取得奇迹般的胜利。我们对实现下一个百年奋斗目标、实现中华民族伟大复兴就应该抱有这样的必胜信念。困难再大，想想红军长征，想想湘江血战。（新华社北京2021年4月26日电）

烈士纪念日向人民英雄敬献花篮仪式在京隆重举行

习近平李克强栗战书汪洋王沪宁赵乐际韩正王岐山出席

烈士纪念日向人民英雄敬献花篮仪式30日上午在北京天安门广场隆重举行。党和国家领导人习近平、李克强、栗战书、汪洋、王沪宁、赵乐际、韩正、王岐山等，同各界代表一起出席仪式。

庄严的天安门广场上，鲜艳的五星红旗高高飘扬。广场中央，“祝福祖国”巨型花篮表达着对国家繁荣昌盛的美好祝愿，花篮上“欢度国庆”的字样分外醒目。人民英雄纪念碑巍然耸立，北侧两组花坛上镶嵌着白菊、康乃馨等鲜花组成的18个花环，寄托着全体中华儿女对英烈的深情追思。

临近10时，习近平、李克强、栗战书、汪洋、王沪宁、赵乐际、韩正、王岐山等党和国家领导人来到天安门广场，出席向人民英雄敬献花篮仪式。

中国人民解放军军乐团小号手吹响《烈士纪念日号角》，悠远而嘹亮的乐声讲述着可歌可泣的峥嵘岁月。

一百年来，中国共产党团结带领中国人民，以“为有牺牲多壮志，敢教日月换新天”的大无畏气概，书写了中华民族几千年历史上最恢宏的史诗。

“礼兵就位！”随着号令，60名三军仪仗兵迈着铿锵有力的步伐，正步行进到纪念碑前持枪伫立。

10时整，向人民英雄敬献花篮仪式正式开始。军乐团奏响《义勇军进行曲》，全场高唱中华人民共和国国歌。

国歌唱毕，全场肃立，向为中国人民解放事业和共和国建设事业英勇献身的烈士默哀。

默哀毕，手持鲜花的少年儿童面向人民英雄纪念碑高唱《我们是共产主义接班人》，并致少年先锋队队礼。

方阵前，以中共中央，全国人大常委会，国务院，全国政协，中央军委，各民主党派、全国工商联和无党派爱国人士，各人民团体和各界群众，老战士、老同志和烈士亲属，中国少年先锋队名义敬献的9个大型花篮一字排开，花篮红色缎带上书写的“人民英雄永垂不朽”熠熠生辉。

军乐团奏响深情的《献花曲》，18名礼兵稳稳抬起花篮，缓步走向人民英雄纪念碑，将花篮摆放在纪念碑基座上。

习近平等党和国家领导人登上纪念碑基座，

在花篮前驻足凝视。盛放的百合、挺拔的红掌、轻盈的文心兰，寄托着对人民英雄的无尽思念和崇高敬意。

习近平迈步向前，仔细整理花篮缎带。接着，习近平等党和国家领导人缓步绕行，瞻仰人民英雄纪念碑。

党的十八大以来，在以习近平同志为核心的党中央坚强领导下，全党全国各族人民砥砺奋进，实现了第一个百年奋斗目标，在中华大地上全面建成了小康社会，历史性地解决了绝对贫困问题。今天，我们正意气风发向着全面建成社会主义现代化强国的第二个百年奋斗目标奋勇前进。

少年儿童和各界群众代表也依次走到纪念碑前，献上手中鲜花并瞻仰纪念碑。

敬献花篮仪式由中共中央政治局委员、北京市委书记蔡奇主持。

在京中共中央政治局委员、中央书记处书记，部分全国人大常委会副委员长，国务委员，最高人民法院院长，最高人民检察院检察长，部分全国政协副主席和中央军委委员出席仪式。

中央党政军群有关部门和北京市主要负责同志，各民主党派中央、全国工商联负责人和无党派人士代表，在京老战士、老同志和烈士亲属代表，在京功勋荣誉获得者代表、全国“两优一先”获得者代表、全国抗击新冠肺炎疫情先进集体和先进个人代表、全国脱贫攻坚先进集体和先进个人代表，首都各界群众代表等参加了仪式。（新华社北京2021年10月1日电）

李克强在第十三届全国人民代表大会第四次会议上的政府工作报告

（节选）

各级政府要大力支持国防和军队建设，深入开展“双拥”活动，谱写鱼水情深的时代华章。

就业优先政策要继续强化、聚力增效。着力稳定现有岗位，对不裁员少裁员的企业，继续给予必要的财税、金融等政策支持。继续降低失业和工伤保险费率，扩大失业保险返还等阶段性稳岗政策惠及范围，延长以工代训政策实施期限。拓宽市场化就业渠道，促进创业带动就业。推动降低就业门槛，动态优化国家职业资格目录，降低或取消部分准入类职业资格考试工作年限要求。支持和规范发展新就业形态，加快推进职业伤害保障试点。继续对灵活就业人员给予社保补贴，推动放开在就业地参加社会保险的户籍限制。做好高校毕业生、退役军人、农民工等重点群体就业工作，完善残疾人、零就业家庭成员等困难人员就业帮扶政策，促进失业人员再就业。拓宽职业技能培训资金使用范围，开展大规模、多层次职业技能培训，完成职业技能提升和高职扩招三年行动目标，建设一批高技能人才培训基地。实施提升就业服务质量工程。运用就业专项补助等资金，支持各类劳动力市场、人才市场、零工市场建设，广开就业门路，为有意愿有能力的人创造更多公平就业机会。

加强基本民生保障。提高退休人员基本养老金、优抚对象抚恤和生活补助标准。推进养老保险全国统筹，规范发展第三支柱养老保险。完善全国统一的社会保险公共服务平台。加强军人军属、退役军人和其他优抚对象优待工作，健全退役军人工作体系和保障制度。继续实施失业保险保障扩围政策。促进医养康养相结合，稳步推进长期护理保险制度试点。发展社区养老、托幼、用餐、保洁等多样化服务，加强配套设施建设，实施更优惠政策，让社区生活更加便利。完善传统服务保障措施，为老年人等群体提供更周全更贴心的服务。推进智能化服务要适应老年人需求，并做到不让智能工具给老年人日常生活造成障碍。健全帮扶残疾人、孤儿等社会福利制度，提升残疾康复服务质量。分层分类做好社会救助，及时帮扶受疫情灾情影响的困难群众，坚决兜住民生底线。（新华社北京2021年3月12日电）

李克强总理出席记者会并回答中外记者提问
（节选）

就业对一个国家、对一个家庭可以说都是天大的事。去年在疫情肆虐的时候，很多街面上都见不到行人了，多数店铺都关了，当时我们最担心的就是出现大规模的失业。记得后来我到地方考察，看了不少店铺，在一个小店，店主跟我说：3个月没有营业了，因为政府减免税费，支持减免房租、水电费，稳岗补贴资金到位，我们没有裁员，挺过来了。我问员工的工资怎么办？他说当时只发生活费了。在场的20多位员工都说：店里管吃管住，不让我们下岗，还有什么说的。企业和员工都明白，只要保住了企业、稳住了岗位，一复工复市，生意就会旺起来。

去年我们在制定宏观政策的时候，因为不确定因素太多，没有制定经济增长的预期目标。但是反复权衡，还是制定了就业目标，也就是城镇新增就业900万人以上。因为就业是民生之本，是发展之基，也是财富创造的源头活水。当时我们也提出，要努力实现全年经济正增长，实际上是相信只要能够实现900万人以上的城镇新增就业，就有经济的正增长，因为有就业就有收入，就可以带动消费、拉动经济。

去年在以习近平同志为核心的党中央坚强领导下，经过全国上下的共同努力，我们的市场主体表现出坚强的韧性，广大人民共克时艰，最后实现了城镇新增就业1186万人，也实现了经济全年增长2.3%，居民收入相应增长，都好于预期。

今年我们的就业压力仍然很大，城镇新增劳动力约1400万人，其中高校毕业生909万人，创历史新高，还要保障退役军人就业，还要为两亿七八千万农民工提供打工的机会。所以今年我们在制定宏观政策的时候，依然坚持就业优先的政策，我们继续推动“六稳”，实现“六保”，还是把就业放在之首。去年出台的有关就业的政策举措，不仅没有调退，还有所增加，其他政策都要有利于就业。我们相信，通过经济稳定恢复增长，会带动更多的就业岗位，而更多的就业岗位会推动经济稳中向好。

今年我们确定新增城镇就业的目标是1100万人以上，希望在实际执行中还可以更高一点。我们也很明确，就业还是要让市场来唱主角，也就是继续通过保市场主体来保就业。一方面推动稳岗、增岗，另一方面拓展就业渠道。去年疫情中就业方式也有新变化，像我们这几年发展的新动能，包括网购、快递等逆势快速增长，也带动了就业和传统产业发展。我们要一方面继续鼓励增加相对稳定的就业岗位，另一方面也要广开灵活就业的渠道。现在中国的灵活就业正在兴起，已经涉及两亿多人。有的人一人打几份工，很辛苦，所以我们应该给他社保补贴，特别是要用机制性的办法来解决可能出现的职业伤害问题，给他们提供基本的权益保障。这也有利于灵活就业市场更加健康、稳定地向前发展。

至于刚才记者朋友提到的老年人问题。中国的老龄人口已经有两亿六千万，老龄产业也可以说是一个巨大的朝阳产业，它带来了多样化的需求。正因为中国市场的多层次、多样化的需求，这样一个广大的市场也必然会给外国企业的产品、服务乃至于投资创造更多机会，因为我们的市场是开放的。

中国有14亿人口，劳动力资源可以说是最丰富的资源，中国人民又能够吃苦耐劳，只要有就业门路就会多挣，“民生在勤，勤则不匮”。我相信中国人民会用自己勤劳的双手，来逐步迈向共同富裕。谢谢。（来源：新华网）

孙春兰在山东调研时强调加强离退休和伤病残军人服务保障

为深入贯彻习近平总书记关于退役军人工作重要论述，落实党中央、国务院决策部署，中共中央政治局委员、国务院副总理孙春兰5月25日在山东调研退役军人工作，实地考察济南市军休大厦、军队离休退休干部第五休养所、历下区退役军人服务中心和山东省荣军总医院，了解丰富军休人员文体生活、支持退役军人就业创业、军休医养结合、退役军人基层服务保障体系建设等情况。她指出，山东是兵源大省，一直有拥军优属的光荣传统，在退役军人工作信息化建设、就业创业帮扶、适老助残关爱服务等方面探索出一些经验做法。要进一步落实党和国家对退役军人的关心关爱，安置好服务好军休人员和伤病残士兵，帮助他们解决工作生活中的实际困难，推动新时代退役军人工作高质量发展。

孙春兰指出，退役军人为国防和军队建设作出了重要贡献，落实好服务保障和待遇政策是各级党委和政府的应尽之责。要健全军地协作、部门协调、央地协同机制，强化保障能力，提升服务质量，着力解决离退休军人和伤病残士兵的“急难愁盼”。要推进军休工作改革创新，探索通过购买服务、信息化智慧服务等方式，促进优质资源共享，为军休人员提供近便就医、康复保健、文体活动等服务。要把优抚医院融入区域医疗卫生服务体系，不断做强康复科、精神科、老年病科等特色专科，提高医疗、康复、供养能力和水平，为广大伤残退役军人等优抚对象提供优质服务。要充分发挥军休人员的优势作用，结合党史学习教育，讲好红色故事，赓续红色血脉，引导广大退役军人听党话、跟党走，更好培育和践行社会主义核心价值观。（新华社济南2021年5月25日电）

退役军人事务部领导讲话和署名文章

深入贯彻习近平总书记关于退役军人工作重要论述 推动新时代退役军人工作高质量发展

——在退役军人工作专题研讨班上的讲话

（2021年4月26日）

孙绍骋

党的十八大以来，习近平总书记以马克思主义政治家、思想家、战略家的非凡理论勇气、卓越政治智慧、强烈使命担当、真挚为民情怀，从实现中国梦、强军梦的战略高度，立足国际战略格局和国家安全形势的深刻变化，将退役军人工作同建设巩固国防和强大人民军队一体谋划和系统推进，在退役安置、优待抚恤、烈士褒扬等方面作出系列重要论述，系统阐述了新时代退役军人工作的方向性、根本性、战略性重大问题。这些重要论述，立意高远、内涵丰富、思想深邃，是习近平新时代中国特色社会主义思想的重要组成部分，为推动新时代退役军人工作高质量发展指明了前进方向、提供了根本遵循。

一、深刻认识习近平总书记关于退役军人工作重要论述的丰富内涵，牢牢把握新时代退役军人工作发展方向

习近平总书记关于退役军人工作重要论述，是退役军人事业发展进步的总纲领、改革创新的总章程，把我们党对退役军人工作规律的认识提升到新的高度。必须全面准确领会其丰富内涵、精髓要义和实践要求，深刻把握蕴含其中的马克思主义立场、观点、方法。

（一）深刻理解退役军人工作在党和国家工作全局中的地位作用

习近平总书记指出，退役军人安置和管理，关系军队稳定和社会大局稳定；军转安置工作是实现“两个一百年”目标、实现中华民族伟大复兴的中国梦的重要力量；拥军优属、拥政爱民是我党我军特有的政治优势，坚如磐石的军政军民关系是我们战胜一切艰难险阻、不断从胜利走向胜利的重要法宝。这些重要论述，贯通历史、现实和未来，从治党治国治军、改革发展稳定的高度，深刻阐述了做好退役军人工作的重要意义，明确了退役军人工作在党和国家工作全局中的战略位置。

（二）深刻理解让军人成为全社会尊崇职业的工作目标

习近平总书记指出，组建退役军人管理保障机构，维护军人军属合法权益，让军人成为全社会尊崇的职业；军人是最可爱的人，让军人受到尊崇是最基本的，必须做好退役军人管理保障工作。这些重要论述，着眼增强军事职业吸引力、建设强大人民军队，深刻把握退役军人工作同国防和军队建设的内在联系，准确界定退役军人工作的目标，集中反映了广大官兵和退役军人的殷切期盼。

（三）深刻理解党对退役军人工作全面领导的根本原则

习近平总书记指出，要在国家层面加强对退役军人管理保障工作的组织领导；中央和国家机关有关部门、各地方要全面落实党中央决策部署，把军转干部安置好、使用好，确保军转安置工作圆满完成；要严肃安置工作纪律，不允许以任何理由拒绝接收军转干部，确保党中央政令畅通。这些重要论述，从根本上阐明了党的集中统一领导对做好退役军人工作的极端重要性，表明了党中央抓好退役军人工作的决心魄力，彰显了社会主义集中力量办大事的制度优势。

（四）深刻理解为经济社会发展服务、为国防和军队建设服务的基本方针

习近平总书记指出，要坚持为经济社会发展和军队建设服务的方针，贯彻妥善安置、合理使用、人尽其才、各得其所的原则，逐步完善服务保障体系和相关政策法规；要积极配合完成跨军地的改革任务，自觉把经济布局调整同国防布局完善有机结合起来；要发挥双拥工作联系军地军民的桥梁纽带作用，更好服务党和国家工作大局、国防和军队建设全局。这些重要论述，揭示了退役军人工作关联军地的重要属性和服务“国之大者”的发展方向。

（五）深刻理解以退役军人为中心的价值导向

习近平总书记指出，要关爱退役军人，他们为保家卫国作出了贡献；军转干部是党和国家的宝贵财富，我们要倍加关心、倍加爱护；各级党委和政府要高度重视，切实把广大退役军人合法权益维护好，把他们的工作和生活保障好；要营造支持国防和军队改革、关心爱护军转干部的浓厚社会氛围。这些重要论述，是以人民为中心发展思想在退役军人事务领域的具体体现，彰显了我们党全心全意为人民服务的根本宗旨和价值立场，顺应了广大退役军人对美好生活的新期待。

（六）深刻理解建立健全“三个体系”的工作布局

习近平总书记指出，要把退役军人事务全面抓起来，建立健全组织管理体系、工作运行体系、政策制度体系；各级党委和政府要高度重视建立健全退役军人服务保障体系，尽快推进这项工作，努力做到全覆盖，实现有机构、有编制、有人员、有经费、有保障。这些重要论述，擘画了退役军人工作长远发展布局，既明确了目标、部署了“过河”的任务，又提出了工作着力点、解决了“桥和船”的问题，为做好退役军人工作提供了有力抓手。

（七）深刻理解塑造新时代退役军人的历史使命

习近平总书记指出，广大军转干部要牢记生命中有了当兵的历史，自觉弘扬人民军队光荣传统和优良作风，在人生的不同阶段、不同岗位上继续出色工作、活出精彩人生；要教育广大军转干部自觉服从国防和军队改革大局，听从组织安排，积极到党和人民最需要的地方建功立业；要广泛宣传军转干部的先进事迹，使之成为培育和践行社会主义核心价值观的生动教材，成为弘扬奋力拼搏、开拓进取精神的生动教材，在全社会形成向模范人物看齐的良好风尚。这些重要论述，深刻回答了将退役军人塑造成什么样的人、怎样塑造人、为谁塑造人的根本问题，指明了退役军人思想政治工作的出发点和落脚点。

（八）深刻理解改革创新是退役军人工作发展的根本动力

习近平总书记指出，军转干部安置工作的出路在于深化改革；要按照深化干部人事制度改革、国防和军队改革新要求，推进体制机制创新，为安置和使用好军转干部提供更可靠更有效的制度保障；要根据时代变化和工作要求，不断改进创新、与时俱进，全面提高新形势下双拥工作水平。这些重要论述，深刻把握了退役军人工作发展面临的机遇挑战，深刻揭示了改革创新对于退役军人工作破难题、开新局的特殊意义，为做好工作提供了方法路径。

（九）深刻理解党政军民共同推进的体制保障

习近平总书记指出，各级党委和政府要把关心支持国防和军队建设当作分内之事，满腔热情为军队建设、为广大官兵排忧解难；军队和地方要加强协作配合，形成合力开展工作；军地双方要共同努力，把双拥工作抓得更加扎实有效；军地合力，军民同心，我们就一定能实现“两个一百年”奋斗目标、实现中华民族伟大复兴的中国梦。这些重要论述，明确了军地各方在退役军人工作中的职能定位，阐明了“大局观”“分内事”“一盘棋”思想，强调了退役军人工作单靠哪一级、哪个部门都难以做好，必须动员各方面力量，凝聚起推进退役军人工作的强大合力。

（十）深刻理解退役军人工作的重点任务

习近平总书记指出，要做好退役军人安置、伤病残军人移交、随军家属就业、军人子女入学等工作；军队干部转业地方工作，是他们人生的重大转折，要安置好，也要使用好，继续发挥他们的作用；要做好高校毕业生、农民工、退役军人等重点群体就业工作；要在全社会树立崇尚英雄、缅怀先烈的良好风尚。这些重要论述，抓住了当前和今后一个时期退役军人工作的主要矛盾和矛盾的主要方面，明确了新时代退役军人工作的重点任务和具体要求。

二、在习近平总书记重要论述指引下，退役军人工作取得显著成效

全国退役军人事务系统组建以来，坚决贯彻习近平总书记关于退役军人工作重要论述，坚持边组建机构边开展工作，边谋划未来边解决问题，边顶层设计边落实任务，多方面工作取得开

创性、实质性跨越，奠定了退役军人工作高质量发展的坚实基础，充分彰显出习近平总书记关于退役军人工作重要论述的实践伟力。

（一）党对退役军人工作的领导全面加强

习近平总书记亲自决策组建退役军人管理保障机构；亲自签署颁布退役军人保障法；亲自批示推动退役军人服务保障体系建设、烈士褒扬纪念等重难点工作；专门给四川省革命伤残军人休养院全体同志、上海市新四军历史研究会百岁老战士们回信；外出考察期间多次瞻仰烈士纪念设施、视察基层退役军人服务站点、慰问退役军人和其他优抚对象；每逢重大庆典会议活动亲自为英雄模范授勋，亲切会见模范退役军人代表。遵照习近平总书记重要指示和党中央决策部署，中央其他领导同志多次研究退役军人工作，推动解决重难点问题。党中央、国务院、中央军委的高度重视，极大加强了党对退役军人工作的全面领导。地方县级以上普遍成立党委退役军人事务工作领导机构，26个省份和新疆生产建设兵团由党委书记担任组长，5个省份实行党政主要负责同志“双组长”制，为统筹协调、督导推进退役军人工作提供组织保障。

（二）“三个体系”基本建成

组织管理体系方面，党领导下的行政机构、服务体系、社会力量“三驾马车”同向发力的工作格局基本形成。县级以上3267个退役军人事务行政机构全部组建到位，落实编制3.01万人；建成各级退役军人服务中心（站）64.29万个，转隶荣军医院、烈士陵园和培训中心、军休所等4426个事业单位；接收、成立362家社会组织，通过签约、战略合作等形式发动各类企事业单位为退役军人提供多样化服务。工作运行体系方面，系统联动、军地合力、规范有序的运行机制正在健全完善。建立落实习近平总书记重要指示批示督查制度，推动将退役军人工作纳入地方党政班子和领导干部考核内容，纳入双拥模范城（县）评比表彰、平安建设（综治工作）以及地方经济社会发展综合考核内容；总结推广宁夏军地合力做退役军人工作经验，推行军地相互支持需求“双清单”制度；运用信息技术手段精准服务管理，采集退役军人和其他优抚对象数据，初步摸清工作底数。政策制度体系方面，顶层设计基本完成，配套政策逐步完善，体现尊崇尊重、服务管理保障并重的退役军人工作政策制度体系正在成型。推动出台退役军人保障法、加强新时代退役军人工作指导性意见和相关改革方案，跟进制定修订《退役军人安置条例》《军人抚恤优待条例》《烈士褒扬条例》等支撑性法规，先后出台思想政治、安置就业、优待褒扬、服务保障、权益维护等方面政策文件70多个，清理废止政策性文件105件，宣布失效115件。

（三）安置就业质量明显提高

在完成安置任务上，实施“阳光安置”“直通车”安置，推进“一站式”服务，改革中央垂管系统军转干部安置计划下达方式，完善退役士兵中央企业安置计划下达模式，联合做好符合条件的国家综合性消防救援队伍退出消防员移交安置工作，安置质量不断提升，总体做到了安置对象、接收单位和部队“三满意”。在扶持就业创业上，开通就业信息平台，编制就业职业目录，开发公益岗位托底帮扶；协调签约企业提供岗位

20.5万个，举办专场招聘会2万余场次，扶持98万人实现就业；举办全国首届退役军人创业创新大赛，鼓励地方设立退役军人创业园地，引导创业孵化基地提供低成本、专业化服务。

（四）社会尊崇氛围更加浓厚

宣传先进典型，发掘树立“老英雄”张富清等先进典型，隆重表彰全国模范退役军人，深入开展“最美退役军人”学习宣传活动，营造学习先进、争当先进的良好氛围。建立激励机制，将邀请模范退役军人参加党和国家重大庆典活动制度化、为立功受奖军人家庭送喜报规范化，为服务对象家庭悬挂光荣牌全覆盖，铺开优待证制发工作，增强服务对象荣誉感。弘扬英烈精神，英雄烈士保护纳入党和国家功勋荣誉表彰制度体系，《烈士光荣证》由部门颁发提升为国家颁授。推动出台《烈士纪念设施规划建设修缮管理维护总体工作方案》，举行湘江战役红军烈士遗骸安葬仪式，组织在韩志愿军烈士遗骸归国和认亲活动，开展“崇尚英雄·精忠报国”“清明祭英烈”等宣教活动，进一步彰显了缅怀先烈、激励后人的教育功能。

（五）退役军人作用有效发挥

围绕让退役军人成为党长期执政的可靠力量，印发加强退役军人思想政治工作的有关意见，大力宣传以习近平同志为核心的党中央对退役军人工作的高度重视、对广大退役军人的关心关爱。推动“退役军人村干部决战脱贫攻坚和推进乡村振兴”工作，引导优秀退役军人依法依规进入基层“两委”，支持退役军人到革命老区、民族地区、边远地区工作。围绕让退役军人成为经济社会发展的重要力量，持续加强军转干部教育培训，组织自主就业退役士兵适应性培训，提升退役军人就业创业技能，助推他们在社会主义现代化建设事业中再立新功。围绕让退役军人成为应急应战的骨干力量，组织退役军人参加基干民兵，吸纳退役军人志愿者队伍进入政府应急救援力量体系，引导退役军人积极参与疫情防控、抗洪救灾等急难险重任务。

三、以习近平总书记关于退役军人工作重要论述为根本遵循，推动新时代退役军人工作高质量发展

党的十九届五中全会统筹中华民族伟大复兴战略全局和世界百年未有之大变局，作出我国将进入新发展阶段的战略判断，擘画我国“十四五”时期经济社会发展宏伟蓝图和2035年远景目标，也为我们推动新时代退役军人工作高质量发展明确了方向、提出了要求。退役军人工作高质量发展，就是体现党的全面领导政治优势和中国特色社会主义制度优势的发展，是与强国强军事业发展进程相适应的发展，是更好满足退役军人美好生活需要的发展，是更加充分发挥退役军人优势作用的发展，是政策制度更加公平、更可持续的发展，是服务保障更加精准、更有效率的发展，是防范化解风险挑战的能力和韧性显著增强的发展。实现这样的发展，必须坚持以习近平总书记关于退役军人工作重要论述为根本遵循，重点从以下五个方面推动：

（一）坚持创新发展，持续深化服务保障改革

创新是引领发展的第一动力。围绕国家发展

进入新征程的新要求、军队建设改革赋予的新任务、推进自身发展面临的新课题，退役军人工作必须不断改革创新。

一是创新思想政治工作。围绕充分体现“党”的要求、“军”的色彩、“新”的元素，突出政治引领，推进退役军人学习贯彻习近平新时代中国特色社会主义思想常态化，开展“老兵永远跟党走”系列活动，强化退役军人“听党话、跟党走”的意识。赓续优良传统，打造“最美退役军人”“最美拥军人物”等亮点品牌，挖掘一批“老红军、老八路、老解放”的口述历史。创新方式方法，建立退役军人到地方后集中宣誓制度，健全退役军人自我学习教育模式，推行现役军人与退役军人思想互动路子。健全新兵入伍欢送、光荣牌悬挂、立功受奖报喜、退役返乡欢迎、节日走访慰问、重大庆典邀请等全流程工作机制，营造尊重尊崇的社会氛围。

二是创新接收安置政策。在坚持政府主导、依法依规、指令保底安置的前提下，引入市场化运行模式，通过考试考核让退役军人之间竞争选岗，实现人尽其才、各得其所。按照与经济发展水平相适应、与军地改革要求相衔接、与服役贡献大小相匹配的原则，科学设计逐月领取退役金安置制度。创新军休和伤病残人员接收安置办法，坚持“开门办所”，探索建立失能半失能军休人员养老模式，让社会发展成果及时更好惠及广大军休人员。

三是创新培训就业制度。坚持加强政府扶持、拓宽就业渠道、优化就业服务、营造创业环境，多措并举促进退役军人就业创业。针对退役军人优势特点，在相关领域拓展“教培先行、岗位跟进”的行业合作就业模式。扩大与民营企业签约规模，推行“权威推荐+自主选择”新模式。构建适应性培训、职业技能培训、学历教育、终身职业教育“四位一体”教育培训体系，帮助退役军人改善知识结构、提升职业技能。

四是创新待遇保障机制。顺应广大退役军人服务保障需求范围不断拓展、层次逐步升级的形势，研究建立完善城乡统一、动态调整、自然增长的退役军人待遇保障和优抚量化标准体系，规范优抚对象待遇标准，与国家统计有关指标挂钩。创新充分体现服役贡献的差异化优待制度，引导各类企事业单位和行业组织为退役军人和其他优抚对象提供优待服务。按照救急解难与根本解困相结合、物质帮扶与精神慰藉相结合的思路，完善困难退役军人帮扶援助机制，拓宽资金保障渠道，提升服务保障效能。

五是创新褒扬纪念工作。加强英烈事迹和牺牲奉献精神宣传，进一步发挥“铭记功勋·致敬英烈”“百年英烈”等活动品牌效应。充分运用新技术新手段和人民群众喜闻乐见的形式，推动英烈事迹和英烈精神进校园、进机关、进企业、进社区。将烈士遗骸搜寻发掘向搜寻鉴定与寻亲认定一体延伸，将烈士纪念设施提质改造向实地维护与“云”上开发同步延展，推动将烈士纪念活动由清明节向烈士纪念日倾斜，将烈士祭扫瞻仰由党政军机关、烈士亲友等特定群体向全社会拓展，形成崇尚英雄、缅怀先烈的良好风尚。

（二）坚持系统发展，构建统筹协调的工作格局

系统观念是“十四五”时期经济社会发展必须遵循的原则之一。退役军人工作牵涉军地、关联各方，更加需要强化系统思维，做到统筹兼

顾、综合平衡。

一是统筹平衡各类政策。退役军人保障工作，既要做大蛋糕、不断提高保障水平，也要分好蛋糕、妥善处理各方面待遇平衡，坚持统筹兼顾，处理好上下、左右、前后等各方面关系。坚持退役军人保障政策与国家经济社会发展水平相适应，统筹不同时期、不同类别退役军人之间的政策平衡，注重政策制度的连续性，加强对服务保障制度的整体设计；统筹不同地区政策平衡，建立健全区域之间政策协调机制，加强信息互通、工作联动。

二是统筹推进各项工作。统筹政府安置和市场就业，在完成政府指令性安置任务、提高安置质量的同时，更加注重为退役军人就业创业搭建平台、提供扶持，由“授人以鱼”转向“授人以渔”。统筹待遇保障和教育管理，在保障好优抚对象生活待遇的同时，更加注重思想引领、关爱服务、教育管理，满足他们多样化的精神和物质需求。统筹服务退役军人和发挥退役军人作用，更加注重引导退役军人主动发挥优势，干好“兵支书”、服好预备役、当好突击队，使退役军人在奉献社会中彰显价值、赢得尊重。

三是统筹调度各方力量。注重发挥各级党委退役军人事务工作领导机构作用，在将退役军人工作成效纳入党政班子考核内容的基础上，完善考核评价机制，强化考核结果运用。进一步建强党领导下的行政机构、服务体系、社会力量“三驾马车”，厘清职责界限、提升服务质量、规范建设管理。发挥行政机关的主责主角作用，退役军人事务部门履行好牵头抓总职能，各相关部门密切配合，形成工作合力。发挥服务体系的骨干支撑作用，做实基层服务中心（站），持续开展示范创建活动，巩固发展“五有”“全覆盖”成果。加快优抚事业单位改革发展，推进优抚医院提质改造、光荣院改扩建，尽快补齐保障能力上的不足。发挥社会力量的必要补充作用，形成政府购买服务、社会专项服务、退役军人互助服务、志愿服务相互补充的格局。

（三）坚持精准发展，不断提升服务保障效能

精准的关键是根据不同对象的具体需求，采取有针对性的措施，分类施策、一人一策，画好“工笔画”，变“大呼隆”为“个性化”，变“大水漫灌”为“精准滴灌”。

一是建立科学化决策机制。注重调查研究，带着问题深入基层、深入群众、深入一线，全面准确掌握第一手资料，真正把各方面情况摸清吃透，为科学决策提供依据。摸清信息底数，加快推行“互联网+退役军人服务”，建设全国退役军人综合信息数据库和服务平台，为每名退役军人建档立卡。倾听各方声音，考虑不同地区实际，听取不同类别对象意见，遴选聘请专家学者组建智库，充分发挥咨询建议和专家指导作用。

二是提升精准化服务水平。充分利用信息化建设成果，精确核实对象、精准摸清需求，因人施策、分类服务，推动服务工作个性化、精准化。健全常态化信息采集机制，实现对象实时感知、数据实时更新、业务实时办理、进展实时查询、信息实时获取、服务实时推送。提供全生命周期服务，从退役安置一阵子向服务保障一辈子转变，针对不同年龄段的不同需求，提供相应服务。落实“放管服”改革要求，推行“最多跑一次”“一站式”服务，优化服务流程，减少证明

材料，提高服务效率。

三是建设专业化保障队伍。要求政治上必须过硬，站在党和国家事业全局的高度看待问题、谋划工作，不折不扣贯彻党中央决策部署。要求能力上必须过硬，加强岗位能力标准体系建设，完善考评激励机制，全面落实系统干部教育培训规划，提升政策理论水平和开展业务工作、解决实际问题的能力。要求作风上必须过硬，大力推广基层联系点、常态化联系退役军人等制度，体恤退役军人疾苦，认同他们的感情，以退役军人事务系统干部职工的辛苦指数换取退役军人的幸福指数。

（四）坚持内生发展，充分发挥退役军人优势作用

内生发展就是要变“输血”为“造血”，在做好服务保障的同时，更加注重激发退役军人干事创业的积极性、主动性、创造性，引导他们充分发挥聪明才智，在积极投身社会主义现代化建设中更好实现人生价值。

一是发挥他们在基层治理中的“领头雁”作用。把优秀退役军人吸收进来，跟进村、社区“两委”换届选举，下大力推进“兵支书”培养计划，不断充实基层“两委”队伍。把他们的优势充分发挥出来，在带领群众致富、革命传统教育、维护社会治安、加强基层党建等方面，发挥示范带动作用。健全管理保障机制，加强考核、动态管理，完善待遇保障制度，畅通发展渠道，为他们开展工作创造良好条件。

二是发挥他们在社会服务中的“志愿者”作用。摸清供需底数，实现社会服务需求和退役军人特长优势、个人意愿的有效对接，分领域、分行业建立志愿服务队伍。加强组织监管，发挥基层服务中心（站）的组织作用、引导作用、管理作用，让志愿服务规范健康发展。加强演习演练，提高应急处置、志愿服务的技能，探索形成属地化管理、跨区域调配、全国性响应的工作运行机制，确保一有情况能快速响应、有效应对。

三是发挥他们在国防建设中的“后备军”作用。打通军地信息共享通道，精准掌握其服役时的专业方向、退役后的工作去向，建立备战响应机制。提供服务国防建设的平台，注重从退役军人中培养选拔专职人民武装干部，鼓励各地聘请退役军人担任国防教育教员、各类院校聘请退役军人担任军训教官，让退役军人影响和带动身边群众增强国防意识。

（五）坚持依法发展，推动工作在法治轨道上运行

《退役军人保障法》的颁布，在退役军人工作发展史上具有里程碑意义，为退役军人工作高质量发展提供了有力法律支撑。要以推进《退役军人保障法》全面贯彻实施为重点，加快形成完备的法律规范体系、高效的法治实施体系、严密的法治监督体系、有力的法治保障体系。

一是完善配套政策制度。坚持以《退役军人保障法》为总纲，不断完善各项制度，建立起上下贯通、左右衔接、系统完备的政策法规体系。出台配套法规，加快制定修订《退役军人安置条例》《军人抚恤优待条例》《烈士褒扬条例》，健全思想政治、移交安置、培训就业、服务管理等政策措施。对法律政策中明确需要地方配套的内容，指导各地按照既落实规定动作又体现地区特色的要求，研究制定属地化的落实措施。做好

政策制度立改废释工作，补齐空白点、打通梗阻点、消除矛盾点，确保协调配套。

二是推动政策落实落地。开展“法律政策落实年”活动，以钉钉子精神逐份文件、逐项政策抓落实。强化组织领导，细化台账、压实责任，确保件件有着落、事事见成效，认真做好法律政策“下半篇”文章。加强检查督导，综合运用视频调度、蹲点调研、随机抽查、年度督查等形式，对政策落实不力、限期整改不到位的视情予以通报、约谈、问责，切实打通政策落实“最后一公里”。

三是营造尊法守法氛围。提升工作人员政策水平，开展法律政策全员学习培训，领导干部带头学、业务骨干上讲台，以讲促学、以学促干，深刻理解法律法规和政策文件的出台背景、主要内容、具体内涵、实践要求，提高贯彻执行的能力水平。培养退役军人法治观念，通过广播电视、报纸杂志、网络媒体、知识竞赛等多种方式开展普法宣传，结合常态化联系退役军人、拥军优属走访慰问等开展“送法上门”活动，面对面提供法律政策解读咨询，让尊法守法成为行动自觉。

党领导退役军人工作的历史及启示
——在“七一”专题党课上的讲话

（2021年7月1日）

孙绍骋

今天是我们党成立百年华诞，最近中央举行了一系列重大活动，盛大的文艺演出、隆重的授勋仪式、庆祝大会，习近平总书记发表重要讲话，我们要集中精力，认真学习领会，抓好贯彻落实。今年全党开展党史学习教育，所以今天我就以“党领导退役军人工作的历史及启示”为题，从梳理历史沿革、总结基本经验、展望事业未来三个方面，和大家作个交流。

一、退役军人工作的历史沿革

中国共产党领导下的退役军人工作，始终紧贴中国革命、建设、改革不同历史阶段的形势任务要求，每个时期的政策制度和工作举措，都与当时的政治环境、经济发展和国防军队建设需要相适应，有效服务了党和国家工作大局，走过了不平凡的发展历程。

第一阶段：新民主主义革命时期，退役军人工作紧紧围绕武装斗争需要，在革命战争中积极开展早期探索。

我们党坚持把马克思主义基本原理同中国革命具体实践相结合，团结带领中国人民找到了一条农村包围城市、武装夺取政权的正确革命道路，进行了28年的浴血奋战，打败了日本帝国主义，推翻了国民党反动统治，完成了新民主主义革命，建立了新中国。在这个过程中，退役军人工作紧随军队产生而产生、紧贴革命发展而发展，主要工作是优待抚恤、拥军支前。

1.土地革命时期。1927年8月1日，南昌起义打响了武装反抗国民党反动派的第一枪。经过八七会议、秋收起义、三湾改编、古田会议，党逐步加深了对“枪杆子里面出政权”的认识，确立党对军队的绝对领导，明确了红军的主要任务，积极抓好革命根据地建设，开展土地革命和反“围剿”斗争。同时，退役军人工作也开始萌芽。

1928年，党的六大明确，“兵士应当得到土地或工作，改良兵士的生活和待遇”。1929—1931年，鄂西、闽西苏区和鄂豫皖特区颁布实施优待红军及家属、抚恤伤亡等条例，成为我党最早颁行的优抚法规。1933年《中华苏维埃共和国地方苏维埃暂行组织法》规定，“为加强红军的优抚工作，各级苏维埃政权均应成立相应的优抚组织机构”。中央革命军事委员会设立了专门的抚恤委员会，省内务部下设优待红军科，市、区苏维埃直至乡苏维埃均设立经常或临时性的优待红军委员会和慰劳红军委员会，负责红军的优抚工作。中央委员会、中华苏维埃政府还先后颁布了《红军优待条例》《红军抚恤条例》《优待红军家属条例》等一批法规。

这一时期，初步确定了退役军人工作的一些原则和方向，开展了早期探索实践，为创建和发展红色根据地，扩大红军队伍，构建新型军民关系，起到了重要作用。

2.抗日战争时期。抗日民族统一战线形成后，红军改编为八路军，约4.6万人；党在南方八省的红军游击队（琼崖红军游击队除外）改编为新四军，约1.03万人，深入敌后开展独立自主的游击战争和根据地建设。党领导的各敌后抗日根据地，面临着十分困难和复杂的局面，既要对付日军、伪军的“扫荡”和“清乡”，又要和国民党顽固势力的军事包围和经济封锁作斗争。在这种极端困难的条件下，党更加重视做好退役军人工作，各根据地出台了一系列针对性政策措施。

1937年8月，党中央在《抗日救国十大纲领》中提出，要“优待抗日军人的家属”“改良抗日军人的待遇”。之后，各根据地制定了《抗日军人优待条例》《优待抗日将士遗属抚恤办法》《优待抗战军人家属条例》等。1941年，陕甘宁边区颁布《施政纲领》，指示各地要“彻底实施优抗条例，务使八路军及一切友军在边区的家属得到物质上的保障与精神上的安慰”。1942年，陕甘宁边区出台的《抗日军人退伍及安置暂行办法》，明确了退伍条件、批准机关、办理机关、安置办法等内容，这是我党历史上较早形成的一份专门关于军人退役安置的政策性文件。1943年，党中央及时推广陕甘宁边区“拥军优抗、拥政爱民”运动做法，双拥工作在各抗日根据地蓬勃开展。

这一时期，退役军人工作克服重重困难，相关政策激发了广大军民同仇敌忾、共御外辱。据统计，党领导的八路军、新四军和其他人民抗日武装对敌作战12.5万余次，敌后战场逐渐成为中国人民抗日战争的主战场。抗战结束时，人民军队由不到6万人发展到约132万人，民兵发展到260余万人。党领导的抗日根据地已有19块，面积达到近100万平方公里，人口近1亿。可以肯定地说，这些成就与退役军人工作的有效开展是密不可分的。

3.解放战争时期。抗战胜利后，国民党对解放区发起进攻，全面内战爆发。党领导人民军队奋起抵抗，从战略防御转向战略进攻，打赢辽沈、淮海、平津三大战役，发起渡江战役，推翻国民党反动统治。其间，动员群众参军参战、拥军支前、优抚工作的任务异常繁重。

为保障解放战争的顺利进行，各解放区政府陆续颁布优待革命军人和抚恤阵亡烈士的法规，如华北人民政府公布的《革命军人家属优待条例》，嫩江省颁布的《优待军人家属办法》。除了由政府、社会及群众为军人家属及伤残军人提供的各种优待和抚恤外，各地还修建烈士墓和其他纪念建筑，宣扬烈士光荣事迹；兴办荣军教养院和荣誉军人学校等，为伤残军人提供休养和优待的场所。各解放区人民以无比巨大的热情、源源不断的人力物力支援前线。据统计，仅为支援淮海战役，动员起来的民工累计多达543万人，向前线运送1460多万斤弹药、9.6亿斤粮食等军需物资。陈毅说过，淮海战役的胜利是人民群众用小车推出来的。刘伯承也说，我们所依靠的是人民，蒋介石所依靠的是碉堡。随着许多大中城市相继解放，保护胜利成果、修复战争创伤、加强政权建设和城乡管理等工作逐步开展。1949年初，毛泽东作出“把军队变为工作队”的重要指示，全军抽调大批干部转入地方工作。

这一时期，退役军人工作延续和发展了抗日战争时期的传统，以陕甘宁边区为代表的有关政策和做法向全国扩展，为人民军队的发展壮大和新中国的诞生起到了积极促进作用。

第二阶段：社会主义革命和建设时期，退役军人工作积极适应党的工作重心转变，根据经济建设和国防建设需要不断调整规范。

新中国成立之初，党的中心任务由民主革命转为和平建设。军队的任务由夺取政权变为维护政权，开始大规模精简整编，大量军人退出现役，投身地方经济建设。退役军人工作也相应地将支持国防建设、服务经济发展、维护社会稳定作为重要任务，在党的统一领导下有组织、有计划地开展。

一是指导思想方面。提出了“服从国家经济建设和国防建设的需要，并使两者结合起来”的思想，“必须全面地贯彻国家抚恤和群众优待相结合”的方针；在农村实行“集体优待和国家补助相结合、政治教育与物质优待相结合、优待烈军属与保障‘五保户’相结合”的原则；明确“复员军人是人民功臣”，“安置复员建设军人是中央各部门和各级地方政府机关、人民团体以及各种企业、事业单位的一种不容推卸的责任”，“对复员军人必须妥为安置，使之各得其所”；对退伍义务兵实行“从哪里来，回到哪里去”，将思想教育与解决实际困难相结合，对转业干部“必须统一分配”。

二是组织管理方面。1949年，中央人民政府设立内务部，下设优抚司，主管烈、军、工属以及残废军人的优待抚恤，退伍军人安置，烈士传记编纂，烈士纪念物保护管理，拥军优属等工作。各地自上而下也都成立了相应的工作机关和服务管理机构，配备专门工作和服务人员。1950年，中央成立复员委员会，统一领导全军干部战士转业复员工作，各大行政区人民政府或军政委员会与各大军区共同组织大行政区复员委员会，省以下人民政府相应成立复员委员会，各级委员会均设立一定的工作机关。1951年，复员委员会改为转业建设委员会，各级转业建设委员会的主任、副主任都由各级党委、政府和军队的主要负责同志担任，同时从相关部门抽调干部组成办公室，实行集体办公。这种自上而下建立的领导机构，形成了对复员工作的统一领导。

三是法规政策方面。关于退役安置，发布了《复员建设军人安置暂行办法》《中国人民解放军退出现役干部转业地方工作暂行办法》《关于处理义务兵退伍的暂行规定》等，并开始建立实施军队干部离退休制度。关于优待抚恤，颁布了《革命烈士家属革命军人家属优待暂行条例》《革命残废军人优待抚恤暂行条例》《革命军人牺牲、病故褒恤暂行条例》《革命工作人员伤亡褒恤暂行条例》《民兵民工伤亡抚恤暂行条例》等系列法规政策。同时，1955年出台的《中华人民共和国兵役法》《中国人民解放军军官服役条例》等，也对退役军人工作作出相应规定。

四是服务保障方面。据统计，1950年至1957年底，国家共支出复员费15亿元，医疗补助费1亿元，有力保障了复员工作顺利进行。国家先后于1952年、1953年和1955年对伤亡抚恤标准进行调整，并对原来不享受长期抚恤的三等伤残军人和享受优待后生活仍有困难的烈士父母、配偶等，分别从1956年和1963年起每月发给一定的生活补助费。抗美援朝战争期间，国家创办了67所革命残废军人学校、22所革命残废军人休养院、80所复员军人慢性病疗养院、22所烈士子弟学院等，对残、病、孤老和年幼的优抚对象给予特殊关怀。各地把拥军优属与支援战争紧密联系起来，热情优待照顾志愿军家属、妥善安置伤残军人，踊跃开展各种捐献活动支援前线，内务部曾五次参与组织赴朝慰问。全国追认了100多万名革命烈士，修建烈士陵园、碑、塔、亭等5800多处，搜集、整理、陈列了大量烈士遗物和重要史料。

“文化大革命”期间，退役军人工作受到严重干扰。1969年初内务部被撤销，退役军人工作由相关部门分头负责，直到1972年3月国务院召开会议，明确将优抚、拥军优属工作交由财政部负责，复员转业军人的安置交由国家计委劳动局负责。关于军转干部安置，除“文革”初期从军队抽调1万多名干部转业到地方工作外，先后有41万名军队干部退出现役全部作复员安排。1975年，邓小平主持中央和军委日常工作后，强调对转业干部“地方要承担起来，把他们安置好”。同年，国务院、中央军委颁布《军队干部退出现役暂行办法》，明确规定“转业”是军队干部退出现役的主要方式，强调对军转干部实行计划分配。之后，部队为被错误作复员处理的退役军官改办了转业手续，政府为他们重新安排了工作。关于退役士兵安置，这十年间共有41万多名士兵退出现役，边疆和内地组建的12个生产建设兵团和3个生产师一度成为安置退役士兵的重要渠道。

纵观整个社会主义革命和建设时期，党和政府是非常重视退役军人工作的，制定并实施一系列政策法规，促进了军队和社会的双重稳定。退役军人工作为恢复和发展国民经济、巩固新生人民政权，作出了不可替代的贡献。

第三阶段：国家实行改革开放至建部前，退役军人工作主动顺应军地各项改革，在开拓创新中取得长足进步。

十一届三中全会以来，党和国家的工作重心转移到以经济建设为中心上，国家实行改革开放。军队建设指导思想发生战略性转变，国防和军队改革加速推进，经济、社会等各方面的改革全面展开。退役军人工作主动适应体制转轨、社会转型、军事变革要求，进行了一系列改革调整，逐步走上了制度化规范化发展之路。

一是组织管理方面。1978年3月，民政部恢复成立，内设优抚局，负责拥军优抚安置工作。1981年2月，成立国务院退伍军人和军队退休干部安置领导小组，办公室设在民政部；3月，民政部增设安置局，领导小组具体工作由该局承担。1983年10月，该领导小组改为国务院退伍军人和军队离休退休干部安置领导小组，主要是增加了军队离休干部安置职责。1988年7月，优抚局、安置局分别改为优抚司、安置司。1998年6月，优抚、安置两个司合并为优抚安置局，同时国务院退伍军人和军队离休退休干部安置领导小组被撤销。关于军转干部安置，早在1975年，邓小平亲自批准成立了国务院军队转业干部安置工作小组，并设立常设办事机构“国务院军转办”，工作人员分别由中央组织部、总政治部、国家计委劳动局、国务院政工小组抽调。之后，国务院经过几次机构改革，1982年成立劳动人事部、1988年成立人事部、2008年成立人力资源和社会保障部，均设军官转业安置司，加挂国务院军队转业干部安置工作小组办公室牌子。此外，1991年成立全国双拥工作领导小组，2010年成立全国退役士兵安置工作领导小组、境外烈士纪念设施保护管理领导小组。

二是政策制度方面。关于法律法规，颁布了《兵役法》《军人抚恤优待条例》《退役士兵安置条例》《烈士褒扬条例》等；关于政策性文件，出台了《军队转业干部安置暂行办法》《士官退出现役安置暂行办法》《关于加强新形势下优抚安置工作的意见》《关于进一步做好军队离休退休干部移交政府安置管理工作的意见》《关于扶持城镇退役士兵自谋职业优惠政策的意见》等2000多个，有的还经过多次修订。2001年颁布的《军队转业干部安置暂行办法》，将单一的计划分配改为计划分配与自主择业相结合的军转干部安置制度；2002年建立的优待安置证制度，有效控制了城镇退役士兵的安置数量；2011年颁布的《退役士兵安置条例》，建立城乡一体的以扶持就业为主，自主就业、安排工作、退休、供养等多种方式相结合的退役士兵安置制度。

三是服务保障方面。完成五次裁军的艰巨繁重安置任务，为保障裁军顺利进行作出了突出贡献。先后将在乡退伍红军老战士、在乡复员军人、在乡西路军红军老战士、红军失散人员、带病回乡退伍军人、“两参”人员、60周岁以上农村籍退役士兵纳入定补范围，建立烈士褒扬金制度。开展“爱心献功臣行动”，动员各方力量为优抚对象“解三难”。加强自谋职业退役士兵教育培训，做好就业扶持。提高军队离退休干部退休费、生活补助补贴标准，优化军休人员服务模式，落实“两个待遇”。发展壮大军休所、优抚医院、光荣院、烈士陵园、军供站、军转培训中心等事业单位，成为退役军人服务保障的前沿阵地和有效载体。

这一阶段，退役军人工作在政策、理论和实践等方面都取得较大成绩，服务保障退役军人作用得到较好发挥，对于推动建设巩固国防和强大军队、推进改革开放和社会主义现代化建设，作出了积极贡献。

第四阶段：建部以来，退役军人工作紧扣强国梦强军梦，在民族复兴征程中实现跨越式发展。

党的十八大以来，随着党和国家全面深化改革加速推进，国防和军队改革向纵深发展，先后打响了领导指挥体制改革、规模结构和力量编成改革、军事政策制度改革“三大战役”，人民军队在中国特色强军之路上迈出坚实步伐。习近平总书记和党中央从实现强国梦、强军梦的战略高度，一体谋划、一体部署、一体推进退役军人工作，为做好新时代退役军人工作指明了前进方向。

一是组建管理保障机构。早在2015年11月，习近平总书记在中央军委改革会议上明确提出，在国家层面加强对退役军人管理保障工作的组织领导，健全服务保障体系和相关政策制度。2017年10月，党的十九大报告提出组建退役军人管理保障机构。2018年3月，党中央印发的《深化党和国家机构改革方案》和全国人大批准的《国务院机构改革方案》，正式明确组建退役军人事务部。2018年4月16日，我部挂牌成立，截至2019年上半年，县以上退役军人事务部门全部组建，实现了退役军人工作体制重塑、结构重组、职能优化。

二是全面加强党的领导。习近平总书记亲自主持审议、签署颁布《退役军人保障法》，批示推动服务保障体系建设、烈士褒扬纪念等重难点工作，亲切会见双拥模范和退役军人代表，先后作出一系列重要指示。这为统筹协调推进退役军人工作提供了强有力的政治保证和组织领导。

三是建立健全“三个体系”。组织管理体系方面，除了行政机构外，还建立从国家一直到村（社区）的六级服务体系，事业单位实现应转尽转，接收成立一批社会组织。工作运行体系方面，建立高层级、全系统、军地联动的合力共为机制，权责清晰、督导有力的工作落实机制，依法维护权益、有力化解矛盾的权益保障机制，依托信息手段开展服务、动态管理的运行机制，各项工作运转顺畅。政策制度体系方面，出台退役军人保障法以及多个政策性文件，中国特色退役军人工作政策制度体系基本形成，搭建了“四梁八柱”。

四是全力推进重点工作。圆满完成新一轮军改期间退役军人安置任务。创新教育培训模式，拓宽就业岗位渠道，积极促进退役军人创业创新。开展社保补缴，有效解决退役士兵养老医疗后顾之忧。连续提高抚恤补助标准，加强社会优待工作，常态化联系退役军人，及时进行困难帮扶。强化退役军人思想引领，开展矛盾问题攻坚化解，有力维护退役军人合法权益。

五是着力营造尊重氛围。2019年7月，以党中央、国务院名义召开全国退役军人工作会议。2020年10月，召开全国双拥表彰大会。这两次大会，习近平等党和国家领导人亲切会见参会人员和受表彰的模范代表。将英雄烈士保护纳入党和国家功勋荣誉表彰制度体系，高规格组织在韩志愿军烈士遗骸回国，做好烈士纪念设施保护管理工作。开展“最美退役军人”学习宣传活动，为立功受奖军人家庭送喜报，为退役军人家庭悬挂光荣牌，组织英模参加党和国家重大庆典。积极发挥退役军人作用，大力推广“兵支书”做法，引导退役军人决战脱贫攻坚、投身战疫抗洪等急难险重任务。退役军人工作的社会影响越来越大，尊崇尊重的社会氛围越来越浓。

建部三年来，我们深入贯彻习近平总书记关于退役军人工作重要论述，坚决落实党中央、国务院决策部署，办成了很多大事，解决了不少难题，取得了一些成绩，开创了新局面，向党中央交上了一份合格答卷。

总的来看，党领导下的退役军人工作始终围绕中心、服务大局，为党和国家整体工作作出了重要贡献。这个重要贡献就是，助力人民军队壮大力量，服务人民军队打赢革命战争；这个重要贡献就是，服务国家经济建设和国防建设，巩固新生人民民主政权；这个重要贡献就是，服务军地改革发展稳定大局，助推中国梦强军梦伟大进程。

二、退役军人工作的基本经验

党领导退役军人工作走过了不平凡历程，取

得了辉煌成就，一些经过实践检验的经验弥足珍贵、尤为重要。经验很多，可总结若干条，主要的有以下六条。

第一条经验：必须坚持党的领导。这是退役军人工作的政治保证。

第二条经验：必须坚持“二为”方针。这是退役军人工作的天然使命。

第三条经验：必须坚持科学决策。这是退役军人工作的基本依据。

第四条经验：必须坚持与时俱进。这是退役军人工作的前进动力。

第五条经验：必须坚持合力共为。这是退役军人工作的重要机制。

第六条经验：必须坚持面向基层。这是退役军人工作的基本导向。

三、退役军人工作的未来展望

习近平总书记指出，“我们回顾历史，不是为了从成功中寻求慰藉，更不是为了躺在功劳簿上、为回避今天面临的困难和问题寻找借口，而是为了总结历史经验、把握历史规律，增强开拓前进的信心和勇气”。今天上午在庆祝中国共产党成立100周年大会上，习近平总书记再次强调，“以史为鉴，可以知兴替。我们要用历史映照现实、远观未来，从中国共产党的百年奋斗中看清楚过去我们为什么能够成功、弄明白未来我们怎样才能继续成功，从而在新的征程上更加坚定、更加自觉地牢记初心使命、开创美好未来”。

未来社会有什么变化，对退役军人工作有什么影响？退役军人工作进入新的发展阶段，该以什么样的新理念来引领新发展呢？我认为，应当坚持创新发展、系统发展、精细发展、依法发展、高效发展、安全发展，在政策配套落实、思想政治引领、提升安置质量、充分高质就业、精准服务保障、营造尊重氛围、提高履职效能等方面下功夫，不断开创工作新格局，实现退役军人领域矛盾问题妥善解决、体制机制健全完善、安置就业充分稳定、服务保障精准全面、为军服务优质高效的远景目标。

实现以上目标，要求我们始终坚持以习近平新时代中国特色社会主义思想为指导，深入学习贯彻习近平总书记关于退役军人工作重要论述，牢固树立“以退役军人为中心”的工作理念，全心全意为广大退役军人服务。在今天上午庆祝中国共产党成立100周年大会上，习近平总书记对“坚持真理、坚守理想、践行初心、担当使命、不怕牺牲、英勇斗争、对党忠诚、不负人民”的伟大建党精神作了提炼概括，要求全党“继续弘扬光荣传统、赓续红色血脉，永远把伟大建党精神继承下去、发扬光大”，号召大家努力为党和人民争取更大光荣。在此，结合学习领会习近平总书记重要讲话精神，立足退役军人工作实际，我给党员干部提几点希望：

一要有觉悟。习近平总书记指出，“心中有信仰，脚下有力量。全党同志都要把对马克思主义的信仰、对中国特色社会主义的信念作为毕生追求”。为此，我们必须坚定理想信念，提高政治站位，自觉从党的百年历史中传承红色基因，自觉把退役军人工作放在党和国家事业大局中谋划推动，自觉将个人成长进步融入退役军人事业发展之中，始终胸怀“国之大者”，多算大账、集体账、长远账，少算小账、个人账、眼前账。

二要有责任。习近平总书记指出，“越是伟

大的事业，越是充满挑战，越需要知重负重。全党同志都要保持‘越是艰险越向前’的英雄气概，保持‘敢教日月换新天’的昂扬斗志”。为此，我们必须充分认清退役军人工作发展形势，保持只争朝夕、奋发进取的劲头，知重负重、担当作为，团结协作、密切配合，敢于斗争、攻坚克难，种好自己的田、干好自己的事，不把任务往外推，不把矛盾往上交，不把责任往下甩。

三要有感情。习近平总书记指出，“江山就是人民，人民就是江山。全党同志都要坚持人民立场、人民至上，坚持不懈为群众办实事做好事”。为此，我们必须尊崇军人职业，铭记军队为国家和民族作出的不朽功勋，不断强化爱军拥军行动自觉；尊重退役军人，始终保持同退役军人的密切联系，大力褒奖他们作出的牺牲奉献，着力解决他们的“急难愁盼”；忠于退役军人事业，把对党和人民的忠诚、热爱落实在行动上，爱岗敬业、履职尽责，顽强奋斗、不懈奋斗。

四要有能力。习近平总书记指出，“中国共产党要始终成为时代先锋、民族脊梁，党员队伍必须过硬”。为此，我们必须注重在实践中锻炼，多当几回“热锅上的蚂蚁”，多积累经验方法，多掌握几把刷子，成为退役军人工作的行家里手；注重在学习中提高，向历史学、向书本学、向实践学、向前辈学，着力提升政治素养、厚实理论功底、改善知识结构，做到业务精、能力强、水平高、能战斗。

五要有操守。习近平总书记指出，“共产党人拥有人格力量，才能赢得民心”。为此，我们必须保持艰苦朴素、公而忘私的光荣传统，不以功臣自居，不计较个人得失，不贪图安逸享乐；必须保持清正廉明、洁身自好的政治本色，明大德、守公德、严私德，清清白白做人、干干净净做事；必须保持光明磊落、坦坦荡荡的宽广胸怀，善待单位、善待同事，追求更有境界、更有品位的人生。

实现中华民族伟大复兴，开创退役军人工作新局，是一场接力赛，要一棒接着一棒跑、一程接着一程赶。让我们更加紧密地团结在以习近平同志为核心的党中央周围，增强“四个意识”、坚定“四个自信”、做到“两个维护”，牢记“国之大者”，知史爱党、作出表率，努力推动退役军人工作高质量发展，为党的千秋伟业贡献更大力量！

在部党组理论学习中心组（扩大）学习会议上的主持讲话

（2021年7月24日）

孙绍骋

学习贯彻习近平总书记“七一”重要讲话精神是当前和今后一个时期的一项重大政治任务。部党组对此高度重视，这次集中学习研讨是党组层面组织的第二次专题学习。第一次学习，主要是第一时间传达学习了讲话精神；之后，部党组结合我部工作实际，研究制定了《退役军人事务部关于认真学习贯彻习近平总书记在庆祝中国共产党成立100周年大会上重要讲话的实施方案》，已印发各单位抓好贯彻落实；今天，我们在集中传达学习和平时自学的基础上，再次进行专题研讨，交流学习体会。从各位同志的发言中能够感觉到，学习体会越来越深入，思想认识越来越清晰。

最近，我本人既原原本本反复学习习近平总书记“七一”重要讲话，又将其与总书记其他重要讲话联系起来进行学习。通过学习我深深体会到，总书记在“七一”重要讲话中作出了一系列战略性新论述。这些重要论述，连接历史与现实，着眼当前与长远，贯通理论与实践，高瞻远瞩、高屋建瓴，极富全局性、系统性、前瞻性、科学性，为我们在新的历史起点上开拓奋进指明了前进方向、提供了根本遵循，值得我们深钻细研、学思践悟。借此机会，我将自己的学习心得和大家作个分享。

一是战略性提炼“一个主题”。习近平总书记指出，“中国共产党一经诞生，就把为中国人民谋幸福、为中华民族谋复兴确立为自己的初心使命。一百年来，中国共产党团结带领中国人民进行的一切奋斗、一切牺牲、一切创造，归结起来就是一个主题：实现中华民族伟大复兴”。中华民族有着辉煌的过去，历史上的中国曾经雄踞全球、名满天下。但是，随着近代清朝政府的腐败无能，盛极一时的中国沦为半殖民地半封建社会，中国人民从此任人宰割、受人欺凌，中国共产党成立之前的各种力量，都未能改变中华民族的悲惨命运。正是不愿看到人民生活水深火热、民族日益走向衰落，中国共产党自成立时起，就立志为中国人民谋幸福、为中华民族谋复兴，中华民族也才能迎来从站起来、富起来到强起来的伟大飞跃。今天，我们比历史上任何时期都更接近、更有信心和能力实现中华民族伟大复兴。党的百年历史告诉我们，坚守初心使命，瞄准民族复兴，能够激发全体共产党员干事创业的万丈豪情，能够汇聚全体中华儿女勠力奋进的无限激情，党才能赢得群众、赢得民心；也只有一如既往把“实现中华民族伟大复兴”作为主题，才能画出最大同心圆，形成最大公约数，凝聚事业发展的最大向心力，党才能赢得时代、赢得未来。

二是战略性总结“伟大成就”。习近平总书记指出，为了实现中华民族伟大复兴，中国共产党团结带领中国人民，“浴血奋战、百折不挠，创造了新民主主义革命的伟大成就”“自力更生、发愤图强，创造了社会主义革命和建设的伟大成就”“解放思想、锐意进取，创造了改革开放和社会主义现代化建设的伟大成就”“自信自强、守正创新，统揽伟大斗争、伟大工程、伟大事业、伟大梦想，创造了新时代中国特色社会主义的伟大成就”。建党一百年来，我们取得的这些“伟大成就”，极大振奋了民族精神，极大增强了做中国人的骨气和底气，极大提升了我国的国际形象。但是，不可否认，时至今日，仍然有一些人觉得月亮是外国的圆，唯“外”是崇、贬中扬西。他们从历史虚无主义的视角出发，解构党史、歪曲党史、抹黑党史，妄图否定中国共产党领导、否定中国特色社会主义制度、否定改革开放，却对“东升西降”“中国之治”与“西方之乱”的客观现实视而不见。这些“伟大成就”，用事实说话、用真相说话，生动、精彩讲述中国共产党的故事、中国人民的故事、中华民族的故事、中国特色社会主义的故事，是我们回击历史虚无主义的有力武器，也是我们从胜利走向胜利、奔向更好未来的坚实基础。

三是战略性概括“建党精神”。习近平总书记指出，“一百年前，中国共产党的先驱们创建了中国共产党，形成了坚持真理、坚守理想，践行初心、担当使命，不怕牺牲、英勇斗争，对党忠诚、不负人民的伟大建党精神”；习近平总书记强调，要“继续弘扬光荣传统、赓续红色血脉，永远把伟大建党精神继承下去、发扬光大”。这是习近平总书记也是我们党的历史上第一次对建党精神作出概括、对传承建党精神提出要求。毛泽东同志曾经说过，人是要有一点精神的，无产阶级的革命精神就是由这里头出来的。事实上，一个人如此，一个政党也是如此，同样要有一点精神。没有精神，就没有前进的动力，就没有向上的劲头，就不可能取得事业发展进步。建党一百年来，我们党能够团结带领人民取得革命、建设、改革的巨大成功，顺利实现第一个百年奋斗目标，很重要的一条，就是坚持把建党精神作为精神之源，并在此基础上构建起中国共产党人的精神谱系，以之激发全体共产党人奋发进取的精神力量。当前，我们正处于“两个一百年”历史交汇的关键节点，我们党领导着全体人民正向着全面建成社会主义现代化强国的第二个百年奋斗目标迈进。实现这样的伟大目标，需要我们一如既往秉持伟大建党精神，立稳精神支柱，建强精神世界，锤炼精神品格，凝聚精神力量。

四是战略性强调“九个必须”。习近平总书记指出，以史为鉴、开创未来，“必须坚持中国共产党坚强领导”“必须团结带领中国人民不断为美好生活而奋斗”“必须继续推进马克思主义中国化”“必须坚持和发展中国特色社会主义”“必须加快国防和军队现代化”“必须不断推动构建人类命运共同体”“必须进行具有许多新的历史特点的伟大斗争”“必须加强中华儿女大团结”“必须不断推进党的建设新的伟大工程”。回顾历史是为了更好把握当下，更好走向未来。习近平总书记总结的这“九个必须”，是对我们党一百年来从事革命、建设、改革和治国理政经验的深刻总结，是对过去我们为什么能够成功的精准分析，也是对未来我们怎样才能继续成功的谆谆告诫。过去一百年，我们党在不同历史阶段都积累了不少成功经验，在某些时期也有过一些失败的教训。正反两方面的经验教训告诉我们，不管形势如何变化，一些带有根本性、原则性、长远性的有效经验必须牢牢把握、紧紧秉持。当今中国正面对中华民族伟大复兴战略全局，当今世界正处于百年未有之大变局，在这样的时代大势和历史背景下，更需要我们把经过实践检验的成功经验作为“金科玉律”，始终不渝加以遵循。这是我们接力前进、续写辉煌的“密码”和“钥匙”。

五是战略性提出“两个结合”。习近平总书记指出，“中国共产党为什么能，中国特色社会主义为什么好，归根到底是因为马克思主义行”“新的征程上，我们必须坚持马克思列宁主义、毛泽东思想、邓小平理论、‘三个代表’重要思想、科学发展观，全面贯彻新时代中国特色社会主义思想，坚持把马克思主义基本原理同中国具体实际相结合、同中华优秀传统文化相结合，用马克思主义观察时代、把握时代、引领时代，继续发展当代中国马克思主义、21世纪马克思主义！”马克思主义是我们立党立国的根本指导思想，是我们党的灵魂和旗帜。中国共产党坚持以马克思主义为指导，不是把马克思主义当作万古不变的教条，生搬硬套、削足适履，而是始终注重与中国实际相结合，推动马克思主义中国化，推进实践基础上的理论创新。中国有着5000多年绵延不绝的灿烂文明，其中内含着经济、政治、文化、社会、生态等各个方面的优秀文化因子，这是理论创新和马克思主义中国化的丰厚滋养。正是看到这一点，习近平总书记对中华优秀传统文化给予了高度关注，就弘扬中华优秀传统文化作出一系列重要论述，为我们坚定“文化自信”树立了绝好榜样。2016年7月1日，在庆祝中国共产党成立95周年大会上，习近平总书记正式将“文化自信”与“道路自信、理论自信、制度自信”并列，自此，“四个自信”成为大家耳熟能详并衷心认同的固定搭配。经过这些年对坚定“文化自信”的深入实践，我们对中华优秀传统文化有了更精准的认识，从马克思主义中国化要求出发，此时提出把“马克思主义基本原理同中华优秀传统文化相结合”也就水到渠成并理所应当了。

六是战略性发出“伟大号召”。习近平总书记代表党中央发出号召，要求全体中国共产党员“牢记初心使命，坚定理想信念，践行党的宗旨，永远保持同人民群众的血肉联系，始终同人民想在一起、干在一起，风雨同舟、同甘共苦，继续为实现人民对美好生活的向往不懈努力，努力为党和人民争取更大光荣！”建党一百年，是历史的一个大关口、大节点。回望来时路，一百年里我们取得了彪炳史册的辉煌业绩，标定了中华文明新的高度，书写了中华民族最恢宏的史诗。特别是党的十八大以来，以习近平同志为核心的党中央，团结带领全党全国各族人民奋发进取、开拓创新，推动党和国家各项事业取得历史性成就、发生历史性变革，为实现中华民族伟大复兴提供了更为完善的制度保证、更为坚实的物质基础、更为主动的精神力量。此时此刻，我们有充足的理由感到欣慰和骄傲！与此同时，站在百年路口向前眺望，也必须清醒地认识到，中国共产党立志于中华民族千秋伟业，书写新历史、创造新辉煌，是我们义不容辞的责任。在新时代长征路上，还会面临很多风险挑战，还有许多“雪山”“草地”需要跨越，还有不少“娄山关”“腊子口”需要征服。我们决不能躺在功劳簿上吃老本、睡大觉，决不能有歇歇脚、松口气的想法，必须以“大视野”“大担当”，重整行囊再出发、永不自满向上走，用更大作为、更好成绩，为党和人民作出更多贡献、争取更大光荣。

加强党的创新理论武装是每名党员干部的终身课题。我们要以党史学习教育为契机，持续深入抓好习近平总书记“七一”重要讲话精神的学习领悟和贯彻落实，深刻领会讲话中的新思想、新观点、新论断，增强“四个意识”、坚定“四个自信”、做到“两个维护”，牢记“国之大者”，始终在思想上政治上行动上同以习近平同志为核心的党中央保持高度一致。各级党组织要统筹安排部署，落实部党组要求，全面抓好个人自学、研讨交流、辅导培训等工作，高质量开展好党史学习教育各项规定动作和自选动作，推动学习教育走深走实。

把握历史方位　勇于担当作为
推动退役军人工作在新征程上实现新跨越

——在全国退役军人事务厅（局）长会议上的讲话

（2021年12月22日）

孙绍骋

这次会议的主要任务是，以习近平新时代中国特色社会主义思想为指导，深入贯彻党的十九大和十九届历次全会精神，深入贯彻中央经济工作会议精神，贯彻落实习近平总书记关于退役军人工作重要论述，总结党领导退役军人工作取得的成就与经验，分析形势，部署工作，动员全系统振奋精神、以史为鉴、砥砺前行，推动退役军人工作在新征程上实现新跨越。

即将过去的一年，在以习近平同志为核心的党中央的坚强领导下，各级退役军人事务部门坚决贯彻党中央、国务院决策部署，学党史、悟思想、办实事、开新局，推动退役军人工作取得新的进展。党的领导得到加强。习近平总书记就烈士纪念设施修缮、社保补缴、“十四五”规划等工作作出重要指示批示。对习近平总书记的指示批示，我们坚持第一时间传达部署，跟踪督办落实，及时请示报告。完善地方党委领导小组工作运行机制，出台加强工作协调等指导意见。“三个体系”更加完善。建强百家红色服务站，分级验收示范型服务中心（站）17120个。实施“兜底线工程”，推进优抚医院、光荣院、烈士纪念设施等64个规划项目建设，建立优抚医院军地结对帮扶机制。各级将退役军人工作纳入党政领导班子和部门绩效考评，探索市县级党委领导机构示范工作法。开展“法律政策落实年”活动，深入宣传贯彻《退役军人保障法》，中办、国办、军办印发《“十四五”退役军人服务和保障规划》，《退役军人安置条例》《军人抚恤优待条例》基本成型。安置就业成效明显。推进转业军官、安排工作退役士兵年度安置任务落实，协调央企安置退役士兵，制定逐月领取退役金安置办法。出台退役士兵教育培训、投身乡村振兴、到开发区就业创业等优惠政策，组织适应性培训21万人次、技能培训23万人次、高职扩招17.9万人，举办招聘会1万余场，协调消防员队伍定向招录退役军人3400多名。出台退役军人志愿服务指导意见。积极推进系统援藏援疆，召开对口援疆会议。服务保障质量不断提升。继续以平均10%的幅度提高部分优抚对象抚恤补助标准，全面启动优待证申领。修订军休服务管理办法，揭牌全国首批军休大学，出台法律援助、心理服务、兜底保障指导意见。各级共投入资金33.2亿元，走访帮扶1267万人次，开展“情暖老兵”公益行动，27个省份设立关爱基金。尊崇氛围日趋浓厚。组织“老兵永远跟党走”“百年英烈”等庆祝建党百年系列活动，开展“最美退役军人”“最美拥军人物”学习宣传，推出“荣光之路”融媒体宣传，制作展演《兵心》话剧。隆重迎回安葬第八批在韩志愿军烈士遗骸，7000余名英烈事迹进入中央党史馆展陈，开展县级以下烈士纪念设施管理保护专项行动，为2700余位烈士成功寻亲。开展“情系边海防官兵”拥军优属活动，16个全国双拥模范城（县）与边海防基层部队结对共建。自身建设不断加强。扎实开展党史学习教育，组织党员干部代表参加中央和国家机关青年党史知识大赛，从112个单位中脱颖而出、勇夺桂冠。落实“我为群众办实事”要求，积极为退役军人送岗位、送技能、送关爱、送尊崇、送健康、送法律。全系统举办培训班1.4万期，培训66.6万人次。286个单位、493名个人被表彰为全国退役军人服务保障先进单位、先进个人，125名先进军休干部受到表彰。

一年来，各级党委、政府和各有关部门给予我们大力支持，系统上下付出了艰辛努力。我代表退役军人事务部党组向各级党委政府和军地有关部门表示衷心感谢，向系统广大干部职工致以崇高敬意！

下面，我就贯彻落实党中央、国务院决策部署，做好当前及今后一个时期的退役军人工作讲三点意见：

一、全面总结党领导退役军人工作取得的成就和经验

党的十九届六中全会通过的《决议》，全面总结党的百年奋斗重大成就和历史经验，体现了我们党重视和善于运用历史规律的高度政治自觉，体现了我们党牢记初心使命、继往开来的自信和担当。退役军人工作是党和国家工作的重要组成部分，梳理回顾我们党领导的退役军人工作发展脉络、历史成就、经验启示，全面了解“昨天”、准确把握“今天”、奋力开创“明天”，对于全系统进一步统一思想、统一意志、统一行动，增强工作预见性、主动性、创造性具有重要意义。

党领导的退役军人工作伴随人民军队而产生、紧贴中心工作而发展，走过了不平凡的历程。新民主主义革命时期，我们党就开展了退役军人工作探索和实践，将士兵退役安置、伤残抚恤、拥军优属作为重要任务，在中央苏区、革命根据地和解放区实行一系列优待措施，实现了制度初创、机构初建。社会主义革命和建设时期，我们党确立了退役军人工作的方针原则，制定实施了一系列政策法规，数百万退役军人转业地方巩固政权、垦荒造田、屯边戍边、发展工业，有力服务了党的工作重心从武装斗争到国家建设的战略转移。改革开放和社会主义现代化建设新时期，退役军人工作主动适应体制转轨、社会转型、军事变革要求，进行了一系列改革调整，逐步走上了制度化规范化发展之路，为推进经济社会发展、服务国防和军队建设作出了积极贡献。

党的十八大以来，以习近平同志为核心的党中央高度重视退役军人工作，习近平总书记

亲自决策组建退役军人管理保障机构，亲切接见全国模范退役军人、全国双拥模范代表，就退役军人工作作出一系列重要论述，推动退役军人工作取得历史性成就、发生历史性变革。这一时期特别是退役军人事务部门组建以来，党对退役军人工作的领导全面加强，形成了“五级书记”抓的良好局面。“三个体系”基本建成，政策制度体系日趋完善，印发关于加强新时代退役军人工作的指导性意见，服务体系实现全覆盖，部门联动、军地协作的工作体系逐步健全。圆满完成军改期间安置任务，积极扶持退役军人就业创业，思想政治工作显著加强，抚恤补助标准持续提升，社会尊崇氛围日益浓厚。推进烈士纪念设施规划建设修缮管理维护，迎回安葬在韩志愿军烈士遗骸。

明镜所以照形，古事所以知今。在近百年的奋斗历程中，退役军人工作始终围绕中心、服务大局，为国家和军队建设作出了重要贡献，归结起来就是，为人民军队从小到大、由弱到强提供了有力的服务保障，为国家政权建设和经济社会发展提供了源源不断的干部和人才支持，为实现好维护好发展好广大退役军人利益提供了可靠依托，也为探索形成中国特色退役军人管理体制和保障制度积累了丰富经验。

（一）坚持党的全面领导

这是做好退役军人工作的根本政治保证。新中国成立之初，党中央成立复员委员会，出台一系列政策制度，顺利推进大批军队人员从“战斗队”转为“工作队”。20世纪六七十年代，党的集体领导原则受到削弱，退役军人工作领导体制和组织机构遭到破坏，工作遭遇严重挫折。改革开放后，随着党的领导不断加强，退役军人工作及时纠偏，逐步得到恢复和快速发展。党的十八大以来，以习近平同志为核心的党中央，以空前力度加强对退役军人工作的领导，健全领导体制机制，推出重大改革举措，解决突出矛盾问题，推动退役军人工作实现跨越式发展。实践充分证明，党的领导坚强有力，退役军人工作才能沿着正确方向稳步前进。

（二）坚持“两个服务”

这是退役军人工作长期坚持的方针。1950年中央提出，复员工作要“服从国家经济建设和国防建设的需要，并使两者结合起来”；2020年《退役军人保障法》以立法形式明确，退役军人工作“坚持为经济社会发展服务、为国防和军队建设服务”的方针。在革命、建设、改革各个历史时期，退役军人工作始终紧跟党的中心任务和军队建设需要，圆满完成11次不同规模裁军安置和年度安置任务，全力做好铁道兵、基建工程兵、公安现役，以及武警黄金、森林、水电部队等成建制转业地方工作，既有力支持了国防和军队改革，也为地方经济建设输送了大批人才。实践充分证明，只有胸怀“国之大者”，把退役军人工作放在大局中定位、谋划和推动，才能更好担负历史使命。

（三）坚持以退役军人为中心

这是做好退役军人工作必须遵循的核心理念。我们党历来关心优待退役军人，毛泽东同志指出，“复员军人是人民功臣”“应给予应有的尊重和政治待遇”。邓小平同志指出，对军转干部“地方要承担起来，把他们安置好”。习近平总书记反复强调，要关爱退役军人；对军转干部要倍加关心、倍加爱护；要满腔热忱为退役军人服务，切实把好事办好办实。建部伊始，我们就把“让退役军人成为全社会尊重的人，让军人成为全社会尊崇的职业”作为工作目标，千方百计提升安置就业质量，下大力解决退役军人急难愁盼问题，推动解决部分退役士兵养老、医疗保险接续，建立困难帮扶援助机制，着力推动老有所养、病有所医、弱有所扶，退役军人获得感、幸福感、荣誉感不断增强。实践充分证明，只有坚持以人民为中心的发展思想，不断满足退役军人对美好生活的新期待，才能彰显退役军人工作价值。

（四）坚持改革创新

这是退役军人工作发展的不竭动力。退役军人工作涉及军事人力资源、地方干部人事、就业、教育、养老、医疗、住房、户籍等诸多方面，每个领域的调整变化，都要求退役军人工作及时调整适应。随着社会进步，退役军人工作范围从红军时期分配房屋土地、组织代耕帮种、安置残疾军人等，发展到现在的安置就业、抚恤优待、服务管理等一揽子保障；随着市场经济发展和行政管理体制改革，退役军人工作实行了自主择业、自主就业、自谋职业等市场化安置办法，并在就业扶持、教育培训、税收金融等方面出台配套政策。适应新一轮军改要求，出台特殊倾斜政策，创新安置制度，实现了与军事政策制度有机衔接。实践充分证明，退役军人工作的出路在改革，只有把握形势变化，及时调整应对，才能跟上时代步伐，永葆生机活力。

（五）坚持统筹协调

这是做好退役军人工作的重要方法。退役军人事务部门成立以后，注重协调推进各项工作，加强政策制度顶层设计，统筹官兵退役安置制度，统筹建立优待目录清单，统筹城乡义务兵家庭优待金，统筹服务保障和教育管理，推进京津冀、长三角、珠三角、川渝等区域间服务资源共享和政策平衡，取得了很好效果。实践充分证明，坚持系统思维，处理好上下、左右、前后各方面关系，才能不断增强工作的系统性、整体性、协调性。

（六）坚持立足国情实际

这是做好退役军人工作的基本前提。回顾退役军人工作发展历程，始终注重从国家经济发展水平和财政状况出发，科学确定优抚保障政策，优抚范围在重点保障困难人员的同时逐步扩面，待遇水平在保障基本生活的同时渐进提标。2004年《军人抚恤优待条例》修订以来，先后将6类对象纳入定期抚恤补助范围，享受国家定期抚恤补助人员从480余万增加到2021年的824万，连续17年提高抚恤补助标准。实践充分证明，只有坚持从国情实际出发，尽力而为、量力而行，才能增强工作的科学性、可持续性。

（七）坚持党政军民合力推进

这是做好退役军人工作的机制保障。退役军人工作涉及方方面面，单靠哪一级、哪个部门都难以做好，必须动员各方面力量，凝聚起推进工作的强大合力。历史上的中央复员委员会、国务院军转安置工作小组、全国退役士兵安置工作领导小组，尤其是现在的全国双拥工作领导小组等都是推进重大工作、解决重大问题的重要平台。退役军人事务部成立以来，我们提出构建行政机关、事业单位、社会力量“三驾马车”同向发力的格局，在部分高校设立退役军人事务研究基地，与9153家企业签订就业合作协议，发动社会力量为退役军人提供服务保障。实践充分证明，只有坚持“一盘棋”思想，充分调动一切积极因素，工作推进才能更加有力。

以上七个方面，是经过长期实践积累的宝贵经验，也是新时代退役军人工作必须遵循的基本规律，要倍加珍惜、长期坚持，并在实践中不断丰富和发展。

二、深刻认识退役军人工作面临的形势任务

当前，世情国情党情军情发生深刻变化，对做好退役军人工作提出了新任务新要求。必须准确把握大局大势，找准退役军人工作的政治定位、历史方位，增强做好退役军人工作的责任感、紧迫感、使命感，不负新时代赋予的历史重任。

（一）经济社会发展阶段特征带来新课题新挑战

随着我国进入新发展阶段，经济社会发展也呈现出不同的阶段性特征和要求，需要我们深入分析，找准工作着力方向。新发展阶段，党和国家事业站上了新的起点，已经拥有开启新征程、实现新的更高目标的雄厚物质条件，我们做好退役军人工作也有了更为坚实的基础。新发展阶段，更加注重高质量发展，要求退役军人工作完整准确全面贯彻新发展理念，提升政策的科学性和精准性，提高服务保障的质量和效益。

新发展阶段仍然是社会主义初级阶段的一个阶段，我国发展不平衡不充分问题仍然突出。再叠加世纪疫情蔓延，我国经济下行压力加大，稳就业保民生的难度更大。这样的经济社会发展阶段性特征，给我们的工作带来了新课题和新挑战。新发展阶段要求共同富裕取得更为明显的实质性进展，我们必须跟进推动，用好初次分配、再分配、三次分配协调配套的制度安排，更加注重激发退役军人的内生动力，引导社会力量积极支持，让退役军人和全国人民一道实现共同富裕。比如，要习惯在疫情防控常态化形势下推动各项工作。现在世界疫情仍在蔓延，我国疫情防控保持全球领先，但散发病例和聚集性疫情也时有发生，对我们工作开展带来影响，退役军人教育培训、就业招聘、安置考试、集中选岗等活动都难以有效组织，会议培训、督查调研、走访慰问、联系退役军人等也受较大影响，需要进一步转变工作方式、创新工作手段，寻求新的工作路径。

（二）服务对象需求升级需要更加精准服务保障

退役军人事务部成立后，广大退役军人期望值很高。现在成立近4年，他们希望能得到更多实惠。需要我们深入研究分析他们的需求变化，针对性做好工作。一是需求不断升级，从过去偏重物质需求，到现在追求价值认可；从过去要求有工作岗位，到现在追求体面就业；从过去看重服务结果，到现在要求贴心暖心。这就需要我们

既尽力而为，着力解决服务对象最关心最直接最现实的利益关切，同时又量力而行，合理引导预期，有多大能力解决多大问题。二是需求日趋多样，年老的要颐养天年，年轻的要扶持就业，伤残的要重点保障，困难的要特殊帮扶，对增强服务的个性化、精准性提出了更高要求。三是更加关注公平，但目前一些待遇保障还存在不平衡不充分的问题。这要求我们必须加快建立统筹平衡的待遇保障量化标准体系，逐步消除城乡差异，缩小地区差异，使发展成果更好更公平惠及广大退役军人。

（三）自身工作面临“从有到优”的全面深刻转变

经过几年努力，各项工作打下了较坚实的基础，“四梁八柱”基本搭建，突出的遗留问题基本解决，站上了新的发展起点，下一步要从外延式向内涵式转变，从“有”向“优”转变。就如同一个人的成长，10岁至18岁期间个子猛长，18岁之后长个子的速度慢了下来，就要从长个子转向长肌肉、强筋骨，因为发展阶段不一样了。

一定的发展阶段，必须要有与之相适应的发展思路理念、方式方法，只有打破思维定式、革新变旧理念、跳出路径依赖，才能推动工作提质升级。要实现政策制度系统完备、落地见效，这两年在制定政策上下了很大功夫，出了不少文件，必须加紧细化完善，加强督导落实，让退役军人有实实在在的获得感。要实现工作机制更加完善、顺畅高效，把目前这种领导重视、高位推动的优势固化下来，形成军地协同、部门配合、上下联动的长效机制。要实现服务保障更加精准、更可持续，根据服务对象实际需求，针对性提供服务，变“大水漫灌”为“精准滴灌”。要实现方法手段更加便捷、更加可及，用好信息化手段，优化工作流程，为工作提质增效。

三、扎实做好明年和今后一个时期各项工作

总体要求是，以习近平新时代中国特色社会主义思想为指导，全面贯彻党的十九大和十九届历次全会精神，深入贯彻习近平总书记关于退役军人工作重要论述，认真落实党中央、国务院决策部署，以推动退役军人工作高质量发展为主题，以“让退役军人获得感成色更足”为主线，以落实“十四五”退役军人服务和保障规划为牵引，坚持稳中求进工作总基调，接续推进“法律政策落实年”活动，真抓实干、攻坚克难，推动退役军人工作取得新的更大成效，以优异成绩迎接党的二十大胜利召开。

（一）着力提升服务保障的精准性

精准服务保障是提升资源使用效能、增强退役军人获得感的必然要求。现在，我们有些工作还没有做到因人施策、因事而异、因地制宜，一定程度存在制度设计“一刀切”、工作推进“大呼隆”、方法手段简单化的问题，与高质量发展要求还不相适应。要精确摸清需求，这是精准服务保障的基础。加快建设全国退役军人综合信息数据库和一体化网上服务平台，推进“一网办”“一门清”，结合优待证申领常态化开展建档立卡，推行“互联网+退役军人服务”，实现对象实时感知、数据实时更新、业务实时办理、进展实时查询、信息实时获取、服务实时推送。

要坚持分类施策，这是精准服务保障的关键。安置要促进人岗相适，培训要对接市场需求，就业信息要定向推送，帮扶援助要对症下药，待遇保障要体现服役贡献。健全抚恤补助量化标准体系和动态调整机制，建立差异化优待制度，全面制发优待证，开展电子优待证试点，逐步拓展应用范围，推动与相关系统融合对接。要加大对生活困难退役军人的帮扶援助力度，扩大关爱基金规模，多渠道筹措资金。加强军休人员、逐月领取退役金人员、自主择业军转干部、企业军转干部、复员干部、自愿自行就业军转干部等分类服务管理。要提升服务能力，这是精准服务保障的依托。要建强服务体系，充实服务内容，规范工作运行，探索基层工作人员职业保障机制，持续推进示范型创建活动，巩固“百家红色站点”建设成果。推进军休老旧小区改造，建设军休大学、网络“军休所”。加快优抚医院改革和光荣院改扩建，用好军地结对帮扶机制，更好发挥服务保障作用。

（二）充分发挥退役军人作用

全面建设社会主义现代化国家，迫切需要大批高素质人才。退役军人是重要人力资源，他们普遍政治坚定、责任感强、作风过硬。要采取有效措施，激发他们想干事的热情，提升能干事的本领，搭建干成事的平台，促进他们充分就业，更好实现自身价值，这是我们工作的重要增长点。要提高就业创业能力素质。全面落实退役军人教育培训政策，加强退役大学生士兵复学服务，推动延续高职扩招优惠政策，改善退役军人知识结构。探索依托就业创业园地开展技能培训，推进退役军人管理保障学科和培训教材建设，发挥培训就业率的指挥棒作用，逐步构建适应性培训、职业技能培训、学历教育、终身职业教育“四位一体”教育培训体系。要加大就业创业服务力度。进一步探索“教培先行、岗位跟进”“权威推荐、自主选择”等就业模式，搭建退役军人就业服务信息平台，扩大与企业签约规模。加强就业动态监测，对受疫情影响就业困难退役军人，通过纳入公益性岗位等办法及时给予帮扶。充分发挥创业带动就业作用，建立国家退役军人创业项目黄页，鼓励社会资本设立创业基金，引导社会力量成立创业服务团队，举办创业创新成果展陈交流活动，推动退役军人体面就业、稳定就业。要搭建干事创业平台。坚持在过程中培养、在实践中锻炼、向能力上聚焦，加大“兵支书”培养力度。总结推广退役军人志愿者队伍建设经验，打造中国退役军人志愿服务品牌，促进退役军人就业与乡村振兴、基层治理、稳边固边有机衔接，让他们更好回馈社会、报效国家。

（三）大力营造尊崇尊重氛围

习近平总书记强调，要实现中华民族伟大复兴目标，需要英雄，需要英雄精神。我们必须激励引导退役军人始终保持本色、勇当先锋，大力宣传弘扬英雄烈士的事迹和精神，以英烈精神培塑民族根魂、激发奋进力量。要突出思想政治引领。引导退役军人持续深入学习贯彻习近平新时代中国特色社会主义思想，用好“老兵永远跟党走”平台功能，组织“老兵喜迎党的二十大”系列活动。开展重温誓词活动，完善新兵入伍欢送、光荣牌悬挂、立功受奖报喜、退役返乡欢迎等机制，让参军受尊崇、退役得尊重深入人心。要加强典型激励引导。持续打造“模范退役军人”“最美退役军人”“最美拥军人物”等亮点品牌，开展“新时代退役军人奋斗榜样”专题宣传，推动退役军人典型宣传常态化，发挥示范带动效应。要大力弘扬英烈精神。落实加强新时代烈士褒扬工作的意见，组织开展“红色九月”、烈士公祭等系列主题活动，组织第九批在韩志愿军烈士遗骸迎回安葬仪式，完善英烈安葬纪念缅怀礼仪。推进烈士纪念设施提质改造，做好散葬烈士纪念设施建设和管理保护，加强境外烈士纪念设施修缮保护。持续开展“为烈士寻亲”活动，加强长征沿线、西路军烈士遗骸保护研究。创作一批英烈主题文艺作品，推动英烈事迹和英烈精神进教材、进校园，在全社会树立崇尚英雄、缅怀先烈的良好风尚。要发动社会力量支持。调动企业、社会组织、个人等各方积极因素，在就业创业、优待优惠、帮扶援助、心理服务、法律援助等方面为退役军人提供多样化服务，形成关心关爱退役军人的浓厚氛围。

（四）积极服务军队备战打仗

现役和退役是上下游的关系。当前，军队正在朝着建军百年奋斗目标奋勇前进，要求我们必须主动对接强军兴军事业，加强政策衔接和跟进落实，积极为部队减压卸负，更好服务改革强军和军事斗争准备。要健全安置工作机制。军改后，军队退出人员类型增多、结构变化、频次增加，转业安置数量减少，必须相应优化安置机制、提高安置质量。要有序实施逐月领取退役金安置办法，完善服役贡献量化考核、畅通安置渠道、优化岗位配给等措施办法，规范“直通车”安置方式。要发挥“双拥”平台作用。开展“爱国拥军·赤心向党”双拥模范主题宣传活动。继续推进军地结对共建，深化“情系边海防官兵”拥军优属活动，推进助力随军家属就业工程，激励官兵扎根军营、安心服役。

（五）推动政策落地见效

目前，政策制度的“主干”已经有了，重点在长“枝叶”，关键在抓落实。全系统都要围绕“实”字做文章，坚持求真务实、真抓实干，出实招、使实劲、求实效，形成带头抓落实、善于抓落实、层层抓落实的局面。要抓好“十四五”规划实施。要以重点指标、重点项目、重大政策和重大改革为着力点，引领带动规划落实。建立健全规划任务分解和监测评估机制，积极开展示范区建设，打造规划实施标杆样板。要加快完善配套政策。推进《退役军人安置条例》《军人抚恤优待条例》《烈士褒扬条例》以及退役军人就业创业促进条例等法规出台。对法律政策中明确需要地方配套的内容，各地要因地制宜研究制定属地化的落实措施。要特别强调的是，制定政策必须实打实，从实际需要出发，聚焦解决问题、实在管用。要大力推动政策落地。抓而不实，等于不抓。再好的政策，不能真正落到退役军人身上，也毫无意义。不能把说了当做了、把做了当做好了、把布置了当落实了。要积极争取党委政府支持，发挥党委领导机构统筹协调的优势，落实成员单位职责清单制度，将政策落实情况纳入党委、政府和相关部门绩效考核，作为双拥模范城（县）考评重要内容。要开展政策落实“回头看”，综合运用督查、明察暗访、通报、约谈等方式跟进督导，提高落实质量。对政策不落实、落实不到位的，该通报的及时通报，该纠正的坚决纠正，该问责的严肃问责，切实打通政策落实“最后一公里”。

任重道远者，不择地而息。站在新的历史起点上，面对艰巨繁重的使命任务，我们必须发扬历史主动精神，强化使命担当，持续加强“三个机关”建设，以咬定青山不放松的执着，推动各项任务落地见效。要加强政治建设，深入学习贯彻党的十九届六中全会精神，深刻领会“两个确立”的决定性意义，把“两个确立”真正转化为坚决做到“两个维护”的思想自觉、政治自觉、行动自觉，转化为对习近平新时代中国特色社会主义思想的忠诚信仰，转化为做好退役军人工作的政治责任感、历史使命感，确保中央决策部署不折不扣贯彻执行、取得实效。要加强能力建设，通过业务培训、实践锻炼、学习交流，不断提升政策把握和执行能力、做思想工作的能力和解决矛盾问题的能力，更好履职尽责。要加强作风建设，始终保持昂扬向上的精神状态，继续发扬系统组建以来“说干就干、干就干成”的好作风，增强按时交卷的意识，深入一线、真抓实干，高标准完成各项任务。要加强廉政建设，持续抓好中央八项规定精神落实，高度警惕行政审批、资格审核、资金使用分配、评优评先、内部人财物管理等方面的廉政风险，特别是与服务对象交往中的廉政风险，完善制度机制，常态警示教育，坚持不敢腐、不能腐、不想腐一体推进，营造风清气正、干净干事的良好环境。

使命如磐、重任在肩。让我们更加紧密地团结在以习近平同志为核心的党中央周围，全面贯彻习近平新时代中国特色社会主义思想，深入贯彻习近平总书记关于退役军人工作重要论述，埋头苦干、勇毅前行，奋力开创退役军人工作高质量发展新局面，以优异成绩迎接党的二十大胜利召开！

努力为人民群众造福
——在《求是》2021年第15期上的署名文章

（2021年8月1日）

孙绍骋

习近平总书记在庆祝中国共产党成立100周年大会上指出，“中国共产党根基在人民、血脉在人民、力量在人民”“新的征程上，我们必须紧紧依靠人民创造历史”。学习领会习近平总书记“七一”重要讲话精神，学习领会习近平总书记关于群众工作的重要论述，更加深刻体会到，要实现人民群众对美好生活的向往、实现中华民族伟大复兴，必须充分发挥广大人民群众积极性、主动性、创造性，把依靠群众、发动群众放在更加重要的位置，团结带领、组织动员人民群众共同奋斗，不断把为人民造福事业推向前进。

一

坚持人民主体地位，坚持依靠群众、发动群众，是马克思主义唯物史观的本质要求。习近平总书记指出，“人民是创造历史的动力，我们共产党人任何时候都不要忘记这个历史唯物主义最基本的道理”。在任何情况下，“群众是真正英雄的历史唯物主义观点不能丢”，必须紧紧依靠人民群众推动社会发展进步。

从主体地位看，人民群众创造了人类社会的物质财富和精神财富，推动着社会历史的发展、变革和前进，是历史的真正创造者。马克思、恩格斯作出鲜明论断，“历史活动是群众的活动”。习近平总书记反复强调，“人民群众是历史发展和社会进步的主体力量”“坚持人民主体地位，充分调动人民积极性，始终是我们党立于不败之地的强大根基”。作为共产党人，必须深刻认识到历史不是由少数英雄创造的，而是由广大人民群众通过实践创造和推动的。人类的解放事业、人民的幸福生活，仅仅靠党员干部的奋斗是远远不够的，必须充分尊重人民群众的主体地位，充分发挥人民群众的主体作用，激励亿万群众迸发出推进中国特色社会主义事业的惊天伟力。

从智慧力量看，群众实践是一切真知的唯一来源。人民群众作为物质生产实践和社会变革实践的主角，最有智慧、最有力量。习近平总书记强调，“人民群众有着无尽的智慧和力量，只有始终相信人民，紧紧依靠人民，充分调动广大人民的积极性、主动性、创造性，才能凝聚起众志成城的磅礴之力。”在建设新时代中国特色社会主义的伟大进程中，必须引导人民群众深刻认识自己在实践活动中的主体地位，充分激发他们无限的创造热情。没有组织就没有力量，必须把群众真正组织起来，把分散的智慧和力量凝聚成推动社会变革进步的强大合力。“在人民面前，我们永远是小学生”，必须汲取人民群众的智慧，将其转化为系统的政策、理论，再回到群众中去获得群众认同，使之成为人民群众的自觉行动，从而形成改造客观世界的磅礴力量。

从利益实现看，利益是人们从事实践活动的直接驱动力，满足人民群众需要是激励人民群众奋斗的根本途径。毛泽东同志指出，“马克思列宁主义的基本原则，就是要使群众认识自己的利益，并且团结起来，为自己的利益而奋斗”。习近平总书记强调，“我们把人民对美好生活的向往作为奋斗目标，就是为了凝聚起同心共筑中国梦的磅礴力量”。中国共产党始终代表最广大人民根本利益，必须深入了解群众需求并引导群众充分认识自己的真正利益，组织发动群众通过自己的奋斗来实现自身利益。

二

我们党在实践中坚持将马克思主义基本原理同中国具体实际相结合，团结带领广大人民群众积极投身革命、建设、改革，依靠和发动人民群众将历史车轮推向前进。这一百年来开辟的伟大道路、创造的伟大事业、取得的伟大成就，都是中国共产党团结带领中国人民写就的。

建党之初，宣传发动群众是我们党开展革命活动的主要手段。党的二大提出，“党的一切运动都必须深入到广大的群众里面去”。1925年印行的《中国共产党扩大执行委员会决议案》提出“中国革命运动的将来命运，全看中国共产党会不会组织群众，引导群众”。在实际革命斗争中，我们党积极组织发动工人运动、学生运动、农民运动，点燃了中国革命的熊熊火焰。

在革命战争年代，坚持组织发动群众是我们党的“胜利之本”。第一次国内革命战争失败后，党的六大明确提出，党的总路线是争取群众，并掀起土地革命的风暴。抗日战争中，我们党一开始就坚持依靠群众创建抗日根据地，使日本侵略军陷入人民战争的汪洋大海。解放战争时期，发动人民群众踊跃支前，仅淮海战役就动员了543万群众，这场战役的胜利就是人民群众用小车推出来的。毛泽东同志指出，“因为革命战争是群众的战争，只有动员群众才能进行战争，只有依靠群众才能进行战争”。习近平总书记指出，“当年，‘唤起工农千百万，同心干’，为我们党依靠人民赢得革命胜利凝聚了强大力量”。

在社会主义建设和改革时期，能否正确引导群众是事业成败的关键。新中国成立之初，我们党深刻认识到人民群众中蕴藏着极大的社会主义建设积极性和无限创造力，发动人民群众自力更生、艰苦创业，建设伟大新中国。党的十一届三中全会以来，我们党团结带领人民进行改革开放新的伟大革命，充分激发了广大农村、城市劳动者的生产积极性，让全社会朝气蓬勃、活力迸发，使国家日益富强、人民生活更加富裕。习近平总书记深刻指出，“社会主义革命和建设的成就是人民群众干出来的；改革开放的历史伟剧是亿万人民群众主演的”。党的十八大以来，在以习近平同志为核心的党中央坚强领导下，我们党统筹推进“五位一体”总体布局、协调推进“四个全面”战略布局，始终注重调动人民群众的积极性，引导全体人民投身新时代，共同奔小康，凝聚起强大力量，党和国家事业取得了历史性成就、发生了历史性变革，人民群众生活也发生了巨大变化。在脱贫攻坚战中，既推动广大党员干部深入乡村驻村扶贫，又充分发挥群众的主体作用，注重将扶贫和扶志、扶智相结合，激励广大贫困群众用自己的辛勤劳动脱贫致富，实现了脱贫攻坚战的全面胜利。习近平总书记在“七一”重要讲话中庄严宣告：我们实现了第一个百年奋斗目标，在中华大地上全面建成了小康社会，历史性地解决了绝对贫困问题！

事实充分证明，人民是真正的英雄，激励人民群众自力更生、艰苦奋斗的内生动力，对人民群众创造自己的美好生活至关重要。只要我们始终坚持为了人民、依靠人民，尊重人民群众主体地位和首创精神，把人民群众中蕴藏着的智慧和力量充分激发出来，就一定能够不断创造出更多令人刮目相看的人间奇迹！

三

长期以来，特别是党的十八大以来，我们党在激发群众热情、鼓励群众参与、凝聚奋进力量方面，采取了许多卓有成效的措施，人民群众在躬身实践中得到了实实在在的好处，获得感、幸福感、安全感不断增强。但同时也要看到，有的干部在联系群众、依靠群众、发动群众方面还存在问题和不足，需要在努力为人民群众造福的实践中不断改进。

为民服务，不能唱“独角戏”，防止不注重对群众进行组织动员，“只靠少数人冷冷清清的工作”。长此以往，部分群众习惯了政府包办一切，对自己的事反而漠不关心、高高挂起，甚至出现“干部干、群众看”的怪现象。不能当“家长”，防止只关心自己“想怎样”，不关心群众“怎样想”，以自己“送菜”代替引导群众“种菜”，导致“所送”非“所需”、“所做”非“所要”，干部累到“汗淋淋”，群众反而“气哄哄”。不能当发号施令的“官老爷”，防止推进工作靠实行“命令主义”，以命令代替动员、以强制代替说服，想快速追求“显绩”，只求省事易行、“立竿见影”，没有动力和耐心去做群众工作。不能脱离基层、脱离群众，防止联系服务群众“隔空喊话”，用“电话”代替“对话”、“键对键”代替“面对面”，通信方便了、交通发达了，但与群众的距离却远了。有的干部虽然也走基层，但“人”入“情”不入、“身”入“心”不入，鞋不沾泥、缺少温度，服务群众“蜻蜓点水”，当然发动不了群众。不能只务虚不务实，把服务“挂在嘴上”而不是“放在心上”，防止喊口号、装样子、假把式，不作为、慢作为、懒作为。

对联系群众、服务群众、发动群众方面存在的问题，需要找出问题根源，对症下药、持续施治。这些问题都是形式主义、官僚主义的突出表现。我们党持续整治形式主义、官僚主义问题，完善政绩考评体系，切实减轻基层负担，为的就是引导广大干部提高做群众工作能力，努力把党的政策和主张变为群众的自觉行动。出现这些问题本质上还是宗旨意识不强、群众观念不牢。有的干部政绩观、权力观扭曲错位，没有树牢群众是真正英雄的唯物史观，没有充分认识到人民群众的智慧和力量，忘了“为了谁、依靠谁、我是谁”。有的干部担心群众发动起来后不好管理引导，因此并不想真正发动群众，实际上是对群众的觉悟不相信、对自己的能力不自信。有的干部缺乏对群众的感情，心中对群众没有亲近感、认同感，融不到人民群众当中去，因此做不来、做不好群众工作，更发动不了、团结不了群众。

四

江山就是人民，人民就是江山。在“七一”重要讲话中，习近平总书记向全党发出号召：“牢记初心使命，坚定理想信念，践行党的宗旨，永远保持同人民群众的血肉联系，始终同人民想在一起、干在一起，风雨同舟、同甘共苦，继续为实现人民对美好生活的向往不懈努力，努力为党和人民争取更大光荣！”要实现人民对美好生活的向往，必须坚持人民主体地位，贯彻党的群众路线，尊重人民首创精神，紧紧依靠和广泛发动人民群众团结奋斗、不懈奋斗。

要同群众“见”。群众工作是一项“以心换心”的工作，只有更多“面对面”，才能更好“心连心”，那些“远程遥控”能完成的工作，结果看似一样，效果却大不一样。要经常深入基层、深入群众，与群众坐到同一条板凳上，拉家常、问实情、交真心，切身感受他们的喜怒哀乐，切实回应他们的所盼所想，满怀深情服务群众，从而得到群众的真心认同和拥护，赢得他们的支持和配合。

要与群众“商”。出台政策文件、制定措施办法，要把“问策于民”“求智于民”作为先决条件、必经环节，多与群众沟通交流、探讨商量，群策群力、集思广益做好工作。在与群众“商”的过程中，通过与群众当面推心置腹沟通，向他们介绍党委政府的考虑，了解他们的想法和意见，争取到他们的理解支持，相关工作才能更好落实，真正把为人民服务的好事办好。

要对群众“讲”。习近平总书记高度重视宣传引导群众，他指出，“我们要适应新形势下群众工作新特点新要求，深入做好组织群众、宣传群众、教育群众、服务群众工作”。要在“踏实做”的基础上“充分说”，加强宣传引导，讲透政策措施、讲清疑虑困惑、讲明背后考虑，让群众充分了解、高度认同，进而积极配合、大力支持，自觉自愿行动起来。

要领群众“干”。作为党员领导干部，必须履职尽责、担当作为。但是敢干肯干并不是说只要自己闷着头“干”，而是要发挥“领而导之”的作用，领着群众“干”、引导群众“干”，充分激发人民群众的主人翁意识，使群众在党的组织领导下实现自我服务、自我发展，努力创造自己的美好生活。

要让群众“评”。群众意见是一把最好的尺子，最能衡量工作的长短，最能测出政策的质量。服务群众必须注重群众评价，真正请群众来监督、评判工作，并根据群众意见调整完善政策举措，切实提高为人民服务水平。只要胸怀坦荡、秉持公心，坚持维护公平正义、整体利益，就不怕群众批评。

退役军人工作是党和国家的一项重要工作，涉及方方面面，充分依靠群众、发动群众是做好退役军人工作的必然要求。一方面，要广泛动员社会各界积极支持参与退役军人工作，鼓励引导企业、社会组织、个人等，通过提供就业岗位、教育培训、帮扶援助、尊崇优待等方式为退役军人提供服务。另一方面，要动员退役军人积极服务自己、服务社会。退役军人为国防和军队建设作出过贡献，退役后又是社会主义现代化建设的重要力量，普遍政治坚定、责任感强、素质较高，是党执政兴国的坚强依靠。要发动他们广泛参与基层治理、乡村振兴、志愿服务、应急救助、防灾减灾等各项任务，让他们更好服务自己、回馈社会、报效国家，并在拼搏奉献中赢得社会尊崇。

回望过往的奋斗路，“我们党的历史就是我们党与人民心心相印、与人民同甘共苦、与人民团结奋斗的历史”。眺望前方的奋进路，必须牢记习近平总书记的号召，始终坚持人民立场，始终坚持一切为了人民、一切依靠人民，始终坚持服务群众与发动群众相统一，努力为人民群众造福，为实现全面建成社会主义现代化强国的第二个百年奋斗目标而不懈奋斗。

在退役军人工作理论研讨会上的讲话

（2021年9月28日）

钱　锋

这次会议的主题是，坚持以习近平新时代中国特色社会主义思想为指导，深入学习贯彻习近平总书记关于退役军人工作重要论述，围绕退役军人工作高质量发展，开展交流研讨，推动构建退役军人工作理论体系。下面，我结合学习贯彻习近平总书记有关重要讲话精神，就退役军人工作理论研究需要重点把握的几个问题，与大家作交流。

一、不断深化习近平总书记关于退役军人工作重要论述研究

党的十八大以来，习近平总书记对退役军人工作作出一系列重要论述，系统阐释了新时代退役军人工作的地位作用、目标原则、职责任务、实践要求、组织保障等重大问题，为做好退役军人工作提供了根本遵循。我们之前整理过一本摘编，委托课题组进行了专题研究，但对这么宏大的一个课题来说，研究是无止境的。要研究这些论述的理论渊源，搞清楚蕴含其中的马克思主义立场、观点、方法，搞清楚我们党关于退役军人工作指导思想的发展变化和继承创新，把握发展规律，不断深化对这一重要论述科学性、真理性的认识。要研究这些论述的时代背景，从国际战略格局演进、国内主要矛盾变化、国防和军队建设要求出发，深刻理解这一重要论述提出的新论断、新观点、新概括、新要求，更加清醒地认识面临的机遇与挑战。要研究这些论述的科学体系，既要全面准确完整解析这一重要论述的严密逻辑、丰富内涵、完整结构，也要阐释其在习近平新时代中国特色社会主义思想体系中，与强军思想、经济思想、法治思想的内在逻辑和有机联系。要研究这些论述的实践要求，紧密联系退役军人工作实际灵活运用，使之转化为解决问题的思想武器、推动工作的思路方法、贯彻落实的具体举措。

二、不断深化退役军人工作高质量发展内涵和实现路径研究

高质量发展是“十四五”乃至更长时期我国经济社会发展的主题，这不只是一个经济要求，而是对经济社会发展方方面面的总要求。对退役军人工作来说，高质量发展的具体内涵是什么、实现路径是什么，都还有待在理论上进一步研究。要研究退役军人工作发展的阶段特征，搞清

楚国家进入新发展阶段，对退役军人工作带来哪些新情况新要求，国防和军队改革全面推进对退役军人工作赋予了哪些新任务，退役军人工作经过多年发展具备了什么样的基础和条件，哪些是“有没有”的问题，哪些是“好不好”的差距。要研究退役军人工作发展的思路理念，如何将创新、协调、绿色、开放、共享的新发展理念具体运用到退役军人事务领域，形成符合退役军人工作特点的思路理念。研究这个问题既要落实“完整、准确、全面”的要求，还不能生搬硬套或生硬“裁剪”。要研究退役军人工作发展的重点任务，围绕构建新发展格局，研究退役军人工作在“六稳”“六保”、扩大内需、乡村振兴、共同富裕、区域协调发展以及服务备战打仗等国家重大战略部署中，如何找准定位和抓手，同频共振融入和服务新发展格局。

三、不断深化退役军人工作基本概念、基本定位、基本理论研究

关于基本概念。“退役军人”概念看似清晰，但具体有很多细的分类，有按身份分的，如军官、军士（士官、志愿兵）、义务兵；有按安置方式分的，如离休、退休、转业、安排工作、自主就业、自谋职业、自主择业、复员、供养等；有按服役经历分的，如“三红”“两参”、进藏兵等。如何分类科学，做到既不重也不漏，不仅是一个统计问题，更是下一步建档立卡、大数据分析、精准施策所必需的。要结合新的形势、结合退役军人工作实际加以科学阐释，让人心悦诚服。关于基本定位。退役军人工作牵涉军地、关联各方。我们协调解决的很多问题都有相应的职能部门，教育培训有教育部门，就业有人力资源社会保障部门，困难帮扶有民政部门，退役军人事务部门在其中应该发挥什么作用、怎样发挥作用、职责边界是什么、工作基础条件是什么，等等，都要研究清楚，既不能简单推卸责任，也不能承担无限责任。关于基本理论。西方国家关于退役军人保障有“补偿说”“特别利益牺牲说”等学术理论。结合我们的国情实际，退役军人管理保障也要逐步形成一套自己的理论。比如，我们讲普惠与优待叠加原则，哪些待遇属于普惠，哪些领域应当优待，优待到什么程度，如何叠加共享。还比如，对退役军人待遇保障，有的主张突出“补偿”功能，将待遇和服役期间的牺牲奉献密切关联；有的主张突出“保障”功能，保障退役后的基本生活，与经济社会发展联动。应该说都有一定道理，我们对此要有自己的研究，为分析问题、制定政策提供基本依据。

四、不断深化退役军人工作现实矛盾问题研究

这几年，我们持续开展矛盾问题攻坚化解行动，解决了一大批积压多年的历史遗留问题，赢得了广大退役军人认可。但仍有不少矛盾问题亟待解决，这些矛盾问题就是我们研究的主攻方向。要研究退役军人关注的热点问题。要深入退役军人之中，真正了解他们的急难愁盼，倾听他们的所思所想，针对性提出对策建议。要研究制约工作发展的瓶颈问题。比如，系统上下联动的问题，如何解决好“统”和“分”的关系，从理论上讲清楚哪些领域需要全国一盘棋统一政策，哪些方面需要各地结合实际因地制宜，妥善处理

政策统一性和灵活性的关系，需要从理论上加强研究破解。

五、不断深化退役军人工作历史规律研究

习近平总书记强调，要用历史映照现实、远观未来。退役军人工作由来已久，自从有了国家就有了军队，有了军队就有了退役军人工作。我们党领导下的退役军人工作也有近百年的历史，有着非常丰富的实践，要加强对历史的研究，从中找准前进的方向。要在史料挖掘中再现历史。今年，我们分4个专题拍摄了“党的退役军人工作发展历程”专题访谈，集中反映各个时期退役军人工作的历史经验和伟大成就。下一步，计划编纂《中国共产党领导下的退役军人工作发展史》，目的是系统呈现我们党领导的退役军人工作发展历程，把握规律，启示当下。这是一项浩大的工程，需要全系统和各相关部门、各位专家学者的大力配合、积极参与。要在解析历史中借古鉴今。去年，我们对“我国古代和近代退役军人工作”进行了初步研究，启发很多。比如，古代有授予官爵、授予田宅、减免赋役等多种保障形式，启示我们也应采取物质与精神、服务与教育相结合的办法，多措并举加强服务保障；再如，历朝历代都以“论功行赏”突出保障重点，不“撒胡椒面”，对我们坚持待遇与贡献匹配、分类保障也有启示意义，类似的研究要多多益善。要在讲好历史中凝聚共识。一方面，要善于在回顾历史变迁中，讲清退役军人工作服从大局、服务大局所做的贡献，提高各方面对退役军人工作的重视程度。另一方面，要善于用历史的眼光，解读过去特定条件下、特定环境中的政策制度，增进大家对有关政策制度的认同和理解，形成有利于退役军人工作的环境氛围。

六、不断深化退役军人工作中外比较研究

有比较才有鉴别，有鉴别才有借鉴。我们部组建以来，组织力量翻译了美国、俄罗斯、德国、英国等十几个国家有关退役军人保障的法律法规，这几年的课题研究也有不少涉及国外退役军人工作体制机制和保障制度的内容，但整体来说深层次、系统性的研究分析还比较欠缺。要在比较研究中彰显优势。深入研究中外退役军人的安置、就业、优待、抚恤等制度差异，搞清楚其背后的不同国情实际、价值理念、制度模式，从理论上回答我们的制度为什么“好”、为什么“能”，更加坚定建设中国特色退役军人管理保障制度的信心。要在比较研究中批判吸收。西方国家在退役军人保障制度上也有其特点，比如，美国早在20世纪初就制定了专门的退役军人权益维护法律，加拿大有《退役军人福利法》《退役军人保险法》等10多部法律和30多个条例，瑞典、芬兰等国社会保障制度比较完善，退役军人待遇保障基本纳入社会保障体系。这些做法对我们有哪些借鉴意义，要善于独立思考，取其精华、去其糟粕、辩证吸收。

理论研究是一项基础性工程，不光是研究部门的事，也不光是专家学者的事，而是我们从事和关注这项工作的每一名同志的事，是大家共同的事，需要大家一起努力。对于系统的同志来说。要把理论研究纳入重要议事日程，进一步

壮大研究力量，对有积极性、有研究能力的机构和专家，及时吸收到研究基地和专家咨询委员会中来。机关的同志在搞好自主研究的同时，要为专家学者开展研究创造条件，必备的数据资料该提供的提供，出台政策该咨询的咨询，组织调研该协调的协调，研究成果该推广的推广。要主动与专家学者打交道、交朋友，虚心听取意见和建议。对于研究机构和各位专家学者来说。希望大家认真履行职责，投入更多精力，发挥专业特长，多出成果、出好成果。希望各院校一如既往关心支持退役军人工作，为研究基地和专家开展工作提供支持和便利。

面对新形势新任务，退役军人工作理论研究作用重要、责任重大，我们要守正创新、攻坚克难，以理论研究新突破推动退役军人工作高质量发展。

在全国退役军人事务厅（局）长会议上的总结讲话

（2021年12月22日）

钱　锋

绍聘部长以“把握历史方位　勇于担当作为　推动退役军人工作在新征程上实现新跨越”为题作了讲话，回顾今年以来的突出成绩，充分肯定系统上下的辛勤付出；以大历史观的视角，系统总结不同历史时期特别是党的十八大以来，我们党领导退役军人工作取得的成就和经验；深刻分析当前退役军人工作面临的形势任务，准确把握事业发展的大局大势；对明年和今后一个时期工作作出全面部署，明确了总体要求。绍聘部长的讲话，站位高、视野宽、内涵深、要求实，思想性、政治性、针对性都很强，大家要认真学习领会、抓好贯彻落实。

这次会议明确，明年和今后一个时期各项工作的主题是“推动退役军人工作高质量发展”，主线是“让退役军人获得感成色更足”。二者之间是有机联系、内在统一的。一方面，退役军人工作高质量发展是坚持“以退役军人为中心”工作理念的发展，根本目的就是让退役军人获得感成色更足，更好满足退役军人日益增长的美好生活需要；另一方面，让退役军人获得感成色更足，需要退役军人工作实现高质量发展，组织管理体系更加健全，工作运行体系更加顺畅，政策制度体系更加完善，为持续提升退役军人获得感提供基础条件和服务保障。

下面，我就贯彻落实绍聘部长讲话精神，围绕“让退役军人获得感成色更足”这条主线，对抓好明年重点工作，提几点要求。

一、接续推进“法律政策落实年”活动

一要转移工作重心。今后全系统的工作重心要从定政策转向抓落实，坚持说了就算、定了就办、办就办好，简言之就是落实、落实、再落实。要拿出永远在路上的韧劲，持续抓落实、抓持续落实，真正让抓落实成为全系统干部职工的思想自觉、行动自觉。出台政策必须坚持从实际需要出发，加强必要性评估，不出内容空泛、“含金量”低、不具可操作性的政策文件。要集中精力，围绕现有政策文件，以钉钉子精神抓好落实，一抓到底、抓出成效，切实打通政策落实“最后一公里”。二要开展“回头看”。部里将重点围绕政策落实情况组织“回头看”，对具体政策点进行全面梳理和盘点，查漏补缺、及时整改。初步考虑是先找几个县区搞试验田，进行蹲点调研，针对之前归纳的政策点，逐个梳理到底

完成得怎么样，退役军人是否真的看得见、摸得着，获得感的成色究竟有多少。通过这种“解剖麻雀”的方法，形成一套典型做法，之后在全国逐步推开。三要创新方式方法。抓落实必须坚持重心下移、力量下沉，进一步转变工作方式、创新工作手段，真正把问题摸透、把症结找准。今年，一些部门搞了“我为群众办实事之局处长走流程”活动，局处长以群众身份走一走办事流程，体验真实处境，查找堵点卡点，这是一个很好的经验做法，值得我们学习借鉴。“纸上得来终觉浅，绝知此事要躬行”，我们要让退役军人获得感成色更足，自己可以先当一次退役军人，亲身体验是最好的调研落实。此外，在疫情防控常态化形势下如何开展检查督导等工作，也是各地需要研究的问题。大家要结合本地实际和疫情防控要求，积极采取视频调度、网上办公等方式推进政策落实落地。

二、大力实施“十四五”规划

一要踢好临门一脚。要在前期工作基础上，认真对标中央对“十四五”时期退役军人工作提出的目标任务，进一步完善省级规划，确保主要目标、发展方向、工作思路等方面上下衔接、协调一致。二要扎实推进落实。规划内容涵盖退役军人工作各业务领域，是推动“十四五”期间退役军人工作高质量发展的行动指南。要研究制定规划落实的工作措施，细化任务、明确分工、压实责任，组织好规划部署培训工作。三要找准实施抓手。坚持以重点项目建设为牵引，早立项、早投入、早见效，形成谋划一批、储备一批、开工一批的良好工作机制。要加强分析评估，跟踪掌握实施进展，及时发现问题、解决问题。

三、提高安置就业质量

一要落实年度安置任务。科学编制年度安置计划，优化完善安置环节，合理安排工作节奏。要创新安置办法，统筹采取选调、考试考核、双向选择、“直通车”安置、指令性分配等方式，妥善安置转业军官，提高人岗匹配度。要加强退役士兵、退出消防员待安置期的教育培训管理服务，实行接收报到“一站式”服务，提高服务质量。二要落细逐月安置方式。要搞好政策解读，讲清定位导向、退役金计发和养老医疗等，让服务对象知悉掌握政策。要抓紧完善配套措施，规范细化各项工作，加强系统人员培训，做好接收安置准备。要把好档案审核关、安置去向审定关、退役金核准关，严格审核程序，严肃安置纪律。三要加强就业创业扶持。要深入推进“权威推荐+自主选择”“教培先行、岗位跟进”等就业模式，挖掘更多优质岗位，更好满足退役军人需求。要大力营造创业氛围，办好创业创新大赛和首届创业创新成果展陈交流活动，拓宽成果转化渠道。要围绕加速角色转变、改善知识结构、提升就业能力，实现适应性培训全覆盖，强化技能培训就业导向，加大高职扩招等学历教育支持力度，不断提升教育培训质量。

四、全面开展优待证申领发放

一要稳步实施。这项工作涉及环节多、关联部门多，既是对前期准备工作的大考，又是对服务体系能力水平的大考，对信息技术的支撑要求也相当高，必须科学谋划、精心组织、协作配合、有序推进，努力把好事办好。二要打造品牌。申领发放只是开始，用好、好用、管用才是关键。要有品牌意识，把“优待证”当成知名品牌来运营，让全社会都知道、认可，愿意为持证人提供优待。要站在国家层面考虑问题，地方已经制发的相关优待证件，要逐步完成整合替代。要主动联系各行各业，不断丰富优待内容，切实提高“含金量”，增强持证人的获得感、荣誉感。三要宣传引导。这是好事，要加大宣传力度，提高社会知晓度，让服务对象充分感受到党和政府的关心关爱。

《关于加强新时代烈士褒扬工作的意见》深入贯彻习近平总书记关于烈士褒扬工作重要指示精神，对烈士褒扬工作作了系统设计。各级要围绕《意见》狠抓落实，结合实际细化工作举措，确保《意见》各项部署要求落地见效。要加强烈士纪念设施规划建设和提质改造，推进设施规范管理和标准化建设，创新展陈形式，用好用活红色资源，进一步发挥烈士纪念设施红色主阵地作用。要宣传弘扬英烈精神，讲好英烈故事，广泛开展为烈士寻亲等活动，用褒扬先烈的实际行动，传承红色基因，激励教育后人。要细化烈属待遇保障、荣誉激励、人文关怀、就业创业、教育优待等一系列政策措施，持续营造尊崇烈士、关爱烈属的社会氛围。

需要特别强调的是，明年党和国家有不少大事、要事、喜事，我们必须坚持稳扎稳打、稳中求进。要加大困难帮扶力度，充分发动各方面力量，用心用情帮助解决难题，及时雪中送炭，积极开展法律援助、司法救助等工作，更好地维护退役军人合法权益。元旦、春节将至，各地要倾力做好退役军人走访关爱和困难帮扶工作。此外，各地还要持续健全规章制度，优化政务运转，扎实做好安全保密、新闻宣传、文电档案、信息简报、调查统计、信息化建设等工作，为推动退役军人工作高质量发展奠定坚实基础。总之，各地要担负起“让退役军人获得感成色更足”的责任，把各项工作往实里做、往深里做、往细里做，真正做到每一名退役军人的心中，不断提升他们的获得感。

全面推进新时代双拥工作高质量发展
——在《中国退役军人》2021年第8期上的署名文章

（2021年9月10日）

钱　锋

党的十八大以来，特别是退役军人事务系统组建后，军地各级在以习近平同志为核心的党中央坚强领导下，始终坚持围绕中心、服务大局，守正创新、奋发有为，双拥工作取得新的明显成效。我们要按照党中央、国务院、中央军委决策部署，坚持以习近平新时代中国特色社会主义思想和习近平强军思想为指导，深入贯彻习近平总书记关于双拥工作重要论述和重要指示，积极适应党、国家和军队建设全面进入新发展阶段的新形势，紧紧围绕更好服务党和国家工作大局、国防和军队建设全局，全面推进双拥工作高质量发展。

要加强组织领导。切实把双拥工作作为政治任务和“一把手”工程，摆上重要议事日程，纳入军地建设发展规划，主要领导要当好“领头雁”，亲自筹划部署、推动落实。各地双拥工作领导小组、成员单位和双拥办，要发挥好组织领导、统筹协调、分工负责和督导落实的作用，形成领导重视、军地协同、部门合力的良好局面。各地要积极争取党委政府支持，进一步健全各级双拥工作机构、建强工作队伍，协调落实军地合署办公，夯实双拥工作的基础。要继续健全完善军地相互支持、互办实事“双清单”制度，明确重点任务、细化责任分工、规定时限要求、实行对账销号，确保双拥工作实效。

要把握特点规律。认真总结历史经验，结合党史学习教育，深入梳理双拥工作起源、形成、发展和兴起的历史脉络，把历史、现在、未来更好地贯通起来，牢牢把握双拥工作的初心使命、本质属性和特点规律。要深化理论研究，深入研究探索新时代双拥工作的基本定位、主要特点、目标要求，力争形成一批有思想、有深度、有见地的理论成果。

要聚焦主责主业。毫不放松做好军人“后路”“后院”“后代”方面的工作，细化配套措施，优化优待体系，建立督导机制，加强政策刚性。要全力服务部队备战打仗，健全相关工作机制，完善相关预案，不断丰富拥军内涵。要深入开展“情系边海防官兵”活动，围绕一线官兵家庭面临的困难需求，靠上去做工作、心贴心解难题。

要创新方法手段。主动适应网络信息时代发展新要求，在用好《中国退役军人》杂志、中国双拥网等传统媒体基础上，主动抢占新媒体阵地，综合运用多种手段，讲好双拥故事、深化双拥宣传、打造双拥文化。要充分利用信息化手段做好双拥工作，着重解决双拥工作考评总结、任务下达、统计等问题，推动双拥工作高质量发展。

要用好平台载体。深入开展新一轮双拥模范创建活动，加强全国双拥模范城（县）动态管理，加大常态考评的比重，把上级部署任务落实情况、“三后”问题的解决情况等作为重点，随机抽查模范城（县）获得荣誉后的工作表现，坚决防止“重评时、轻平时”“重形式、轻实效”等问题。要深入开展军民共建活动，各地各部队要用好军民共建这个抓手，扎实推进军地在精神文明领域的共建共育和共促共享，携手共建社会主义精神文明，弘扬社会主义核心价值观。

弘扬优良传统　勇于创新实践
推动新时代退役军人事务工作高质量发展

——在“传承优良传统　在党的领导下推动新时代退役军人工作高质量发展”研讨交流会上的讲话

（2021年6月11日）

方永祥

在中国共产党即将迎来百年华诞、全党深入开展党史学习教育的进程中，我们来到革命圣地延安，深入学习领会习近平总书记关于中国共产党历史和退役军人工作重要论述，感悟回顾党领导退役军人事务工作的光辉历程和优良传统，探讨推动新时代退役军人事务工作高质量发展的理论和实践问题，很有纪念价值和现实意义。这次研讨活动的主题注重把历史与现实相贯通、理论与实践相结合，是一次生动的党史学习教育，是一次全面的研究成果展示，是一次很好的工作经验交流。通过两天来的参观学习交流，大家提升了思想认识，接受了教育熏陶，凝聚了发展共识，明确了努力方向。结合大家研讨发言的启发思考，交流3个方面的认识体会。

一、回顾发展历程，自觉传承党领导退役军人事务工作的宝贵经验

习近平总书记强调，历史是最好的老师。回顾党的百年奋斗历程，退役军人工作伴随着人民军队的诞生而发端起源，在革命、建设和改革实践中不断丰富完善，形成了一系列行之有效的方针原则和制度安排，这些历史经验，是我们做好新时代退役军人工作的宝贵财富。

（一）坚持党的领导，是退役军人事务工作发展前进的根本保证

始终坚持党的领导，是我们取得革命胜利、推动建设和改革发展的特有政治优势，这一点在退役军人事务工作发展历程中得到了充分体现。土地革命时期，各级苏维埃政权都设立了专门优抚机构，苏区城市还设有优待红军家属委员会；抗日战争和解放战争时期，根据地、解放区政府均明确民政部门承担抚恤优待职责，并设立修建了抗日军人遗属学校、荣军教养院、烈士纪念设施等机构，为党领导退役军人事务工作进行了有益的实践探索。新中国成立以后，先后成立中央复员委员会、中央转业建设委员会、国务院军队

转业干部安置工作小组、全国双拥工作领导小组，退役军人事务工作在党中央、国务院、中央军委的直接领导下，取得了长足的发展进步。党的十八大以来，以习近平同志为核心的党中央在总结历史经验教训的基础上，全面加强党对退役军人事务工作的集中统一领导，国务院设立退役军人事务部，县级以上普遍成立党委退役军人事务工作领导机构和行政部门，对这项工作的重视程度和推进力度都是前所未有的。历史和实践反复证明，什么时候党的领导加强了，退役军人事务工作目标方向就更加明确，工作推进就更加有力，作用发挥就更加充分。

（二）坚持服务大局，是退役军人事务工作发展前进的主题主线

在不同的历史时期，退役军人事务工作的重心和着力点虽然各有不同，但服从服务于党、国家和军队工作大局，始终是不变的“主旋律”。革命战争年代，退役军人事务工作紧紧围绕武装斗争发挥服务保障作用，土地革命时期的抚恤优待措施、抗日战争时期的拥军优抗运动、解放战争时期的支前运动，对实现民族独立、武装夺取政权都起到了不可或缺的作用。社会主义建设时期，随着党的工作重心逐步转向经济社会建设和巩固强大国防，退役军人事务工作“两个服务”的方针逐步确立起来。建国前夕毛主席就提出，我们必须准备把210万野战军全部就地转化为工作队；1950年中央明确“复员工作总的原则是服从国家经济建设和国防建设的需要，并使两者结合起来”。新中国成立后，先后组建新疆生产建设兵团、开垦“北大荒”、开发大庆油田等，就是退役军人工作服务国家建设的生动体现。改革开放以后特别是党的十八大以来，退役军人事务工作自觉服从经济建设这个中心，积极引导退役军人投身西部大开发、中部崛起、乡村振兴等国家战略，在决战脱贫攻坚、抢险救灾抗疫等重大任务中作出了积极贡献。从服务国防和军队建设方面看，无论是自卫反击作战、非战争军事行动，还是我军“三化”建设的改革发展，都离不开退役军人事务工作的大力支持。如我军历史上先后11次裁减员额近千万人，上世纪80年代百万大裁军、1997年和2003年体制编制调整改革，2015年深化国防和军队改革，退役军人工作都发挥了重要服务保障作用。退役军人事务工作发展历程启示我们，只有自觉适应时代发展要求、自觉融入国家和军队建设大局，这项工作才能有地位、有作用，才能做得好、做出彩。

（三）坚持以人民为中心，是退役军人事务工作发展前进的宗旨要求

回顾党领导退役军人事务工作的历史，始终坚持以人民为中心、全心全意为退役军人和优抚对象服务，是贯穿其中的鲜明价值导向。从物资极度匮乏的战争年代，到经济社会快速发展的新时期，始终紧贴服务对象的现实需求，不断拓展服务保障的内容、范围和标准。比如，服务保障内容从红军时期分配房屋土地、组织帮耕帮种、安置残疾军人等，发展到现在的安置就业、抚恤优待、服务管理等一揽子服务保障；服务对象从伤残军人、烈士遗属、“三红”“五老”等重点人群，逐步扩大到带病回乡退伍军人、“两参”人员、60岁以上农村籍退役士兵，再扩大到所有退役军人和军人军属全覆盖；待遇保障从免租免税、发放残废军人生活费等，到设立残疾军人抚

恤金、烈士褒扬金、烈属定期抚恤金等，优抚项目和标准持续提标扩面。特别是退役军人事务系统组建以来，聚焦退役军人的核心关切，在安置就业、医疗养老、权益维护等方面持续用力，军人军属和退役军人获得感、幸福感不断增强。历史和实践告诉我们，退役军人事务工作说到底是做人的工作，必须立足经济社会发展实际，把广大退役军人和优抚对象对美好生活的向往作为出发点和落脚点，这样才能实现尊重尊崇的工作目标。

（四）坚持思想政治引领，是退役军人事务工作发展前进的重要环节

思想政治工作是我党我军的优良传统和特殊优势。在退役军人事务工作发展历程中，思想政治工作一直是不可削弱的重要内容。建国初期中央就强调，“为了完满进行复员工作，必须在人民中和军队中，进行深刻的宣传教育”，并在长期的实践中形成了政治教育与物质优待相结合的工作原则。通过强有力的宣传教育、思想工作和激励引导，不仅保证了部队官兵走得愉快、留得安心，而且激励了广大退役官兵听从党的召唤，到国家最需要的地方建功立业。新中国成立以来，多次召开全国复员退伍军人社会主义建设积极分子大会、模范军转干部表彰大会、双拥模范命名表彰大会等，宣扬了一大批时代楷模和先进典型。可以说，像过去几十万大军转为生产建设兵团、开发北大荒，铁道兵、工程兵集体转业，这次部分武警部队集体改制，中央一声令下，说转就转、说改就改，长期扎根边疆无怨无悔，靠的就是强有力的思想政治引领。近些年来，中央把思想政治工作摆在新时代退役军人事务工作更加重要的位置，《关于加强新时代退役军人工作的意见》对“加强思想政治工作”作出总体部署，退役军人事务部牵头制定下发《关于加强退役军人思想政治工作的意见》，组织开展模范退役军人评选表彰、“铭记功勋·致敬英烈”“最美退役军人”“老兵永远跟党走”等一系列宣传教育活动，取得很好的政治和社会效益。退役军人事务工作的历史实践启示我们，做好新时代退役军人事务工作，面临新的形势任务更复杂多样，重要性紧迫性进一步凸显，思想政治工作只能加强不能削弱，这既是历史经验的传承，也是事业发展的需要。

（五）坚持依法依规治理，是退役军人事务工作高质量发展的必由之路

我们党历来强调，政策和策略是党的生命。退役军人事务工作的发展历程，就是一个政策不断完善、法治化制度化水平不断提高的过程。建军之初，我们党在极端艰苦的环境中，高度重视退役军人安置保障制度建设，探索形成了一系列早期的政策制度，如《中国工农红军优待条例》《红军抚恤条例》《抗日军人退伍及安置暂行办法》，等等，为我国退役军人工作政策制度的建立发展奠定了基础。新中国成立后，退役军人事务工作法规制度建设大大加强，建立起较为完善的政策法规体系，先后颁布了《兵役法》《国防法》等主干法律，制定了退役安置、抚恤优待、烈士褒扬等一系列条例和办法，并配套制定了数千部政策性文件，对推动退役军人事务工作奠基启程、改革发展发挥了巨大作用。党的十八大以来，退役军人事务工作法治化建设迈出了新的重大步伐，《英雄烈士保护法》《退役军人保障法》

和一大批改革急需、工作急用、退役军人急盼的政策制度密集出台，事关长远发展的政策制度“四梁八柱”基本搭建，各级依法行政、依规办事的能力显著提高。回顾退役军人事务工作法治化建设的进程，特别是近年来推动各项政策法规出台的过程，我们深切感到，加强法治化建设，是贯彻习近平法治思想和习近平总书记关于退役军人工作重要论述的必然要求，是体现党的意志主张、贯彻党的路线方针政策和党中央决策部署的重要手段，也是提高退役军人事务领域治理能力和治理水平的根本途径。

回顾发展历程，总结发展经验，我们可以深切体会到，退役军人事务工作发展史，就是服务党领导中国革命从胜利走向胜利的发展史；退役军人事务工作发展史，就是服务和巩固军政军民团结的发展史；退役军人事务工作发展史，就是顺应国家和军队建设发展大势、不断与时俱进的发展史。退役军人事务工作，是我们党领导中国人民革命、建设和改革发展伟大事业的重要组成部分。

二、立足新发展阶段，充分认识新时代退役军人事务工作面临的新机遇新要求

国家发展进入新时代新阶段，退役军人事务工作面临难得发展机遇，也面对更高的发展要求。

（一）经济社会发展快速推进，为加强退役军人服务保障奠定了坚实基础

新中国成立70多年来，党领导人民创造了世所罕见的经济快速发展和社会长期稳定“两大奇迹”。党的十八大以来，以习近平同志为核心的党中央，举旗定向、谋篇布局，推动党和国家各项事业取得历史性成就、发生历史性变革，我国的制度优势和治理效能进一步凸显，国家综合实力全方位提升，为推动退役军人工作高质量发展奠定了坚实的物质基础和社会基础。退役军人事务系统组建以来，“三个体系”建设实现跨越式发展，服务体系和保障力量更加充实，服务能力和保障水平不断提升，全社会尊重退役军人、尊崇军人职业、助力强军兴军的意识不断增强，这些为我们立足新起点、实现高质量发展创造了良好条件。近三年来，中央和各地投入退役军人事务工作的经费连年增长，雄厚的物质基础使各级谋划建设发展、做好服务保障更有底气。

（二）国家宏观战略规划绘就展开，为充分发挥退役军人作用提供了广阔平台

党的十九届五中全会对“十四五”时期经济社会发展和2035年远景目标作出战略部署，为各行业各领域描绘了蓝图愿景。退役军人经过军队“大熔炉”的淬火锤炼，具有独特忠诚信仰、家国情怀、过硬作风、严明纪律和奋斗精神等素质特质，已经成为许多领域越来越看重的一支人力和人才队伍。国家宏观战略规划、经济发展新业态、社会治理新要求等，也为我们引导退役军人投身社会、服务社会提供了难得机遇。在乡村振兴方面，中办、国办《关于加快推进乡村人才振兴的意见》，明确把退役军人作为乡镇党政人才、村党组织带头人、农村社会工作人才等6类人才的重要来源，必将引领退役军人在乡村振兴中大有作为。在国家治理层面，退役军人的作用也越来越重要，退役军人事务部组建以来，先后

被纳入平安中国建设协调小组、国防动员委员会、中央军民融合发展委员会、全国志愿服务工作协调小组等议事协调机构，反映出中央和国家机关、军委机关对退役军人在加强社会治理和国防后备力量建设等方面的作用越来越重视，为退役军人发挥作用提供了更广阔舞台。

（三）军队建设改革纵深推进，对退役军人事务工作服务备战打仗赋予了新的使命

按照党中央和习近平总书记决策部署，2016年以来深化国防和军队改革“三大战役”梯次展开、纵深推进，军队新的领导指挥体制、新的结构力量编成、新的政策制度体系的重构重建，对退役军人事务工作做好衔接配合提出新任务和新要求。如何与所在战区搞好协调对接，健全区域协调机制，构建军地联动、快速响应的工作机制，是当前的一项紧迫课题。如何助力部队练兵备战，协调保障移防换防部队、新调整组建单位和军事训练设施配套建设，及时有效回应军人家属随调就业、子女入托入学等现实诉求等，也是现实要求。如何对接新的军事政策制度，加强对退役军人转业安置、教育培训、就业创业、优抚褒扬、服务管理等政策制度的制定和完善，也是摆在眼前的现实问题，需要加快研究推进。

（四）社会治理方式调整转变，对退役军人事务系统治理能力提出了更高要求

随着国家治理体系和治理能力现代化建设深入推进，共建共治共享的社会治理格局逐步形成、市域县域社会治理创新发展，退役军人事务工作既可以借力发展，也需要不断创新适应。系统组建以来，经过三年多的不懈努力，虽然治理体系和治理能力有了较大提升，但建设短板和风险挑战仍然不少。一是发展基础还不牢固。退役军人事务工作与经济社会发展和军队建设改革密切相关，区域经济发展不平衡带来的保障水平差异始终存在，长期积累的历史遗留问题短时间难以根本解决，“老大难”问题和新政策出台的风险相互交织，稳定发展始终面临很大压力。二是政策体系还不完善。政策法规的系统性、平衡性、衔接性不够，“碎片化”问题没有彻底解决；《退役军人保障法》等一些主干性的法规政策已经出台实施，但很多政策配套落地还不够。三是自身建设还有短板。基层服务机构“有没有”的问题基本解决，但机构稳不稳、工作实不实、服务好不好等问题仍然存在，有的设施建设、人员配备、经费保障等需要加强。特别是许多干部职工是跨行新人，进入情况、提升能力、胜任本职还需要一个过程，基层服务中心（站）人手缺、想干不会干的问题还比较突出。

三、贯彻新发展理念，牢牢把握新时代退役军人工作高质量发展的着力重点

习近平总书记强调，新时代新阶段的发展必须贯彻新发展理念，必须是高质量的发展。去年底的全国厅局长会议、前不久举办的退役军人工作专题研讨班，对学习贯彻习近平总书记关于退役军人工作重要论述、推动退役军人工作高质量发展作了研究部署。《“十四五”退役军人服务和保障规划》也即将印发实施。各级要立足新发展阶段，贯彻新发展理念，对接新发展蓝图，进一步厘清思路举措，推动各项工作朝着高质量发

展目标聚焦用力。

一是在深入学习贯彻习近平新时代中国特色社会主义思想上下功夫。习近平新时代中国特色社会主义思想，深刻全面回答了新时代建设中国特色社会主义的一系列重大理论和实践问题，为我们立足新发展阶段、贯彻新发展理念、构建新发展格局提供了根本遵循。在实践中我们深切感到，推动退役军人工作高质量发展，首先要立起这一根本遵循。全系统要把学习领悟习近平新时代中国特色社会主义思想特别是习近平强军思想，作为干事创业的政治基础和自身建设的政治任务来抓，深刻理解习近平强军思想的时代背景、核心要义，深化对富国强军战略、军民融合发展战略的整体把握，不断提升履职尽责的政治站位和眼界视野。要精读细研《习近平关于退役军人工作论述摘编》，通过举办培训班、以会代训等方式抓好学习宣传贯彻，推动学习贯彻往深里走、往心里走、往实里走。开展各项工作要自觉同党的最新理论成果、党和国家决策部署对表对标，找准服务国家发展的结合点、支撑军队建设的着力点、深化自身改革的突破点，不断增强全局意识和大局观念。

二是在充分发挥党委领导机构职能作用上下功夫。各级党委领导机构和办事部门，是党领导退役军人事务工作的重要助手，作用发挥得好不好，直接影响着党中央决策部署的贯彻落实。作为各级领导小组的办事部门，要协助小组领导发挥好把方向、抓统筹、谋大局的重要作用，密切成员单位协调，周密筹划部署工作，注重加强请示汇报，通过积极有效的工作争取党委政府的重视和支持，使退役军人事务工作真正纳入领导视线、成为党委工程。要注重督导末端落实，抓好政策制度配套完善，对照中央出台的政策法规，结合自身实际细化具体落实举措，扎实推进“法律政策落实年”活动，通过上下结合的方式，推动法律政策落实落地。

三是在深入挖掘退役军人人力资源优势上下功夫。退役军人事务工作直接服务对象近4000万，并且多数同志是共产党员，在服务社会、奉献社会、引领社会方面具有特殊作用。能否有效发挥退役军人作用，确保退役军人成为巩固党长期执政的可靠力量、经济社会发展的重要力量、应急应战的骨干力量，是检验退役军人事务工作发展质量的重要指标。要打造应战应急的“预备队”，深入挖掘退役军人军事潜力，精准掌握退役军人中有专业技能特长的人员实力底数，健全完善退役军人信息军地共享机制，确保关键时刻拉得出、用得上。要培养助力乡村振兴的“先锋队”，在推动农村退役军人返乡创业就业、引导城市退役军人入乡兴业等方面积极实践、创新举措，引导广大退役军人在农村广阔天地建功立业。要建设投身社会治理的“工作队”，常态实施“兵支书”培育工程，通过专项培养、专门培训、岗位培育等，把优秀退役军人选拔进基层组织班子，让他们在巩固基层政权、加强基层治理中尽显才华。要培养服务奉献社会的“志愿队”，加强退役军人志愿服务探索实践，加大退役军人投身服务国防教育支持力度，持续激发释放退役军人身上的红色潜能，引导他们在社会文明建设、全民国防观念培塑中发光发热。退役军人是人才“富矿”，可以发挥作用的领域十分广阔，我们要始终围绕“两个服务”研究思考，紧贴国家发展战略加强谋划，把这支队伍的活力激发出来。

四是在服务部队备战打仗上下功夫。各级要充分认清国防和军队建设面临的复杂严峻安全形势，切实把退役军人事务工作服务备战打仗“服务什么”“怎么服务”搞清楚。要在为部队减压减负上出实招，发挥双拥共建平台作用，跟进服务部队调整组建、移防换防、演习训练，协调解决训练场地建设、资源保障、伤残抚恤等方面的实际问题。要在激发军心士气上下真功，积极帮助官兵解决移交安置、家属就业、子女入学转学等方面的实际困难，不断激发官兵投身练兵备战的内生动力。要在深化拥军支前上见实效，加强对战时双拥、优抚、安置、褒扬工作的前瞻性研究，把光荣院、优抚医院、军供站及服务保障体系打造成为平时应急、战时应战的重要阵地，创新构建军地衔接、平战一体、转换有序的工作运行机制，确保战时能够顶得上、保障好。

五是在培塑优良作风、提升服务保障效能上下功夫。做好新时代退役军人事务工作使命光荣、责任重大。今天我们在这里回顾历史、展望未来，一个重要目的就是继承前辈们的优良传统和作风，使其在新时代发扬光大。一要强化家国情怀。始终牢记“国之大者”，跳出单纯业务观念，从富国强军的大局上看待退役军人事务工作，充分认清退役军人事务工作，是巩固党长期执政的政治工程，是关乎国家和军队建设发展的全局工程，是关系广大退役军人和军人军属切身利益的民心工程，是涉及各行业各领域的社会工程，切实以高度的政治责任感担当起我们的时代责任。二要树立为兵理念。坚持以人民为中心的发展思想，坚持目标导向、问题导向、成果导向，全心全意为退役军人和军人军属服务，广泛开展“我为群众办实事”活动，在更高水平谋划推进安置就业、待遇保障、帮扶援助等，坚决维护服务对象合法权益，用心用情搞好服务保障，通过我们的一言一行，一点一滴传递党和国家的关心关爱。三要练就服务本领。深入开展退役军人事务系统大培训大练兵，加强干部职工履职能力和人才梯队建设，不断提高调查研究能力、统筹协调能力、贯彻执行能力，推动各项工作创新发展、落地见效。不断改进工作方式方法手段，走开“互联网+”“一站式”和“最多跑一次”等服务模式，进一步提升服务质效。四要培塑过硬作风。大力推进“三个机关”建设，培塑绝对忠诚的政治品格、高度自觉的大局意识、极端负责的工作作风、无怨无悔的奉献精神、廉洁自律的道德操守。特别是要破除形式主义、官僚主义的作风，不能对工作和政策上的矛盾问题见怪不怪，对退役军人的困难诉求熟视无睹，对服务对象选择性走访，等等，真正做到主动担当、主动作为、主动服务，急退役军人所急，想服务对象所想，立起退役军人工作者的好样子。

同志们，这次主题研讨活动，各地调查研究很深入，研究成果也很有价值，为全系统大兴调查研究之风开了个好头。要以这次研讨活动为契机，推动调查研究常态化开展，增强调查研究的针对性、实效性，发扬理论联系实际的优良作风，不断推动退役军人事务工作理论和实践创新。要发挥好研讨活动的辐射指导作用，汇编各地研究成果，印发各地交流借鉴，推动研究成果进入工作实践，转化为推动退役军人事务工作高质量发展的实际成效，以优异成绩迎接建党100周年。

深入学习贯彻习近平强军思想 不断深化退役军人工作服务备战打仗实践
——在中央党校研讨班上的授课讲话

（2021年4月29日）

方永祥

根据研讨班安排，我围绕“深入学习贯彻习近平强军思想、不断深化退役军人工作服务备战打仗实践”这一主题，向大家作个学习汇报。选择这个题目，有两个方面的考虑：一方面，习近平强军思想是习近平新时代中国特色社会主义思想的重要组成部分，是新时代强军兴军的行动指南，把习近平强军思想与习近平总书记关于退役军人工作重要论述联系起来学习贯彻，对于我们更全面把握、更深刻领悟、更得力开展工作有巨大决定作用、科学的指导作用。另一方面，备战打仗是军队的主责主业，服务国防和军队建设是退役军人工作的重要方针，去年，我部围绕“退役军人工作服务备战打仗”开展了专题调研，目前，正在研究制定指导意见，还将进行专门部署。为进一步凝聚思想共识，推动退役军人工作服务备战打仗创新实践，向大家汇报交流4个方面的认识。

一、习近平强军思想是退役军人工作服务备战打仗的根本遵循

习近平强军思想，是党的军事指导理论最新成果，是坚持走中国特色强军之路、全面推进国防和军队现代化的行动纲领。退役军人工作是强军兴军的重要支撑，深刻认识把握习近平强军思想的时代背景、核心要义和基本要求，是学习贯彻习近平总书记关于退役军人工作重要论述的重要基础，是创新深化退役军人工作服务备战打仗实践的根本遵循。

（一）习近平强军思想植根于强国强军的新时代

时代是思想之母，实践是理论之源。回顾党的十八大以来习近平总书记治国理政，这一波澜壮阔的伟大历程为习近平强军思想的产生提供了丰厚时代沃土和坚实实践基础。一是习近平强军思想承载着以强军兴军支撑强国复兴的时代考量。习近平总书记反复用历史上国门洞开的剜心之痛警醒我们：落后必然挨打，而军事上的落后对于一个国家又往往是致命的。近代中国积贫积弱，从鸦片战争到甲午战争，再到八国联军侵华，由于统治腐败、军力薄弱，我国在半殖民地半封建社会沦陷日深。从那时起，以强军支撑强

国成为中华民族的历史夙愿。当今世界正在发生百年未有之大变局，国际格局进入动荡变革期，我国正处于由大向强、将强未强的关键阶段，今天中国比历史上任何时期都更接近实现中华民族伟大复兴的目标，比历史上任何时期都更需要建设一支强大的人民军队。习近平强军思想，正是基于国际战略形势新变局的深刻洞察，基于我国由大向强发展新阶段的宏阔运筹，体现了复兴必兴军、强国必强军、执政必执军的客观规律和深谋远虑。二是习近平强军思想凝结着新时代我们党建军治军的实践智慧。进入新时代，习近平总书记以巨大政治勇气和强烈责任担当，带领全军直面问题、勇于变革、攻坚克难，解决了一些多年来想解决但一直没有很好解决的问题，解决了许多过去认为不可能解决的问题，干成了一些过去想干但一直没有干成的事情，强军兴军迈出坚实步伐。重振政治纲纪，坚定不移推进政治整训，全面彻底肃清郭伯雄、徐才厚、房峰辉、张阳流毒，有效解决弱化党对军队绝对领导的突出问题；重塑组织形态，大刀阔斧全面深化改革，有效解决制约我军建设的体制性结构性突出问题；重整斗争格局，坚定捍卫国家核心利益，有效解决军事力量运用进取性主动性不足的突出问题；重构建设布局，创新发展理念和方式，有效解决我军建设聚焦实战不够、质量效益不高的突出问题；重树作风形象，强力推进正风肃纪反腐，有效解决不正之风和腐败现象滋生蔓延的突出问题。取得这样的历史性成就和变革，根本在于习近平总书记的坚强领导，在于习近平强军思想的科学指引，在于全面深入贯彻军委主席负责制。三是习近平强军思想彰显着实干兴邦、实干兴军的领袖风范。习近平强军思想，融汇着习近平总书记非凡的实践睿智、高尚的人格魅力。彰显崇高使命担当，强调为人民服务，担当起该担当的责任，饱含“以身许党许国”的崇高思想境界和“我将无我，为民服务”的崇高情怀；彰显鲜明的问题导向，强调要抓住突出矛盾和问题，着力解决涉及强军兴军的战略问题、制约部队发展的瓶颈问题、官兵关心关注的现实问题；彰显严实精神作风，强调实干兴邦、实干兴军，以永远在路上的顽强意志和坚韧执着一抓到底，以踏石留印、抓铁有痕和钉钉子精神做细做实每项工作，等等。党的十八大以来，国防和军队建设的时代巨变，是习近平总书记带领全党全军干出来的。这个“干”字，体现了马克思主义的鲜明实践品格，体现了共产党人的一贯率先垂范，体现了党的核心、军队统帅、人民领袖的高尚革命情怀。从2014年开始，中央政治局集体学习连续7年、每年在“八一”前后安排一个军事学习，聚焦的都是新时代军队改革、建设、发展、使命等全局性课题。再比如，党的十八大以来的国防建设成果和军事斗争成效硕果累累，一大批大国重器、尖端武器、科技利器等新型装备亮相世界，超级计算、全球定位、远洋深潜等关键技术重大突破，无不振奋着我们的民族自豪感和复兴信心，极大推动我军备战打仗能力实现了战略大跨越。

（二）习近平强军思想实现了马克思主义军事理论中国化时代化的新飞跃

习近平强军思想，立论于马克思主义基本原理，立足于新时代国防和军队建设新实践，以一系列战略性、原创性新思想新观点新论断，系统回答强军兴军的使命任务、目标方向、原则制度、根本指向、战略布局、重要途径等带根本性问题，是一个逻辑严密、意蕴深远的科学理论体系，是马克思主义军事理论中国化时代化的崭新篇章。这一思想的核心要义是“十个明确”：一是强军使命，明确强国必须强军，巩固国防和强大人民军队是新时代坚持和发展中国特色社会主义、实现中华民族伟大复兴的战略支撑。二是强军目标，明确党在新时代的强军目标是建设一支听党指挥、能打胜仗、作风优良的人民军队，必须同国家现代化进程相一致，力争到2035年基本实现国防和军队现代化，到本世纪中叶把人民军队全面建成世界一流军队。三是强军之魂，明确党对军队绝对领导是人民军队建军之本、强军之魂，必须全面贯彻党领导军队的一系列根本原则和制度，确保部队绝对忠诚、绝对纯洁、绝对可靠。四是强军之要，明确军队是要准备打仗的，必须聚焦能打仗、打胜仗，创新发展军事战略指导，构建中国特色现代作战体系，全面提高新时代备战打仗能力，有效塑造态势、管控危机、遏制战争、打赢战争。五是强军之基，明确作风优良是我军鲜明特色和政治优势，必须加强作风建设、纪律建设，坚定不移正风肃纪、反腐惩恶，大力弘扬我党我军光荣传统和优良作风，永葆人民军队性质、宗旨、本色。六是强军布局，明确推进强军事业必须坚持政治建军、改革强军、科技强军、人才强军、依法治军，更加注重聚焦实战、更加注重创新驱动、更加注重体系建设、更加注重集约高效、更加注重军民融合，全面提高革命化现代化正规化水平。七是强军关键，明确改革是强军的必由之路，必须推进军队组织形态现代化，构建中国特色现代军事力量体系，完善中国特色社会主义军事制度。八是强军动力，明确创新是引领发展的第一动力，必须坚持向科技创新要战斗力，统筹推进军事理论、技术、组织、管理、文化等各方面创新，建设创新型人民军队。九是强军保障，明确现代化军队必须构建中国特色军事法治体系，推动治军方式根本性转变，提高国防和军队建设法治化水平。十是强军路径，明确军民融合发展是兴国之举、强军之策，必须坚持发展和安全兼顾、富国和强军统一，形成全要素、多领域、高效益军民融合深度发展格局，构建一体化的国家战略体系和能力。这“十个明确”紧紧围绕国防和军队建设的重大时代课题展开，充分反映习近平总书记对“为什么强军、强军强什么、怎么样强军”的深邃理论思考，涵盖军队建设、改革和军事斗争准备各方面，贯通军事力量建设和运用全过程，统一于强军兴军伟大实践，构成了习近平强军思想的主要内容。这一思想，贯穿的鲜明主题是强军兴军，根本着眼是以强军支撑强国复兴伟业，核心要求是实现党在新时代的强军目标，把人民军队全面建成世界一流军队，实践指向是走中国特色强军之路。

（三）习近平强军思想擘画了实现富国强军相统一的新蓝图

经济建设和国防建设的关系，是社会主义现代化建设必须正确认识和处理的重大课题。党的十八大以来，以习近平同志为核心的党中央，始终把国防和军队建设放在实现中华民族伟大复兴这个战略全局下来考察，摆在党和国家事业发展重要位置来运筹，提出了一系列新思想新论断新要求，把我们对新时代实现富国和强军相统一的认识提升到了新的高度。一是关于形势任务，习近平总书记强调，必须准确把握国家安全形势变化新特点新趋势，坚持总体国家安全观，高度警惕国家被侵略、被颠覆、被分裂的危险，高度警惕改革发展稳定大局被破坏的危险，高度警惕中国特色社会主义发展进程被打断的危险，重点防控那些可能迟滞或中断中华民族伟大复兴进程的全局性风险。明确提出军队必须担负起党和人民赋予的新时代使命任务，就是为巩固中国共产党领导和我国社会主义制度提供战略支撑，为捍卫国家主权、统一、领土完整提供战略支撑，为拓展我国海外利益提供战略支撑，为促进世界和平与发展提供战略支撑。二是关于重大意义，习近平总书记强调，坚持富国和强军相统一，建设同我国国际地位相称、同国防安全和发展利益相适应的巩固国防和强大军队，是我国社会主义现代化建设的战略任务。巩固国防和强大人民军队是新时代坚持和发展中国特色社会主义、实现中华民族伟大复兴的战略支撑，只有把国防建设搞上去了，经济建设才能有更加坚强的安全保障，鲜明指出，经济建设和国防建设的关系处理不好，就会走弯路、吃苦头。三是关于现实需要，习近平总书记强调，我国正处在由大向强的关键阶段，面临的外部制约、发展阻力、安全压力相互叠加，各种可以预见和难以预见的风险挑战不断累积，迫切需要统一富国和强军两大目标，统筹发展和安全两件大事，统合经济和国防两种实力，为保障国家安全提供可靠支撑，鲜明指出，强国往往是经济和军事共同作用的结果，要深刻理解生产力和战斗力、市场和战场的内在关系。四是关于目标指向，习近平总书记强调，国防实力要同经济实力相匹配，经济社会发展到哪一步，国防实力就要跟进到哪一步，不然就不能为经济社会发展提供有力安全保障，鲜明指出，要在经济发展基础上，使我国国防实力在尽可能短的时间内有一个大的提升，努力缩小同世界军事强国的差距，促进国防实力和经济实力同步提升。五是关于路径抓手，习近平总书记强调，把军民融合发展上升为国家战略，是长期探索经济建设和国防建设协调发展规律的重大成果，有利于增强国家战争潜力和国防实力，鲜明指出，军民融合发展是兴国之举、强军之策，要发挥好军民融合对国防建设和经济社会发展的双向支撑拉动作用，构建一体化的国家战略体系和能力。六是关于政治保障，习近平总书记强调，我们的国防是全民的国防，军政军民团结是实现富国和强军相统一的重要政治保障，鲜明指出，全党全军全国各族人民要大力弘扬军爱民、民拥军的光荣传统，不断发展坚如磐石的军政军民关系，为实现中国梦强军梦凝聚强大力量。习近平总书记的系列重要论述，深刻揭示了新时代经济建设和国防建设的特点规律，为我们立足新时代实现富国和强军相统一，进一步立起了指导遵循、明确了战略路径、擘画了远景蓝图、提出了工作要求。

习近平强军思想立足于世界百年未有之大变局和中华民族伟大复兴的战略全局，统领强国兴军伟大实践，科学统筹国内和国际两个大局，统筹发展和安全两件大事，统筹经济建设和国防建设两大领域，使党对军队建设规律、军事斗争准备规律、战争指导规律的认识提升到新高度，谱写了马克思主义军事理论的新篇章，为我们做好退役军人工作、服务军队备战打仗提供了根本遵循。

二、退役军人工作服务备战打仗机遇与挑战并存

回顾我们党百年奋斗历程，特别是党的十八大以来党和国家事业取得的历史性成就，加强国防和军队建设、做好服务备战打仗的各项工作，我们思路更清了，底气更足了。概括梳理一下，主要有“三大优势”：

（一）百年奋斗历程创造辉煌成就，为服务备战打仗奠定了雄厚基础

建党100年来，中国共产党团结带领全国人民团结一心、迎难而上，开拓进取、奋力前行，创造了一个又一个人类发展史上的伟大奇迹，实现了中华民族从站起来、富起来到强起来的伟大飞跃。党的十八大以来，以习近平同志为核心的党中央，举旗定向、谋篇布局，推动党和国家各项事业取得历史性成就、发生历史性变革，我国经济实力、科技实力和人民生活水平跃上了新的台阶，全面建成小康社会取得伟大历史成果，脱贫攻坚战取得全面胜利，国家综合实力实现全方位提升，服务国防和军队建设、保障部队练兵备战的物质基础和社会基础更加雄厚。在社会动员能力方面，我们拥有深厚的群众基础、军民军政团结的特有优势，能够快速组织发动全社会各方面力量资源，做到全国一盘棋、上下一条心，集中力量办大事，特别是抗击新冠肺炎疫情，在党中央的统一指挥、统一协调、统一调度下，社会动员组织机制迅速启动并发挥作用，为打赢疫情防控阻击战奠定了坚实基础。在装备制造能力方面，我们拥有门类齐全、综合配套的国防科技工业体系，能够加快推进新一代主战武器装备研发，实现国产航母、万吨级大型驱逐舰、运-20大型运输机、歼-20飞机等一大批新型主战武器装备列装部队，推动武器装备现代化水平加速迈入世界先进行列。在战略投送能力方面，我们拥有庞大的综合交通运输网络，高速铁路、高速公路、内河航道里程均位居世界第一，能够助力部队人员装备快速机动、各类战略物资及时运输，为部队能打胜仗提供强有力战略投送支撑。在基础保障能力方面，我们拥有完备高效的应急保障体系，能够加快推进边海防部队基础设施建设，有效解决高原海岛及其他艰苦边远地区基层官兵住宿、饮食、用电、固守等实际困难，大幅改善官兵边境执勤和工作生活条件。这些都为有力推进国防和军队建设快速发展，为全力服务备战打仗提供了坚强支撑。

（二）国家治理体系和治理能力得到不断提升，为服务备战打仗提供了制度保障

党的十八大以来，以习近平同志为核心的党中央，统筹推进“五位一体”总体布局、协调推进“四个全面”战略布局，推动中国特色社会主义制度更加完善、国家治理体系和治理能力现代化水平显著提高，为实现党和国家各项事业健康发展提供了有力保障。一个是，党的领导不断强化。我们党始终坚持集中统一领导，不断健全总揽全局、协调各方的领导制度体系。在退役军人事务领域，县级以上普遍成立党委退役军人事务工作领导小组，从制度安排上进一步强化党对退役军人工作的顶层设计、总体布局、统筹协调、整体推进，把党的领导落实到退役军人工作各方面各环节，筑牢了服务备战打仗的政治根基和制度保障。另一个是，法治体系不断完善。我们党

坚定不移走中国特色社会主义法治道路，形成了中国特色社会主义法治体系，法治政府建设扎实推进。在退役军人事务领域，法治化建设的步伐也大大加快，《退役军人保障法》颁布实施，在退役军人工作发展史上具有里程碑式的意义。《国防法》《英雄烈士保护法》等与退役军人工作密切相关的法律相继出台，《退役军人安置条例》《军人抚恤优待条例》《烈士褒扬条例》等法规正在加紧制定修订，退役军人工作70多个配套政策文件密集出台，法制化制度化水平不断提升，为服务备战打仗各项工作规范有序推进提供了法规政策保障。再一个是，社会保障体系不断健全。我们党坚持以人民为中心的发展思想，推进构建统筹城乡的民生保障制度体系，这为完善退役军人保障制度，进一步拓展服务保障项目、提高服务保障标准、创新服务保障手段，提供了现实可能，奠定了坚实基础。

（三）退役军人工作实现体系重塑，为服务备战打仗构建了新的平台

重塑退役军人工作体系，是从体制机制上破解长期制约退役军人工作发展难题的根本途径。2018年，以习近平同志为核心的党中央决策部署，将军地相关部门的相关职能整合，组建退役军人事务部，退役军人工作组织管理体系发生历史性变革，服务备战打仗的力量布局更加科学合理、工作体系逐步配套完善。其一是服务体系和保障力量更加充实。按照习近平总书记“五有”“全覆盖”的重要指示要求，建成了从国家到村（社区）六级退役军人服务中心（站），100余万退役军人工作人员在岗履职，构建了贯通省市县乡村各级的服务体系，形成横向到边、纵向到底、覆盖全员的保障网络；军供站、优抚医院、光荣院、烈士陵园等单位在完成转隶的基础上，进一步优化结构布局、推进提质改造，为服务备战打仗提供了体系支撑力量。其二是服务能力和保障水平不断提升。着力解决广大官兵关心的退役安置、家属就业、子女教育等问题。改进退役军人移交安置工作，实施“阳光安置”“直通车”安置，转业干部和退役士兵安置质量明显提高；加强退役军人就业培训工作，通过编制就业职业目录、开通就业信息平台、与大型企业签约合作、举办专场招聘会、出台教育培训优惠措施，退役军人就业创业闯出新路；提升优抚保障水平，建立优抚对象抚恤补助标准自然增长机制，优待范围扩大到全体退役军人，出台养老医疗保险补缴政策，惠及290多万退役士兵，军人军属和退役军人获得感、幸福感、尊崇感不断增强。其三是爱国拥军和崇军尚武氛围日益浓厚。着力巩固军政军民团结，将退役军人事务领域模范表彰、双拥表彰、先进表彰纳入国家表彰项目，将“最美退役军人”纳入全国最美人物系列活动，将邀请模范退役军人参加党和国家重大庆典活动制度化、为立功受奖军人家庭送喜报规范化，为服务对象家庭悬挂光荣牌实现全覆盖，将英雄烈士保护纳入党和国家功勋荣誉表彰制度体系，加大烈士纪念设施规划建设修缮管理维护工作力度，高规格组织3批在韩志愿军烈士遗骸归国和湘江战役红军烈士遗骸安葬，开展“清明祭英烈”“为烈士寻亲”等活动，大力培塑英雄情怀、爱国意识和民族精神，进一步激发全社会尊崇军人、尊重退役军人的良好风尚。

发展机遇十分难得，但现实考验也不容忽视。当前，国内外形势发生复杂深刻变化，深化

国防和军队改革、做好军事斗争准备正在加速推进，对退役军人工作服务备战打仗提出了许多新的要求。主要面临“三大考题”：

（一）安全考题

习近平总书记深刻指出，当前和今后一个时期是我国各类矛盾和风险易发期，各种可以预见和难以预见的风险因素明显增多。从国际战略格局看，当今世界百年未有之大变局正在加速演变，世界多极化、经济全球化深入发展，和平发展、合作共赢的时代潮流不可逆转，但霸权主义、强权政治、单边主义时有抬头，地区冲突和局部战争持续不断，国际安全体系和秩序受到冲击。特别是在这次全球抗击新冠肺炎疫情斗争中，“中国之治”与“西方之乱”形成鲜明对比，敌对势力越来越把“中国之制”视为对其制度模式的重大挑战，加紧对我国战略围堵，我国面临的外部环境不稳定性不确定性更加凸显。从周边安全环境看，我国拥有2.2万多公里陆地边界、1.8万多公里海岸线，是世界上邻国最多、陆地边界最长、海上安全环境最复杂的国家之一。我国国土安全依然面临威胁，陆地边界争议尚未彻底解决，领土主权问题和海洋权益争端依然存在。从反分裂斗争形势看，美国大力推行以台制华，在中美两国战略博弈中，不断提升对台的实质关系，民进党当局顽固坚持“台独”分裂立场，拒不承认“九二共识”，加紧推行“去中国化”“渐进台独”，强化敌意对抗、挟洋自重，在分裂道路上越走越远。境内外“藏独”“东突”等分裂势力活动频繁，对国家安全和社会稳定也构成严重威胁。面对如此复杂严峻的安全形势，全社会的国防意识、国防观念、国防责任还有待加强，有的认识不到强军事业是全党的事业、全国人民的事业，存在国家安全离我很远、与我无关的思想；有的还有崇美、媚美、恐美、畏美等现象；30多年没有战事，国防动员、拥军支前等工作还存在一些薄弱环节，社会经济实力能否有效转化为国防动员能力还有待检验。

（二）强军考题

以习近平同志为核心的党中央，在确立党在新时代的强军目标基础上，历史性地提出建军百年奋斗目标，到2027年形成捍卫国家主权、安全、发展利益的战略能力，到2035年基本实现国防和军队现代化，到本世纪中叶全面建成世界一流军队。这一新“三步走”战略安排，铺展了人民军队沿着中国特色强军之路渐进渐成的战略宏图。按照以习近平同志为核心的党中央战略部署，2016年以来，深化国防和军队改革“三大战役”梯次推进，取得巨大成就。第一大战役，重塑领导指挥体制。主要是按照“军委管总、战区主战、军种主建”原则，强化军委集中统一领导和战略指挥、战略管理功能，打破长期实行的总部体制、大军区体制、大陆军体制，构建新的军队领导管理和作战指挥体制。第二大战役，优化规模结构和力量编成。主要是按照调整优化结构、发展新型力量、理顺重大比例关系、压减数量规模的要求，推动军队由数量规模型向质量效能型、人力密集型向科技密集型转变。第三大战役，构建军事政策制度体系。主要是成体系推进军队党的建设、军事力量运用、军事力量建设、军事管理四大领域政策制度改革，建立健全中国特色社会主义军事政策制度体系。推进国防和军队改革建设，是以习近平同志为核心的党中央既定决策，支持、配合和服务改革强军是退役军人工作责无旁贷的政治责任。当前和今后一个时期，需要承接的工作很多，重点是三个方面：一个是，要主动适应改革形成的新体制。战区作为战略方向唯一最高联合作战指挥机构，担负着统筹辖区内军地国防资源，应对安全威胁、遏制战争、打赢战争的使命。各地如何与所在战区搞好协调对接，健全区域协调机制，使退役军人工作服务备战打仗融入联合作战指挥体系，努力构建军地联动、快速响应的工作机制，是摆在我们面前的紧迫课题。另一个是，要积极回应改革带来的新需求。改革后，移防换防部队和新调整组建单位较多，需要进行配套设施建设；部队武器装备加速升级换代，也需要新建扩建军用港口、机场、训练场地等设施；军队常态开展联演联训、战备执勤等军事行动，防抗强敌威慑施压、执行海上维权、反恐维稳等多样化任务更加频繁，对地方的保障需求不断加大；随着国防动员体制和预备役部队改革不断深化，部队对国防后备力量和国防动员潜力需求也越来越大。能不能支持和服务改革强军所需，帮助部队解决好现实问题，是对各级党委政府和退役军人工作服务备战打仗的现实要求。再一个是，要及时跟进改革出台的新政策。完善军事人力资源政策制度，深化军官职业化制度、兵役制度、军人待遇保障制度等改革，是这次军事政策制度改革的核心内容。如何对接新的军事政策制度设计，在优化退役军人安置质量，抓好退役军人就业，维护军人军属合法权益，健全随军家属就业和军人子女教育优待，推进滞留部队人员“即交即接”、完善社会优抚，让军人成为全社会尊崇的职业等政策方面，目前还面临不少现实矛盾困难，需要各地各部门进一步强化政治意识、国防意识、大局意识，共同合力破解一些体制性障碍、结构性矛盾、政策性问题，才能确保军队改革特别是军事人力资源制度改革落实落地。

（三）发展考题

经过三年来的努力，退役军人事务系统自身建设和管理保障水平有了大幅提升，组织管理体系、工作运行体系、政策制度体系建设实现跨越发展，但与服务备战打仗要求还有不相适应的地方。一是服务备战打仗职能还需进一步细化。一方面，工作运行机制还不够顺畅。各级虽然围绕服务备战打仗建立了一些拥军支前、优抚褒扬等工作机制，但对部队作战需求和地方保障能力缺乏系统论证、精准对接，有的没有方案预案，有的缺少实案化演练，职能职责和运行机制不够明确规范。另一方面，平战结合还不够紧。在烈士褒扬和抚恤优待上存在聚焦战时不够的问题，战时烈士评定备案、殓葬纪念、烈属优抚等程序机制尚需完善。再一方面，保障体系设施尚不配套。军供站和光荣院、优抚医院的规模布局、软硬件建设等方面，还需要对接战区战略、军事需求推进改革建设，切实提升体系保障能力。二是服务备战打仗政策制度还需配套完善。退役军人事务系统组建以来，坚持着眼长远建设发展同解决当前突出问题并举，出台了一系列政策法规，退役军人工作政策制度体系“四梁八柱”已经构建，但很多政策的配套落地还不够，特别是聚焦战时的拥军优属、优待抚恤、移交安置、褒扬纪念等方面，还有不少政策法规需要配套、补充、细化，搞好预研预置。三是服务备战打仗队伍建设还需加强。经过一段时间建设发展，退役军人工作队伍不断充实，呈现出蓬勃发展、积极向上、奋发有为的良好态势，但也存在发展不平衡、素质不全面的问题。队伍新人多、来源广，统筹协调、综合调研、政策业务、群众工作等方面能力还有待提高，特别是有的工作人员对部队不了解、对备战缺认识、对打仗没概念，开展工作的目标指向不聚焦，迫切需要强化队伍建设。

总的来看，在以习近平同志为核心的党中央坚强领导下，退役军人工作奠基开局、守正创新，处于最好的历史时期，面临难得的发展机遇。同时，退役军人工作服务备战打仗面临着前所未有的挑战和压力。我们要准确把握历史方位，全面分析形势任务，树立与服务备战打仗相适应的新理念，找到与新形势新任务新要求相适应的着力点，才能更好地推进服务备战打仗工作新实践。

三、退役军人工作服务备战打仗的着力重点

习近平总书记强调，中央和国家机关、地方各级党委和政府以及有关方面要强化国防意识，满腔热忱支持国防和军队建设改革，为军队建设、为广大官兵排忧解难，配合部队完成多样化军事任务，共同把强军事业推向前进。这为我们服务国防和军队建设、支持部队练兵备战明确了努力方向、提供了根本遵循。构建新发展格局、推进高质量发展，退役军人工作服务国防和军队建设，特别是服务备战打仗，着力重点在哪里呢？

（一）心怀“国之大者”

心怀“国之大者”，是习近平总书记对领导干部提出的政治要求。一是心怀“国之大者”，就是要从富国强军的大局上看问题、从长远看问题、从战略上看问题，多打大算盘、算大账，少打小算盘、算小账，在支持和服务国防和军队建设、军队备战打仗上，养成“计利当计天下利”的政治自觉和家国情怀，善于把本地区本部门的工作融入富国强军、民族伟大复兴的大棋局，统筹好为国防和军队建设服务、为经济社会发展服务，做到既为一域增光、更为全局添新。二是心怀“国之大者”，就是要强化从政治上看问题，铭记“强国必须强军、军强才能国安”，“中华民族走出苦难、中国人民实现解放，有赖于一支英雄的人民军队；中华民族实现伟大复兴，中国人民实现更加美好生活，必须加快把人民军队建设成为世界一流军队。”铭记“国防和军队建设，必须放在实现中华民族伟大复兴这个大目标下来认识和推进，服从和服务于这个国家和民族最高利益。”铭记“能战方能止战，准备打才能不必打，越不能打越可能挨打，这就是战争与和平的辩证法”和“如果现在就打，我们准备好了没有？能不能打赢？”的“胜战之问”。铭记“我国面临的安全挑战十分严峻复杂，各种可以预料和难以预料的风险挑战明显增多，战争危险现实存在，说不定什么时候就会打一仗。对各方面可能发生的战争风险，我们宁可信其有，不可信其无。只有‘信其有’并做好应对准备，坚持不打无准备之仗，才有可能阻遏敌手可能采取的行动。”等等。三是心怀“国之大者”，就是要在支持和服务国防和军队建设上，克服纯业务观念。退役军人工作，服务国防和军队建设，根本着眼点在于支持和保障军队能够有效地吸引更多的人才和人力资源投身到国防和军队建设，支

持和保障部队官兵安心服役、致力于练兵备战打仗，支持和保障艰苦边疆海疆海岛官兵为强边固边稳边自觉自愿牺牲奉献，让军人成为全社会尊崇的职业，确保部队战斗力建设巩固强大，部队随时听令能战胜战。

退役军人工作服务经济社会发展，根本着眼在有效引导和保证广大退役军人能够健康地融入经济社会建设发展大潮，成为各行各业的建设者和行家里手，成为国家应急应战的后备军。这要求我们各地各部门协力做好艰苦细致的培训就业工作、安置工作、优抚工作、褒扬工作，让退役军人成为全社会尊重的人。

（二）激发国防情怀

我们的国防是全民的国防，需要动员激发全社会的力量共同参与。退役军人工作在强化国防情怀上具有独特优势，更要责无旁贷。一方面，注重挖掘系统红色资源深化国防教育。红色资源是加强国防教育的有效载体和最佳教材。要建立运用红色资源传承红色基因教育制度体系，利用国家公祭日、烈士纪念日、清明祭英烈等时机，广泛组织开展具有国防教育意义的褒扬纪念活动；通过制作以英烈事迹为题材、弘扬英烈精神的优秀作品，拓展线上线下宣传渠道，深入挖掘英烈事迹，讲好英烈故事；继续与中央第七频道办好“老兵你好”栏目，引领广大民众在传承红色基因、赓续红色血脉中进一步强化国防观念。广泛开展“模范退役军人”“最美退役军人”学习宣传活动，推动先进典型进军营、进校园、进机关、进企业、进社区、进乡村，实现政府和社会同频化、典型和受众互动化、线上和线下一体化、宣传和关爱常态化，引导广大官兵和群众在感同身受中树牢国防意识、培塑国防情怀。今年，根据党中央关于建党100周年庆祝活动的部署安排，我部组织开展“老兵永远跟党走”系列庆祝活动、“百年英烈”系列纪念活动、“建强百家红色退役军人服务站”等活动，旨在展示我们党领导退役军人工作的光辉历程、伟大成就、宝贵经验，激励和动员退役军人事务系统和广大退役军人从党的百年奋斗历程、伟大成就中汲取智慧和力量，进一步营造尊重退役军人、尊崇军人职业的浓厚社会氛围。这些活动目前正在全面展开，各地要引导退役军人、退役军人工作者和社会各界广泛参与。另一方面，注重发挥退役军人国防后备力量作用。我国退役军人数量庞大，是国防后备力量的重要组成部分。怎么样把这支队伍的作用发挥好，把他们的国防潜力储备运用好，是退役军人工作的重要职责。要把退役军人服务备战打仗工作向国防动员转化、向后备力量建设拓展、向练兵备战延伸，深入挖掘退役军人在应急应战需求上的军事潜力，尽可能把退役军人中有网络、通信、消防、卫勤等专业技能特长，以及遂行过抢险救援、重大演训任务的实力底数动态掌握清楚，确保优先编入预备役和基干民兵队伍，在抢险救灾、应急备战中发挥作用。要进一步发挥退役军人开展国防教育的特有优势，加强选聘优秀退役军人担任革命烈士纪念馆、街道社区国防教育讲解员、中小学校外辅导员和军训教练员，通过讲英烈故事、讲部队风采、讲光荣传统、讲荣誉责任，增强全民国防观念。

（三）弘扬传统优势

巩固军政军民团结、发挥人民战争伟力，是

我党我军优良传统和政治优势、制度优势、组织优势的集中体现。退役军人工作服务备战打仗，必须紧跟时代发展创新实践，使人民战争传统优势在新时代焕发出更大生机活力。一是发挥政治优势深化双拥实践。深入开展拥军优属、拥政爱民活动，对于巩固政权、巩固国防、巩固军队具有重要意义。要注重发扬拥军优属光荣传统，适应军地建设改革新形势新任务新要求，紧贴部队练兵备战需要，不断丰富拓展拥军优属的领域内容和方法途径，充分发挥退役军人工作服务保障作用。积极协助部队完善战备训练等设施，特别是移防换防部队和新调整组建部队配套设施建设，全力保障部队官兵谋打赢、练打赢；注重为边疆海岛部队官兵办实事解难题，帮助改善执勤和工作生活条件，常态化开展“情系边海防官兵”拥军优属活动，全力保障官兵安心守边；积极推进社会化拥军，鼓励动员社会各界提供拥军优属服务，广泛开展科技拥军、智力拥军、教育拥军、人才拥军，大力营造关心国防、热爱军队的浓厚社会氛围。二是发挥制度优势健全运行机制。与战区建立健全拥军支前军地协调机制，推进拥军支前融入联合作战指挥体系，组织协调军地有关部门合力打造信息报送、会商研判、协调协商、传达部署等全链条快速响应机制。探索建立将双拥办随时转换为战时拥军支前办的机制，结合部队遂行重大任务、非战争军事行动等，协调做好拥军支前工作。建立战建结合、平战一体运行机制，优化布局，提高保障能力，将光荣院、优抚医院、军供站打造成平时应急、战时应战的重要阵地。三是发挥组织优势凝聚军地合力。重视发挥党委退役军人事务工作领导机构作用，建立健全军地合力的长效机制和工作平台，密切军地各相关单位、部门的协调配合。2019年11月，军地有关部门召开现场会，总结推广宁夏军地合力做退役军人有关工作的经验。专门印发文件就军地之间提升组织管理合力、凝聚思想政治工作合力、形成优待服务合力、叠加提升效益合力、增强权益维护合力作出部署，军地各级要结合实际贯彻落实，使军地合力共为体现贯穿到退役军人工作各领域全过程。

（四）坚持问题导向

习近平总书记反复强调，要把问题作为研究制定政策的起点，把工作的着力点放在解决最突出的矛盾和问题上。退役军人工作服务部队备战打仗，要紧贴强军备战实践，积极协助部队破解建设难题，帮助官兵解除后顾之忧。一是在解决滞留部队官兵移交难题上用实劲。中央领导同志高度重视这个问题，多部门也正在进行研究会商。部分退役人员长期滞留部队，是当前影响部队正规化管理、牵扯备战打仗精力的突出矛盾和老大难问题。目前，军队待移交政府安置管理的离退休军人和伤病残士兵中，因为住房、医疗、待遇等方面原因，很多人长期滞留部队交不出去，有的甚至滞留几十年。各级各部门要按照统一部署，出台特殊政策、采取超常举措，加大移交安置力度，压实交接责任，确保按照时间节点完成移交任务，积极为部队聚力练兵备战排除干扰、减轻负担。二是在解决官兵后顾之忧上出实招。妥善解决好官兵退役安置、家属就业、子女教育等问题，对于稳定军心、激励斗志具有重要现实意义。随着部队部署调整、规模力量重塑，干部大范围交流，官兵退役数量增多，移交安置、家属随军就业、子女入学转学等方面矛盾更加突出。各级党委政府和退役军人事务系统要把解决这些问题摆在更加突出的位置，作为服务备战打仗的重要任务来抓。要用好用足安置政策，完善推广“阳光安置”“直通车”等安置办法，畅通党政机关、事业单位和国有企业安置渠道，进一步提高退役军人安置质量。要积极实施随军家属安置就业工程，进一步压实工作责任，加大组织安置力度，拓宽市场就业渠道，切实提高随军家属的安置率、就业率。要提高军人子女教育优待质效，调整完善相关优待政策，加大基层部队、驻艰苦边远地区军人子女教育优待力度，确保军人子女能上学、上好学。三是在推动军人职业尊崇上见实效。让军人成为全社会尊崇的职业，是习近平总书记亲自倡导和引领的价值追求。对军人职业的尊崇，核心体现在全社会对军人牺牲奉献价值的高度认同，体现在全社会爱国拥军的政治热情，体现在各项优待政策的全面落实。要做到这些，就要大力强化荣誉激励，常态化开展新兵入伍欢送、光荣牌悬挂、立功受奖送喜报、退役返乡欢迎、节日走访慰问等活动，进一步激发光荣感；就要加大军人军属和退役军人优待力度，引导金融、交通、电信、商业等部门和各类社会组织，为他们提供优质优惠服务，进一步增强获得感；就要加强社会风尚引领，大力宣扬军人敢于牺牲、无私奉献的精神风貌，广泛宣传退役军人退役不褪色、建功新时代的先进事迹，营造尊崇尊重的社会氛围。

（五）提升服务质效

随着经济社会发展、国家和军队改革深化，广大退役军人和军人军属对服务保障的需求也发生了深刻变化。退役军人工作要更好地服务备战打仗，就要立足新发展阶段、贯彻新发展理念，着眼满足服务对象多样化需求，进一步转变发展方式，提升服务保障质量效能。一是推进安置就业逐步实现政府主导与适应市场并举。对政府安排工作的，在指令保底安置前提下，引入市场化运行模式，通过考试考核公平竞争，同时采取组织选调与个人意愿、专项选拔与赋分选岗相结合等新途径，拓宽安置选岗“绿色通道”。对政府不安排工作的，探索建立国有企事业单位按比例预留定向岗位，推进竞争选岗机制和“权威推荐+自主选择”新模式，并通过政府专项行动促进退役军人职业技能和学历教育提升，落实优惠举措，推动退役军人就业。对军休和伤病残人员，重塑移交安置、收治休养等制度，分类研究解决现实难题；厘清军地住房保障职能界限，实行市场购买与集中统建相结合模式，实质性落实“随退随审、即交即接”工作机制，确保人员顺利完成交接。二是推进优待抚恤逐步实现精细保障与规范服务兼顾。规范服务标准体系，在确立待遇保障标准、健全动态调整机制，逐步消除城乡差异、缩小地区差异的基础上，坚持以人为本、统筹衔接、依法管理、分类保障，遵循覆盖全体服务对象、涵盖全生命周期的原则，科学明确各类服务对象资格认定、待遇标准、保障要求，依法依规严密实施服务保障工作。推进依法精细保障，精确核实对象、逐一建档立卡，推进服务保障工作向资源集约化、保障多元化、服务人性化、效益最大化延伸。拓展深化帮扶解困，着眼解决困难与实现根本解困相结合、物质帮扶与精神慰藉相结合、帮扶个人与帮扶家庭相结合，健全困难退役军人帮扶援助机制，完善社会组织补充功能，实现政府和社会同向发力，进一步提升服务保障效益。三是推进服务体系逐步实现机构搭建向高效运转转变。筑牢服务基础，配齐补强基层服务中心（站）工作人员，明确工作事项清单，组织开展综合评定和示范创建活动，巩固发展“五有”“全覆盖”成果。拓展服务职能，坚持做好现有服务保障工作的同时，将服务触角向远程权益维护、司法援助服务、心理调适慰藉、医疗康养咨询等延伸，保障对象向军人军属、烈属、退役军人和其他优抚对象全覆盖，探索与社会资本合作模式，建立为作出特殊贡献或困难退役军人提供培训、就业、医疗、养老、殡葬等全生命周期服务机制。提升服务效能，建立完善服务保障制度，走开“互联网+”“一站式”和“最多跑一次”等服务模式，坚持一人一策、主动上门、热线联系，实现信息化、个性化、亲情化服务。

四、推动退役军人工作服务备战打仗是各级各部门的共同责任

习近平总书记多次强调，国防和军队建设是全党全军全国各族人民的共同事业，必须调动全党全国力量，齐心协力做好工作。各级各部门特别是退役军人事务系统，要自觉站在增强“四个意识”、坚定“四个自信”、做到“两个维护”的政治高度，强化责任担当，凝聚工作合力，切实把支持军队建设发展、服务部队备战打仗工作当作分内事和头等事来抓。

（一）坚持党的领导

这是我们做好新时代退役军人工作，更好地服务备战打仗的根本前提和政治保证。红军时期，苏维埃中央政府就设立红军抚恤处，新中国成立后先后设立中央复员委员会、国务院退伍军人和军队退休干部安置领导小组、全国双拥工作领导小组；抗日战争时期推广的陕甘宁边区“拥军优抗、拥政爱民”运动，解放战争时期开展热火朝天的支前运动，抗美援朝战争打响后成立专门机构领导全国抗美援朝运动，党的领导始终是退役军人工作服务备战打仗的根本保证。目前，从中央到地方都设立了国防动员、军民融合发展、退役军人工作、双拥工作等工作机构，随着国家治理体系和治理能力现代化建设深入推进，国家治理体系和机构分工更加精细，只有在党的集中统一领导下，才能更好地强化各级各部门的国防意识和备战观念，更加有效地发挥相关议事决策机构的功能作用，形成全党全社会服务国防和军队建设的整体效能。各级退役军人事务部门，作为本级党委退役军人事务工作领导机构的办事部门，要提高政治站位，带头学习贯彻习近平强军思想和习近平总书记关于退役军人工作重要论述，不断提高政治判断力、政治领悟力、政治执行力，增强推动退役军人工作服务备战打仗的政治责任感；要深入研究探索，进一步明确退役军人工作在国防动员体系中的职能任务，找准退役军人系统在战区体制下的角色定位，把能够做什么、做到什么程度、怎么组织实施搞清楚研究透，不断提高退役军人工作服务备战打仗的针对性实效性。各成员单位要增强大局观念、全局意识，自觉服从服务于党和国家工作大局，在退役军人工作政策出台、任务落实、难题破解等方面予以支持，同时也希望成员单位多到边防海岛走一走、看一看，增强对退役军人工作的理解和认识。

（二）强化政策牵引

做好做实服务备战打仗各项工作，完善政策制度是关键。经过建党百年和新中国70余年的探索实践，我们党在建设国防、巩固国防方面形成了一整套的制度机制和法规政策，《宪法》从顶层明确了国防的责任义务，《国防法》《国防动员法》《国防教育法》等法律法规也都明确了相关职责任务，形成了党委议军、军民融合、国防动员、双拥共建等方面的制度平台，地方党委和政府助力备战打仗、服务国防建设的职责不断丰富、机制不断完善。当前和今后一个时期，要紧跟国家治理创新实践和服务备战打仗现实要求，进一步加强相关政策制度研究创新和系统设计。要做实服务备战打仗的工作内容，各地各级各部门要主动结合实际，搞清楚本行业本系统本领域服务备战打仗的内容清单，对各自服务什么、怎么服务等做到清楚明了，确保一旦需要能够有序展开、有力保障。要压实服务备战的职责任务，服务部队备战打仗涉及党政军部门多，有些职能容易交叉重叠，有些工作容易缺位挂空，需要各级进一步加强工作统筹，厘清职责界限，细化责任分工，建立明责、督责、问责制度链路，切实推动服务备战打仗各项工作精准落实、精细落地。要定实服务备战打仗的政策措施，持续深化退役军人工作服务备战打仗专题研究，紧贴战时需要，搞好相关政策法规的预研储备，建立健全战时退役军人工作总体方案和专项预案，做到政策预置、举措预置、力量预置，确保各项政策措施实在管用，经得起实践和实战检验。

（三）注重协调配合

退役军人工作服务备战打仗，退役军人事务系统是主体主责，但如果单靠退役军人事务部门“唱独角戏”，很难有大的作为。要牢固树立“一盘棋”思想，在军地之间、地方各部门之间构建形成横向协调协作、纵向贯通衔接、资源汇聚共享的良好局面。一要完善领导体制。各级党委退役军人事务工作领导小组，担负着统筹协调本地区各部门的重要职责，要站在加强党对退役军人工作全面领导的政治高度，坚持高位谋划推动、统筹各方力量，协调和推动本地区退役军人工作各项任务落实。各级领导小组办公室要积极发挥协调作用，加强与各成员单位沟通联系，实现工作高效联动。二要健全协调机制。建立健全领导小组全体会议、专题会议、办公室会议、联络员会议等各类会商制度，同时加强与国防动员、双拥共建等机制衔接，及时研究工作中的重大问题和难点问题。要加强协调工作目标管理，通过建立重点任务协调清单、成员单位支持退役军人工作清单等制度，协调推动中央和各级党委决策部署落实落地。要拓宽协调渠道，通过广泛开展联合调研、联合督导、信息交流、交叉培训等活动，进一步拓宽沟通协调的渠道。三要发挥整体效能。退役军人事务部门要发挥牵头主抓作用，加强政策制度的研究制定，紧盯退役军人工作服务备战打仗的重难点问题，大胆创新、担当尽责；各成员单位要发挥好专项主办、整体配合作用，积极履行退役军人工作职责，主动提供政策、人力、资金等支持保障。同时，各地各部门要发挥自身优势，通过设立关爱基金、帮扶援助基金和组建志愿者团队等方式，鼓励吸纳更多社会力量积极参与，努力形成支持退役军人工作、服务备战打仗的整体合力，不断凝聚实现强国梦强军梦的磅礴力量。

最后，我想谈一下“坚持党对人民军队的绝对领导”中“绝对”两个字的内涵。什么叫“绝对”，“就是强调坚持党的领导的唯一性、彻底性和无条件性。不论思想上还是行动上，都必须与党中央、中央军委始终保持高度一致；不论平时还是战时，都必须一切行动听指挥；不论党和军队重大方针政策还是具体工作部署，都必须不折不扣贯彻落实，大是大非不含糊、小事小节不走样。”“坚持党对军队绝对领导，首先全军对党要绝对忠诚，这是马克思主义建党建军的一条基本原则，是我们党长期以来建军治军经验教训的深刻总结。我军是拿枪杆子的，对党忠诚必须是唯一的、彻底的、无条件的、不掺任何杂质的、没有任何水分的忠诚。衡量我军是不是政治合格，可以讲很多条，但归根到底要看这一条。”这是摘自《习近平强军思想学习纲要》中的有关论述。

在部青年干部座谈会上的讲话

（2021年10月29日）

方永祥

今天我们召开青年干部座谈会，一起学习习近平总书记“七一”重要讲话和习近平总书记在中央党校（国家行政学院）中青年干部培训班开班式上的重要讲话，就学习贯彻落实讲话精神，促进青年干部成长成才进行交流。刚才，8名青年干部代表作了现场交流发言，9名同志提交了书面发言材料，大家在发言中汇报了学习情况、分享了学习感悟、提出了践行思路、交流了实践成果，讲得都很好，听后很受启发。大家的发言，充分展现了我部青年勤于学习、善于思考、勇于探索、敢于拼搏、躬于实践的良好品质，体现了新时代退役军人事务部青年干部恪守初心、肩负使命、继往开来的精神风貌。学习与实践是无止境的，我们的学习成效还是初步的，需要大家继续保持这种钻研劲头、进取精神，持续深入把习近平总书记重要讲话精神学习好领会好贯彻好。

习近平总书记“七一”重要讲话深情回顾了中国共产党百年奋斗的光辉历程，系统提出了一百年来我们党团结带领中国人民创造的一系列伟大成就，全面总结了我们党在百年征程中积累的宝贵经验、铸就的伟大精神，是我们学习党史、汲取力量，以史为鉴、开创未来的根本遵循。习近平总书记在2021年秋季学期中央党校（国家行政学院）中青年干部培训班开班式上的重要讲话，站在党和人民事业长远发展的战略高度，着眼建设一支适应新时代要求的高素质专业化青年干部队伍，对广大党员干部特别是年轻干部在新时代的实践中更好锻炼成长提出了“信念坚定、对党忠诚，注重实际、实事求是，勇于担当、善于作为，坚持原则、敢于斗争，严守规矩、不逾底线，勤学苦练、增强本领”的明确要求，为新时代青年努力成为可堪大用、能担重任的栋梁之材指明了前进路径。

下面，我结合个人学习的一些思考和体会，就青年同志如何在学习实践中成长成才谈几点认识，与同志们交流。

一、深刻理解伟大建党精神的本源意义和时代价值，始终保持青年干部的先进特质和昂扬精神

习近平总书记“七一”重要讲话立足党的百年历史新起点，第一次鲜明提出“坚持真理、坚守理想，践行初心、担当使命，不怕牺牲、英勇斗争，对党忠诚、不负人民”的伟大建党精神。

中国共产党人的精神谱系由此开启，百年奋斗的精神史诗由此开篇。这一浓缩为4个维度32个字的伟大建党精神，集中体现了我们党的精神力量和党员的品格标准。一是思想维度，“坚持真理、坚守理想”集中体现了一百年来我们党始终高举的思想旗帜，回答了我们党是如何建设成为一个思想先进、理想远大的马克思主义政党。二是实践维度，“践行初心、担当使命”集中体现了一百年来我们党始终坚持的政治路线，回答了我们党是如何建设成为一个矢志不渝、务实奋斗的马克思主义政党。三是作风维度，“不怕牺牲、英勇斗争”集中体现了一百年来我们党始终秉持的精神状态，回答了我们党是如何建设成为一个敢战能胜、具有强大战斗力的马克思主义政党。四是品格维度，“对党忠诚、不负人民”集中体现了一百年来我们党始终恪守的道德准则，回答了我们党是如何建设成为一个步调一致、立场坚定的马克思主义政党。把握这四个维度，要结合我们党的百年奋斗历史来理解，在我党存亡之际、关键之时，如果没有革命先辈们慷慨赴死，我们的革命事业就可能坚持不下来；如果没有坚定的理想信念，我国就不可能在建国初期取得抗美援朝的胜利，就不能屹立世界民族之林、屹立世界大国之位。我理解，伟大建党精神如同我们党的“干细胞”，承载着自五四运动以来在实践中不断精进、自建党之日起就注入我们党体内的马克思主义基因，具有强大的记忆能力和再生能力，确保我们党在不同历史时期始终保持先进性、纯洁性，并在实践中衍生出一系列以红色基因为内核的精神谱系，成为我们党推进伟大社会革命和伟大自我革命的精神力量之源。毛泽东同志曾说：“人是要有一点精神的。”他曾用“敌人是钢多气少，我们是钢少气多”来形容精神力量对于抗美援朝取得胜利的重要作用，生动诠释了重视精神力量是我们党的优良传统和政治优势。

青年一代有理想、有本领、有担当，国家就有前途、民族就有希望。青年时期是世界观、人生观、价值观形成的重要阶段，既肩负着“天将降大任于斯人”的使命重担，又面临着“乱花渐欲迷人眼”的诱惑挑战。这些问题的解决，根本上就需要青年干部树立正确的世界观、人生观、价值观和政绩观、得失观、苦乐观、义利观。

一是要坚守理想信念。习近平总书记在2021年秋季学期中央党校（国家行政学院）中青年干部培训班开班式上的重要讲话指出：“中国共产党成立一百年来，始终是有崇高理想和坚定信念的党。这个理想信念，就是马克思主义信仰、共产主义远大理想、中国特色社会主义共同理想。理想信念是中国共产党人的精神支柱和政治灵魂，也是保持党的团结统一的思想基础。党员干部有了坚定的理想信念，才能经得住各种考验，走得稳、走得远。”理想信念不是空的、假的。大家作为新时代有志青年，要准确理解其内涵，能够读懂马克思主义，读懂中国化的马克思主义，特别是读懂习近平新时代中国特色社会主义思想，时刻牢记中国共产党人的初心使命是为中国人民谋幸福、为中华民族谋复兴。共产党人如果没有理想信念，精神上就会“缺钙”，就会得“软骨病”，必然最终走向政治变质、经济贪婪，道德上堕落、生活上腐化。党员干部包括年轻干部都要深刻认识到，形成理想信念、坚定理想信念不是一蹴而就的，也不是一劳永逸的，而是要在斗争实践中不断砥砺、经受考验。党员干部包括年轻干部都要牢记，坚定理想信念是终身课题，需要常修常炼，要信一辈子、守一辈子。树牢理想信念，必须强化理论武装、加强党性修养，自觉用马克思主义、中国化的马克思主义特别是习近平新时代中国特色社会主义思想武装头脑、指导实践、推动工作；必须发扬伟大建党精神，延续共产党人的精神谱系，践行党的宗旨，涵养公仆意识和为民情怀，解决好“我是谁、为了谁、依靠谁”的根本问题；必须自觉加强政治历练，接受严格的党内政治生活淬炼，不断提高政治判断力、政治领悟力、政治执行力；必须牢记初心使命、砥砺政治品格，把对马克思主义的信仰、对中国特色社会主义的信念、对实现中华民族伟大复兴的信心作为毕生追求，以昂扬斗志和饱满精神不断把为崇高理想奋斗的实践推向前进。

二是要永葆对党忠诚。对党忠诚是共产党人首要的政治品质。衡量党员干部是否有理想信念，关键看是否对党忠诚。我们对党忠诚，就是要坚决维护党中央权威和集中统一领导，自觉在思想上政治上行动上同党中央保持高度一致；要坚决贯彻执行党的理论和路线方针政策，不折不扣把党中央决策部署落到实处；要坚持党和人民事业高于一切，自觉执行组织决定，服从组织安排；要对标对表党员标准，时刻检视自己、时时对照、躬身践行；要立志为党分忧、为国尽责、为民奉献，勇于服从党的工作需要，勇于担苦、担难、担重、担险；要永远信党爱党为党，不断把人生追求融入党的伟大事业中、不断把个人理想融入我们所从事的退役军人工作发展中。锤炼忠诚，既要从正面培塑，同时也从反面教材加以警示，在工作、成长过程中遇到各种是非挑战时，要坚守理想、做到忠诚，不怕艰苦、不讲条件，始终践行初心使命。

三是要严守政治纪律和政治规矩。守纪律、讲规矩是对党员干部最基本、最核心的政治要求和纪律约束。什么是政治纪律和政治规矩，习近平总书记有个经典论述，他指出，要加强纪律建设，把守纪律讲规矩摆在更加重要的位置。党章是全党必须遵循的总章程，也是总规矩。党的纪律是刚性约束，政治纪律更是全党在政治方向、政治立场、政治言论、政治行动方面必须遵守的刚性约束。国家法律是党员、干部必须遵守的规矩，法律是党领导人民制定的，全党必须模范执行。党在长期实践中形成的优良传统和工作惯例也是重要的党内规矩。这些重要论述都需要全体党员熟知在心、自觉遵循并长期坚持。青年干部要自觉学习政治纪律和政治规矩，准确把握“严明政治纪律和政治规矩”的深刻内涵，让纪律意识、规矩意识内化于心、外化于行，不断增强“四个意识”、坚定“四个自信”、做到“两个维护”；要坚定政治立场，依照党的路线、方针、政策和法规法纪做事，主动同违反政治纪律和政治规矩的行为做坚决斗争，在原则问题上不含糊、不退让，确保政治上十分清醒、十分可靠。尤其是刚入部工作的年轻同志要扣好岗位履职的“第一粒扣子”，从一开始就树立政治意识、规矩意识、底线意识，讲原则不讲面子、讲党性不徇私情，从点滴做起，不断加强党性修养。

二、深刻理解习近平总书记对青年干部的殷切期望和深情寄语，努力锻造能担重任的素质品格

习近平总书记在“七一”重要讲话中指出，

"未来属于青年，希望寄予青年。一百年前，一群新青年高举马克思主义思想火炬，在风雨如晦的中国苦苦探寻民族复兴的前途。一百年来，在中国共产党的旗帜下，一代代中国青年把青春奋斗融入党和人民事业，成为实现中华民族伟大复兴的先锋力量。新时代的中国青年要以实现中华民族伟大复兴为己任，增强做中国人的志气、骨气、底气，不负时代，不负韶华，不负党和人民的殷切期望！"这157个字，充分体现了以习近平同志为核心的党中央对建党前期、初期和建党百年来一代代青年的褒奖，对当代青年的重视关切和殷切期望。新时代青年要学深悟透习近平总书记提出的"志气、骨气、底气"的深刻内涵和寄托的期望要求。

当代中国青年是与时代同向同行的一代，在中华民族伟大复兴的历史进程中，既拥有广阔的发展空间，又肩负着重大的时代使命。新长征赶考之路上，还会有新的"雪山""草地"要去跨越，新的"娄山关""腊子口"需要去征服。应对重大挑战、抵御重大风险，亟须青年干部保持"初生牛犊不怕虎"的刚健勇毅、涵养"千磨万击还坚劲""越是艰险越向前"的坚韧意志，在建设伟大事业的奋进中勇挑重担、勇克难关，让奋斗成为青春最亮丽的底色。

一要能吃苦。艰苦奋斗是我们党的传家宝、是党的红色基因。青年干部做任何工作都要做好吃苦的准备，要明白"才从苦中来、功在苦中建"的道理，在艰险面前不停滞、在困难面前不低头，在攻坚克难中磨炼精神品质。俗话说，苦不苦想想红军两万五。在长征中，红军以常人难以想象的顽强意志，克服极端艰苦的自然条件，在敌人的疯狂阻击中，取得胜利，铸就艰苦卓绝的伟大长征精神。我们青年干部要学习老一辈革命家艰苦奋斗的精神，奋发图强、艰苦创业，为国家和人民的利益乐于奉献、勇于献身，杜绝充斥耳边的"佛系""躺平"等庸碌思想，在吃苦中强党性、长才干。吃苦目的是勇于学习、勇于实践、勇于担当、勇于创造、干成事业。

二要讲奉献。奉献是共产党员的优秀品质，也是中华民族的优良传统。当前退役军人工作还处在奠基启新、爬坡过坎、滚石上山的关键阶段，各项工作任务还很重，在事业改革发展过程中，会不断出现新情况、新问题；再加上我部人员还未完全满编，很多同志又是退役军人系统的"新兵"，在工作中用时间换效率、用时间保质量的事情还经常发生，加班加点在一段时期内还将是常态。青年干部要发扬奉献精神，用青春的汗水浇灌理想之花。要站在"国之大者""军之大事"的高度，充分认清做好退役军人工作的重要意义，不断强化事业心、责任感和使命意识；要始终把党和人民的利益摆在第一位，特别是在个人利益与党的需要有矛盾时，敢于站得出来、豁得出去，勇于牺牲奉献，自觉服从组织需要、服从服务大局。

三要有情怀。情怀是一个人的心境、情感，也是一种价值追求，新时代青年干部的情怀应该是高尚的、热情的、纯粹的，要树立"家国情怀""国之大者"，使个人自我的"小情怀"服从对人民高度负责、对国家高度认同的"大情怀"。要以"先天下之忧而忧"和"苟利国家生死以"的情怀，以国家大局为重，以人民利益为上，把个人理想与实现中华民族伟大复兴的中国梦和人民对美好生活向往的目标紧密结合起来，为党分忧、为民尽责。对从事退役军人工作的青年干部来说，就是要把个人成长融入退役军人事业发展大局中去，把全心全意为退役军人服务作为永远不变的初心和使命，设身处地体会退役军人难处，把他们当家人，把他们的来信当家书，把他们的事情当家事，把对他们的体恤之情渗透到工作的每个环节，真正成为他们感情上的贴心人，引领他们成为拥护我们党长期执政的中坚力量和服务全面建设社会主义现代化国家的骨干力量。

三、深刻理解必须进行具有许多新的历史特点的伟大斗争的根本要求，更加自觉地传承斗争精神、增强斗争本领

习近平总书记深刻指出："敢于斗争、敢于胜利，是中国共产党不可战胜的强大精神力量。"党的十八大以来，习近平总书记反复强调"进行具有许多新的历史特点的伟大斗争"的重要意义，从一开始提出"准备进行"、到后来明确"必须进行"，体现了理论和实践的不断深化。要注意的是，中华民族伟大复兴已经"进入了不可逆转的历史进程"，但仍有进程上可能被迟滞、被打断的风险，我们必须保持高度警觉，始终做好进行伟大斗争的准备。一方面要知道进行什么伟大斗争。习近平总书记指出："中华民族伟大复兴，绝不是轻轻松松、敲锣打鼓就能实现的，实现伟大梦想必须进行伟大斗争"。伟大斗争是在实现党的事业、国家发展目标、推动伟大民族复兴的发展进程中，同产生的矛盾风险所进行的斗争。进入新的历史阶段，我国发展面临的内外部环境日益错综复杂，滋生风险挑战的领域不断增多。比如，危害党的领导和社会主义制度的风险挑战，危害我们国家主权、安全、发展利益的风险挑战，危害我国核心利益和重大原则的风险挑战，等等。与这些风险挑战的斗争就是伟大斗争，之所以说伟大，因为这事关中华民族伟大复兴的伟大梦想是否能够顺利实现，这种斗争无论是斗争内容还是斗争方式等方面都呈现出鲜明的时代特色。另一方面要知道进行伟大斗争的复杂性长期性。习近平总书记指出："我们面临的各种斗争不是短期的而是长期的，至少要伴随我们实现第二个百年奋斗目标全过程"。当前和今后一个时期，世界百年未有之大变局加速演变，国际形势不稳定性不确定性明显增加，我国国家安全进入高风险期，面临诸多威胁挑战。美西方不断在我周边密谋布局、寻衅滋事，加紧对我实施围堵遏制；"台独"势力动作不断，中印边境、南海等地区形势非常复杂；新冠肺炎疫情防控压力大，改革发展稳定的任务之重前所未有。与此同时，同传统意义上兵戎相见、喊打喊杀的斗争不同，当今时代的斗争形态更加多样、更加复杂，有的还很隐蔽，等等。这些斗争将是长期的复杂的。再一个就是要知道进行伟大斗争的重要性。当前，在实现中华民族伟大复兴的道路上遇到的斗争是多方面的，改革发展稳定、内政外交国防、治党治国治军都需要坚持党性原则、发扬斗争精神、提高斗争本领。党的十八大以来，以习近平同志为核心的党中央对退役军人工作高度重视，通过全系统的不懈努力，我们取得了历史性成就、站上了新的起点、进入了新的阶段。就退役军人工作而言，发展不平衡不充分的矛盾仍然突出，随着军地各项改革加速推进，退役军人工作面临不同以往的新挑战新任务，需要全体干部特别是年轻干部，发扬斗争精神，投身新实

践、推动新发展，全力应对挑战，不断开创退役军人工作新格局。

一是要传承斗争精神。党的历史，就是一部艰苦卓绝的斗争史，是最生动、最有说服力的教科书，它承载着无数先驱前辈、仁人志士崇高的革命理想和坚毅的斗争探索，蕴含着我们党百年奋斗历程中最宝贵的历史经验。我们党依靠斗争走到今天，也必然依靠斗争赢得未来。我们的青年干部普遍是80后、90后，都是生在红旗下、长在蜜罐里，对我们党艰苦卓绝的奋斗历程并没有切身感受，通过学习党史了解先驱们峥嵘岁月中的牺牲奉献，感悟伟大建党精神的深厚内涵和精神实质，不断凝聚推进事业发展的动力。作为从事退役军人事务工作的青年人，还要深入学习党领导下的退役军人工作历史。战争年代，拥军支前政策极大鼓舞了军心士气，广大军民同仇敌忾、共御外侮，最终夺取战争胜利；新中国成立初期的退役军人工作，为人民解放军的转型奠定了坚实基础；我们系统组建以来，退役军人服务保障体系不断完善，政策制度体系不断健全，开创了退役军人工作新局面。青年干部要通过学习党领导下的退役军人工作发展历史，准确把握退役军人事务部门在新的历史起点上承担的使命任务，自觉将自己个人奋斗价值融入党的退役军人事业发展大局中，作出更好贡献。

二是要敢于坚持原则。习近平总书记强调："坚持原则是共产党人的重要品格，是衡量一个干部是否称职的重要标准。"坚持原则，根本上就是坚持中国共产党领导和我国社会主义制度不动摇，任何风险挑战来了，我们就必须坚决斗争，而且必须取得斗争胜利。坚持原则，必须坚持实事求是，一切从实际出发，摸实情、讲真话、办实事，自觉同官僚主义、形式主义作斗争；必须旗帜鲜明反对好人主义，年轻干部不能做爱惜羽毛的绅士、一团和气的"好好先生"，要做敢于斗争、善于斗争的战士，在原则问题上决不含糊、决不退让，葆有秉公办事、铁面无私的精神，做到讲原则、讲党性，不枉国法、不徇私情；必须从思想上克服不愿斗争的"软骨病"、不敢斗争的"恐惧症"，持续发扬"越是艰险越向前"的斗争精神，涵养"狭路相逢勇者胜"的斗争意志。

三是要勇于实践创新。我部作为在深化党和国家机构改革中组建的新单位，承载着为中国梦、强军梦提供重要战略支撑的历史使命，肩负着直接服务国防和军队建设的特殊政治任务，大项任务重、紧急任务多，青年干部要主动担当作为，在实践中磨炼，在干事中成长。俗话说，"刀不磨不快，玉不琢不光"。如果面对工作任务，挑"熟"放"生"、挑肥拣瘦，甚至"闪躲""回避"做"推手"，不当几次"热锅上的蚂蚁"、不经历一些急难险重任务，就永远无法成长为可"挑大梁"的行家里手。作为青年干部，也不可能一步就成为完成大项任务的"主力军"。要首先从参与工作开始，多学多看、多试多练，自我加压、主动"伸手"。要善于总结，经常看看"来时路"，才会不走"回头路"，有的青年干部平时工作没少做、苦也没少吃、累也没少受，但因为不善于总结，工作"经历"变成了事情"经过"，"弯路"照常走、"死胡同"照常钻，主要问题是自己能不能正视自己的问题，要善于在总结中不断加强自我净化、自我完善、自我革新、自我提高。

最后，我注意到今天参加会议的青年同志

中，有几位宣传委员，刚才你们也分别从自己担任宣传委员的角度作了发言。青年同志担任支部委员，更多地参与支部建设，本身就是一种很好的学习锻炼和提高。作为宣传委员，要加强党建对业务工作的引领，找准党建工作与业务工作充分融合的结合点，熟悉了解本支部党员群众的思想状况，组织党员学习好党的理论，宣传好党的路线方针政策，围绕本单位中心工作开展多种形式的宣传教育，任务重、要求高。青年同志在国家机关党支部中做好宣传委员，就要比普通青年对自己有更高的要求，在学习党的理论上要更细更深入，在对单位业务工作的了解上要更准更全面，要在机关工作需要的政策研究力、文字表达力、机关协调力、工作落实力上下更多功夫。

去年青年干部座谈会上，我与大家一起重温了保尔·柯察金关于怎样度过一生的名言，在今天座谈交流结束之前，我想用马克思在《青年选择职业的考虑》中的一段话与大家共勉："如果我们选择了最能为人类福利而劳动的职业，那么，重担就不能把我们压倒，因为这是为大家而献身；那时我们所感到的就不是可怜的、有限的、自私的乐趣，我们的幸福将属于千百万人，我们的事业将默默地、但是永恒发挥作用地存在下去。"迈入新时代，面向新征程，我们从事退役军人事务工作的青年干部，应当时时以这句名言拷问自己、鞭策自己、鼓舞自己。

在退役军人事务部2021年全面从严治党暨党风廉政建设工作会议上的讲话

（2021年4月22日）

林国耀

今年是中国共产党成立一百周年，也是实施“十四五”规划、开启全面建设社会主义现代化国家新征程的第一年，所有工作都要围绕开好局、起好步来展开，加强全面从严治党、推进党风廉政建设和反腐败工作具有特殊的重要意义。今年初召开的十九届中央纪委五次全会全面部署了2021年全面从严治党和党风廉政建设及反腐败工作任务，为我们做好工作提供了遵循、指明了方向。下面，我就学习贯彻中央纪委五次全会精神、推进部内全面从严治党、党风廉政建设和反腐败工作，讲三点意见。

一、深入学习、深刻领会，切实把思想统一到中央纪委五次全会精神上来

在中央纪委五次全会上，习近平总书记发表了重要讲话，充分肯定过去一年全面从严治党取得新的重大成果，深刻阐述全面从严治党新形势新任务，强调全面从严治党首先要从政治上看，不断提高政治判断力、政治领悟力、政治执行力；要求发挥全面从严治党引领保障作用，确保“十四五”时期重大战略任务落实见效。习近平总书记重要讲话是推进当前和今后一个时期全面从严治党的根本遵循，我们要深入学习领会，切实把思想统一到全会精神上来。

第一，坚持全面从严治党首先要从政治上看。习近平总书记多次强调，政治问题任何时候都是根本性的大问题。旗帜鲜明讲政治，是马克思主义政党的鲜明特征，是我们党一以贯之的政治优势。不从政治上认识问题、解决问题，就会陷入头痛医头、脚痛医脚的被动局面，就无法从根本上解决问题。只有从政治上分析问题才能看清本质，只有从政治上解决问题才能抓住根本。习近平总书记在中央纪委五次全会上深刻指出，对党风廉政和反腐败斗争，首先要从政治上看，才能看得更明白。一是腐败问题对党的执政基础的破坏力最大、杀伤力也最大，是最容易颠覆政权的问题，是党面临的最大威胁，反腐败斗争是一场输不起也决不能输的重大政治斗争，必须决战决胜。二是反对腐败、建设廉洁政治，是我们党一贯坚持的鲜明政治立场，是坚持党的性质和宗旨的必然要求，是党自我革命必须长期抓

好的重大政治任务，必须亮明党坚决反对腐败的旗帜，让腐败分子在党内没有藏身之地。三是政治腐败是最大的腐败，必须消除党内政治隐患，坚决防止党内形成利益集团。四是民心是最大的政治，人民群众最痛恨腐败，必须坚持以正风肃纪反腐凝聚党心军心民心，厚植党执政的政治基础。五是党风廉政建设和反腐败斗争永远在路上，必须以抓铁有痕、踏石留印的坚韧和执着，打好这场攻坚战、持久战，使党永葆清正廉洁的政治本色。

坚持全面从严治党首先要从政治上看，就要在党风廉政建设和反腐败斗争中，不断提高我们的政治判断力、政治领悟力、政治执行力。提高政治判断力重在把准方向、明辨是非，解决“看清楚”的问题。必须增强政治意识，善于从政治上看问题，把握政治大局，深刻认识各类腐败问题的政治本质和政治危害，提高政治判断力。提高政治领悟力重在心怀“国之大者”，把党中央精神从政治上领会好、领悟透，解决“想明白”的问题。要从政治上领会体悟党中央坚定不移正风肃纪反腐的决心意志，牢牢把握党中央关于全面从严治党的重大方针、重大原则、重点任务的政治内涵。提高政治执行力重在按照党中央指明的政治方向、确定的前进路线开展工作、落实任务，解决“干到位”的问题。要按照党中央指明的方向、路线开展党风廉政建设和反腐败斗争，经常对标对表，及时校准偏差，强化责任意识，确保落实到位。

第二，深刻把握党中央关于反腐败斗争形势依然严峻复杂的重大政治判断。习近平总书记在中央纪委五次全会上指出，党中央对党风廉政建设和反腐败斗争取得的成绩是满意的，但必须清醒看到，形势依然严峻复杂，腐败这个党执政的最大风险仍然存在，存量还未清底，增量仍有发生，不正之风树倒根存还在潜滋暗长，腐败背后各种风险暗流涌动。讲形势严峻，是程度上的判断，腐败存量还未清底，增量仍有发生，高压态势和顶风作案并存，不收敛、不收手现象还没有得到完全遏止。讲形势复杂，是结构上的判断，体现在政治问题和经济问题交织，威胁党和国家政治安全；传统腐败和新型腐败交织，贪腐行为更加隐蔽复杂；腐败问题和不正之风交织，“四风”成为腐败滋生的温床。正因如此，习近平总书记在中央纪委五次全会上强调：“腐蚀和反腐蚀斗争长期存在，稍有松懈就可能前功尽弃，反腐败没有选择，必须知难而进。”这既是政治宣示，也是对全党的再动员、再部署、再号令。党中央关于党风廉政建设和反腐败斗争形势判断，是立足党的十八大以来全面从严治党的发展作出的总体判断，对中央和国家机关总体上也是适用的。我们部组建时间还不长，没有“历史包袱”，目前还没有发现严重违规违纪问题，但决不能掉以轻心。要深刻领会党中央关于形势依然严峻复杂这一重大政治判断，始终保持“赶考”的清醒，保持对“腐蚀”“围猎”的警觉，坚持“严”的主基调，一刻不停地推进党风廉政建设和反腐败斗争。

第三，坚决贯彻全会关于全面从严治党重大决策部署。习近平总书记在中央纪委五次全会上要求，充分发挥全面从严治党引领保障作用，坚定政治方向，保持政治定力，做到态度不能变、决心不能减、尺度不能松，确保“十四五”时期我国发展的目标任务落到实处。围绕发挥全面从严治党引领保障作用，从五个方面作出任务部署：一是以强有力的政治监督，确保党中央重大决策部署贯彻落实到位；二是坚定不移推进反腐败斗争，不断实现不敢腐、不能腐、不想腐一体推进战略目标；三是毫不松懈纠治“四风”，坚决防止形式主义、官僚主义滋生蔓延；四是持续整治群众身边腐败和作风问题，让群众在反腐“拍蝇”中增强获得感；五是完善党和国家监督体系，使监督融入“十四五”建设之中等。这些部署紧紧围绕建党百年的历史契机，更加凸显政治性，更加突出系统性，我们要深刻领会、牢牢把握这些要求，结合部内全面从严治党工作实际，结合部内党员干部队伍实际，切实贯彻落实到位。

第四，自觉践行全会对各级领导干部的要求。进入新征程新阶段，贯彻新发展理念、构建新发展格局、推动高质量发展，关键在于有一支能力过硬、作风过硬、纪律过硬的干部队伍。习近平总书记在去年和今年中央党校（国家行政学院）中青年干部培训班上先后强调要提高“七种能力”，传承和发扬“六大优良作风”。在中央纪委五次全会上，习近平总书记就廉洁从政秉公用权反对特权思想等对各级领导干部进一步提出要求：一要坚定党性立场、加强党性修养、心怀“国之大者”，遇到问题、作出决策、处理工作首先要从政治上思考，对照党章、党内政治生活准则、党纪处分条例举一反三，看准能不能干、该不该做。二要筑牢思想防线，时刻自重自省自警自励，慎独慎微慎始慎终，弄清楚“富贵难尽头、物欲无止境、党内有规矩、人际有底线”的道理，做到心有所守、身有所循、行有所止，在风浪考验中立得住脚，在诱惑“围猎”面前定得住神。三要正确行使权力，坚持做人不逾矩、办事不妄为、用权不违规。始终秉公用权、依法用权、廉洁用权、为民用权。四要坚决反对特权思想和特权行为，破除“官本位”、不搞特殊化。习近平总书记的谆谆教诲，既是严格要求，又是深切关爱，我们一定要深入学习领会，内化于心、外化于行、严格遵循。还要认真学习最近出版发行的《习近平关于注重家庭家教家风建设论述摘编》，带头廉洁治家，公私分明、亲清分开，严格家风家教，从严管好亲属子女和身边工作人员。

二、突出重点、压实责任，以全面从严治党新成效为“十四五”时期退役军人工作高质量发展提供坚强保障

过去的一年，部党组坚持以政治建设为统领，将旗帜鲜明讲政治作为根本要求，坚持初始即严、一严到底，全力推进“三个机关”建设，部内全面从严治党、党风廉政建设和反腐败工作不断推进，取得了较好成效，但对标对表党中央要求，还存在差距、存在一些问题，需要引起高度重视。要认真贯彻习近平总书记在中央纪委五次全会上的重要讲话精神，坚持全面从严治党首先要从政治上看，切实增强风险意识，树牢底线思维。一是既要看到部党组坚强领导和全体党员干部三年来共同努力为良好部风和政治生态打下的坚实基础，也要看到部内个别党员干部纪律规矩意识不够强，对自身要求不够严格，少数党组织对党员干部的教育管理监督“宽松软”。二是既要看到部门新组建、“历史包袱”少、行政审批许可类权力相对少的有利条件，也要看到随着部内业务工作不断拓展和推进，部内乃至系统的项目建设、专项工作日益增多、涉及的资金量日

益增大，管理和服务对象“围猎”党员干部的风险在日益增高的严峻形势。三是既要清醒看到业务风险，也要看到近年来各类业务深化拓展伴生的廉政风险。

贯彻落实中央纪委五次全会精神，充分发挥全面从严治党的引领保障作用，要求我们必须始终保持清醒头脑，坚持系统施治、标本兼治，坚持目标引领和问题导向，坚持“三不”一体推进。要突出抓好四个方面工作：

（一）以强有力的政治监督，保障退役军人工作“十四五”规划开好局起好步

坚决贯彻落实习近平总书记重要指示批示和党中央重大决策部署，努力把“两个维护”提升到更高层次和水平。一是要以多种方式督促党员干部深刻领会习近平总书记关于把握新发展阶段、贯彻新发展理念、构建新发展格局的重大思想理论，自觉坚持与“三新”要求相适应的工作思路、策略、目标。二是要围绕贯彻落实《退役军人保障法》、政策制度改革方案、离退休军人和伤病残士兵三年移交工作、编制实施退役军人工作“十四五”规划、贯彻落实新时代治疆方略等重大决策部署，加强监督检查、及时纠正偏差、督促落实到位。三是要健全贯彻党中央重大决策部署督查问责机制，把握重点、盯住难点、疏通堵点，推动部内各级党组织自觉同党中央精神对标对表。

（二）以严格的正风肃纪反腐，营造和维护良好的政治生态和发展环境

坚持严的主基调不动摇，保持正风肃纪反腐高压态势决不放松，持续释放“严”的信号。一要锲而不舍落实中央八项规定精神。要对“包装式”落实、“洒水式”落实、“一刀切式”落实等形式主义、官僚主义突出问题全面检视、靶向纠治。持续贯彻落实习近平总书记关于制止餐饮浪费行为、党政机关“过紧日子”等重要指示精神，严肃查处、坚决遏制享乐主义、奢靡之风。对不吃公款吃管理服务对象、快递送礼、收受微信红包等隐形变异问题必须保持高度警惕。二要深入整治侵害退役军人利益的突出问题和不正之风。要结合深化“三基”建设、开展“我为群众办实事”实践活动等，找准退役军人的“急难愁盼”问题，深入整治退役军人事务领域的“微腐败”，清除妨碍退役军人政策法规落实的“绊脚石”。三要严肃监督执纪。部机关纪委、直属单位纪委和部属基层党组织纪委书记、纪检委员要忠实履行监督专责，严明纪律要求，严肃查处违规违纪行为，形成“不敢腐”的威慑。同时，要正确运用“四种形态”，精准把握政策策略，坚持“三个区分开来”，保护和激发干部干事创业的积极性，做好对受处分处理干部的跟踪回访工作。

（三）以严密的廉政风险防控，保障权力正确行使

要积极转变传统工作观念，跳出“只管本级、不管系统”的思维，认清部机关对主管领域的监管责任，研判系统存在的廉政风险，主动履行相关监管职责。一要具体细致地研判大发展大建设时期的廉政风险点，聚焦退役军人事务工作中那些政策支持力度大、财政投资密集、各类资源集中的领域和环节，把监督贯穿于退役军人工作各方面全过程，在法规制定、出台政策、细

化操作规程等方面注重健全完善权力运行和监督制约机制，作为实施“十四五”规划的基础性建设，融入退役军人事务领域治理体系、助力提升治理效能。二要进一步扎紧制度的“笼子”，注重做好查处违规违纪问题的“后半篇文章”，深入分析问题发生的制度原因，进一步健全制度机制，完善工作程序，规范权力运行；注重查漏补缺，在业务工作推进中及时发现隐患和风险，逐步完善各项廉政风险防控制度，构建起“不能腐”的制度“防火墙”。三要严格执行制度，维护制度权威。要与开展“法律法规政策落实年”活动相结合，把执行落实部内各项制度、制定廉政风险防控措施情况作为重要内容，把从严要求融入日常、做在经常。

（四）以严格的教育监督管理，保障干部健康成长

必须坚持全面从严，做到对部内各级党员干部从严教育、从严监督、从严管理。一要结合党史学习教育筑牢思想防线。注重把党性锻炼、廉政教育、作风建设等与党史学习教育结合起来、一体推进，教育引导党员干部坚定理想信念，牢记初心使命，知敬畏、存戒惧、守底线，形成“不想腐”的思想自觉。二要加强对领导干部特别是“一把手”的监督。认真贯彻党中央关于加强对“一把手”和领导班子监督的意见，结合部内实际制定措施，强化对下级“一把手”和领导班子的监督。要加强党组织自上而下的监督，上级“一把手”必须抓好下级“一把手”，对下级“一把手”多过问、多提醒，定期开展监督谈话，对存在苗头性、倾向性问题的进行批评教育，对存在轻微违纪问题的及时予以诫勉。领导班子成员之间要经常交换意见，发现问题坦诚向对方提出，发现“一把手”存在重要问题的可直接向上级党组织报告。部内各级领导干部都要正确对待监督、主动接受监督，习惯在受监督和约束的环境中工作和生活。三要注重对新提任干部、青年干部的严格管理。我们既要关心干部的成长进步，又要加强严格管理，把选、用、管、育结合起来，把从严管理落到实处，加强监督，抓早抓小、防微杜渐。今年还要按照党中央统一部署开展规范领导干部配偶、子女及其配偶经商办企业行为工作，切实做好清理、规范各项工作。

三、担当尽责、奋发有为，共同推动建设风清气正的模范机关

贯彻落实中央纪委五次全会部署，要坚持把部内各级党组织主体责任、书记第一责任人责任和驻部纪检监察组等专责机关的监督责任贯通起来、同向发力，汇聚管党治党强大合力，共同推动建设风清气正的模范机关。

（一）各类监督要贯通协同形成合力

一是“两个责任”要贯通协同。进一步推进主体责任和监督责任同向发力、同频共振。严格执行“四项协调”“四项报告”机制，落实《部党组关于支持配合保障驻部纪检监察组履行职责的规定（试行）》。落实好《驻部纪检监察组与退役军人事务部党组专题会商工作实施意见（试行）》，提升专题会商质量和成效。对日常监督和线索处置中发现的问题，部党组与驻部纪检监察组及时交换意见、提出建议。二是各类监督要贯通协同。强化协作配合，推动派驻监督与各类

监督有效贯通、形成合力。打通各类监督内在联系，加强驻部纪检监察组与部内巡视式监督、组织人事、审计、财会等方面协调配合，做到系统集成、协同高效。三是监督和治理相融合。将正风肃纪反腐与深化改革、完善制度、促进治理贯通起来，在“三不”一体推进上取得更大成效。部内各类监督力量都要结合日常监督检查、审计、线索处置中发现的问题提出意见建议，推动解决体制性障碍、机制性梗阻、政策性创新等方面问题，推动深化改革、补齐短板、完善制度。

（二）部内各级党员领导干部要勇担管党治党之责

各级党组织既肩负主体责任，也肩负着监督责任，各级领导干部要从政治上认识领导职责包含监督职责，增强监督意识，履行监督责任，做到守土有责、守土尽责、守土负责。一要知责于心。搞清楚自己的管党治党责任是什么，具体内容有哪些、该如何去落实，把党中央的精神、部党组的要求同本部门本单位实际具体结合起来，转化为切实管用的具体举措，做到真管真严、敢管敢严、长管长严。二要担责于身。既要定好盘子、厘清路子、开对方子，也要善于把管党治党工作具体化、项目化、清单化，把全面从严治党、党风廉政建设和反腐败工作抓具体、抓深入，真正扛起主责、抓好主业、当好主角。三要履责于行。尽到关键责任、发挥关键作用。通过日常监督、谈心谈话、监督检查等了解掌握本部门本单位本人主管（分管）领域内党风廉政建设任务落实进展情况，了解掌握所领导所管理的党员干部的思想动态、工作状态、生活形态，发现苗头性、倾向性问题要及时红脸出汗、教育提醒，做到看见苗头就提醒、听到反映就过问、存在问题就处理，决不能养痈为患。

（三）支持配合保障驻部纪检监察组履行监督之责

习近平总书记在中央纪委五次全会上肯定纪委监委发挥监督保障执行、促进完善发展作用的重大定位，这是习近平总书记对新时代新阶段纪检监察工作的新定位，为纪检监察机关服务保障党和国家事业高质量发展指明了方向。赵乐际书记的工作报告对做好2021年纪检监察工作作了八个方面部署。驻部纪检监察组将认真贯彻习近平总书记指示要求，落实赵乐际书记部署，按照“五个必须”“五个坚持”“五个更加突出”的要求，聚焦发挥监督保障执行、促进完善发展作用，以高质量派驻监督促进和保障部各项工作高质量发展。

让我们一起努力，共同推动退役军人事务部全面从严治党、党风廉政建设取得新的更大成效，以优异成绩庆祝建党百年！

在退役军人事务部新任司局级干部会议上的讲话

（2021年12月29日）

林国耀

对新提任（调任）的司局级领导干部进行集体廉政谈话，这既是贯彻落实党内监督重要制度安排，也是一次严肃的党内政治生活，代表了组织对干部的监督提醒和严管厚爱。今天在座的，基本上是各司局、直属单位的“一把手”或领导班子成员，是“关键少数”，而这个“关键少数”恰恰又是决定性因素。对领导干部既要充分信任，又要时刻提醒。如果用形象的话来说，信任是“油门”，让领导干部放开手脚、大胆工作、施展才华；而提醒是“刹车”，提醒领导干部坚定信仰、遵规守纪、不走偏、不“撞墙”。从这个角度讲，提醒是一种爱护，也是一种警示，只有警钟长鸣、提醒常在，才能让领导干部多一份清醒，多一份保障。这几年，我分别给新提任的司局级干部作过二次集体廉政谈话，在座的不少同志都听过，有些话过去都讲过，今天不再重复。今天，我重点就带头学习贯彻中共中央《关于加强对“一把手”和领导班子监督的意见》（以下简称《意见》），强化监督为着力点纵深推进部内党风廉政建设对大家提出四点希望。

一、深刻认识领导职责包含监督职责，增强主动开展监督、接受监督的自觉性

领导包含着教育、管理和监督。作为领导干部，首先要从政治上认识领导职责中包含监督职责，自觉增强主动开展监督、自觉接受监督意识，切实履行监督责任。

第一，这是坚持和加强党的全面领导的必然要求。党的领导是中国革命、建设、改革不断取得胜利最根本的保证，是中国特色社会主义最本质的特征和最大优势，也是新时代退役军人工作必须遵循的历史经验、基本规律。中央和国家机关各部委是贯彻落实党中央决策部署的“最先一公里”，是践行“两个维护”的“第一方阵”。坚持和加强党的全面领导，要求“第一方阵”的各级党组织和领导干部要不断增强“四个意识”、坚定“四个自信”、践行“两个维护”，做到“三个表率，一个模范”。奋进新时代、迈上新征程，只有毫不动摇坚持党的全面领导，一以贯之推进党的伟大自我革命，以有效监督把“关

键少数”管住用好，充分发挥领导干部的先锋模范作用和表率引领作用，才能战胜前进道路上的各种艰难险阻，不断取得中国特色社会主义事业新胜利。

第二，这是落实管党治党政治责任的应尽之责。党章明确规定，“加强对党的领导机关和党员领导干部特别是主要领导干部的监督”。习近平总书记强调，党内监督是全党的任务，党委（党组）负主体责任，书记是第一责任人，党委常委会委员（党组成员）和党委委员在职责范围内履行监督职责。新修订的《中国共产党党内监督条例》将党委（党组）作为党内监督责任主体，明确监督职责，把任用干部和监督管理干部统一起来，坚持谁授权谁负责、谁任命谁监督，党组织不能只管任命不管监督管理，党的领导干部不能只管事不管人，不能一说监督，就都是纪检监察机关的事。必须强化责任担当，把加强对党员干部特别是“一把手”和领导班子的管理监督当作分内之事、应尽之责。

第三，这是坚持自我革命、敢于善于斗争的题中之义。勇于自我革命是我们党区别于其他政党的显著标志，也是我们党百年来不断取得胜利的基本经验、成功奥秘。习近平总书记强调要坚持自我革命，以伟大自我革命引领伟大社会革命，一刻不停地推进党风廉政建设和反腐败斗争。要敢于斗争、善于斗争，不断清除一切损害党的先进性和纯洁性的因素，不断清除一切侵蚀党的健康肌体的病毒，确保党不变质、不变色、不变味。坚持原则、敢于斗争是我们共产党人的鲜明品格，是衡量一个干部是否称职的重要标准，共产党人讲党性、讲原则，就要讲斗争，不能奉行“好人主义”、当“好好先生”，搞无原则的一团和气。作为领导干部，就是既要“领”又要“导”，“领”就是以身作则、引领示范；“导”就是遵循正确方向、施以明确导向，发现问题、及时纠正。领导就要敢于担当，敢于斗争，不能怕得罪人。要加强对所管理干部的经常性监督和全方位管理，做到真管真严、敢管敢严、长管长严。

二、深刻理解“自上而下的监督最有效”，切实加强对“一把手”和领导班子的监督

习近平总书记强调，对各级“一把手”来说，党组织自上而下的监督最有效；上级党组织和上级“一把手”对下级“一把手”的监督是最有效的监督；各级党委（党组）要加强对所管理的领导干部特别是主要领导干部的监督，上级“一把手”必须抓好下级“一把手”。这次中央出台的《意见》，就加强对“一把手”和领导班子的监督作了全面系统的部署，结合部里实际，对部内各司局各直属单位来说，首先是“一把手”以身作则，既监督各方也自觉接受各方监督，然后是班子成员之间强化同级相互监督，包括监督“一把手”，在此基础上再共同抓好对各处室处长、副处长及其他干部的监督，促使各级“一把手”和领导班子层层严格自律、层层严负其责、层层严管所辖，形成严密有序的责任链条。

第一，首先要牵住“一把手”这个“牛鼻子”。作为“一把手”来说，一方面，要严格落实全面从严治党责任，落实第一责任人职责。习近平总书记强调：“党要管党，首先是党委要管、党委书记要管。党委书记要在其位、谋其

政，履行好第一责任人职责。”《党委（党组）落实全面从严治党主体责任规定》对党委（党组）书记履行全面从严治党第一责任人职责作出规定，部党组已经出台配套文件作出了细化分工，要结合本司局本单位实际对标对表、抓好落实。另一方面，“一把手”还要督促领导班子其他成员履行“一岗双责”，抓好职责范围内管党治党工作。习近平总书记强调：“领导班子成员和各级领导干部要履行‘一岗双责’，不能认为自己是搞业务的就对党建工作不使劲，要明责、履责、尽责。”“一把手”要注重分解工作任务，把责任压给领导班子成员；要通过定期听取汇报等方式掌握领导班子其他成员抓管党治党责任落实的情况，发现落实不到位的及时督促落实；要经常与领导班子成员谈心谈话，进行教育、管理、监督，对领导班子其他成员所作的函询说明签字时，不能“一签了之”，而是要开展批评、进行教育提醒，履行“班长”的责任。

第二，班子成员之间要增强相互监督。邓小平同志讲过，领导干部的情况，“上级不是能天天看到的，下级也不是能天天看到的，同级的领导成员之间彼此是最熟悉的”。习近平总书记指出：“班子成员间日常接触最多，最了解情况，要用好批评和自我批评武器，增强主动监督、相互监督的自觉。”《意见》要求领导班子成员之间要相互提醒督促，发现班子其他成员有违纪违法问题的，要如实反映报告，对隐瞒不报、当“老好人”的要连带追究责任。大家注意，这是党中央明确提出的要求，是一条新规定。领导班子成员之间要经常交换意见，对发现的问题坦诚向对方提出，发现“一把手”存在重要问题的可以直接向部党组、向驻部纪检监察组报告。要落实好民主生活会和组织生活会制度的要求，领导班子成员要在民主生活会上把群众反映、巡视巡察反馈、组织约谈函询的问题说清楚，这样既能推动领导干部养成批评和自我批评的习惯，又是对领导班子其他成员的一种教育提醒。

第三，加强对下级“一把手”和领导班子监督。党内监督的本质是组织监督，监督的根本在于自上而下、一级抓一级，形成“一把手”抓“一把手”的责任链条，构建起有压力传导、有阶段重点、有监督跟进、有责任追究的长效机制。习近平总书记多次明确要求，上级党组织要多了解下级“一把手”日常的思想、工作、生活状况，多注意干部群众对下级“一把手”问题的反映，多听取下级领导班子成员对“一把手”的意见。各司局各单位“一把手”和领导班子成员，要把管理和监督寓于实施领导的全过程，对各处处长、副处长及其他干部，重在落实好“四抓”：抓任职谈话、抓监督提醒、抓早抓小抓苗头、抓违纪处置。特别是要运用好“四种形态”中第一种形态，多做咬耳扯袖、红脸出汗的工作。习近平总书记说，第一种形态长期坚持是最难的。今天批评这个、明天批评那个，时间长了自己就犹豫了，就会开始后退。要坚持抓早抓小、防微杜渐，对存在苗头性、倾向性问题的进行批评教育，对存在轻微违纪问题的及时予以诫勉。坚持严管和厚爱结合，激励和约束并重，这才是对党负责，对组织负责，对干部本人负责。

第四，健全完善并严格落实各项监督制度。早在2013年1月，习近平总书记在十八届中央纪委二次全会上就提出，“把权力关进制度的笼子里”。加强对“一把手”和领导班子的监督，重在机制制度建设，坚持用制度管权管事管人，结合实际抓好细化具体化，把监督做什么、由谁做、怎么做想明白、说清楚，提供一套完整的监督标准、监督载体、监督要求，比如进一步健全党内政治生活、集体决策、任职回避、定期轮岗、干部交流等制度。今年11月部党组已经制定出台加强对“一把手”和领导班子监督责任清单，下一步重在扎扎实实落实好各项制度。只有“一把手”既自觉接受监督又高度重视监督，班子成员之间认真开展批评和自我批评，落实民主集中制和集体领导制度才能有保障，履行“一岗双责”才有更大动力和推力，整个单位管党治党制度的执行才会有好的基础。

三、准确把握全面从严治党形势和要求，带头接受监督、带头廉洁自律

今年我们党庆祝建党百年，党内外、国内外赞扬声很多。习近平总书记要求全党，越是在这样的情况下，越是要发扬自我革命精神，千万不能在一片喝彩声中迷失自我。习近平总书记特别强调，从最近连续查处的大案要案看，党风廉政建设和反腐败斗争必须一刻也不放松抓、持之以恒抓，决不能滋生已经严到位、严到底的情绪，要把严的主基调长期坚持下去，保持压倒性力量常在、保持强大势能常在，不断地、永远地吹冲锋号。

我们部组建时间不长，没有“历史包袱”，总的来看，反腐倡廉形势是好的，但决不能掉以轻心。随着部内乃至系统的业务深化拓展、项目建设增多、涉及的资金量增大，廉政风险防控机制跟进还不够及时，管理和服务对象“围猎”党员干部的风险在日益增高。

作为退役军人事务部的司局级干部，要切实增强风险意识，树牢底线思维，对本司局本单位的思想、组织、作风、廉洁情况深入分析、准确把握，同时要坚持把自身摆进去检视问题。要始终保持“赶考”的清醒，保持对“腐蚀”“围猎”的警觉，正确对待监督、主动接受监督、真诚欢迎监督，习惯在受监督和约束的环境中工作生活；始终保持清正廉洁的政治本色，带头廉洁自律，发挥以身作则、立身示范作用。

一要不断增强党性观念和纪律意识。遇到问题、作出决策、处理工作首先要从政治上思考，对照党章、党内政治生活准则、党纪处分条例举一反三，看准能不能干、该不该做。要严守政治纪律和政治规矩，严格执行中央八项规定精神、坚决反对“四风”及隐形变异问题，特别要防范由风及腐、由风变腐、风腐一体问题，恪守党纪国法和廉洁底线。二要筑牢思想防线。拧紧世界观、人生观、价值观的总开关，时刻自重自省自警自励，慎独慎微慎始慎终，弄清楚“富贵难尽头、物欲无止境、党内有规矩、人际有底线”的道理。要有敬畏心，知敬畏、存戒惧、守底线，敬畏党、敬畏人民、敬畏法纪。做到心有所守、身有所循、行有所止，在风浪考验中立得住脚，在诱惑“围猎”面前定得住神。有定力，就不会胡思乱想、胡说八道、胡作非为。三要正确行使权力，树立正确的权力观、地位观、利益观，坚持做人不逾矩、办事不妄为、用权不违规。坚持清清爽爽的同志关系、规规矩矩的上下级关系、亲清分明的政商关系。始终秉公用权、依法用权、廉洁用权、为民用权。四要坚决反对特权思想和特权行为，不搞特殊化。带头廉洁治家，严格家风家教，从严管好亲属子女和身边工作人

员。严格执行领导干部配偶、子女及其配偶经商办企业行为禁业范围，把规范要求转化为自身的内在自觉。总之，要按照习近平总书记要求的，始终坚持为大公、守大义、求大我，始终把党和人民放在心中最高位置，做一个一心为公、一身正气、一尘不染的人。

四、牢牢把握“首先从政治上看”，落实和支持政治监督

习近平总书记强调，全面从严治党首先要从政治上看。对“一把手”和领导班子监督问题，同样首先要从政治上看，才能看得更明白。习近平总书记明确指出，政治监督是“政治医生”，是“政治体检”，是打“政治疫苗”，对“一把手”和领导班子监督的重点内容是政治纪律。这次《意见》开宗明义强调对“一把手”和领导班子的监督是政治监督，重点是“五个强化”：一是强化对“一把手”和领导班子对党忠诚，践行党的性质宗旨情况的监督；二是强化对贯彻落实党的路线方针政策和党中央重大决策部署，践行“两个维护”情况的监督；三是强化对立足新发展阶段、贯彻新发展理念、构建新发展格局，推动高质量发展情况的监督；四是强化对落实全面从严治党主体责任和监督责任情况的监督；五是强化对贯彻执行民主集中制、依规依法履职用权、担当作为、廉洁自律等情况的监督。

“五个强化”既是对政治监督内涵的集中概括，也是开展政治监督的主要着力点。“五个强化”是对习近平总书记和党中央各方面政治要求的提炼概括，是对各级“一把手”和领导班子政治立场、政治担当、政治能力、政治操守等的综合考察。对各司局各单位“一把手”和领导班子来说，“五个强化”是完整的履职要求，不只是对某一方面、某一层级、某一件事的要求；是需要全面坚守、一体遵循的要求，不是可以做选择、搞变通的要求；是需要长期践行、不断深化的要求，不是一时的要求。归结起来，核心就是对党忠诚、“两个维护”。

派驻监督是党内监督、党和国家自我监督重要制度设计，中央纪委国家监委派驻机构是中央纪委协助党中央加强对下监督的重要力量，派驻监督的实质就是政治监督。我们驻部纪检监察组开展监督，不是要把对象变成对手，而是既监督又支持，通过监督体现支持。下一步，我们将以政治监督为统领，充分发挥监督保障执行、促进完善发展作用，以高质量监督促进保障退役军人工作高质量发展。一是紧紧围绕习近平总书记关于退役军人工作重要论述、重要讲话、重要指示批示，紧紧围绕党中央关于全面从严治党、党风廉政建设和反腐败斗争新部署新要求，聚焦六中全会精神和党中央关于退役军人工作重大决策部署开展监督，推进政治监督具体化常态化。二是紧贴部里的主责主业、重点工作任务开展专项监督，紧盯退役军人事务领域政策支持力度大、投资密集、权力集中的领域和环节开展监督，及时发现问题、提出建议、推动整改。三是严肃正风肃纪反腐，进一步一体推进“三不”。持之以恒纠治“四风”问题，坚决防反弹回潮、防隐形变异，对顶风违纪的严肃惩治、绝不手软。实事求是做好线索处置、审查调查工作，深化运用“四种形态”。做实做细以案为鉴、以案促改、以案促治，努力使不敢腐、不能腐、不想腐一体推进取得更多制度性成果和更大治理成效。四是促进

贯通融合，进一步凝聚管党治党合力。进一步推动监督责任和党组主体责任贯通协同，与部党组同题共答、同向发力、同频共振。统筹衔接纪律监督、监察监督、派驻监督、巡视监督，促进各类监督贯通融合、形成合力。

在这里，请部内各级“一把手”和领导班子成员，要经常对照部党组《关于支持配合保障驻部纪检监察组履行职责的规定（试行）》，结合这次《意见》任务要求和自身实际，以常态化、标准化、项目化来推动支持配合保障驻部纪检监察组各项工作走深走实，协同提高监督质效，共同推进退役军人事务部全面从严治党向纵深发展，为新时代新征程退役军人工作开创新局面提供坚强政治引领和政治保障。

在全国退役军人就业创业工作会议上的讲话

（2021年3月31日）

常正国

今天我们召开全国退役军人就业创业工作会议，主要任务是深入学习贯彻习近平总书记关于退役军人工作的重要论述，推动落实党中央、国务院关于退役军人就业创业工作的决策部署，总结2020年退役军人就业创业工作，推进2021年重点任务。

过去一年，在党中央坚强领导下，各级退役军人事务部门坚持以习近平新时代中国特色社会主义思想为指导，把退役军人就业创业工作作为重要政治任务，纳入全局工作统筹安排，摆在突出位置狠抓落实，取得明显成效。全年有效应对疫情影响，扎实推进教育培训，积极拓宽就业路径，持续营造创业氛围，贯彻落实服务保障，退役军人就业创业工作大局整体稳定。上下共同努力，积极开拓创新，形成了许多务实管用的措施办法。下面，我就做好今年工作提六点要求。

一、提升政治站位，把思想行动聚焦于目标任务

退役军人就业创业工作，不单单是一项业务工作，更是重要的政治任务，我们首先要在政治上有清晰的认识和把握。做好就业创业工作，对于更好实现退役军人自身价值、助推经济社会发展、服务国防和军队建设以及维护社会稳定都具有十分重要的意义。

一要把思想和行动统一到习近平总书记关于退役军人工作重要论述上来。习近平总书记指出，要出台更多鼓励就业创业的措施，重点解决好退役军人等重点人群的就业问题。习近平总书记强调，要吸引各类人才参与脱贫攻坚和农村发展，鼓励退役军人等本土人才返乡担任村干部和创新创业。习近平总书记的重要论述是我们开展工作的根本遵循，也是我们工作的目标任务，必须认真学习领会，深入贯彻落实。

二要把思想和行动统一到中央的决策部署上来。党的十九届五中全会审议的国家“十四五”规划建议，已经全国人大表决通过。规划明确提出要千方百计稳定和扩大就业，坚持经济发展就业导向，扩大就业容量，提升就业质量；完善重点群体就业支持体系，健全就业需求调查和失业监测预警机制。今年国务院的《政府工作报告》再次强调，就业优先政策要继续强化、聚力增效，要做好退役军人等重点群体就业工作，实施提升就业服务质量工程。大家要自觉把退役军人就业创业工作放到国家

就业大局中谋划布局，进而落实好党中央国务院关于就业工作的决策部署。

三要把思想和行动统一到退役军人事务工作全局上来。就业工作是退役军人事务工作的重中之重。就业好，退役军人的保障就有基础，人心就稳定，他们的作用就能发挥好。去年底召开的全国退役军人事务工作厅（局）长会议提出，要推动退役军人工作高质量发展，确定了创新、系统、精细、依法、全面发展的工作原则，明确要求全面提高就业质量。我们要立足工作全局，着眼退役军人特点需求，加强扶持力度，深挖市场潜力，创新工作机制模式，利用社会各方力量，助推就业创业高质量发展。

二、坚持系统观念，在统筹推进中不断理顺工作关系

退役军人就业创业工作是一项系统工程，涉及部门多，线长面广，理顺关系在就业创业工作中尤为重要。

一要统筹好教育培训与就业创业。做好教育培训工作、提升就业能力是助推退役军人就业创业的重要基础，不能“为培训而培训”，要把促进稳定就业作为教育培训的目标。当前，社会整体就业压力不减，退役军人就业结构性矛盾仍然突出，我们要始终坚持就业导向，增强教育培训的针对性有效性，切实打通从技能提升到稳定就业、成功创业的路径。

二要统筹好区域、城乡协调联动。各地尤其是东西部之间、城市与乡村之间当前的就业机会和培训资源仍不平衡，退役军人就业创业工作要率先打破地域限制，缩小城乡差别。要依托乡村振兴、区域协调发展、东西部对口援助协作以及开发区建设等国家宏观规划与战略部署，抓住机遇，主动作为，对外积极协调联系职能部门，对接共享优质资源；对内相互帮衬、协同发力，为退役军人搭建更广阔的舞台，提供更多发展机会。

三要统筹好部门协作和军地协同。退役军人就业工作不能靠我们单打独斗，要借助好相关部门力量，做好军地协同，大家的事情大家商量着做。中央高度重视退役军人教育培训和就业创业工作，对全国的退役军人教育培训和就业创业工作统筹指导。各地要积极建立顺畅高效的工作机制，形成各司其职、聚力共担的工作格局。要加强与部队的联动，积极开展“送政策、送技能、送岗位进军营”活动，配合部队做好技能储备培训和离队教育，实现退役报到和教育培训、就业创业的无缝衔接。要借助部队“强军网”构建好退役军人就业创业政策的宣传阵地，宣传政策要及时更新，让即将退役的军人心里有底、回乡有“路”。

四要统筹好“三驾马车”联动。如何建设退役军人就业服务体系，调动、用好各方力量资源，构建行政机关、事业单位和社会组织“三驾马车”联动机制，是推动退役军人就业工作高质量发展必须破解的问题。要积极稳妥推动相关社会组织纳入工作体系，发挥他们的优势作用。不仅行政机关、服务中心建到县市区，还要努力把社会组织延伸到县市区，织密织实就业服务的工作网络体系。促进会要积极发挥作用。当然，在工作推进中要注重建立联动协作服务的规范标准，加强正向评价激励，更好更多地调动各方积极性，多维度助力退役军人就业创业。

三、狠抓落实见效，打造口碑品牌和民心工程

2021年是全系统的“法律政策落实年”，一分部署，九分落实。退役军人就业创业领域的法律法规和政策文件也有不少了，狠抓落实要成为今年工作的主基调。

一是抓习近平总书记关于退役军人工作重要论述的落实。习近平总书记关于退役军人工作重要论述中专门有一部分是就业创业，务必要深入学习贯彻，狠抓落实落地，这是我们的根本目标任务。

二是抓退役军人法律制度规划的落实。退役军人保障法以两章十七条的较大篇幅规范了退役军人教育培训、就业创业的原则、方法和部门职责等。中央印发的改革方案明确了改革发展方向，要求适应性培训全员覆盖，完善技能培训制度和学历教育支持体系，健全退役军人就业服务制度，落实税收金融优惠政策等。部里编制的《“十四五”退役军人服务和保障规划》对教育培训、就业创业工作作出整体顶层设计，提出了目标任务和路径要求。这是退役军人就业创业工作的“四梁八柱”，要进一步结合当地实际制定完善政策，细化落实措施。

三是抓培训就业政策落实。建部以来，一批有利于退役军人就业创业的优惠政策陆续出台，既有《关于促进新时代退役军人就业创业工作的意见》这样多部门联发的综合性政策，也有诸如《深入实施农村创新创业带头人培育行动的意见》《高职扩招专项工作实施方案》《促进退役军人到开发区就业创业的意见》等分领域的文件，部里还在积极推进退役士兵教育培训指导意见等政策设计。政策文件已有不少，各地要严格对标对表，列出任务清单，拿出具体举措，逐项推动落地见效。

四是抓重点任务推进。全面实施乡村振兴战略是党中央、国务院重大决策部署，我们已联合相关部门召开了全国推动返乡入乡人员创业就业工作会，就做好退役军人返乡创业工作进行了部署，希望各地抓住机遇，积极开拓工作新领地。去年，我们拓展推行“教培先行、岗位跟进”“权威推荐+自主选择”“资源整合、兴业固边”等合作就业模式，与全国工商联签署了促进民企招用退役军人的部际合作协议，还要研究出台支持民营企业吸纳退役军人就业的政策性制度机制。各地要趁热打铁，积极对接有关部门、单位以及企业，省市也要签署一批本地的就业合作企业，协调组织好岗位的落实落地，为退役军人争取更多的就业创业机会，真正把好事办好。同时，自主择业军转干部的服务管理也是我们的一项重要工作，各地要高度重视，落实政策待遇不能有丝毫马虎，服务管理必须做好做扎实，解决好自主择业军转干部的实际困难，激发他们的荣誉感获得感责任感。

四、加强探索创新，牢牢把握退役军人就业创业工作的特点规律

就业问题是各个国家都面临的一项世界性难题。退役军人就业创业既遵循就业工作一般性特点，更有其特殊性。我们要在创新工作中深化对退役军人就业创业规律的认识和运用。

一要抓好基础理论研究。退役军人就业创业是我们退役军人事务系统一项全新的工作，要注

重学习借鉴其他就业领域的成功经验和国外有益做法，加强前瞻谋划和实证研究。今年，部里将启动促进退役军人就业创业立法的研究起草工作，需要借助大家的丰富经验和真知灼见，希望大家多提宝贵意见建议。

二要充分鼓励首创精神。就业市场瞬息万变，各地情况各有不同。要充分发挥基层首创，善于把部里的指导规范和地方探索实践结合起来用活用好地方事权，因地制宜，试点探路，创新出更多务实举措。比如，结合当地产业优势和特色，探索更多产业行业合作；利用“退役军人就业创业园地”，探索政策扶持机制和作用发挥机制，把实体做实。比如，把适应性培训前置到办理退役手续、领取退役补助之前，推动全员参加，与技能培训、就业服务紧密衔接，帮助退役军人融入社会，进入市场。

三要重视经验互鉴与总结转化。部里通过信息参考、简报等形式推广了一些经验做法，各地可以从中借鉴。我们不仅要重视经验做法的梳理推广与互学互鉴，更要强调成果转化升华，要逐步形成理论性、政策性认识，从而创制政策、形成机制、完善体系，全面有力推动就业创业工作创新发展、高质量发展。

五、夯实基础建设，推动就业创业服务规范化精细化

这几年，大家对退役军人就业创业做了大量富有成效的工作，开展了许多有效的探索，形成了不少的成功案例，但还需要补短板、强基础。

一是底数要清。底数清是科学决策、精准施策的基础。我们的工作对象包括自主择业军转干部、复员干部、自主就业退役士兵等，涉及教育培训、就业创业、服务保障多项工作，人数比较多，任务比较重，战线比较长，工作底数必须要做到“一口清”。就业创业人数、状况与培训情况不能仍停留在“大概齐”“推算数”“整体上”。今年要加快推进信息化建设，部里专题研究部署了退役军人“建档立卡”工作，要把就业信息作为重要内容突出抓好，要建立就业台账实名登记管理，掌握对象需求，尤其是教育培训台账要尽快规范。台账要做实做细，实现统计功能和管理功能并举，形成就业创业数据活页。逐人逐项建立台账是项“大工程”，有难度。但没有数据影响决策，没有台账服务质量打折扣，所以有难度也要努力做，而且要做好。各地可以率先完成自主择业军转干部工作台账，在原有基础上升级做细。

二是制度要明。建章立制是就业服务管理规范化的有力保障。服务退役军人、遴选培训机构、与企业合作等都要有工作制度，要精细化、有标准、有约束，从而不断提升工作质量。

三是信息要通。信息畅通是全面提升管理能力和服务水平的重要手段。要加快退役军人就业信息平台建设，充分利用信息化手段，精确核实对象，精准摸清需求，推动工作上下贯通、左右联通。要强化数据定期更新，一组指标、一套数据能实时通达。要下功夫探索建立失业动态监测预警机制，及时开展人性化、精准化的就业帮扶。

六、加强能力建设，打造作风过硬的就业创业工作队伍

政策任务明确后，干部队伍就是推进工作取

得实效的关键。退役军人事务系统新组建，绝大部分是新人干新业务，干部队伍工作能力作风与事业发展不完全适应问题是较为普遍的现象，要高度重视自身建设。

一是要强化政治素质。党员干部的政治能力是履行好职责使命的根本前提。今年全党部署开展党史学习教育，要在学习教育中不断增强干部队伍的政治判断力、政治领悟力和政治执行力，进一步坚定理想信念，提高政治修养，在党性锻炼中切实增强责任感使命感。

二是要强化业务培训。就业创业工作离不开一支讲政治、懂业务的强将精兵。要坚持领导带头，重点做好习近平总书记关于退役军人工作重要论述的学习贯彻，突出国家就业创业政策制度规定的学习掌握，精熟《退役军人保障法》等法律政策对就业创业的规定要求。全国退役军人就业创业系统要开展轮训，对从事就业创业工作的干部职工，争取用三年的时间实现全员参训。通过这样的大规模业务培训，努力大幅度提高工作人员业务能力和工作质量。

三是要强化作风建设。大家要时刻牢记退役军人工作是政治工作，是做人的工作。要坚持带着感情、带着责任、带着温度投入工作，以过硬作风推动工作，想退役军人教育培训之需，解退役军人就业创业之难。要坚持求真务实，不做表面文章，不搞花架子，出实招、办实事、求实效，让广大退役军人得实惠。要坚持问题导向，善于发现问题，勇于直面矛盾，敢于迎难而上，聚焦目标抓落实，不断提高退役军人就业创业工作效能。

四是要强化领导责任。大家虽然各在一方，但责任是一致的，还是要守土有责、守土担责、守土尽责。尤其是我们各级各单位领导干部、负责同志，“干什么就要张罗什么”，放下架子、扑下身子，靠前研究谋划，主动协调指导，切实抓部署、抓推进、抓督查，一抓到底，把就业创业工作抓出实效，为退役军人事业交出满意答卷，不断增强退役军人的获得感尊崇感。

同志们，当前退役军人就业创业工作正处于全面发展的历史新起点上，责任重大、使命光荣。让我们更加紧密地团结在以习近平同志为核心的党中央周围，不忘初心、牢记使命，砥砺奋进、真抓实干，不断开创退役军人就业创业工作新局面，以优异的成绩迎接建党100周年！

在全国退役军人志愿服务工作部署会上的讲话

（2021年6月22日）

常正国

今天召开全国退役军人志愿服务工作部署会议，主要任务是：深入领会习近平总书记关于志愿服务的重要指示精神，贯彻落实中央关于新时代文明实践志愿服务工作有关要求，进一步提高认识、厘清思路、明确方向、交流经验，推动退役军人志愿服务健康发展。志愿服务在我国已有多年的成功实践，退役军人事务系统组建三年多来，各地积极主动、顺势而为，有声有色地开展了一系列的志愿服务活动。目前，退役军人志愿服务工作呈现出队伍不断壮大、活动日益丰富的良好局面，但还需在政策制度、体制机制、能力水平、品牌建设等方面不断进行探索、总结、推动。下面，我讲几点意见。

一、进一步提升做好退役军人志愿服务工作的政治站位

立足退役军人工作实际，发挥系统优势，做好退役军人志愿服务工作，全力打造“中国退役军人志愿服务”品牌，是新时代赋予退役军人事务系统的一项重要任务。

第一，做好退役军人志愿服务工作是贯彻习近平总书记重要指示精神的实际行动。党的十八大以来，习近平总书记站在党和国家事业发展大局的高度，对志愿服务工作作出重要指示、提出明确要求。习近平总书记强调，志愿服务是社会文明进步的重要标志，是广大志愿者奉献爱心的重要渠道，充分彰显了理想信念、爱心善意、责任担当，成为人民有信仰、国家有力量、民族有希望的生动体现，对于培养时代新人、弘扬时代新风具有十分重要的意义；强调志愿者事业要同实现“两个一百年”奋斗目标、同建设社会主义现代化国家同行，服务人民、奉献祖国，为实现中国梦作出新的更大贡献；强调广大志愿者、志愿服务组织、志愿服务工作者要积极响应党和人民号召，立足新时代、展现新作为，弘扬奉献、友爱、互助、进步的志愿精神，继续以实际行动书写新时代的雷锋故事；强调各级党委和政府要为志愿服务搭建更多平台，给予更多支持，推进志愿服务制度化常态化，更好发挥志愿服务在社会治理中的积极作用。习近平总书记的重要指示，深刻揭示了志愿服务的时代精神、本质内涵，阐明了志愿服务在党和国家事业发展中的地位作用、职责使命，明确了新时代志愿服务的目标任务、实践要求，为推进包括退役军人志愿服务在内的新时代志愿服务事业指明了前进方

向、提供了根本遵循。我们一定要认真学习领会，把做好退役军人志愿服务工作作为增强“四个意识”、坚定“四个自信”、做到“两个维护”的实际行动，紧密结合本地区本部门实际，加强统筹谋划、扎实有效推进。

第二，做好退役军人志愿服务工作是落实中央部署要求的职责所在。近年来，中央层面先后就推动志愿服务工作作出一系列部署，陆续出台《关于支持和发展志愿服务组织的意见》《志愿服务条例》等政策法规，对志愿服务工作进行系统安排，并将退役军人事务部列为全国志愿服务工作协调小组成员单位，明确赋予统筹指导退役军人志愿服务工作、推动退役军人志愿服务制度化常态化等职责。我们要深入贯彻落实中央关于志愿服务的一系列部署要求，坚决担起中央赋予退役军人系统的志愿服务职责，努力找准本系统在全国志愿服务工作大局中的切入点和突破口，在原有工作基础上，百尺竿头更进一步，切实让志愿精神在退役军人事务系统落地生根。

第三，做好退役军人志愿服务工作是助推经济社会发展的重要抓手。党的十九届五中全会对坚持和完善中国特色社会主义制度、推进国家治理体系和治理能力现代化作出战略部署。贯彻党的十九届五中全会精神，精准把握新发展阶段、深入贯彻新发展理念、加快构建新发展格局、推动高质量发展，对我们做好退役军人工作、服务经济社会发展大局提出了新的更高要求。志愿服务工作是退役军人事务系统贯彻创新、协调、绿色、开放、共享理念的生动实践，是进一步引领退役军人作用发挥、浓厚尊重氛围的有益探索。一方面，从服务对象来看，退役军人是党和国家的宝贵财富，是经济社会发展不可或缺的“生力军”。我国目前有近4000万退役军人，每年还有数十万军人脱下军装、回归社会，广大退役军人受党教育多年，素质过硬、忠诚度高、执行力强，可以讲，是天然的志愿者队伍。另一方面，从工作实践来看，志愿服务为广大退役军人服务经济社会发展提供了广阔舞台，已经成为广大退役军人发挥作用最直接、最具体、最广泛的有效载体，也是退役不褪色、建功新时代的形象窗口。我们一定要适应党和国家事业发展形势和要求，深入挖掘蕴藏在广大退役军人中的智慧和力量，引领他们在志愿服务中保持本色、施展才干、展示风采，为经济社会发展作出新的更大贡献。

二、充分发挥退役军人志愿服务工作的独特优势

广大退役军人身上的精神特质品质、过硬能力素质，以及退役军人服务保障体系建设成果、各地退役军人志愿服务有益经验，是我们做好退役军人志愿服务工作的特有优势。

一是有优秀的精神传承。对党忠诚、服务人民、牺牲奉献是人民军队的光荣传统。退役军人在部队经历了几年、十几年甚至几十年的锻炼，传承了部队的优良传统，锤炼了许多优秀品质，这是退役军人身上最宝贵的财富、最厚重的底色。志愿服务精神与军队光荣传统内在一致、高度契合，作为部队革命精神的传承者，退役军人参与志愿服务，是优良传统和志愿服务精神的最佳结合，也是我们做好退役军人志愿服务工作的底气所在。

二是有过硬的能力素质。退役军人经受过党

和军队的严格教育训练，及重大任务的淬火历练，普遍培育出了坚强的意志、强健的体魄、严明的纪律，不少还具备卫生、警卫、通信等军地通用专业技能，都是志愿服务所急需必备的。要挖掘运用好退役军人这座人力资源“富矿”，把广大退役军人的特长优势、专业优势精准转化为志愿服务优势，把好钢用在刀刃上，更好实现人才资源与服务内容的有机结合，让广大退役军人在志愿服务中人尽其才、各得其所，让退役军人志愿服务工作始终充满生机活力。

三是有健全的组织保障。经过三年时间的努力，全国建成了横向到边、纵向到底、覆盖全员、“军”色鲜明的六级退役军人服务保障体系，并打造了一批功能齐全的示范型退役军人服务站。目前，全国有64万多个退役军人服务中心（站）和近百万退役军人工作者，有10万余个退役军人志愿服务组织、140余万退役军人志愿者，这些都为我们做好退役军人志愿服务工作提供了强有力的支撑。

四是有广泛的实践基础。从调研掌握情况看，退役军人志愿服务不受时空限制，形式丰富多彩，各地结合实际，各取所需、各具特色，所开展的志愿服务都发挥了较好作用，形成多个有影响力的地区性志愿服务品牌，特别是在参与疫情防控、抢险救灾等艰巨任务中彰显了独特价值。有的依托退役军人数量较多的企业成立志愿服务队，有的会同基层消防救援队、民间专业救援组织组建志愿服务队，还有的将退役军人志愿服务融入国防动员体系，平时服务、急时应急、战时应战，等等。这些志愿服务模式各有优势，是各地开展志愿服务的生动实践，为我们做好退役军人志愿服务工作奠定了很好的根基。

三、牢牢把准退役军人志愿服务工作的发力重点

当前，退役军人志愿服务工作在各地蓬勃开展，我们一定要选准方向、找准路径，聚焦重要领域、重大任务，努力实现经常化储备、常态化服务、社会化运作，走出一条内涵丰富、管理规范、特色鲜明、成效显著的退役军人志愿服务路子。

一是传承红色基因。习近平总书记多次强调，“要用好红色资源，传承好红色基因，把红色江山世世代代传下去”。退役军人中英雄模范多、先进典型多，他们本身就是革命精神的“化身”、英雄故事的“教材”、红色资源的“宝库”，董存瑞、黄继光、邱少云等英雄事迹，感染教育了我们几代人，我们要引导广大退役军人传承好这些精神财富，赓续革命传统，发挥自身优势，当好红色故事宣讲员、国防教育辅导员、征兵工作宣传员。要围绕庆祝建党、建军、国庆以及重大纪念日等重要时间节点，组织志愿宣讲团，进机关、进学校、进企业、进乡村、进社区，做好红色精神宣讲。要在每年开学季、学雷锋纪念日等时机，鼓励退役军人开展国防教育培训，上好国防教育课、参与学生军训、开展主题活动，帮助青少年增强国防意识、强化国防观念。要在每年征兵季，支持优秀退役军人积极参加征兵宣传，带动激励更多优秀青年参军入伍、报效国家。

二是助力文明实践。注重把社会主义核心价值观要求、社会主义先进文化要义，贯穿退役军人志愿服务始终，传播文明理念、弘扬时代新风。要依托基层退役军人服务中心（站）强化阵

地建设，密切与同级新时代文明实践中心（站）沟通对接，引导退役军人积极参与文明实践志愿服务活动，使之成为退役军人陶冶情操、服务群众、奉献社会的重要平台。要发挥退役军人之间经历相似、情感相通的优势，组织老兵志愿者开展政策宣讲、心理调适，引导退役军人依法理性表达诉求；鼓励德高望重的老党员、老同志义务开展人民调解、矛盾纠纷调处等，推动和谐社区、和谐乡村、和谐家庭建设。要引导退役军人积极参与文明创建活动，在争创文明城市、文明村镇、文明单位、文明家庭中，引领展现崇德向善、友爱互助的文明新风；要有计划地组织退役军人支援大型活动，在参与各类重要会议、大型体育赛事和文化活动中，展示过硬作风，树立良好形象。

三是推动平安创建。退役军人在部队是保家卫国的忠诚卫士，退役后是维护社会稳定的中坚力量。一直以来，广大退役军人服务平安中国建设的感人事迹屡见报端，在社会上引起强烈反响。要引导广大退役军人志愿服务组织和志愿者积极参与基层平安建设，广泛开展治安巡逻、交通引导、社区安全防范等志愿服务。要鼓励退役军人积极参与守边护边行动，在稳边固边、兴边富边中当好维护民族团结、巩固边防安全的志愿服务先锋模范。要组织具有消防救援、医疗救护、特种训练等经历的退役军人，参与抗洪抢险、防疫救灾等急难险重任务。用好他们的专业技能和救援经验，依法有序参与专业救援、医疗救护、秩序维护等工作。同时也要鼓励支持退役军人志愿服务组织或志愿者有序参与跨区域应急救援，在更大范围、更广区域发挥作用。

四是融入基层治理。注重把志愿服务融入基层治理体系，有序参与基层治理，发挥应有作用。要强化基层党建引领，充分发挥退役军人党员先锋模范和“兵支书”“兵委员”示范引领作用，配合基层党组织开展党员思想教育和“为群众办实事”等活动，在巩固基层政权中贡献更多的力量。要主动参与城乡社区服务，探索建立一村（社区）一支志愿服务队模式，有针对性地提供邻里互助、扶老救孤、便民利民、生活照顾等志愿服务，增强人民群众获得感、幸福感。要有机嵌入基层治理网格，切实落实好前段时间召开的学习推广新时代“枫桥经验”现场交流会部署要求，引导退役军人志愿服务组织、志愿者参与基层民主建设、村（居）民自治、网格化管理等，共建美好家园。

五是开展帮扶济困。退役军人志愿服务既要面向社会、服务群众，传递党和政府的关爱，也应关注身边生活困难战友，及时伸出援手，帮助他们早日摆脱困境。要引导退役军人志愿服务队成为退役军人工作力量的有益补充，协助基层服务保障机构，深入开展“四尊崇”“五关爱”“六必访”活动，送去“家”的温暖。要按照部统一部署，常态化开展“情暖老兵·关爱帮扶”公益行动，尽力而为、量力而行，及时为困难退役军人提供帮扶救助、康养慰藉、子女助学助医等志愿服务。要搞好结对帮扶，引导退役军人志愿者通过“一帮一”“多帮一”和老兵帮老兵等方式，满腔热忱帮助困难退役军人渡过难关。

四、切实形成退役军人志愿服务工作的整体合力

退役军人志愿服务涵盖多个领域、涉及多个

部门、惠及各方群体，要求我们必须群策群力、同心同德、合力共为。

一要加强组织领导。深化退役军人志愿服务，首要的是加强党对退役军人志愿服务工作的领导，确保正确政治方向。要加强统筹谋划，在党委和政府领导下，按照本地区志愿服务工作协调小组要求，将退役军人志愿服务纳入地区志愿服务总体规划，定期研究分析形势任务，完善制度措施，做好指导、服务、联系和管理工作。要强化党建引领，紧紧依靠各级党组织开展工作，把退役军人志愿者紧紧凝聚到党组织周围，充分发挥广大退役军人党员先锋模范作用，鼓励引导退役军人志愿者争当标杆模范。要跟进服务指导，注重因势利导，正确处理管理与引导的关系，及时处理工作中出现的新情况、新问题、新动向，主动靠上去帮带指导。

二要提升服务能力。组织建设好退役军人志愿服务队伍不易，提升服务能力更是永远在路上。要加强骨干培训，把有限的资源优先用于骨干学习充电，帮助他们掌握新理论、新知识、新技能，辐射带动团队更多志愿者提高专业服务水平。要强化实战演练，根据本地区志愿服务需求，加强富有针对性、实效性的训练，确保遇有情况能够拉得出、用得上。要推动交流互鉴，重视加强横向纵向交流学习，特别是系统内也要加强学习借鉴，通过研讨交流、参观见学、实地观摩等，把好的经验做法真正用好，促进互学互鉴、共同提高。

三要密切协同联动。相关单位要相互支持、密切配合，构建联动高效、协调有序的工作机制。要整合资源力量，盘活用好区域间、部门间的人力、设备、项目等志愿服务资源，推动形成“人员联培、设施联建、活动联办、品牌联创、成果联享”，实现优势互补、合作共赢。要强化沟通协作，各级退役军人事务部门以及服务中心（站）要主动加强与宣传、文明办、民政、共青团、妇联、驻军部队等相关部门和单位的沟通协调，学习借鉴好经验、好做法。要注重区域联动，积极探索建立跨区域的志愿服务协调机制，坚持属地化管理、区域化调度，努力实现一方有难、多方响应。

四要完善激励保障。从实践经验看，必要的激励保障是退役军人志愿服务可持续发展的不竭动力。要强化荣誉激励，完善志愿服务记录、奖励回馈等制度机制，对优秀退役军人志愿者在就业创业、评先评优、社会保障等方面给予礼遇，增强他们的荣誉感、获得感。要落实工作保障，积极创造条件、提供便利，尽力帮助解决人员、经费、场地等方面的实际困难，为开展退役军人志愿服务创造条件。要深入宣传典型，综合运用各类宣传手段，通过媒体宣介、巡回报告以及短视频等多种形式，广泛宣传退役军人志愿服务新成效、新气象，在全社会营造关心、支持和参与退役军人志愿服务的浓厚氛围。

退役军人志愿服务使命光荣、前景广阔。让我们更加紧密地团结在以习近平同志为核心的党中央周围，动员激励广大退役军人志愿者开拓创新，奋发作为，以退役军人志愿服务的实际行动迎接建党100周年、为建设中国特色社会主义现代化国家作出新的贡献！

在退役军人服务保障先进单位及个人（含军休工作先进单位及个人、先进军休干部）表彰视频会议上的讲话

（2021年11月29日）

常正国

今天召开视频会议，主要是为了深入贯彻习近平总书记关于退役军人工作重要论述，表彰退役军人服务保障先进单位及个人，包括军休工作先进单位及个人、先进军休干部。

中央批准设立这个评选表彰项目，并由退役军人事务部和中央军委政治工作部主办，充分体现了党中央、国务院对退役军人工作的高度重视，对退役军人服务保障相关单位干部职工的关心厚爱。当前，退役军人服务保障工作正处于深化改革的攻坚期、爬坡过坎的关键期，对于我们做好退役军人服务保障提出了更高要求。下面，我就学习先进典型提几点意见。

一、将学习先进典型与学习贯彻党的十九届六中全会精神结合起来

“心中有信仰，脚下有力量。”党的十九届六中全会全面总结了党的百年奋斗重大成就和历史经验，提出了“两个确立”的决定性意义，概括了“十个坚持”的历史经验。学习先进典型，要与贯彻落实全会精神结合起来。一是旗帜鲜明讲政治。全会强调，必须坚持党的基本理论、基本路线、基本方略，增强“四个意识”，坚定“四个自信”，做到“两个维护”。各级退役军人事务部门要学习先进典型坚定的政治品格，忠诚核心、拥护核心、跟随核心、捍卫核心，努力在学懂弄通做实习近平新时代中国特色社会主义思想上下功夫，把旗帜鲜明讲政治贯穿于退役军人服务保障全过程、各方面。二是满腔热忱做服务。“践行以人民为中心的发展思想，不断实现好、维护好、发展好最广大人民的根本利益”是全会的重要要求之一，也是长期以来先进典型一直坚守的为民情怀。各级退役军人事务部门要向他们学习，急退役军人所急，想服务对象所想，将心比心、以心换心，饱含深情、带着温度，满腔热忱为退役军人服务，不断增强退役军人的认同感、归属感和荣誉感。三是越是艰险越向前。全会提出，要始终谦虚谨慎、不骄不躁、艰苦奋斗，不为任何风险所惧，不为任何干扰所惑，以咬定青山不放松的执着奋力实现既定目标。目前

退役军人服务保障工作仍然面临不少矛盾困难，各级退役军人事务部门要学习先进典型的战斗精神，肩负重任、冲锋在前，用无私奉献诠释责任与担当，敢于直面困难、敢于勇挑重担，不断增强斗争意识、丰富斗争经验，用实际行动践行初心使命。

二、将学习先进典型与巩固党史学习教育成果结合起来

党史学习教育开展以来，退役军人事务系统高度重视，各项工作扎实有序，党史学习氛围浓厚、态势良好，在学党史、悟思想上取得不少新进展，在办实事、开新局中收获不少新成效。学习先进典型，要与党史学习教育内容紧密结合，持续深化巩固党史学习教育成果。一是坚持学史增信坚定理想信念。百年沧桑巨变，百年人间正道。所有翻天覆地的变化，都源于当年齐声唱“好”的党领导的社会主义制度、社会主义道路。退役军人服务保障能够取得今天的成绩，正是在党的正确领导下开展的生动实践。各级退役军人事务部门要进一步坚定共产主义理想信念，学习先进典型从百年党史中汲取奋进力量，用党的历史经验启迪智慧、砥砺品格。二是坚持学史崇德赓续红色血脉。党的百年奋斗历程，涌现了一大批忘我奉献的先进模范。学史崇德，就是要在重温历史中经受思想洗礼、精神锻造，赓续红色血脉、传承伟大精神。今天我们开展评选表彰，就是追寻初心使命、赓续精神伟力，重整行装再出发的重要内容。各级退役军人事务部门要扎实开展好学习先进典型活动，鼓起迈进新征程、奋进新时代的精气神，勇于担当、攻坚克难。三是坚持学史力行用心为民服务。习近平总书记明确要求“党史学习教育要同解决实际问题结合起来”，这是党史学习教育的落脚点。受表彰的先进单位和个人都是为广大退役军人和优抚对象办实事的典型榜样。各级退役军人事务部门要开展好“我为群众办实事”活动，紧盯困扰退役军人的操心事、烦心事、揪心事，切实把好事办实、把实事办好，办到退役军人的心坎上、急需处，持续展现党史学习教育带来的新气象新变化。

三、将学习先进典型与立足岗位做好本职工作结合起来

表彰先进、学习典型，是为了更好地推动工作。各级退役军人事务部门要不断加强自身建设，静得下心、下得苦功，主动学习先进典型的工作作风、工作方法，自觉运用到本职工作中，成为服务保障工作的行家里手、中坚骨干，推动退役军人工作高质量开展。一是精益求精钻业务。坚持刻苦钻研，聚焦退役军人服务保障工作重点、难点问题以及退役军人所思所盼，深入学习业务知识，全面提升能力素质。主动到重要岗位、工作一线磨砺成长，积累宝贵经验。主动到基层一线倾听意见建议，掌握第一手材料，发掘、培育和推广地方鲜活经验，借鉴其他领域有效做法，以他山之石攻己之玉，找准破解难题的“金钥匙”。二是锲而不舍抓落实。要勇于担当，突出问题导向、目标导向、结果导向，出实招、求实效，积极落实退役军人服务保障工作政策规定，把党和国家对退役军人的关心关爱落到实处。要敢于创新，打破思维定式，强化前瞻谋划，以改革创新的勇气破解难题。要善做善成，

密切各方之间协同，形成做好退役军人服务保障的强大合力，共同推动服务保障工作高质量发展。三是持之以恒严纪律。要时刻用“心中有党、心中有民、心中有责、心中有戒”标准严格要求自己，坚持公道正派、事业为上，谋事干事都要从事业需要出发，公平公正地对待和处理问题。要知敬畏、存戒惧、守底线，用好手中的权力。坚持防微杜渐，严格把好廉洁自律关，不踩红线、不碰底线，清清白白做人，干干净净做事。

站在实现“两个一百年”奋斗目标的历史交汇点，面对世界百年未有之大变局，做好退役军人服务保障工作是党和国家事业开启新征程赋予我们的重大任务，意义深远，责任重大，使命光荣。让我们更加紧密地团结在以习近平同志为核心的党中央周围，不忘初心、牢记使命，顽强奋斗、勇敢前行，努力开创退役军人服务保障工作新局面，在中华民族伟大复兴征程中再创辉煌、谱写新篇章！

在全国退役军人教育培训工作现场交流会暨就业创业工作调研座谈会上的讲话

（2021年10月20日）

马飞雄

今天召开全国退役军人教育培训工作现场交流会暨就业创业工作调研座谈会，主要任务是着眼"推动退役军人教育培训和就业创业工作高质量发展"，观摩学习江苏先进经验、交流工作体会，分析就业创业形势，统一思想认识，凝聚各方面力量，共同推动各项工作。

退役军人事务部门组建3年多来，各地、各部门坚决贯彻落实习近平总书记关于退役军人工作重要论述和党中央、国务院决策部署，各项工作取得进展，特别是就业创业工作发展态势良好。一是高位推动。从中央到县一级普遍对教育培训工作高度重视，摆上工作日程，在增强党委政府关注的同时，也推动相关领域部门支持配合。二是政策先行。部里出台的政策有70多个，就业创业方面28个，涵盖教育培训、就业创业的方方面面，含金量很高。地方也有相应配套政策。政策先行才能保障我们的工作有据可依。三是创新驱动。部里与66家大型企业签订了合作协议，带动各地与省管企业、市管企业、县管企业纷纷开展就业合作。四是成效明显。退役军人教育培训和就业创业工作方方面面都有新的提升拓展。高职教育持续扩招，承训机构不断扩充发展，为广大退役军人提供了教育培训赋能机会。从江苏看，这两年就业率从85%提高到95%以上，职业技能参训率从80%提高到95%以上，自主就业退役士兵适应性培训率达到100%，这些数据体现了工作成效。全国每年新增的退役军人中，绝大部分是通过开展教育培训、提升能力，促进就业。

在肯定成绩的同时，也要清醒地看到，还存在一些困扰和不足：

一是思想认识有待进一步提高。从工作人员层面看，教育培训就业创业方面矛盾较少。一方面说明我们工作确实做得不错，从另一方面分析，我们教育培训就业创业没有硬任务，所以工作人员可能会产生干多干少、干快干慢差不多的想法。从退役士兵层面来讲，一部分退役后不急于就业，对教育培训重视不足。所以对工作人员要提高紧迫感，对退役军人要转变思想观念。

二是体制的优势有待进一步发挥。我们从上到下党的领导机制健全，此外我们还有六级服务体系，这是我们的最大优势。但是目前还有一部分退役军人处于困难状态，没有稳定的就业和收入，还享受低保。如果服务中心（站）工作人员与困难群体结对帮扶，服务体系作用就有更大的拓展空间。

三是政策红利有待于进一步释放。从部里到各地出台的政策多，优惠力度大。如果都能贯彻落实到位，持续发挥作用，退役军人稳定体面就业就不成问题。今年开展“法律政策落实年”活动，就是要解决政策落实不到位问题，就是要最大限度地释放政策红利，让退役军人从中得实惠。

四是各方面的积极性有待于进一步调动。我们要多做工作，从各地相关单位、承训机构到合作企业、用人单位，发挥他们的积极性，引导他们从国防军队建设大局出发，多从退役军人角度考虑，克服困难支持退役军人教育培训、就业创业。我们的工作就会有很大提升。

对于下一步工作，建议抓好以下几点：

一、切实增加退役军人工作的政治责任感和紧迫感

就业是民生之本。我们的工作虽然取得不错的成绩，但是也面临着新情况新问题，我们必须进一步增加政治责任感和紧迫感。

（一）从党和国家的角度看，实现全面建设社会主义现代化强国，需要做好就业创业工作

习近平总书记“七一讲话”中明确我们已经实现第一个百年奋斗目标，要为第二个百年目标努力奋斗。实现第二个百年目标的关键在于人才，退役军人是其中的重要组成部分。现在就业市场上，“无工可打”和“无工可用”现象并存，原因在于技能型人才紧缺。经过技能培训，退役军人能大规模成长为技能人才。我们在此方面拥有特殊优势。首先是政策支持，优惠力度大，培训几乎都是免费。其次是有庞大的组织体系支撑。最后是退役军人组织性强，培训容易组织起来，能够成规模地输送人才。做好退役军人教育培训就业创业工作的任务紧迫，我们要为国家做贡献，为实现第二个百年目标做贡献。

（二）从军队建设角度看，实现人才强军的战略目标需要做好就业创业工作

我国周边形势并不安宁，部队的高素质人才队伍建设很是迫切，一方面靠部队自身训练培养，另一方面靠我们退役军人系统服务引导。我们把就业工作做好了，退役军人回到地方能很快稳定体面就业，有利于引导青年人参军入伍，特别是能够引导一些部队急需人才长期留在部队，做更多国防贡献。此外，一旦战争爆发，要做到退役军人“若有战，召必回”，更要靠我们平时组织的思想教育工作。所以，退役军人就业问题不简单，要上升到为军队提供人才、为国防提供支撑的更高层次加以认识。

（三）从我们系统角度看，实现高质量发展需要做好就业创业工作

或者说，退役军人高质量发展的着力点、主攻方向应该是就业创业。今后大部分退役军人要走先参加教育培训、再实现市场就业这条路，我们系统的工作重点就是促进就业。这项

工作虽然有政策支持，但是服务的对象人数多、工作难度大。这部分退役军人需要稳定高质量就业，追求高收入。按照市场经济规律，收入待遇和能力成正比。退役军人在部队学的是军事专业，胜任地方的高质量岗位就需要经过教育培训，学历不够的，要参加专升本、读研读博，没有技能的要学习技能。我们要投入更大精力做好这方面工作。

（四）从退役军人的角度看，实现对美好生活的向往需要做好就业创业工作

退役军人稳定就业、体面生活，必须走接受培训教育、提高自身素质、实现就业或者创业，这条高质量发展道路。

二、准确把握就业创业工作的总体要求

党的十八大以来，以习近平同志为核心的党中央把做好就业工作摆在突出位置，在许多决策部署、政策文件中对做好退役军人就业工作提出明确要求。《国务院“十四五”就业促进规划》和我们部的“十四五”规划也都把退役军人教育培训和就业创业工作放在重要位置。这两个规划，为推动退役军人就业创业工作高质量发展提供了遵循、指南和新的方向。具体讲有以下几个方面：

（一）坚持以市场需求为导向

市场需要什么人才，我们就培训什么人才；退役军人想提高学历，我们就帮助他上大学；企业需要什么技能的人才，我们就推荐什么样的人才，或者通过培训培养人才达到标准，这就是市场导向。这点做不好，即使我们投入很大力量，市场、退役军人、方方面面都不会满意。

（二）坚持以教育培训为基础

为什么以教育培训为基础，说到底教育培训就是为了长本事、长能力、提素质。虽然如今的退役军人素质大幅提升，但是以大专生为主，本科生、211名校的还是少，能力素质有差距。所以要重视教育培训，发挥优势抓好入学优待、学费资助等工作，为就业创业奠定坚实基础。这个基础打牢了，我们政府部门就不用投入太多精力协调就业，企业用人单位会主动上门要人。很多自主择业干部具备一技之长，在选择转业前就被企业盯上，就是因为有本事有能力。

（三）坚持以稳定就业为目的

退役军人稳定体面就业是我们部门的基本职责。在此基础上，要促进退役军人从军事人才转化为技能人才、高端人才，完成这个政治任务需要一个过程。目前最基本的，还是实现稳定体面就业。

（四）坚持以平台搭建为抓手

政府促进就业不能大包大揽，要发挥系统优势构建大数据、搭建信息平台，借助市场力量，为退役军人和企业牵线搭桥。好处是，第一，聚焦用力方向，把平台建好就不用到处找企业，节省精力。第二，退役军人就业由市场决定，政府没有包就业的责任。我们履职尽责要到位不越位。这里要突出强调一下，对于正在开展的全国就业创业示范园地试点工作，希望有关省份支持

配合、积极探索、大胆创新，为全国推广总结出一套行之有效的经验做法。

三、要切实突出就业创业着力点

一是要在体制内单位吸纳退役军人方面下功夫。退役军人指令性安置方向主要是体制内的机关事业单位。我们自主就业的退役军人同样可以到体制内单位工作。首先，有政策依据。《退役军人保障法》等政策文件中作出明确规定，比如“机关、群团组织、事业单位和国有企业在招录或者招聘人员时，对退役军人的年龄和学历可以适当放宽，同等条件下优先招录、招聘退役军人”，这里指的是所有退役军人。基层招录公务员时，也要求优先，有一定数量。其次，符合学历条件。体制内招录招聘一般要求大专以上学历，很多退役军人符合条件。最后，退役军人经过简单培训完全可以接受竞争进入体制内发展。

二是要在引导更多退役军人投身乡村振兴战略方面下功夫。就业创业工作要紧跟国家战略。第一，是讲政治的体现，党中央提倡什么，我们紧跟什么。第二，有利于退役军人得实惠。乡村振兴战略提供了很多就业机会，退役军人在其中有独特优势。从整体看，农村籍退役军人多于城镇籍，他们对农村更熟悉，更有感情。我们要想方设法引导他们回乡，成为家乡的致富人、引路人、带头人。部里联合军地15个部门出台了《关于促进退役军人投身乡村振兴的指导意见》，并做了政策解读。大家要重视起来，这方面大有可为。

三是要在推荐退役军人到中小学任教方面下功夫。最近社会舆论反映学校老师男女比例严重失衡问题，形成教育事业发展软肋。而我们退役军人绝大部分是男同志，到中小学任教是和教育部门互惠互利的好事。我们在此方面已经有了初步成果。前段时间我带队到教育部谈的效果不错，现在正在征求拟出台文件的意见。如果每个中小学都能有一两个退役军人教师，全国就能有很大的退役军人就业量，这就是稳定体面岗位。上海已经在探索试点工作，各地也要动动脑筋、多下功夫，文件发出后要跟进落实。目前最大的难题是教师资格问题，要发动师范院校加以培训。

四是要在拓宽重点行业就业渠道方面下功夫。公安、消防、交通等重点行业就业岗位与退役军人专业技能匹配度高，岗位都跟军事素质相关，是我们的强项，稍加培训就可以上岗。今年部里出台了不少就业政策，例如与交通运输部等5家单位联合印发了《关于加强高素质船员队伍建设的指导意见》，与应急管理部联合印发了《关于做好国家综合性消防救援队伍面向退役士兵招录消防员工作的通知》，含金量都很高。

五是在深化企业合作就业模式方面下功夫。这是保证退役军人就业岗位稳定可靠、大批量供给的重要方式。希望各地也要不断完善与企业就业合作机制，充分挖掘本地龙头企业吸纳就业潜力，持续扩大合作企业范围，发挥企业经济活动主体、就业主阵地作用，吸纳更多退役军人就业。同时注重互惠互利，出台帮助企业用好招用退役军人的优惠政策，对吸纳退役军人作出突出贡献的企业，也给他们做做广告，宣传宣传，不要把工作做成一锤子买卖，要争取长期合作、可持续发展。

六是在鼓励民营企业吸纳退役军人就业方面下功夫。现在好多民营企业了不得，是吸纳就业的主渠道。我们引导退役军人到民营企业就业，一是要解决就业观念问题。即使到民营企业的收入翻一番，很多退役军人也愿意在体制内工作，总觉得端铁饭碗稳定，对市场的规律特征认识不足。二是能力素质恐慌问题，真正有了本事，就不怕经受市场考验。要达到这一点，还是要靠教育培训。目前，部里正在推动印发《关于引导和鼓励民营企业招用自主就业退役军人的指导意见》。出台后，各地要结合实际细化落实举措，引导更多企业吸纳退役军人就业。

七是在发挥创业带动就业作用方面下功夫。创业是更高层次的就业。很多退役军人有创业意愿，但是不懂企业运营规律，创业难度大，成功率低。近年来，各地普遍举办的创业创新大赛，积极推动的创业园地、孵化基地建设，就对推动退役军人创业起到了很好的促进作用。我们在支持退役军人创业同时，更要重视创业带动就业。

四、加强对就业创业工作的组织领导

一是要用足用好工作机制。我们工作系统有党委领导下的相关协调机制。很多工作都靠这些机制推动，用足用活了，我们的工作就好办了。

二是要重视政策落实。退役军人就业创业政策已经出台了很多，关键是抓好落实，用好用足政策。

三是要抓好典型宣传。各地各级退役军人就业创业部门要坚持新闻宣传与信息报送相结合、社会宣传与内部宣传相结合、政策宣传与典型宣传相结合，宣传好用人单位的典型、退役军人的典型，在实现双赢中共同推动就业创业工作再上新台阶。

四是要切实加强系统自身建设。我们系统就业创业工作从上到下的工作人员少，但是服务对象多。各位厅（局）长要把能力最强的人员力量充实进来。

在部党组理论学习中心组（扩大）学习会议上的讲话

（2021年11月25日）

马飞雄

党的十九届六中全会闭幕的第二天，部党组就传达学习全会精神并作出安排部署，今天又召开理论学习中心组（扩大）会议，深入学习交流，充分体现了部党组增强“四个意识”、坚定“四个自信”、做到“两个维护”的政治自觉和行动自觉，必将示范带动全系统全面贯彻落实全会精神，助力推动退役军人各项工作再上新台阶。下面，结合学习理解，联系分管工作，谈几点认识体会。

一、必须准确把握《决议》的历史定位

六中全会最大的政治成果之一，就是审议通过了《中共中央关于党的百年奋斗重大成就和历史经验的决议》。《决议》回顾总结了党的百年奋斗重大成就和历史经验，着重阐释了党的十八大以来取得的辉煌成就，对实现第二个百年奋斗目标提出明确要求，政治性、思想性、战略性、指导性都很强，是一个百年大党坚定理想信念、不忘初心使命、实现中华民族伟大复兴的政治宣言书、目标责任状和全面动员令，是又一篇闪耀着马克思主义真理光芒的重要纲领性文献。学习贯彻六中全会精神，首要的是准确把握《决议》的历史定位。第一，《决议》是对党百年历史的科学总结。《决议》站在新的历史节点上，以“四个伟大成就”“五大历史意义”“十条宝贵经验”，全面总结了党百年来走过的伟大光辉历程、取得的重大成就，深刻揭示了党百年奋斗在中华民族复兴史、马克思主义发展史、人类社会进步史上的重要地位和历史性贡献，高度凝练了百年大党接续奋斗并取得成功的基因密码，是对党百年历史经验特别是改革开放40多年来奋斗历程的概括凝练和定调定论。第二，《决议》是引领新时代新征程强势开局的行动指南。2021年是承上启下、百年交汇之年，既是建党100周年，也是我国迈进第二个百年奋斗目标的第一年，同时还是党的第二个百年历史进程的开局之年，在这样一个重大历史关口召开这样一次重要会议，极具时代意义和现实意义，必将承前启后、继往开来。《决议》在定调百年党史基础上，吹响了向第二个百年奋斗目标迈进的“集结号”，并从思想旗帜、理论方针、路线宗旨、党的建设等方面提出了“四个必须”总要求，准确锚定了新起点接续奋斗勇攀高峰的目标方向，有力统一了全

党全军全国各族人民的意志思想，为应对百年未有之大变局、推动实现中华民族伟大复兴提供了指路明灯。第三，《决议》是习近平新时代中国特色社会主义思想的创新发展。党的十八大以来，习近平总书记洞察时代风云、把准时代脉搏，深入思考我们党举什么旗、走什么路、以什么样的精神状态、担负什么样的历史使命、实现什么样的奋斗目标等重大政治理论问题，以非凡理论勇气提出一系列原创性战略思想和创新理念，创立了习近平新时代中国特色社会主义思想。《决议》对习近平新时代中国特色社会主义思想进行了全面概括和系统阐释，并以更严密的思想体系、更崭新的理论框架、更宏大的历史视域予以升华凝练。尤其是“两个确立”“十个明确”“十个坚持”等，又把我们对共产党执政规律、社会主义建设规律、人类社会发展规律的认识提升到新的高度，丰富发展了习近平新时代中国特色社会主义思想。

二、必须牢牢抓住学习的关键重点

中办《通知》明确的“六个深入领会”需要重点学习，就我们自身而言，还要聚焦全会提出的新思想新论断以及关于退役军人工作的新论述新要求学深悟透。一方面，要准确理解全会提出的新思想新论断。关于“两个确立”。关键是要认清确立习近平同志党中央的核心、全党的核心地位，源于习近平总书记是党的核心、军队统帅、人民领袖，全党拥护、官兵热爱、人民爱戴，是历史的必然选择，是党之大幸、人民之大幸、世界之大幸；确立习近平新时代中国特色社会主义思想的指导地位，源于它是解决当代中国前途命运问题的科学理论指引，顺应了历史潮流，回应了时代呼唤，凝聚了理论共识。“两个确立”从领导核心和指导理论两个层面予以明确，必将确保新时代党和国家事业发展行稳致远。关于“马克思主义中国化新的飞跃”。关键是要认清习近平新时代中国特色社会主义思想，着眼破解新时代党和国家发展面临的重大理论和实践问题，坚持继承前人与开拓创新相结合，坚持理论创制与实践探索良性互动，在改革发展稳定、内政国防外交、治党治国治军等方面提出一系列原创性的新理念新思想新战略，赋予马克思主义鲜明的实践特色、民族特色和时代特色，是马克思主义基本原理同中国具体实际相结合、同中华优秀传统文化相结合的最新成果。关于“十个坚持”。关键是要认清它是对党百年历史经验的高度概括凝练，涵盖治国理政、强国富民的方方面面，科学回答了党和国家事业发展的领导核心、价值追求、理论指导、战略支撑、外部环境、力量来源等一系列重大问题，是我们党永葆先进性和纯洁性、始终走在时代前列的“纲”和“魂”，既是对“过去我们为什么能够成功”的深刻总结，更是“未来我们怎样才能继续成功”的行动指南，必须长期坚持、毫不动摇。另一方面，要准确理解全会关于退役军人工作相关的新论述新要求。关于加强党的领导。核心是要领悟党的领导是党和国家事业长青的根脉所在、命运所系，退役军人身份特殊、人数众多，退役军人工作关联广泛、情况复杂、风险点多，不同于一般业务，必须更加注重和加强党的领导，并将其自觉贯穿于全过程各方面。关于加强退役军人管理保障体制机制制度建设。核心是要领悟国防和军队建设是国之大者，退役军人工作服务国防和军队建设必须对标对表新论述新要求，聚焦组织管理机构高效运转、服务保障体系作用充分发挥、政策制度配套措施健全完善、服务保障精细精准到位等任务目标，查找问题不足，补齐短板弱项，以重点突破带动全面提升。关于传承弘扬革命文化。核心是要领悟传承弘扬革命文化并善于运用培根铸魂的实践要求，用足用活用好退役军人系统独特红色资源，让“三红”“三属”“两参”等有功于国家、有功于人民的退役军人及其他优抚对象，成为全社会尊重的人；让烈士纪念设施、荣军医院、军供站、军休所和退役军人服务中心（站）、培训中心等，成为传承红色基因、弘扬英烈精神、教育引导群众的重要阵地；让全国双拥模范命名、全国模范退役军人和退役军人工作者表彰、“最美退役军人”宣传、“老兵永远跟党走”活动等，成为培塑家国情怀、赓续红色血脉的政治品牌，引导广大军民在耳濡目染中接受心灵洗礼。

三、必须引领推动退役军人工作高质量发展

当前重点要做到“三个坚持”：一是坚持用百年伟大历史成就鼓舞激励广大退役军人和退役军人工作者。引导退役军人和其他优抚对象充分看到百年伟大历史成就，特别是体悟惠及自身的系列红利，切身感受到党的关怀、政府温暖、社会尊重，从而感党恩、听党话、跟党走，自觉成为夯实党的执政基础、促进经济社会发展、处置应急应战的积极力量；引导退役军人工作者把感受党的伟大成就与退役军人事业发展进步结合起来，深刻认识党的十八大以来退役军人工作取得的重大贡献以及新时代退役军人工作在“两个变局”中担负的特殊使命，鼓舞激励系统干部职工想干事、能干事、干成事，用实际行动续写伟大成就退役军人工作新篇章。二是坚持用百年历史经验谋划指导推进退役军人工作。在指导思想上，应将百年党史宝贵经验与习近平新时代中国特色社会主义思想、习近平强军思想、习近平总书记关于退役军人工作的重要论述一道，作为我们谋划退役军人工作的根本遵循，提领思想、指导行动。在工作原则上，应把百年党史宝贵经验融入退役军人系统工作日常，长期坚持、自觉践行，内化于心、外化于行，有力有效指导新时代退役军人工作实践。将“人民至上”理念融入血脉，化为行动自觉，时刻铭记全心全意为退役军人服务这一初心和使命，想退役军人所想、急退役军人所急，真正把退役军人“急难愁盼”放在心上，精细服务、精准保障。在工作重点上，应运用百年党史宝贵经验，深入研究退役军人工作特点规律，聚焦政治引领、优待抚恤、褒扬纪念、就业安置、双拥共建、风险防范等重点任务，完善政策、健全制度、创新办法，推动工作高质量发展。三是坚持用学习激发出来的政治热情推动重点任务落实落地落细。军休工作，重点要抓紧抓好军队退役人员和伤病残人员三年移交安置，主动对标对表，厘清工作思路，突出住房、医疗等堵点难点，拿出破解推进的措施办法，为军队集中精力备战打仗解决后顾之忧。就业创业工作，重点要多出实招高招引导促进退役军人就业创业，千方百计为退役军人就业创业搭建平台，全力推进优秀退役军人进基层组织班

子、担任中小学教师、支边戍边等重点工作，充分发挥他们对党忠诚、作风过硬、甘于奉献的优秀品质，让他们为经济社会发展再立新功。培训中心，重点要聚焦“三类人员”抓实抓好“四类教育培训”，高质量高标准完成适应性培训、业务培训、就业创业培训和干部教育培训等任务，切实提升计划安置军官军士、自主就业择业退役军人、系统干部职工的能力素质和业务水平。

在话剧《兵心》专家研讨会上的讲话

（2021年12月22日）

马飞雄

中国文联第十一次全国代表大会、中国作协第十次全国代表大会胜利闭幕，习近平总书记亲自出席会议并发表重要讲话，全面总结了一百年来党领导文艺战线走过的光辉历程、取得的重大成就，指明了当代中国文艺的历史定位和根本任务，并给广大文艺工作者提出5点希望。习近平总书记重要讲话高屋建瓴、视野宏阔、思想深邃、内涵丰富，是新时代新征程做好文艺工作的根本遵循。我们举办话剧《兵心》研讨会，深入贯彻落实习近平总书记关于退役军人工作和文艺工作重要论述，进一步研究探讨和深入挖掘话剧《兵心》蕴含的初心使命、政治意义和时代价值，正当其时，十分必要。参加这次会议的既有文艺战线领导机关业务司局的负责同志，也有德高望重的老艺术家，还有一些年轻的面孔。在座的一起看了这部戏，还有的专家看了多次，文绪同志介绍了一些情况，大家谈了很好的意见，特别是具体修改的建议，请剧组的老师们一道进行完善提高。

一、创演《兵心》对推动构建退役军人思想引领和文艺创新新阵地具有重要意义

我部组建以来，坚决贯彻落实党中央、国务院决策部署，牢固树立全心全意为退役军人服务的根本宗旨，白手起家，只争朝夕，建立健全组织管理体系、工作运行体系、政策制度体系，办成了许多过去想办而没能办成的大事，解决了许多过去想解决而没能解决的难题。在这个过程中，我们始终把加强3700多万退役军人思想政治工作作为强基固本的重大工程，注重运用先进文化引领方向、鼓舞士气、凝聚力量。这次部里组织创演话剧《兵心》，核心目的就是强化退役军人思想政治工作守正创新，深挖退役军人红色宝库，积极构建退役军人思想引领和文艺创新新阵地。创演话剧《兵心》的意义体现在以下三个方面：一是贯彻落实习近平总书记重要指示精神的务实举措。以习近平同志为核心的党中央对退役军人工作高度重视，对退役军人倍加关爱。习近平总书记亲自决策批准成立退役军人管理保障机构，多次作出重要指示批示；王沪宁同志亲自推动退役军人事务重点工作。创演话剧《兵心》就是通过文艺方式生动展现习近平总书记对退役军人关心关爱，从而教育引导广大退役军人对党忠诚、兵心如磐，更好做到“两个维护”，进一步强化“感党恩、听党话、跟党走”的思想自觉、政治自觉和行动自觉。二是激励广大退役军人继续建功立业的内在要求。我们

党已经走过了100年的光辉历程，正带领全党全国各族人民意气风发地踏上全面建设社会主义现代化国家的新征程。在这一重要历史节点，创演话剧《兵心》就是为弘扬党重视和关心退役军人工作的优良传统，进一步引导广大退役军人继续保持“退役不褪色、建功新时代”的本色，成为巩固党长期执政的可靠力量、经济社会发展的重要力量。三是在社会营造尊崇氛围的迫切需要。今年施行的《退役军人保障法》要求退役军人工作主管部门通过创作主题文艺作品等方式，弘扬爱国主义精神、革命英雄主义精神和退役军人敬业奉献精神。创演话剧《兵心》就是通过文艺方式将《退役军人保障法》有关要求落实落地，讲好红色故事，弘扬爱国精神，培塑家国情怀，必将在全社会营造尊崇军人职业、尊重退役军人的浓厚氛围。

二、创演《兵心》凝聚了各方面大量心血和艰辛付出，确实来之不易

习近平总书记指出，要把提高质量作为文艺作品的生命线，不断提升作品的精神能量、文化内涵、艺术价值。创演启动以来，我部会同有关方面做了大量深入细致的工作，坚持严把剧本关、演员关、演出关，集中力量做好筹备工作，确保作品方向正、立得住、能传诵。一是领导高度重视。这部剧得到了沪宁同志、春兰同志的充分认可。退役军人事务部党组把话剧《兵心》作为一项重要的政治任务，摆在十分突出的位置，全力推进实施。孙绍骋部长亲自挂帅、专门部署，先后8次作出指示批示，多次召开党组会、部长办公会专题审议工作方案、听取工作汇报、解决困难问题，给予坚强领导。相关司局坚决贯彻部党组决策部署，周密计划安排，加强组织协调，强力推进各项工作。二是各方鼎力指导。中央宣传部、文化和旅游部、中央军委政治工作部等部委非常关心和支持这项工作，组织专家评审剧本和审核演出，协调力量审核演职团队，提出建设性意见，有力推动创演工作展开。包括在座的宋宝珍所长、孟冰团长等在内的许多知名专家都参与了话剧创作和评审工作，倾注了心血，给予专业指导，可以说是看着这部剧一步步成长起来的。三是团队辛苦付出。文绪同志是军队的知名编剧，倾心创作，六易其稿，反复打磨，剧本充分反映了新时代风貌，突出退役军人特色，引起广泛思想共鸣。彭澎同志是国家一级导演，导演过话剧版《士兵突击》、2021年央视春晚小品《阳台》等剧目，多次获得全国全军文艺大赛重点奖项。主演均为退役军人，其中有6人为国家一级演员，包括尚大庆、李文启、洪涛、黄晓娟等同志，大家都比较熟悉，都是德艺双馨的“老戏骨”。排练过程中，全体演职人员始终保持军人作风，从年过古稀的李文启同志，到戏份不多的群众演员，大家发自内心地忘我工作、倾情投入、令人感动。

三、将《兵心》打造成文艺精品力作仍需各方倾力支持

这部剧在京演出以来，我听说，在遵守疫情防控规定、严格控制观演人数的前提下，仍然一票难求，几乎场场满员。许多人看后热泪盈眶，还有许多老同志给演职人员打电话、发短信表达激动心情。我前前后后看了几遍，每看一遍

都有不同的感悟。话剧《兵心》思想精深、艺术精湛、制作精良，是一部高举爱国爱党爱军旗帜，弘扬党和军队光荣传统，政治性思想性很强的好作品；是一部敢于直面现实问题，回应社会关切，现实性针对性很强的好作品；是一部通过讲述移交政府安置的军休干部家务事，折射社会变迁，军队改革家国事，情感性艺术性很强的好作品；是一部激励人们珍惜当下，立足本职、继续前进，励志性教育性很强的好作品。许多人都说，话剧《兵心》是开展党史学习教育的鲜活教材，是今年戏剧界杀出的一匹黑马。这些是对我们的巨大褒奖，也是做好下步工作的有力鞭策。我们将充分采纳吸收各位专家的意见建议，进一步提升该剧的思想性、艺术性和感染力，在此基础上，利用线上线下等多种方式进行展演，让更多退役军人和干部群众看到这部剧，并积极参评“五个一工程奖”“文华奖”。为了将这部话剧打造成退役军人题材的红色经典剧目，我想借此机会提三点希望：一是希望军地有关部门继续给予有力支持。恳请大家按照“五个一工程奖”“文华奖”的要求，加强对该剧的指导，力争把这部剧推向更高的平台，让更多人从中汲取精神力量。我们也将按照评审条件、申报程序等有关要求，全力做好评奖各项准备工作。二是希望各位专家继续给予关注。欢迎各位专家通过多种方式向亲朋好友以及有关方面积极推荐，大力宣传，进一步提升热度和知名度。也恳请各位专家利用自身的政治智慧、人生阅历和实践经验，引导舆论多关注一些退役军人先进典型，多创作一些反映退役军人精神风貌的文艺作品，多提出一些更好服务退役军人的真知灼见，助力实现退役军人工作高质量发展。三是希望广大退役军人继续发挥作用。今天参加座谈的有来自不同战线的退役军人代表，其中，既有为国防和军队奉献一辈子的军休干部，也有将最美好的青春年华奉献给军队的转业干部、退役士兵。希望更多的退役军人来看看这部剧，像剧中人物一样继续弘扬党和军队的光荣传统，不忘初心、牢记使命，在各自行业打头阵、当先锋、做标杆，为全面建设社会主义现代化国家贡献力量。

全国退役军人工作

退役军人事务部工作情况

2021年，退役军人事务部坚持以习近平新时代中国特色社会主义思想为指导，全面贯彻党的十九大和十九届历次全会精神，深入贯彻习近平总书记关于退役军人工作重要论述，坚决落实党中央、国务院决策部署，全力服务经济社会发展、服务国防和军队建设，注重从党的百年奋斗中汲取智慧力量，锐意进取、埋头苦干、接续奋斗，着力推动退役军人工作高质量发展，圆满完成各项任务，取得新的进展成效。

一、中央决策落实有力

坚持把贯彻落实习近平总书记重要指示批示精神和党中央、国务院决策部署作为重中之重，紧紧扭住、毫不放松、务求实效。

一是坚决贯彻习近平总书记重要指示批示精神。对习近平总书记等中央领导同志重要指示批示，第一时间传达学习，研究贯彻落实举措，加强督查督办，及时报告情况，确保落地见效。联合中央组织部举办省部级干部专题研讨班，深化对习近平总书记关于退役军人工作重要论述理论价值和实践伟力的理解认识。围绕落实党的十九届五中全会《建议》和政府工作报告有关部署，采取领会精神、分解任务、主动挂账的方式，纳入部年度工作要点统筹推进。

二是编制完成首部专项规划。《“十四五”退役军人服务和保障规划》已由中央办公厅、国务院办公厅、军委办公厅联合印发，是退役军人事务领域第一部国家级专项规划。国家“十四五”规划《纲要》对退役军人工作专节表述，“十四五”公共服务规划、就业促进规划、信息化发展规划等也涵盖退役军人工作有关内容。与国家发展改革委联合印发《“十四五”时期社会服务设施兜底线工程实施方案》，指导各地做好规划衔接和项目储备，实现规划编制与建设实施同步并进。

二、“三个体系”健全完善

坚持把习近平总书记关于“建立健全组织管理体系、工作运行体系、政策制度体系”的重要指示作为推动退役军人工作高质量发展的方向指引，抓纲带目、一抓到底。

一是组织管理体系方面。持续加强服务体系建设，分级验收示范型服务中心（站）17120个，建强百家红色退役军人服务站，连续两年遴选百名优秀主任（站长），带动全国60多万个基层服务站点朝着从“有”向“优”转变。实施“兜底线工程”，推进优抚医院、光荣院、烈士纪念设施等64个规划项目建设，建立优抚医院军地结对帮扶机制，开展全国军休机构编制核查。培育发展为退役军人服务的社会组织1000余家，退役军人关爱基金（会）建设取得积极进展。积极发挥智库外脑作用，在中国社会科学院大学等7所高校设立研究基地，为退役军人工作提供理论支撑。总的看，党领导下的行政机构、服务体系、社会力量“三驾马车”同向发力的工作格局已经形成。

二是工作运行体系方面。围绕健全党委退役军人事务工作领导机构工作运行机制，组织示范工作法评选，制定调研、协调、信息等规定。召开全国退役军人事务系统对口援疆工作会议，调动全系统资源力量援疆。深入开展“法律政策落实年”活动，围绕建部以来已出台的政策性文件，强力推进其落实落地。出台加强信息化建设的指导意见、“十四五”信息化规划，实施信息化工程国家平台建设，实现6大类28项业务在线服务，构建退役军人综合数据库，完成4000万名服务对象建档立卡基本信息采集。推进退役军人服务“一网通办”，工作运行信息化程度大幅提升。

三是政策制度体系方面。广泛宣传《退役军人保障法》，加紧制定配套政策法规。目前，《退役军人安置条例》《军人抚恤优待条例》《烈士褒扬条例》制定修订工作有序推进。围绕思想政治、安置就业、优抚褒扬、军休服务、权益维护等工作出台一系列政策制度，指导各地跟进制定配套落实措施。召开《退役军人保障法》颁布一周年电视电话会议，举办3期政策法规培训班。

三、尊崇氛围日趋浓厚

坚持思想引领与管理保障并举，强化荣誉激励，展示精神风貌，引导广大退役军人始终听党话、跟党走。

一是成功举办系列活动。“老兵永远跟党走”活动成为中国共产党成立100周年庆祝活动的重要组成部分，并纳入党中央开展“四史”宣传教育部署，“把党的关爱送到老兵心中”主题慰问、“党的退役军人工作发展历程”专题访谈、“传承红色基因，续写军旅荣光”作品集、“党旗飘扬在心中”知识竞赛、“让退役军人成为全社会尊重的人”主题演讲比赛、“一朝军旅情，毕生写忠诚”微视频征集展播等6项配套活动组织严密、影响广泛，一经推出便强势刷屏、产生“破圈”效应，全网点击量近240亿次。开展“百年英烈”褒扬纪念活动，大力弘扬英烈精神，“永远记住你”“为烈士寻亲”等话题微博阅读量达179亿次。组织在京老战士、烈属代表和中央国家机关主要负责同志出席烈士纪念日在天安门广场向人民英雄敬献花篮仪式，举办“致敬国家丰碑”全国红色故事讲解员大赛。保障军队英模中健在的老同志、烈士和因公牺牲人员遗属、优抚对象、全国模范退役军人、全国双拥模范等200余名代表参加建党百年文艺演出、庆祝中国共产党成立100周年大会等重要活动。

二是加强典型学习宣传。表彰退役军人服务保障先进单位286个、先进个人493名，先进军休干部125名，评选2个集体、17名个人为年度“最美退役军人”，评选1个集体、9名个人为年度“最美拥军人物”，协调中央宣传部授予拉齐尼·巴依卡“时代楷模”称号。联合有关媒体开设“退役不褪色”“新时代退役军人奋斗榜样”等主题宣传专栏，组成巡回报告团赴7个省（市）开展“红心永向党　奋进新时代”红色宣讲。创作演播首部退役军人题材话剧《兵心》。部本级构建以“中国退役军人”为主打品牌的全媒体矩阵，推出大型融媒体采访“荣光之路”。

三是拥军优属势头良好。落实军地互提需求、互办实事“双清单”制度，遴选16个全国双拥模范城（县）与边海防基层连队结对共建，帮助部队解决吃水、用电、取暖等实际困难。持续深化“情系边海防官兵”拥军优属“六送”活动，广泛开展社会化拥军活动。

四是退役军人作用持续发挥。部署退役军人志愿服务工作，全国已组建退役军人志愿服务队伍24.7万支，退役军人志愿者350万名，10个对象被评为全国学雷锋志愿服务“四个100”先进典型，退役军人在抗击疫情、抗洪救灾、国防教育以及平安创建等方面表现突出。抢抓全国村（社区）“两委”换届契机，培养选拔推荐退役军人依法依规参选，举办3期示范培训班，带动各地大抓教育培训，“兵支书”队伍规模和能力素养持续提升。引导退役军人进疆留疆，带动一批军创企业和退役军人赴疆创业发展。

四、安置就业再上台阶

坚持“重牺牲奉献、重实绩贡献”导向，努力实现妥善安置、合理使用，促进退役军人更加充分、更高质量就业。

一是安置任务有效落实。确定军改期满后转业军官安置政策，制定逐月领取退役金安置办法，推进“直通车”安置，健全“阳光安置”工作机制。编制下达2万余名退役军官、5万名安排工作退役士兵和退出消防员、3000余名随调随迁配偶子女安置计划，指导各地加快安置步伐。有序组织中央单位安置军转干部工作，探索公务员岗位、事业单位管理岗位和专业技术岗位安置退役士兵的方法路径，普遍实行接收报到“一站式”服务，不断提高国有企业岗位利用率，其中，中央企业提供岗位1.8万个、数量4年连增。

二是不断创新培训模式。出台退役士兵教育培训工作指导意见，优化政策体系结构。会签加强高素质船员队伍建设指导意见，细化“行业合作、定向培养”模式。探索教育培训区域协调机制，组织东西部对口协作试点并举办首期试验班，搭建“2+4+X”退役军人教育培训教材体系。全年指导各地适应性培训21万人、职业技能培训23万人、参加学历教育35.7万人，其中高职扩招录取退役士兵27万人。

三是就业促进成效显著。出台促进退役军人到开发区就业创业意见、促进退役军人投身乡村振兴意见，着力解决制约就业创业难点问题。推进行业合作，开展国家综合性消防救援队伍面向退役士兵招录消防员，全年定向招录3400多名退役军人。在《人民日报》发布“全国退役军人就业合作企业光荣榜”“全国退役军人创业光荣榜”。指导各地组织线上线下招聘会1.3万场次，达成就业意向31.5万人，签约企业1万余家，提供就业岗位46万个。四是创业扶持力度加大。出台退役军人创业创新大赛组织实施暂行办法，支持有条件有意愿的退役军人创业创新。结合国家重大发展战略，引导退役军人返乡入乡创业。2021年新增带动退役军人就业人数8.5万，退役军人参与乡村振兴创业人数42.5万，与大学生返乡创业数据基本持平。连续两年举办全国退役军人创业创新大赛，近5万人参加，积累了1.3万个优质创业创新项目。

五、服务保障提质增效

坚持普惠与优待叠加、服务与管理并行、褒扬与激励共振，尽力而为、量力而行，让退役军人更加充分、更加公平地共享改革发展成果。

一是服务管理更加精准。围绕优抚对象年度确认、义务兵家庭优待金发放、为立功受奖军人家庭送喜报、军人子女教育优待、残疾退役军人医疗保障、烈士遗属优待、脱贫攻坚殉职人员认定抚恤以及退役军人档案管理、保密教育、法律援助、心理服务、兜底保障等工作出台具体规定，提高政策精准度和可及性。开展残疾等级评定专项核查，完成残疾证件换发。全面启动优待证申领发放工作。

二是保障帮扶提标扩面。退役军人事务部成立以来，连续四年以平均10%的幅度提高优抚对象抚恤补助标准，重点对在乡老复员军人加大倾斜力度。完成部分退役士兵基本养老保险集中补缴，285.3万人享受政策红利，基本医疗保险进入常态化办理阶段。建立帮扶援助常态机制，摸清困难退役军人底数，仅元旦、春节和“八一”期间指导各地投入资金33.2亿元、走访1266.8万人次。积极引导社会力量参与，开展“情暖老兵·关爱帮扶”公益行动。修订《军队离休退休干部服务管理办法》，推动军休老年大学建设，建设网络“军休所”，推进军休老旧小区改造和服务管理机构建设，落实军休干部“两个待遇”。

三是持续加强英烈褒扬。推动中央办公厅、国务院办公厅、军委办公厅出台《关于加强新时代烈士褒扬工作的意见》，出台烈士纪念设施规范管理意见、《〈烈士光荣证〉管理暂行规定》，建立英雄烈士保护部门联动协调机制。高规格组织第八批109位在韩志愿军烈士遗骸交接迎回安葬活动，精细做好烈士祭扫服务，7000余名英烈事迹进入中国共产党历史展览馆展陈。常态化开展烈士寻亲，综合运用互联网、大数据、DNA鉴定等先进技术确定4名在韩志愿军烈士身份，为2700余名烈士成功寻亲。开展县级以下烈士纪念设施管理保护专项行动，推进境外烈士纪念设施建设。

六、自身建设全面加强

坚持把政治建设摆在首位，增强“四个意识”、坚定“四个自信”、做到“两个维护”，牢记“国之大者”，不断提高政治判断力、政治领悟力、政治执行力。

一是党史学习教育深入开展。成立领导机构，制定实施方案，定期调度推进。在学好指定教材的同时，跟进学习习近平总书记“七一”重要讲话等最新精神，统筹抓好习近平总书记关于退役军人工作重要论述的学习贯彻。组织党组理论学习中心组集体研讨，举办专题读书班、讲座，开展“重温入党志愿”等活动，落实59项“办实事”清单，选派代表参加中央和国家机关“党在我心中”青年党史知识大赛并勇夺冠军。开展党史学习教育相关做法得到中央第二十三指导组肯定，中央、中央和国家机关党史学习教育简报共刊登退役军人事务部情况12期。

二是从严治党纵深推进。制定加强对“一把手”和领导班子监督责任清单、落实全面从严治党主体责任清单、思想政治工作责任清单、经商办企业禁业范围等，压实全面从严治党政治责任，深入推进党风廉政建设，全力支持配合保障驻部纪检监察组履职尽责。狠抓基层党组织标准化规范化建设，坚持党建和业务每季度“双述职”制度。在中央和国家机关工委基层党组织书记抓党建工作述职评议考核中，综合评定考核等次为“好”。驻部纪检监察组党支部被评为中央和国家机关先进基层党组织。

三是队伍建设不断加强。落实党管干部原则，完善领导干部选拔任用、职级晋升、干部交流选调考核等办法，加强能力培训，坚持监督管理与关心关爱并举，积极为干部干事创业提供平台。2021年以来，有3个处室分别被评为全国普法工作先进单位、中央单位网评工作先进集体、全国老干部工作先进集体，部官微被中央网信办评为“走好网上群众路线”百个成绩突出账号之一，退役军人政策法规动漫宣传短片被全国普法办评为一等奖。

政策法规

2021年，退役军人政策法规工作坚持以习近平新时代中国特色社会主义思想为指导，深入学习贯彻落实习近平法治思想和习近平总书记关于退役军人工作重要论述精神，积极推进退役军人政策法规各项工作。

一、开展“法律政策落实年”活动

为深入贯彻落实党中央、国务院决策部署，推动退役军人工作法律政策落地见效，在全系统部署开展“法律政策落实年”活动。对建部以来出台的文件逐一梳理，分解出具体政策点，提出重点推进的任务。活动开展以来，全系统坚持问题导向与目标导向并重，坚持顶层设计与督导落实相结合，绝大部分政策点已落实，剩余少量政策点已取得初步成效。

二、修订《军队离休退休干部服务管理办法》

根据《退役军人保障法》及国家有关规定，与社会保障制度、医疗卫生体制、养老服务改革等政策相衔接，充分吸收各地有益经验，对《军队离休退休干部服务管理办法》进行修订。2021年11月19日，退役军人事务部第17次部务会议审议通过《军队离休退休干部服务管理办法》，对军休服务管理工作作出全面规范和提升，该办法自2022年1月1日起施行。

三、推动开展法律援助

2021年12月7日，与司法部联合印发《关于加强退役军人法律援助工作的意见》（退役军人部发〔2021〕73号），将退役军人作为公共法律服务的重点对象，为退役军人开辟法律援助绿色通道，在现有的公共法律服务实体平台普遍设立退役军人优先服务窗口。在法律援助法规定事项范围基础上，依法扩大法律援助范围，提高法律援助服务质量，确保退役军人在遇到法律问题或者合法权益需要维护时获得优质高效的法律帮助。

四、持续推进基础理论研究和课题攻关

一是做好退役军人事务课题研究工作。编印《退役军人事务部2020年课题研究成果汇编》《退役军人事务部优秀课题研究成果汇编（2018年至2020年）》；制定2021年度课题研究计划，立项15个研究课题，包括退役军人工作发展历史、退役军人待遇保障、优抚事业单位发展、烈士纪

念设施改造、信息化建设等方面；召开专家咨询委员会第二次全体会议，总结委员会成立一年来的工作，听取专家意见建议，部署下阶段任务。

二是探索设立退役军人事务研究基地。在中国社会科学院大学、中国政法大学、浙江大学等7所高校所属的研究机构挂牌成立研究基地，与2家军队单位签订研究合作协议；召开退役军人工作理论研讨会，为研究基地授牌，各地退役军人事务部门、军地相关高校和研究机构围绕退役军人工作高质量发展进行研讨交流。

三是启动《中国共产党领导下的退役军人工作发展史》编纂。为庆祝中国共产党成立100周年，结合党史学习教育，2021年10月启动《中国共产党领导下的退役军人工作发展史》编纂工作，并完成史料收集梳理、数据库建设、相关课题研究等阶段性任务。

五、全面落实普法责任

全面落实“谁执法谁普法”普法责任制，坚持宣传和服务结合、线上与线下结合，组织《退役军人保障法》专题授课，广泛开展保障法宣传贯彻工作。组织《退役军人保障法》线上有奖答题活动两次，拍摄《退役军人保障法》专题宣传片，多渠道、多平台开展法律宣传。以《退役军人保障法》等法律政策为依据，整理形成了安置报到、退休供养、服务管理、社保接续、培训就业、伤残抚恤、困难帮扶、烈士褒扬、荣誉激励共9类退役军人关注度高、实用性强的政策内容，制作40集《退役军人政策法规动漫宣传》系列短片，在部官微进行宣传，受到退役军人事务系统内外广泛好评，被中央宣传部、中央网信办、司法部等部门联合评选为全国第17届普法宣传网络动漫视频展示一等奖。

六、加强依法行政能力

一是建立部法律顾问和公职律师制度。印发《退役军人事务部法律顾问管理办法》（退役军人办发〔2021〕14号）和《退役军人事务部公职律师工作方案》（退役军人办发〔2021〕46号）。

二是遴选部法律顾问律所和公职律师。经过公开遴选，现场评审、司法部审查把关，部领导审定，确定部法律顾问律所并遴选14名同志担任部公职律师。

三是依法开展行政复议工作。坚持“以人为本，复议为民”，切实履行行政复议职责积极办理行政复议案件，化解行政争议，充分发挥行政复议公正高效、便民为民的制度优势和化解行政争议的主渠道作用。

思想政治和权益维护

2021年，退役军人思想政治和权益维护工作坚持以习近平新时代中国特色社会主义思想为指导，全面贯彻党的十九大和十九届历次全会精神，深入贯彻习近平总书记关于退役军人工作重要论述，注重从党的百年奋斗历程中汲取智慧力量，积极发挥职能作用，各项重点任务有效落实。

一、思想政治突出典型引领

（一）先进典型宣传有序推进

会同中央宣传部、中央军委政治工作部组织开展2021年度“最美退役军人”学习宣传活动，授予四川省革命伤残军人休养院老战士宣讲团等2个集体和于文静等17名个人“最美退役军人”称号，通过主流媒体和新媒体平台集中发布先进事迹，引起良好社会反响。巩固与《光明日报》、人民网、《中国社会报》、央视国防军事频道合作，与《人民政协报》联合开设“退役不褪色”专栏，与解放军新闻传播中心网络部合作开设《了不起的退役军人——新时代退役军人奋斗榜样》主题宣传专栏，会同退役军人事务部宣传中心围绕退役军人志愿服务、“兵支书”“最美退役军人”等主题推出3期《中国退役军人》增刊。中央各合作媒体刊播各类退役军人先进典型新闻报道300余篇、人物专访（通讯）190余篇，宣传渠道进一步拓宽，力度进一步加大。从全国退役军人先进典型中遴选9名代表组成巡回报告团，先后赴北京、山东、四川、云南、贵州、福建、安徽等7省（市）开展“红心永向党　奋进新时代”巡回报告9场，中央和地方30余家新闻媒体进行了报道，集中展示优秀退役军人风采。

（二）退役军人作用有效发挥

组织召开全国退役军人志愿服务工作部署会，印发《退役军人事务部、中央文明办、民政部关于加强退役军人志愿服务工作的指导意见》《退役军人事务部办公厅关于组织退役军人积极参与防汛救灾志愿服务的通知》，加强对退役军人志愿服务工作的推动指导。配合中央文明办等部门开展2020年度全国学雷锋志愿服务“四个100”先进典型宣传推选活动，推荐的10个先进典型榜上有名。以全国村（社区）“两委”换届为契机，指导各地主动对接当地组织、民政部门，培养选拔推荐优秀退役军人依法依规参选。先后在山东蒙阴、安徽金寨举办2期“兵支书”能力提升培训示范班，会同中央组织部党员教育中心在浙江嘉兴举办全国退役军人村党组织书记培训示范班，示范带动各地推进“兵支书”教育培训制度化常态化，助力乡村振兴。

（三）荣誉表彰激励稳步开展

会同中央军委政治工作部组织开展退役军人服务保障先进单位及个人（含军休工作先进单位及个人、先进军休干部）评选表彰工作，共表彰先进单位286个，先进个人493名，先进军休干部125名，激励各级退役军人服务保障机构和干部职工开拓创新、建功本职，推进退役军人工作高质量发展。

印发《退役军人事务部关于组织退役军人开展重温誓词活动的通知》，依托各级退役军人服务保障机构和基层党组织，组织开展退役军人重温入党誓词、军人誓词活动，引导激励广大退役军人珍惜荣誉、永葆本色，为全面建设社会主义现代化国家贡献力量。

组织31名全国模范退役军人和全国双拥模范等先进模范代表参加建党百年系列庆祝活动，进一步增强退役军人的荣誉感、责任感、使命感。组织33名全国“最美退役军人”赴海南进行短期疗养，充分体现党和政府关心关爱。

二、权益维护务求精准实效

（一）精准帮扶扎实开展

建立与民政部的基础数据共享比对机制，摸清全国困难退役军人85.16万人，比2020年减少6.33万人，同期占比下降0.22%。其中，低保户72.79万人，特困人员12.38万人。进一步完善全国困难退役军人帮扶援助服务系统，动态掌握各地帮扶解困情况。会同民政部联合印发《关于做好新时代民政领域退役军人服务保障工作的意见》，发挥民政部门职能职责优势，织密织牢困难退役军人兜底保障网络。积极开展退役军人急难帮扶活动，为遭受严重洪涝灾害的河南提供支持资金30万元，专项用于退役军人帮扶解困工作。

（二）关爱援助广泛参与

指导20个省份成立退役军人关爱基金会或设立关爱基金，资金总额达76亿元，推动困难帮扶走深走实。协同中华慈善总会协调有关企业，向山东、江苏两省和江西省莲花县基层退役军人服务站点捐赠太阳能路灯和净水机，物资总价值1520万元；向黑龙江省困难退役军人捐献1000件羽绒服，帮助他们温暖过冬。协调中国老龄事业发展基金会，向河南、青海、贵州、新疆等省（区）提供540余万元资金及物品。结合常态化联系工作，在“八一”、元旦、春节等重要时间节点，普遍开展退役军人走访关爱活动，深入一线，了解诉求，精准开展困难帮扶、政策解释和思想疏导工作。据统计，2021年各地共投入资金33亿元，走访1267万人次。

（三）平安建设有序开展

贯彻落实平安中国建设协调小组和相关专项组工作部署，扎实推进平安中国建设，助力退役军人工作高质量发展。围绕风险隐患防控、信访事项办理、决策部署落实、法规政策配套、合法权益维护等维度，选取退役军人事务领域直接关乎平安中国建设的事项设定考评项目，组织开展年度退役军人事务领域平安建设考评工作。

三、信访工作聚焦积案治理

（一）健全完善制度机制

制定出台《退役军人信访服务工作办法》，

建立基层信访代办机制，健全首办责任制度，规范信访服务工作流程，形成信访事项从首办到结案责任明晰、衔接顺畅、便捷高效、闭环管理的工作运行体系。探索建立信访事项办理机制，实现信访事项即时转交、快速办理、适时调度、全程跟踪。开通“12397”退役军人智能电话信访专线，更好实现“让数据多跑路、让退役军人少跑腿”。

（二）着力推动信访积案化解

将退役军人信访积案化解专项工作作为党史学习教育“我为群众办实事”的重要抓手，集中梳理交办案件，指导地方推动化解。健全完善疑难复杂信访问题精准协调机制，联合国家信访局、中央军委政治工作部召开精准协调推进会，有力推动一批重难点案件化解。

四、服务体系从有向优转变

（一）学习推广“枫桥经验”走深走实

制定印发年度重点工作安排，召开2次全国退役军人服务保障体系建设视频调度会、1次学习推广新时代“枫桥经验”现场交流会，集中部署、推动全系统深入学习推广新时代“枫桥经验”，促进基层服务中心（站）提质增效。

（二）先进示范引领加速发展

推动县、乡两级和服务对象在300人以上的村（社区）退役军人服务中心（站）全部达到示范型标准，并带动其他村（社区）服务站争创示范。通过视频验收、实地暗访、交叉审核等方式进行分级验收；通过简报、专报等形式推介70余个退役军人服务中心（站）经验做法；从各地基层退役军人服务中心（站）中评选“百名优秀主任（站长）”，树立标杆典型。

（三）服务内容效能逐步提升

明确服务中心（站）九大服务功能，推行“最多跑一次”“一站式”服务和“服务代办”等服务内容。确定月度服务主题，指导各级服务中心（站）有序开展就业创业、困难帮扶等专项行动，分阶段、分步骤推动工作落地落细。组织开展“一周一省云推进”视频调度，深入基层蹲点调研，点对点指导推动基层服务中心（站）开展工作。积极组织申报退役军人事务员新职业，为退役军人服务中心（站）建设和退役军人工作高质量、可持续发展提供坚强人才支撑。

规划财务

2021年，规划财务工作坚持以习近平新时代中国特色社会主义思想为指导，紧紧围绕退役军人工作大局，笃行不怠、踔厉奋发，推动各项工作目标任务顺利落实。

一、编制一部国家级专项规划

一是认真贯彻实施国家“十四五”规划《纲要》。国家“十四五”规划《纲要》首次对退役军人工作进行专节表述，在第十四篇第四十九章第三节提出“健全退役军人工作体系和保障制度”，对退役军人安置就业、优抚褒扬、服务体系建设等方面作了系统性部署。退役军人事务部制定实施方案，认真抓好《纲要》相关部署的贯彻落实。

二是圆满完成“十四五”退役军人服务和保障规划编制工作。经反复修改、征求意见、专家论证，并按程序呈报审批，中共中央办公厅、国务院办公厅、中央军委办公厅印发《“十四五”退役军人服务和保障规划》。这是退役军人事务领域第一部国家级专项规划，从完善退役军人事务管理体系、强化退役军人思想政治引领、深化退役军人安置制度改革、全面促进退役军人就业创业、积极提升军休服务管理水平、健全抚恤优待保障制度、深入推进英雄烈士褒扬纪念、充分发挥双拥工作政治优势等八个方面，对“十四五”时期退役军人工作作出了具体安排部署。同时，积极参与编制“十四五”公共服务规划等其他国家级专项规划，指导各地退役军人事务部门全面做好“十四五”退役军人工作专项规划编制工作。

三是协调加大退役军人服务保障设施项目建设支持力度。与国家发展改革委联合印发《“十四五”时期社会服务设施兜底线工程实施方案》，明确“十四五”期间中央预算内投资重点支持优抚医院、光荣院、烈士纪念设施等项目建设，并联合召开了退役军人服务保障设施项目实施工作交流会，加强项目建设经验交流和工作指导。

二、完成信息化和资金资产两大保障任务

一是在信息化支撑保障方面。研究制定了《“十四五”退役军人事务信息化规划》和《关于加强退役军人事务信息化建设的指导意见》，与信息化建设总体方案一道，构建完成了退役军人工作信息化顶层设计的“三驾马车”，并推动退役军人事务信息化工作纳入国家信息化发展相关规划。同时，大力推进数据库建设和“互联网

+退役军人服务”，深化数据共享应用，“一库同享”“一网通办”等方面的工作实现新的突破。

二是在财政资金、国有资产支撑保障方面。研究起草了2018至2020年3个年度退役军人工作领域资金投入情况报告，呈报中央领导同志审阅。持续优化支出结构，有序完成了预算编制、执行、绩效评估等全流程管控。积极协调争取、统筹存量资金，足额保障了“老兵永远跟党走”等党中央、国务院决策部署和部党组重点工作的资金需求。完成财务系统升级改造，开发医疗费报销系统，有效提升了财务信息化、规范化水平。

三、推进审计、财务、统计三项监督工作

一是强化审计专项监督。配合审计署完成了为期3个月进点现场审计，对审计发现的2大类12个问题全部组织整改落实到位，并向国务院呈送专题报告。指导社会组织开展换届审计。

二是注重财务日常监督。组织召开退役军人事务部内控领导小组会议，印发加强内控管理通知，强调流程管控、规范支出行为。全面梳理涉及经济活动各类业务流程，进行风险评估，编制内控操作手册。严格支出事项事前审批、事中审核、事后复核的全链条管控，确保财政资金安全。

三是健全统计系统监督。组织开展年度退役军人事务系统统计工作，形成《2020年退役军人事务统计年报》和《2020年退役军人事务主要数据》。修订退役军人事务部统计工作管理办法，进一步规范业务流程，明确职责分工，加强数据采集、审核、使用、发布管理。修订退役军人事务统计调查制度，优化统计报表内容结构、统一数据标准，改进统计数据采集方式。

移交安置

2021年，移交安置工作坚持以习近平新时代中国特色社会主义思想为指导，全面贯彻习近平强军思想和习近平总书记关于退役军人工作重要论述，积极推动政策创制和工作创新，持续提升移交安置工作质量，顺利完成全年各项工作任务。

一、政策体系不断完善

一是承接军事政策制度改革部署，制定《退役军人逐月领取退役金安置办法》，坚持突出服役贡献、体现尊重优待、鼓励就业创业、融入社会保障的原则，对逐月领取退役金安置方式的适用条件、安置去向、退役金发放及调整、地区补助、养老医疗待遇等作出系统规范，为健全完善退役军人移交安置政策制度体系、确保军队改革举措落地落实提供有力保障。

二是坚持退役军官、退役军士和退役义务兵一体研究、统筹设计，全力推进《退役军人安置条例》研究起草工作。在研究形成草案稿基础上，三轮次征求军地各方意见，并召开专题研讨会，深入研究重要政策点。按照行政法规立法要求，面向社会公开征求意见。

三是军地7部门联合出台《关于加强和改进退役军人人事档案管理利用工作的意见》，围绕职责分工、档案交接、日常服务等八方面作出规范部署，推动形成权责清晰、管理规范、服务优质、运转高效、安全可靠的退役军人人事档案工作制度机制，有效提升服务管理水平。

另外，围绕鼓励退役军人到基层工作、加强退役军人保密教育管理等，明确相关政策措施。

二、安置质量稳步提升

一是会同军地有关部门下达退役军官、随调随迁配偶子女、安排工作退役士兵和退出消防员安置计划，确保及时准确。复核下达中央企业接收安置退役士兵岗位计划1.8万个，实现年度数量四连增。

二是指导做好退役军人报到接收、岗位落实、待遇保障和服务管理等工作。转业军官方面，指导各地周密安排部署，有序推进安置任务落实。面向1400余名北京地区转业军官举办“全线上”适应性培训，组织1300余名转业军官参加统一考试，中央国家机关和中央企业事业单位接收安置转业军官600余名，占北京地区转业军官安置任务总量的45%。推进转业军官“直通车”安置工作，规范安置程序，明确具体办法，推动形成人岗相适、人事相宜的安置工作机制。退役士兵方面，通过按月调度、定期通报、及时约谈等方式，指导各地顺利完成年度安置任务。强化“重牺牲奉献、重实绩贡献”的安置导向，实行“阳光安置”。结合党史学习教育“我为群众办实事”要求，指导各地加强人员待安置期教育管理和服务保障工作，结合实际开展“一站式”服务，为退役士兵办理相关手续提供便利。

三是持续提升安置质量。近90%转业军官安置到党政机关和参公单位，3000余名担任领导职务的指挥管理中校、上校和大校军衔转业军官得到重点安置，执行特殊战备行动任务一线军官得到从优安置；优化机关、群团组织、事业单位和国有企业安置退役士兵比例，探索公务员岗位、事业单位管理岗位和专业技术岗位安置退役士兵方式方法，退役士兵安置质量稳步提升。

三、专项工作成效显著

一是全面完成部分退役士兵社保补缴工作。会同有关部门多次下发通知，加大指导力度，协调下拨中央财政资金，抓好政策落实。研发使用补缴信息系统，努力“让数据多跑路、让退役士兵少跑腿”。全国共受理289万人补缴申请，197.3万人完成基本养老保险补缴缴费，88万人享受军龄视同待遇，基本医疗保险进入常态化办理阶段，有效解决部分退役士兵反映强烈的养老、医疗问题。

二是根据跨军地改革转制单位配套服务保障需求，高标准完成符合条件人员的集体转制落户任务，落户率超过90%。支持国家综合性消防救援队伍改革，下达退出消防员计划，指导各地做好接收安置工作。

三是扎实推进计划移交残疾军人退役安置工作。军地联合下达计划，及时申请划拨经费，建立任务台账，加强工作统筹，实行对账销号。

四、宣传培训信息化建设持续推进

一是组织摄制专题片《兵星璀璨耀央企》，协调中央电视总台七套、部官网等10余家媒体平台集中播出，大力宣传中央企业接收安置退役士兵的做法成绩，生动展现退役士兵建功企业的良好风貌，取得较好社会反响。

二是面向中央企业总部人力资源部门相关负责同志，举办中央企业接收安置安排工作退役士兵政策培训班，持续强化退役士兵安置政策培训和国防教育，提高相关人员的政策水平和国防意识。

三是完善全国移交安置信息管理系统，优化转业军官、退役士兵安置计划下达方式，加强线上实时调度，提升工作效率，以信息化赋能安置工作高质量发展。

就业创业

2021年，就业创业工作深入学习贯彻习近平总书记关于退役军人工作重要论述，注重科学谋划、顶层设计，注重改革创新、精准施策，注重主动作为、狠抓落实，注重上下齐心、聚力推进，注重掌握情况、回应呼声，退役军人就业创业工作基层基础更加夯实、制度体系更加完善、质量水平不断提升。

一、重建章立制，政策制度建设成果丰硕

一方面，聚焦解决制约就业创业“堵点”“难点”，会同国家发展改革委、科技部、人力资源和社会保障部、财政部等多个部门，先后制定印发《关于促进退役军人到开发区就业创业的意见》《关于促进退役军人投身乡村振兴的指导意见》《关于引导和鼓励民营企业招用退役军人的意见》等文件，引导退役军人融入国家战略的实施，统筹社会力量积极参与，较好保障退役军人在享受普惠性就业扶持政策和公共服务基础上再给予优待。

另一方面，着眼提升退役军人能力素质和就业创业竞争力，联合教育部、财政部、人力资源和社会保障部、交通运输部等部门先后印发《关于全面做好退役士兵教育培训工作的指导意见》《关于加强高素质船员队伍建设的指导意见》，并在教育培训体系整塑、资助覆盖延伸、培训项目优化、渠道拓展等方面取得较大进展，进一步拓宽了退役军人教育深造、培训赋能的有效渠道，教育培训、就业创业政策体系不断建立完善。

二、重机制运用，教育培训工作稳步推进

一是落实《退役军人保障法》要求，积极协调有关部门，探索建立起相关单位参与的教育培训协调机制并开展相关工作。为持续推动高职扩招目标实现，与教育部办公厅等六部门联合印发《关于做好2021年高职扩招专项工作的通知》，在系统内下发《关于做好2021年高职扩招退役士兵相关工作的通知》，并就加强部门间沟通协作、促进数据信息共享提出要求。全年录取退役军人学生26.9万人。

二是及时跟踪退役大学生士兵复学、专升本、专项硕士研究生招生进展，主动对接教育部相关业务司，搞好工作前置，参与政策制定，有力推进学历教育工作。全年退役复学大学生士兵8.7万人协调专项硕士研究生计划6670个。指导各地以就业为导向，大力开展职业技能培训，全年培训23万人。适应性培训23.6万人。

三、重途径拓展，就业创业质量稳步提升

拓宽就业渠道，深入推进行业就业合作，会同应急管理部印发《关于做好国家综合性消防救援队伍面向退役士兵招录消防员工作的通知》，全年定向招录3432名退役军人，较好引导了退役军人到适合领域、重点行业就业。

结合国家重大区域发展战略，联合人力资源和社会保障部、农业农村部、全国工商联等共同举办“春风行动”“民企招聘月”“金秋招聘月”等联合招聘，指导开展跨区域专场招聘会，为退役军人提供更多就业选择。

在牧原集团、顺丰等多家企业试点设立“退役军人就业服务中心”，有效增强退役军人的获得感和归属感。依托“强军网”启动实施“送政策上军网2.0”工程，共梳理就业创业等方面政策条目4912条、政策问答（指南）263份、办事流程图（表）2202份，及时做好内容的修订更新工作，有力推动政策落地见效。

着眼推动培训资源共享、促进高质量就业，首次探索举办教育培训东西部对口协作试验培训班，实现参训退役士兵职业资格证书获得率、对试验班满意率和留在广东就业的入职率三个100%。

四、重示范引领，就业创业氛围不断浓厚

一是加大退役军人就业创业典型事迹的宣传力度，提高军创企业的知名度。积极收集就业合作企业和退役军人就业创业的先进经验和典型事迹，组织开展2021年度“全国退役军人就业合作企业光荣榜”“全国退役军人创业光荣榜”推荐活动，并在《人民日报》予以公布。深入挖掘退役军人创业先进事迹，编辑出版《建功新时代——退役军人创业创新风采录》，在《中国退役军人》杂志开设“就业榜样”“创业先锋”专栏。

二是增强社会组织吸纳退役军人就业的积极性和退役军人开展创业的主动性。加强与中央文明办、全国工商联等协调沟通，在相关评比中增加退役军人就业、创业指标的考虑上达成共识。结合国家推进创新创业发展形势，依托“大众创业、万众创新”活动，组织举办第二届退役军人创业创新大赛，助力退役军人初创企业发展，引导创业带动就业。

五、重强基固本，创新发展基础更加扎实

结合“法律政策落实年”政策清单，大力指导各地推进退役军人就业创业基础数据库建设，督促建立退役军人教育培训机制、就业创业台账，切实摸清底数、掌握实情、提供支撑。

积极推动建立数据共享机制，加强与税务总局、市场监管总局、国家统计局等部门协调协作，认真开展数据对比，定期对退役军人创业情况、税收优惠享受情况进行统计分析，为有针对性推进就业创业工作提供了强大的数据支持。

广泛开展退役军人就业创业系统干部轮训培训活动，其中部里举办三期示范班，提升干部队伍的能力素质，为推动就业创业工作高质量发展奠定了坚实的人才智力基础。

军休服务管理

2021年，军休服务管理工作认真贯彻落实中央决策部署，紧盯目标任务，扭住重点工作，稳步推进各项任务，取得良好成效。

一、推进离休退休军人接收安置

联合军队有关方面下达2021年交接任务，协调解决军地移交安置问题矛盾，督促各地加快接收安置，超额完成2021年度离休退休干部、退休士官移交政府安置管理任务。

二、持续提升服务管理水平

（一）健全完善服务管理政策体系

修订《军队离休退休干部服务管理办法》，以部门规章形式对军休服务管理扩容提质，对服务管理内容方式、军休机构和工作队伍建设等做出39处重要修改。

（二）推动军休老年大学建设

制定下发通知，明确军休老年大学创建标准、申报程序等。在北京、青岛等6地举办全国首批军休老年大学揭牌仪式，同步开通线上军休老年大学。

（三）组织主题话剧创演

围绕庆祝建党百年创作退役军人题材话剧《兵心》，精心打造剧本，高标准组建主创团队，积极协调演出场地，制定总体方案，对接中央宣传部、文化和旅游部有关司局推动奖项申报，拍摄制作《兵心》宣传片全网推送，播放量超1000万次，话剧在解放军歌剧院举行首演，引起强烈反响。

（四）搭建网络“军休所”

在全国军休系统正式开通网络“军休所”，设置党建、学习、生活、服务4个板块，实现“云”党建、“云”学习、“云”服务，帮助军休干部融入网络时代，共享发展成果。印发通知，指导各地充分发挥平台作用。优化功能，对接解放军新闻传播中心、京东、中旅等提供资讯、购物、旅游等服务。指导各地积极引入养老、家政、餐饮等资源，为广大军休干部打造便利化、优质化服务，受到军休干部广泛好评。

三、继续加大军休保障力度

（一）做好军休住房保障工作

指导各地贯彻落实《关于做好移交政府安置

的军队离退休干部住房小区居住条件改善有关工作的通知》，对2000年以前的军休小区纳入属地更新改造计划，用足用好相关政策，采取拆旧建新、置换回迁、加装电梯等方式，做好老旧小区提质升级工作。截至2021年底，全国累计完成老旧小区改造270项，加装电梯213部。

（二）扎实做好机构用房建设

加强与军队有关方面对接，统筹做好军休服务管理机构用房配套建设，确保与军队统建项目同步规划、同步设计、同步建设。积极适应老龄化的趋势，通过改建、扩建、翻建等措施，做好现有军休机构用房适老化升级改造，为军休干部生活养老提供便利。

（三）全面落实生活待遇

组织军休干部代表出席庆祝中国共产党成立100周年系列庆祝活动，组织颁发“光荣在党50年”勋章，组织各地拍摄制作“口述历史”视频资料，广泛宣传英雄事迹。组织开展军休工作先进单位及个人、先进军休干部评选表彰，进一步提升军休干部荣誉感。协调财政部测算下达2021年军休经费，为军休干部安享幸福生活提供有力保障。

四、承接逐月领取退役金退役军人接收安置工作

（一）加紧研究制定政策

围绕安置工作各个重点环节，全面开展政策制定完善工作，积极研究起草年度接收安置工作通知、退役金发放管理规定、接收安置工作规程、服务管理规定等文件。

（二）加速研发信息系统

会同相关单位开发设计全国逐月领取退役金退役军人安置服务管理信息系统，并在北京市、上海市、河南省、四川省四地组织试点测试。

拥军优抚

2021年，拥军优抚工作立足党的百年华诞的重大时刻和“两个一百年”历史交汇的关键节点，以党史学习教育为牵引，总结经验、观照现实、推动工作，进一步完善政策体系、提升服务水平、攻克难点重点，各项工作进展顺利，成效显著。

一、拥军优抚政策体系不断完善

围绕落实《退役军人保障法》等法律，逐步构建起系统完备、衔接配套的拥军优抚政策体系。推动修订《军人抚恤优待条例》，修订《优抚医院管理办法》，印发《残疾退役军人医疗保障办法》，印发文件规范国（境）外定居残疾人员抚恤待遇享受问题、明确优抚对象临时价格补贴发放要求。

会同有关部门印发有关军人子女优待工作、构建新时代少先队社会化工作体系等政策文件，为做好双拥工作提供强有力的政策支撑。

二、优抚服务保障水平不断提升

以“全心全意为优抚对象服务”为宗旨，提升服务管理质效。“七一”前发出通知，从8月1日起再次提高优抚对象抚恤补助标准，并重点向在乡复员军人倾斜，全年下达优抚对象抚恤补助资金530多亿元。

进一步规范义务兵家庭优待金发放工作，明确军地职责、细化工作要求。与国家发展改革委等六部门联合印发《关于进一步健全社会救助和保障标准与物价上涨挂钩联动机制的通知》，明确临时价格补贴发放要求。联合财政部印发年度确认工作实施规范，全面启动年度确认工作，确保数据精准、中央财政资金安全。

完成残疾人员证件换发工作，进一步规范立功受奖军人家庭送喜报工作，指导各地做好烈属等优抚对象优待工作，优抚管理服务进一步精细化。

组织近200名优抚对象代表参加庆祝中国共产党成立100周年大会等系列活动，圆满完成党中央交予的重要政治任务；组织烈士遗属等400名对象参加短期疗养，提升优抚对象荣誉感、尊崇感。

三、优待证工作开启新阶段

贯彻落实《退役军人保障法》有关优待证工作要求，有序推进优待证工作。经充分调研、反复论证、征求意见，印发《退役军人、其他优抚对象优待证管理办法（试行）》，明确申请、审核、发放、使用等各个工作环节的具体要求。12月14日，举办退役军人、其他优抚对象优待证申领启动仪式和新闻发布会，正式发布“中华人民共和国退役军人优待证”和“中华人民共和国烈士、因公牺牲军人、病故军人遗属优待证”式样，启动申领工作，协调媒体广泛开展相关宣传，引起社会强烈反响。

四、拥军优抚事业单位改革扎实推进

积极探寻改革路径，促进优抚医院、军供站等事业单位改革发展。研究制定《关于推进优抚医院改革发展的意见》，推动优抚医院融入医疗卫生服务体系，改革优抚医院管理体制、人事薪酬制度等，增强优抚医院内生发展动力。

与中央军委政治工作部、中央军委后勤保障部联合印发《关于开展军队医院与优抚医院结对帮扶工作的通知》，部署开展军地结对帮扶工作，助力优抚医院提升医疗水平。组织实施第三轮全国重点军供站考核评估工作，为推动全国军供站整体规划布局和提质改造打好基础。

五、双拥共建成效有力彰显

强化政治引领、着眼大局全局，持续巩固军政军民团结。贯彻落实全国双拥模范城（县）命名表彰大会精神，认真总结创建经验，加强模范城（县）动态管理，高起点筹划新一轮创建工作。开展“城连共建”试点，帮助边防连队解决实际困难。持续开展“情系边海防官兵”拥军优属活动，协调慰问边防一线官兵。

扎实推进社会化拥军工作深入开展，积极转化全国社会化拥军工作座谈会成果。目前，全国已有7万多家企业和7000多个社会组织为军人军属、退役军人和其他优抚对象提供家属就业、乘车免费、住宿打折、法律咨询等优先优惠服务。

深入总结军民共建活动成功经验，印发《关于新时代深入开展军民共建社会主义精神文明活动的意见》，系统规范和部署新时代军民共建活动。

六、崇军拥军氛围蔚然成风

以庆祝中国共产党成立100周年为契机，组织拍摄《新时代铸就双拥新辉煌》专题片。开展歌曲、视频、标识等双拥主题文艺作品征集评选活动，全国138件优秀作品获奖。各地积极创作推出优秀双拥文艺作品，开展文艺创演、书画展览、主题征文等活动，双拥主题电影《胶东乳娘》荣获第六届国际电影节院线类最佳影片和原创音乐两项大奖。协调中央宣传部授予拉齐尼·巴依卡“时代楷模”称号，大力宣扬其一家三代70年扎根边疆接力戍边的事迹，相关宣传稿件、访谈节目等经几十家军地媒体刊载，阅读量超1.2亿次。

宣传发布第三届10名全国“最美拥军人物”，展现双拥模范的时代风貌。指导部分省份开展“最美兵妈妈”“最美军嫂”等评选宣传活动，引领爱我人民爱我军的社会风尚。

褒扬纪念（国际合作）

2021年，褒扬纪念与国际合作工作以习近平新时代中国特色社会主义思想为指导，坚决贯彻落实党中央、国务院决策部署，围绕庆祝中国共产党成立100周年，着力提升烈士纪念设施管理保护水平，发挥红色资源宣教阵地作用，营造弘扬英烈、尊崇英烈的社会氛围。

一、持续推进政策机制创新

坚持前瞻性思考和系统谋划，研究拟定《关于加强新时代烈士褒扬工作的意见》，推动褒扬纪念改革创新。深入贯彻落实《中华人民共和国英雄烈士保护法》，联合中央政法委、最高人民检察院等13部门印发《关于建立英雄烈士保护部门联动协调制度的意见》，出台《〈烈士光荣证〉管理暂行规定》，维护烈士烈属合法权益。联合中央宣传部等8部门印发《关于进一步加强烈士纪念设施规范管理的意见》，明确烈士纪念设施管理权责、推进归口管理、夯实基层基础、提升综合效能。着手修订《烈士褒扬条例》《烈士纪念设施保护管理办法》《烈士公祭办法》等配套政策，政策法规体系进一步健全。

二、聚焦建党百年弘扬建党精神

紧紧围绕庆祝中国共产党成立100周年主题，谋划开展"百年英烈"褒扬纪念系列活动，并纳入中央党史学习教育内容和中央精神文明建设指导委员会2021年工作安排。

推动英雄烈士进入党史主题展览展陈，精心选取编撰7000余名中华著名英烈事迹，在中国共产党历史展览馆展陈，大力宣传百年党史中英雄烈士们的丰功伟绩和高尚品格。

发挥烈士纪念设施红色教育阵地作用，会同中央宣传部、国家文物局等部门下发文件，指导各地用好革命文物资源和烈士纪念设施切实服务党史学习教育。

2021年9月1日至3日，高规格完成第八批在韩志愿军烈士遗骸交接迎回安葬活动，共迎回109位在韩志愿军烈士遗骸、1226件遗物。配套开展系列宣传教育活动，设置互动话题，参与受众达数百亿人次，掀起缅怀志愿军烈士、弘扬伟大抗美援朝精神的热潮。

烈士纪念日组织保障在京老战士和烈士亲属代表等参加天安门广场向人民英雄敬献花篮活动，指导全国2000多个县级以上人民政府广泛开展烈士公祭仪式，引导广大人民群众到身边的烈士纪念设施敬献鲜花、缅怀英烈。

用好红色资源加强青少年教育，会同全国少工委办公室、中央网信办、教育部、共青团中央联合开展"红领巾心向党""以青春之我　耀信仰之光"等学习实践活动，凝聚奋进新征程的青春力量。

推出一批优秀作品，联合多部门共同举办“致敬国家丰碑——全国红色故事讲解员大赛”，共同拍摄《革命文物宣传传播工程“三个百集”》，连续百天展播百部“追寻先烈足迹”优秀短视频，顺利完成第二届短视频征集展示活动，联合中央网信办推出《你记得我　我就活着》《英雄归来》等微视频宣传片，指导拍摄《1950他们正年轻》主题电影，讲好英烈故事，在全社会掀起崇尚、学习、保护英烈的浓厚氛围。

三、聚力开展为烈士烈属办实事

精细化做好烈士祭扫服务保障，会同公安部组成联合督导组，赴广西、云南、贵州实地督导，确保全国祭扫工作平稳有序。指导各地加强陵园建设，应用大数据、物联网等技术，拓宽范围、创新方式，提高管理服务能力。做好异地祭扫组织陪同和接待保障等工作，指导陵园开展代为祭扫服务。广泛开展“清明祭英烈”主题宣传教育活动，开通全国网上祭扫平台，引领祭扫新风。

积极稳妥推动烈士寻亲工作，持续推进在韩志愿军烈士遗骸DNA数据库建设，采集鉴定第七批在韩志愿军烈士遗骸和疑似烈士亲属DNA信息并进行比对分析，共为4名归国烈士确认身份。清明前夕，联合中央网信办等部门开展“为烈士寻亲”全网活动，启动“烈士寻亲政府公共服务平台”，系统梳理1.7万余条寻亲申请，指导各地推动烈士寻亲工作常态化开展，2021年为2700余位烈士找到亲属。

持续优化烈属服务保障，及时完成烈士评定备案，指导各地组织颁授《烈士光荣证》，及时走访烈属家庭。赴湖南、云南、广西等地调研和慰问，专程赴福建走访慰问卫国戍边烈士遗属，指导落实褒扬抚恤待遇。

四、稳步提高设施保护管理水平

加强烈士纪念设施提质改造，充分发挥缅怀先烈、激励后人的红色教育阵地作用。

整体优化提升效能，贯彻落实习近平总书记在北大红楼参观时的重要指示精神，指导各地深挖革命文化内涵，做好英烈史料整理，推出精品展陈。依托“十四五”社会服务设施兜底线工程，指导各地加大烈士纪念设施建设管护力度，全年共安排中央预算内投资2.82亿元，用于支持42个烈士纪念设施建设项目。

综合施策补齐短板，会同财政部、最高人民检察院开展县级及以下烈士纪念设施管理保护专项行动，协调中央财政列支专项补助资金20亿元，有力提高县级以下烈士纪念设施管理保护水平。

完善境外纪念设施彰显大国形象，埃塞俄比亚梅庚年烈士墓园修缮工程和苏丹援苏牺牲人员纪念设施修缮工程顺利竣工验收，赞比亚坦赞铁路纪念园建设工程于2021年底完工，稳步推进我国在朝鲜、俄罗斯、缅甸、老挝等国纪念设施修缮保护工程。

五、积极推动国际交流合作

持续拓展对外合作交流，委托香港新社联、澳门街坊总会等港澳社团组织代为走访慰问港澳烈属和老战士，圆满完成韩国国防部磋商代表团来访外事接待任务。

提高外事工作能力，开展国外退役军人工作情况调研，撰写多篇调研报告，多渠道印发传阅，强化成果共享。组织出国（境）反间防谍安全防范教育及模拟应对演练，不断提升识别与应对境外风险和应急处置突发事件的能力。

退役军人教育培训

2021年，退役军人教育培训工作坚持以习近平新时代中国特色社会主义思想为指导，深入贯彻习近平总书记关于退役军人工作重要论述和重要指示批示精神，围绕推动退役军人工作高质量发展要求，以培训中心系统建设和教育培训工作为重点，推动各项工作平稳有序开展。

一、有序开展退役军人培训工作

一是认真组织计划安置转业军官培训。依托“再启航”在线学习平台，以网络形式组织2021年北京地区计划安置转业军官全员适应性培训。

二是与部队合作开展专场培训活动。在火箭军机关举办2021年全国退役军人就业创业示范培训班，采取现场与远程连线结合方式，依托“中国退役军人网”开展线上线下相结合培训。

三是为各地退役军人提供网络培训项目。与多地退役军人事务厅（局）合作，依托“再启航”在线学习平台及退役军人事务部退役军人培训中心优质网络课程资源，提供多种网络培训服务。首次面向自主就业退役士兵开展全员适应性培训，覆盖10个省（区、市），培训3万余人。

四是为退役军人送知识送技能。在“再启航”平台开放100门课程供退役军人免费学习。“退役军人网”平台为内蒙古自治区、福建省、新疆维吾尔自治区和生产建设兵团等地赠送学习资料。

五是深入推进就业培训相关工作。召开退役军人就业创业培训服务工作座谈会，示范引领新时代退役军人的就业创业工作。协助就业司，举办4期全国退役军人就业创业工作骨干培训班，600多名干部参训。

二、加快推动退役军人教育培训教材体系建设

一是完善教材体系建设。形成了以通识教材建设为核心、以专业教材建设为辅助的“2+4+X”退役军人教育培训教材体系建设。

二是修订部分教材。修订教材《退役军人就业指导》《退役军人创业指导》，被推荐为全国农家书屋书目。

三是研编线上教材。配套教材《自主就业退役士兵适应性读本》开发线上课程包，广泛用于各地退役士兵全员适应性培训；与教材研编单位合作开发《转业军官线上课程》《政府安排工作退役士兵线上课程》两门电子教材。

三、围绕系统需求加强服务保障

一是组织2021年中央单位和北京市市级单位接收安置转业军官统一笔试。克服疫情防控挑战，保障考试圆满顺利进行。

二是为中央单位和北京市市级单位接收安置转业军官工作提供信息化服务。提供人员注册、岗位归集、报名选岗、公告发布、电子预落户等全链条服务。

三是保障退役军人事务系统工作人员培训。承办2021年新任司处级干部培训班，38名新任职干部参训。组织全国退役军人事务系统工作人员网络培训，2021年共组织直播20余场。向退役军人事务系统提供“建党百年小辞典”。

四是推进系统干部学历学位教育工作。与中国人民大学、中国政法大学联合举办退役军人事务系统工作人员课程培训班。

五是提供相关信息化服务。依托“再启航”平台，为北京市接收安置符合政府安排工作的退役士兵、北京市复员军官和自主就业的退役士兵等提供电子预落户、安置选岗服务，为火箭军干部局开发火箭军随军家属信息管理系统。发挥“中国退役军人网”作用，积极为退役军人及其他优抚对象提供综合服务。

退役军人服务中心（站）建设

2021年，各级退役军人服务中心（站）认真学习习近平总书记关于退役军人工作重要论述，聚焦建强用好服务机构，与开展党史学习教育有机融合，与落实“我为群众办实事”实践活动统筹推进，不断优化服务保障功能作用。

一、加强思政引领

持续推进服务场所政治文化环境建设，强化政治阵地引领作用，激励退役军人听党话、跟党走。围绕庆祝建党100周年，开展“追寻中国共产党百年奋斗历程，建强百家红色退役军人服务站”实践展示活动，制作发布实践展示视频片109期，全网点击观看量逾1亿人次，带动各省（区、市）延伸建强红色站点2700余家。完善“国家退役军人微课堂”微信公众号，累计发布信息1100余条。

依托各级退役军人服务中心（站），组织动员退役军人发挥积极作用。山东威海建立的退役军人思想政治工作“指导员”队伍、浙江宁波推行的“退役军人服务站轮值站长”等实践创新做法，获得明显实效。

二、精准服务就业创业

推广用好全国退役军人就业创业信息系统，指导各级退役军人服务中心（站）规范建立健全就业创业工作台账，动态掌握退役军人就业情况。积极落实教育培训和就业创业优惠政策，开展“订单式”“定岗式”技能培训，组建创业导师团队，切实提升退役军人就业创业能力。

各级退役军人服务中心（站）积极联系多方资源，为退役军人组织开展各类招聘活动，协调有关单位就地就便提供就业岗位，开发公益性岗位，广泛发动社会力量，拓展退役军人就业渠道，搭建线上平台开展“直播带岗”“线上推介会”等活动，促进用人单位与退役军人双向选择、精准对接。

河北张家口、山东济南推动服务中心和退役军人就业创业孵化园共建共享，实现服务、保障、优待、培训、就业、创业等集中“一站式”服务。基层服务中心（站）积极引导、帮助退役军人融入乡村振兴战略，在发展现代农业、绿色产业中打造一批创业致富领路人，发挥创业带动就业作用。江苏、广东、贵州等地大力实施退役军人村官培养工程。陕西与高校、企业开展合作，为涉农领域就业创业退役军人提供培训指导和技术帮扶。

三、用心用情帮扶解困

积极帮扶慰问河南、山西两省因疫情、汛情

导致生活困难退役军人。常态化实地走访抗美援朝老战士、困难退役军人等服务对象。中国退役军人关爱基金会接受山东日照钢铁集团5000万元大额捐赠，投入资金974万元，开展困难退役军人关爱帮扶活动，帮扶困难人员1800余名。支援新疆100万元用于退役军人关爱事业，支持贵州50万元用于开展抗美援朝老兵关爱帮扶项目。全国各地成立退役军人关爱基金会220余家，设立关爱基金909个。

四、有效推进“事心双解”

深入学习推广新时代“枫桥经验”，着力夯实基层基础。各级退役军人服务中心（站）把维护退役军人合法权益摆在突出位置，热情接待来访。推行清单认领、台账管理、专班推进等工作措施，研究个案解决和类案化解经验做法并总结推广。建立健全《来访事项办理规范》《帮扶救助来访困难退役军人暂行办法》等10余项制度办法，切实规范信访事项办理工作。依托基层服务中心（站）常态化开展问题排查、矛盾化解、思想疏导和心理抚慰等工作，推动“事心双解”，拓展老兵恳谈室、司法援助站、法律咨询点、心理纾解室等辅助功能，推进乡镇（街道）退役军人服务站“信访代办”业务试点，六级联动、综合施策，维护退役军人和其他优抚对象合法权益。

五、自身建设提质增效

加强《退役军人保障法》学习培训，各级退役军人服务中心（站）普遍开展“尊法、学法、守法、用法”活动。制发全国服务中心（站）季度任务清单，推动政策制度细化落地。深入开展全国县乡两级服务中心（站）示范创建，培树全国退役军人服务中心（站）“百名优秀主任（站长）”。组织服务中心业务骨干培训，编发全国服务中心（站）《工作信息》150期，以纪实片形式总结展示全国服务体系建设成果，梳理推广各地实践做法和退役军人服务保障典型案例，促进服务机构建设提质增效。广西、河北、天津、山东、江苏等地界定职责清单、拓展服务功能、推进精准服务，书写退役军人“满意清单”。

烈士纪念设施保护和烈士遗骸搜寻鉴定

2021年，烈士纪念设施保护中心（烈士遗骸搜寻鉴定中心）以习近平新时代中国特色社会主义思想为指导，狠抓各项工作开展，烈士遗骸搜寻鉴定工作体系基本建立，鉴定比对工作取得突破性进展，纪念设施应用研究稳步启动，英烈精神弘扬多点发力，借智借力汇聚专家智库，保持了新组建单位的良好发展势头。

一、烈士纪念设施保护管理应用研究稳步启动

立足基础应用研究，组织实施司级课题“烈士纪念设施提质改造”，研究提出提质改造工程指标体系。立足打造精品展陈和精品项目，制定烈士纪念设施新建和改扩建、改陈布展专家咨询论证制度，召开首次改陈布展项目专家咨询论证会，为国家级设施改造提升提供智力支持和制度保障。召开烈士纪念设施创新发展研讨会，举办全国褒扬纪念系统、纪念设施保护单位有关负责同志等参加的业务培训班。印制《文明祭扫宣传手册》，参与并做好清明期间烈士祭扫工作，参与“常态化”烈士寻亲工作。

二、烈士遗骸搜寻鉴定工作取得新突破

积极参与第八批在韩志愿军烈士遗骸迎回安葬系列工作，派员参加韩国代表团山东青岛工作磋商，参与并做好迎回安葬工作前期筹备、现场组织、新闻宣传及服务保障。对第七批在韩志愿军烈士遗骸DNA进行比对鉴定，为梁佰有、展志忠、林水实、吴雄奎4位烈士成功找到家属，打造了“从回国到回家，从无名变有名”的工作亮点，社会反响强烈，为褒扬纪念工作添彩。持续推动国家烈士遗骸DNA鉴定实验室组建，完成实验室任务来源、性质、定位、管理、保密等研究论证。协助山东省退役军人事务部门开展烈士遗骸检测工作，100%成功提取并检测150余位烈士遗骸DNA信息，成功确认40位烈士身份及亲缘关系。研究起草《在韩志愿军烈士亲属DNA数据库建设工作实施方案》。研究起草《国家烈士遗骸搜寻队组建方案》，并提交上级审议通过。会同军地有关单位有序开展烈士遗骸搜寻鉴定专项工作，取得阶段性成果。开展烈士遗骸搜寻鉴定保护工作规范基础研究。成功举办首次国家烈士遗骸搜寻鉴定工作研讨会。

三、英烈文化弘扬工作多点发力

《英雄烈士保护法》实施三周年之际，联合中央网信办网络传播局、褒扬纪念司（国际合作司）组织召开弘扬英烈精神座谈会，编报信息参考，有效转化会议成果。在退役军人事务系统举办英烈文化宣传工作培训班，提升系统内英烈宣传工作能力。出版发行《抗战记忆——第三批国家级抗战纪念设施、遗址，著名抗日英烈、英雄群体简介》。参与制定“百年英烈”宣传教育活动方案，协调中央网信办、《人民日报》等媒体策划清明宣传方案并参与策划筹拍《你记得我　我就活着》公益广告片。会同褒扬纪念司（国际合作司）推出《我们的长征路——纪念红军长征胜利85周年》宣传短视频，六小时内播放量突破250万次。在中国人民抗日战争暨世界反法西斯战争胜利76周年纪念日之际，联合央视网策划制作《不忘曾经山河碎　昔日战歌今再吟》MV，组织老兵再唱《卢沟桥歌》。联合《中国社会报》推出《致敬英烈　精神永存》烈士纪念日专版。在《中国退役军人》杂志发表评论员文章《褒扬纪念是对烈士最温暖的告慰》，大力弘扬伟大抗美援朝精神。

四、对外联络工作有序开展

筹组烈保中心专家委员会，按照章程和组建方案要求，履行组织推荐程序，确定29名专家，并召开成立大会暨第一次专家委员会全体会议。完成对美、韩专业遗骸搜寻鉴定工作的研究以及成果转化应用，集结成册、剪辑翻译形成视频，编报相关信息参考及《美韩遗骸搜寻发掘工作调研报告》。积极参与《关于加强新时代烈士褒扬工作的指导意见》和《烈士褒扬条例》的修订工作。

退役军人工作信息化建设

2021年，退役军人事务信息化工作以推进退役军人事务治理体系和治理能力现代化为目标，全面开展建档立卡工作、打造“互联网+退役军人服务”平台、提升网络安全防护能力，充分发挥信息化驱动引领作用，有力支撑退役军人事务领域服务保障提质增效，推动退役军人工作高质量发展。

一、形成退役军人“一套数”

一是落实《退役军人保障法》关于退役军人和其他优抚对象建档立卡的具体要求，印发退役军人和其他优抚对象建档立卡工作方案及实施细则，部署上线建档立卡系统，形成退役军人数据更新机制。

二是融合信息采集、业务信息系统和相关部委数据，完成退役军人和其他优抚对象基本信息的建档立卡，建成包含千万量级的人员基础信息数据库。

三是推动建档立卡常态化开展，实现退役军人和其他优抚对象信息补充完善、精准归集、动态更新，推进基础信息数据库向综合信息数据库升级迭代。

四是建成数据管理平台，陆续完成信访、困难帮扶、优待抚恤、社保补缴、就业创业等方面专题数据展示分析，逐步发挥数据资源赋能作用。

二、综合管理平台基本实现业务全覆盖

一是上线优待证管理信息系统，制定配套规定，实现了优待证“办、制、用、管”各环节全国一体、全程网办。

二是升级全国退役军人信访信息系统，实现部、省、市、县四级协同，“信、访、网、电”一体办理，显著提升工作效率，为实现信访工作即时移交、快速办理、全程跟踪、闭环管理提供信息化支撑。

三是升级全国移交安置服务管理信息系统，实现安排工作退役士兵、自主就业退役士兵等各类人员在线移交，中央企业安置岗位集中统一管理。

四是形成部视频会议工作模式，疫情期间全力做好视频会议系统技术支持，保障百余场视频会议顺利召开。

三、“互联网+退役军人服务”探索取得实效

一是上线网络“军休所”APP，推出理论辅

导、军休文化、军休风采、军休大学等板块，引入国旅、京东等第三方优质服务内容，为军休干部提供丰富便捷的线上服务。

二是上线优抚对象年度确认APP，实现年度“确认、复核、抽查、停发恢复”全过程信息化管理，实现年度确认自助、上门办理，800余万名优抚对象在线完成年度确认。

三是完善就业创业信息系统及就业创业APP，制定配套管理办法，实现系统内部工作人员部署使用。

四是上线“12397”电话信访系统，拓展信访渠道，实现“信、访、网、电”一体化管理，为便捷高效受理信访事项提供信息化支撑。

四、网络安全保障能力稳步提升

一是做好网络安全防护，精心谋划保障方案，排查整改风险隐患，实现全年网络安全零事件。

二是完善管理机制，制定网络安全应急预案和重点时期网络安全保障方案，明确部机关及下属各单位的任务分工，压实主体责任，推动网络安全管理规范有序。

三是开展网络安全宣传周活动，通过组织开展互联网信息泄露风险演示、网络安全知识互动答题竞赛等活动，“线上科普+线下体验”相结合，深入宣传网络安全相关法律法规。

退役军人宣传工作

退役军人事务部宣传中心自2021年2月7日正式挂牌成立以来，加快建设退役军人宣传全媒体平台，加强舆论引导，有力推动退役军人工作高质量发展。

一、顺利推进组建工作

一是完成交接及各项登记变更手续办理。就原退役军人报刊社财务管理、后勤保障、人事档案管理及公章管理使用等事项与培训中心顺利进行交接。完成事业单位法人证书登记及期刊出版许可证主办单位、出版单位、法人变更，申立财务账户、工会账户，确保各项工作正常开展。

二是推进人员优化配置。结合宣传工作不断拓展的实际，以及做优做强宣传内容的目标使命，从其他新闻单位调入副高职称以上人员，同时采用聘用方式选配专业对口、素质优良、具有创新能力和工作经验的青年同志，初步形成一个专业化、正规化的全媒体团队框架。

三是抓紧建章立制。立足实际、着眼长远，制定关于党建、行政、人事、财务、业务5大类30余项管理办法，并在实践中不断修订完善。

二、不断提升办刊质量

一是突出宣传习近平总书记关于退役军人工作的重要论述。坚持正确政治导向、舆论导向、价值取向，及时传达习近平总书记对退役军人工作和广大退役军人的关心关爱，大力宣传党中央、国务院关于退役军人工作的决策部署。

二是加大优化创新力度。坚持贯彻落实中央领导同志关于《中国退役军人》杂志重要批示精神，突出政治引领、内容为王的工作主线，在内容的原创引领、形式的生动时尚、话语体系的实在鲜活、呈现方式的丰富多彩等方面持续发力，打通与新媒体矩阵之间的互联互通，在杂志文章中增加扫码观看、扫码收听等功能，将传统杂志打造成为一本可听、可视、专业有用的杂志。

三是策划多角度的深入报道。围绕退役军人事务部重点工作，如“老兵永远跟党走”“清明祭英烈”、第八批在韩志愿军烈士遗骸回国、退役军人重大典型宣传等，通过创新传播方式、完善话语体系、深挖社会影响等方式有效引导广大退役军人退役不褪色、建功新时代，多篇稿件被央媒和相关媒体转载，重要报道全系统公众号联动，退役军人宣传工作阵容和影响力日益扩大。

三、聚力构建全媒体矩阵

一是全面改版“中国退役军人”微信公众号。大幅增加原创内容，加快更新频率，增强公众号的权威性和服务性。

二是搭建全网矩阵平台。“中国退役军人”同名账号正式入驻微信公众号、视频号、抖音、快手、学习强国、央视频、新华号、人民号、澎湃新闻、今日头条、哔哩哔哩、知乎、喜马拉雅全网共13个平台，基本完成所需平台构成和运营人员建设，实现内容多平台、多渠道分发，全媒体矩阵粉丝量突破550万。

三是做好部官方微信公众号、部官方网站的运营和维护。规范官微选题报送、值班备班、审核把关等工作流程，运营部官网相关栏目，优化官网运营机制，推出深入学习习近平总书记“七一”重要讲话精神、全国“最美拥军人物”、英雄回家——第八批在韩志愿军烈士遗骸回国、2021年全国退役军人事务厅（局）长会议等专题，积极推动重大宣传主题在部官网、杂志、“中国退役军人”全媒体矩阵中融合互动。

四、加大主题宣传策划

一是持续推出精品力作。以《中国退役军人》杂志特刊的方式向百年大党献礼致敬，新媒体矩阵和特刊实现整体联动，将“七一”系列宣传推向高潮。2021年8月，“中国退役军人”全媒体矩阵开展“八一”宣推，全网总触达量达6亿。大力宣传“第八批在韩志愿军烈士遗骸回国”，提前策划，设置议题强引领，自主宣传拼原创，多个融媒体产品全网总触达量破25亿。成立优待证报道专班，策划一图读懂、专访、深度解读、官方回应、独家评论、短视频等多样态全媒体系列产品，全网阅读（播放）量突破9700万。

二是推出大型融媒体采访“荣光之路”。杂志和新媒体共同策划实施，音视频和文字立体融合传播，全方位展现各地退役军人工作先进经验和优秀成果，讲好退役军人故事，助力退役军人工作高质量发展，集中宣传报道山东、广东、上海、江西、辽宁、安徽、广西等地的工作实践，产生良好社会反响。

三是主动设置议题出新出圈。采写4位戍边烈士遗属优待抚恤的独家报道，文章在退役军人事务部官方微信、“中国退役军人”微信公众号首发后，两天时间全网访问量突破6.5亿人次，点赞量超2000万次。进一步主动设置议题，回应社会关切，先后推出清明节“助力烈士寻亲”活动、退役军人事务部新闻发布会全媒体直播、建党百年系列网上活动、“八一”主题宣传“一声到，一生到”、在韩中国人民志愿军烈士遗骸迎回安葬、烈士纪念日、优待证发放等专题，在全媒体宣传传播，多次形成爆款和破圈效应。

五、高效完成宣传工作任务

一是做好优秀退役军人典型宣传。聚焦退役军人志愿者、“兵支书”以及“最美退役军人”，推出3期《中国退役军人》杂志增刊，总结经验做法、展示典型风采。

二是做好话剧《兵心》宣传。起草退役军人题材话剧《兵心》宣传方案，全程配合做好相关短视频脚本撰写、拍摄等工作，在正式宣传阶段，对接《人民日报》、人民网网页、客户端等平台做好宣传推送。

三是推出宣传专栏。策划“就业榜样”“创业先锋”等专栏，报道先进典型，并对就业创业政策进行解读。

四是编辑出版退役军人服务站画册。完成《“红站”荣光——百家红色退役军人服务站风采展示画册》编辑出版工作。

五是做好会议及活动宣传报道。完成相关会议、活动的宣传报道及拍摄留存影像资料工作。

六、开辟《中国退役军人》杂志发行新局面

一是发行数量再创新高。2021年杂志月均发行量为27.5万份。特别是2021年4月推出“荣光之路”采访活动以来，单期发行量屡创新高。

二是覆盖面不断扩大。在长三角、珠三角地区取得重点突破的同时，积极做好东北、中西部地区的退役军人宣传和发行工作，杂志影响力和覆盖面不断扩大。积极推动杂志进军营，得到军队官兵的初步认同。

三是探索发行模式转变。与技术公司合作开发杂志订阅发行软件，通过可视化、便捷化人机交互，实现平台与用户的直接交流，后台大数据随时管控，提高工作节奏和效率。

中国退役军人事务年鉴 2022

地方退役军人工作

北京市

2021年，北京市退役军人事务系统以习近平新时代中国特色社会主义思想为指导，贯彻落实习近平总书记关于退役军人工作重要论述，贯彻落实党中央、国务院以及市委市政府关于退役军人工作决策部署，坚持以退役军人为中心、以改革创新为突破口，凝聚多方力量，突出首善标准，推动首都退役军人工作高质量发展。

一、思想政治工作

举办“老兵永远跟党走”系列庆祝活动，完成首部退役军人题材话剧《兵心》创排和首演保障任务。军休干部翟万臣荣获全国主题演讲比赛一等奖，军休干部侯卫东《数风流人物还看今朝》获绘画作品征集评选活动第一名，微视频作品《沙海那抹老兵绿》位列全国“十大优胜作品”榜首，退役军人宋玺参加中央宣传部组织的“老兵永远跟党走”中外记者见面会。“拥军工作示范法”被优选为全国市县级党委退役军人事务工作领导机构十大示范法之一。

组织军队英模、优抚对象、军烈属代表、军休干部等参加庆祝建党百年大会等党和国家重大活动。为全市335个立功受奖军人家庭送喜报，评选6名北京市“最美退役军人”、10名“北京军休榜样”，通过电台、公众号、官网官微、公交站亭、楼宇电视等广泛开展学习宣传。

二、政策法规工作

制定“十四五”时期退役军人服务和保障规划、信息化发展规划。研究制定贯彻退役军人工作政策制度改革方案的77条落实措施，以市委办公厅、市政府办公厅、北京卫戍区政治工作部名义印发。《退役军人服务供给机制创新研究》被退役军人事务部全文刊发。

深入推进“法律政策落实年”活动，统筹推进17项年度重点任务，制定出台政策制度10个，246个“具体政策点”已落实237个。举办全市退役军人工作专题研讨班。“通武廊”作为京津冀退役军人事务高质量协同发展试点，被退役军人事务部列入高质量发展示范区建设。

聚焦《退役军人保障法》，编制、印发学习宣传贯彻实施方案及工作分工，配发学习宣传资料近10万册，在公交车辆和户外大屏滚动播放电子海报，覆盖受众超3000万人次。录制《退役军人保障法》专题辅导讲座并纳入北京干教网，在全系统推进会前学法、开展“法治大讲堂”、举办专题培训班，广泛营造尊法守法学法用法氛围，相关经验做法被新华网和《北京普法》刊载。

三、权益维护工作

深入16个区和四级服务体系开展专项督查调研，强化跟踪问效、核查督办，努力把“问题清单”转化为“成效清单”。

学习推广新时代“枫桥经验”，推动权益维护“1+N”制度体系落实，组织“三师一员”参与疑难复杂问题化解工作，一些多年积累的问题得到化解。

组建“首都老兵”志愿服务队3900余支，凝聚4万余名退役军人，在社会服务、矛盾化解、政策宣讲、抢险救灾等方面发挥积极作用。

四、移交安置工作

积极推进年度移交安置工作，完成军队转业军官、安排工作退役士兵和退役消防员的安置任务。安排工作退役士兵和退役消防员，100%安置到机关事业单位和国有企业，其中事业单位占比72.7%，同比提高近5个百分点。

统筹抓好三年集中移交工作落实，中央下达北京市接收安置任务占全国总量58%。2021年，累计接收安置1万余人，实现了只要部队交得出、北京就能接得住。军地各级给予高度评价，共收到锦旗、感谢信112件。

五、就业创业工作

分类开展岗前专业培训、进高校专项培训、职业技能提升培训、就业创业高级研修班等多样化教育培训，5000余名退役军人参加。

出台北京市促进退役军人到开发区就业创业的实施意见。建立重点企业签约合作机制，协调中国融通等6家企业提供岗位近3000个。举办线上线下招聘会，1630余家优质企业提供岗位约3.4万个，3500余人达成就业意向。

举办北京市第二届退役军人创业创新大赛，申报项目107个。覆盖全市16个区的退役军人就业创业和实习实训基地揭牌成立。组建204人指导团队，提供就业创业支持服务。引导退役军人返乡入乡创业，树立13名优秀创业典型。

六、双拥共建工作

调整双拥工作组织机构，增加7家成员单位，将军供服务保障等职能纳入市双拥工作领导小组。向驻京部队官兵及相关优抚对象制发电子拥军卡，现役军人和残疾军人可免费乘车。

深化“助力随军家属就业工程”，组织开展专场招聘会，提供企事业单位岗位438个，协调14家银行接收80名随军家属就业。筹资1000万元，为驻京部队购置417台“军营唱吧”。

加强双拥工作宣传，在北京电视台播出的20集“鱼水情深”双拥访谈电视系列节目，被评选为北京市庆祝建党百年系列宣传活动重点推介栏目。

大力推进军供站标准化、规范化建设，连续三届被评为全国重点军供站。

推动落实军人子女教育优待政策，4600多名军人子女受益，受到相关领导肯定。

七、褒扬纪念工作

成立市级烈士纪念设施保护中心，研究出台

北京市烈士纪念设施修缮管理维护暂行办法，设立烈士纪念设施修缮管理维护补助资金，投入8400多万元对国家级烈士纪念设施进行修缮维护管理。

联合北京市人民检察院，开展区级及以下烈士纪念设施管理保护专项行动。充分发挥“北京烈士纪念设施电子地图”作用，为疫情期间网上祭扫提供便捷服务。开展“守护·2021清明祭英烈”祭扫活动，全市各级、各界组织活动百余场次，现场祭扫人数达万余人次，网络祭扫近百万人次。

八、服务保障体系建设情况

研究制定《退役军人服务中心（站）服务与运行规范》北京地方标准，出台区级退役军人服务中心建设运行规范和基层退役军人服务手册。

全市建成四级服务中心（站）7061个，示范创建388家服务中心（站）。创建北京市“军休老年大学”，推广应用网络“军休所”，近2万名军休人员注册使用。

积极推动军休老旧小区改造，3个军休小区被列入北京市2021、2022年老旧小区改造项目库。全面实施军休干部持卡就医和实时结算，目前全市军休干部持卡就医达110余万人次。

完善优抚对象定期抚恤补助、义务兵家庭优待金、退役士兵自主就业一次性经济补助调整机制。完成全市1.3万多名残疾军人及伤残人民警察、预备役人员、民兵民工的新版残疾证换发、档案整理等工作。

九、自身建设情况

组织全系统开展党史学习教育，突出抓好党的十九届六中全会精神学习。持续推进各项工作务实创新，市委常委议军会、银行系统对口接收随军家属就业安置、“北京烈士纪念设施电子地图”等工作分别被中央党史学习教育简报刊发。抓实市委巡视整改，对标巡视反馈问题清单，全局系统进行3个月集中整改，整改完成率为93.82%。

积极组织参加“北京市‘永远跟党走’党史知识竞赛”。集中举办2期党史学习教育专题培训班，150余人参加培训。组织参观中国人民抗日战争纪念馆、香山革命纪念地、北大红楼，以及“不忘初心、牢记使命”中国共产党历史展览。开展“庆祝建党百年华诞·向党说句心里话”主题作品征集活动。举办“欢庆五一、争先创优”活动。与工商银行北京分行联合举行“关爱女工、慰问军嫂、致敬军人”活动。组织并参加“百载红船路、全民奥运行”线上走跑活动，取得市直机关系统第一的成绩。

强化退役军人“接诉即办”工作，2021年“接诉即办”有7个月响应率、解决率、满意率均为100%，市级部门排名并列第一。加强退役军人宣传工作，与北京歌华传媒、《新京报》等媒体合作，各类新闻媒体共刊登全市退役军人工作相关新闻1600余条次。成立北京市退役军人事务局综合事务中心，研究制定局《关于进一步加强干部队伍建设的意见》《公务员平时考核实施办法》，调动全体党员干部干事创业的积极性。

天津市

2021年，天津市退役军人事务系统以学习宣传贯彻实施《退役军人保障法》为重点，持续加强退役军人组织管理体系、工作运行体系、政策制度体系建设，固本强基，改革创新，真抓实干，退役军人服务保障工作取得明显成效。

一、机构建设情况

组织召开市委常委会扩大会议暨市委退役军人事务工作委员会会议、委员会专题会议、全市退役军人工作会议，传达学习中央会议精神和决策部署，研究本市落实举措。

春节、“七一”“八一”等重要节日，市委退役军人事务工作委员会领导同志带头走访慰问驻津部队、退役军人和其他优抚对象，送去党和政府的关怀温暖。深入开展庆祝中国共产党成立100周年“老兵永远跟党走”系列主题活动，加强退役军人工作基础理论研究，对退役军人重点工作组织进行督办，确保中央和市委决策部署落实落地。

全市“两中心两站”总数达5616个，在天津科技大学、新天钢集团设立本市首个高校、企业退役军人服务站，机构覆盖面不断拓展。全市16个区退役军人服务中心、251个乡镇（街道）退役军人服务站、106家村（社区）退役军人服务站建成全国示范型退役军人服务中心（站）。3个退役军人服务站被评为全国“百家红色退役军人服务站”，3名退役军人服务站站长被评为全国“百名优秀站长”，608名“兵支书”担任村（社区）服务站站长。陆续组建退役军人志愿组织2640个。

全市各级关爱退役军人协会会同退役军人事务部门推进“退役军人之家”共建共享，乡镇（街道）“退役军人之家”覆盖率98%，村（社区）共建成“退役军人之家”2643个。联合爱尔眼科医院开展关爱退役军人白内障复明工程，为2843名退役军人筛查眼病，实施手术467人。坚持思想引领、帮扶解困、化解矛盾一体推进，帮扶困难退役军人5000多人，入户走访1.5万人次。举办“传承红色基因　续写军旅荣光”主题书画摄影展，组建老战士宣讲团宣讲党的创新理论和“四史”，组织市退役军人文艺宣传队在天津电视台录制播放“放歌一百年　永远忠于党”专场节目。全市各级协会组织宣讲834场，受众4万余人，组织70多支文艺宣传队深入基层慰问演出900多场，8.7万名退役军人和群众观看。

二、思想政治和权益维护工作

会同市委组织部等6个单位和部门，组织召

开全市退役军人事务工作评选表彰大会，对天津市模范退役军人、退役军人工作模范单位和个人进行表彰，对典型事迹进行广泛宣传报道。

深挖退役军人先进典型，本市退役军人衡飞荣获2021年全国“最美退役军人”称号。会同市委宣传部、天津警备区政治工作局、市关爱退役军人协会联合开展第二届天津“最美退役军人”学习宣传活动。组织市纪委监委、市委组织部、市委宣传部等8个单位召开退役军人思想政治工作联席会议。组织召开退役军人先进典型和优秀“兵支书”经验交流会。

春节期间，入户走访老英雄老战士、荣立二等功以上功勋人员、“最美退役军人”、模范退役军人代表以及部分困难退役军人，传递党和政府的关心关爱。开展“兵支书”建档立卡工作。联合市精神文明建设委员会办公室、市民政局、市关爱退役军人协会制定下发《关于加强退役军人志愿服务工作的指导意见》。

三、移交安置工作

主动对接市委编办和各接收单位，制定安置计划，召开全市退役军人安置工作会议，创新开展“线上+线下”渠道“双向选择”活动，采取“考核选调”“积分选岗”相结合的方式，坚持重德才、重实绩、重贡献的鲜明导向，落实“阳光安置”机制，高标准完成转业军官和安排工作退役士兵的移交安置任务。

积极推进跨军地改革集体转制部队退役人员落户工作，帮助完成落户事宜。采取“现场+网络”形式，扎实做好转业军官全员适应性培训、岗前专业培训、高校专项培训等工作，持续开展“穿上军装是保卫者，脱下军装是建设者，都是中国特色社会主义事业奋斗者”专题教育活动，帮助退役军人不断提升能力、尽快融入社会。

完成年度自主择业军转干部退役金发放、医疗保险缴纳等日常管理服务工作，落实医疗费报销、冬季取暖费、独生子女费、遗属补助待遇。完成全市自主择业军转干部档案数字化加工，建立数字档案。将副师级（含技术7级高职）自主择业军转干部全部纳入干部保健范围，做好保健证申领及年度体检工作。

四、就业创业工作

健全完善退役军人就业创业政策措施，制定出台退役军人到开发区就业创业、退役军人进入公安警务辅助人员队伍等政策措施。加强学历教育宣传，全年共有700多名退役军人报名参加高职扩招，600多名退役军人报名成人高考专升本。

研究制定退役军人就业创业承训机构绩效评估标准并组织开展绩效评价，建成包括28家市级培训机构250个专业、85家区级培训机构447个专业的培训黄页，528人参加教育培训。指导各区组织1398名自主就业退役士兵参加适应性培训。

会同市关爱退役军人协会与新天钢等11家知名企业签署就业合作协议。启动“退役军人就业信息直通车”服务，发布26批线上招聘信息，203家企业提供岗位1.7万余个。联合市人力资源社会保障局、市国资委等部门和单位，组织开展“线上系列招聘”“国营企业专场招聘”“民营企业招聘月”等线上线下招聘活动216场次，提供就业岗位6.3万余个，3000多人次达成就业意向。协调有关部门，提供40个行政编、35个事业编、65个公安辅警、130个消防员岗位，面向退役军人单列计划、定向招聘。

五、军休服务管理工作

召开全市军队师级以下离退休干部退休士官和伤病残士兵三年移交政府安置工作推动会暨安置管理专班会议。超额完成国家下达的军休干部和退休士官接收安置任务。

进一步提升服务管理水平，联合6部门出台进一步提升军队离休退休干部服务管理水平有关措施。落实军休干部各项待遇，为960名军队退休干部办理发放保健证，为107名符合条件的军休干部遗属申办一次性特别抚恤金，为36名符合条件的军休干部申办护理费，将5名离休干部医疗费报销标准提高至副省（部）长级，组织安排700余名军休干部进行康复疗养。

春节、“八一”期间，组织对全市军休干部、无军籍职工及困难遗孀遗属进行慰问，完成6个军休老旧小区改造工作。开展军休“口述历史”征集活动，组织军休干部参加市委宣传部、市级机关工委等部门组织的庆祝建党百年系列庆祝活动。

六、拥军优抚工作

广泛开展春节、“八一”等节日走访慰问活动，以市委、市政府名义印发《致广大官兵和优抚对象的慰问信》，赠送春节对联福字39万余份，为驻津部队官兵送去党史教育必读书目和慰问品。

继续向退役军人及部分优抚对象发放“八一”慰问金，向“三属”、在乡老复员军人及遗孀发放慰问“大礼包”。组织开展“文艺进军营·共筑强军梦”相声进军营慰问演出活动，常态化开展“情系边海防官兵”拥军优属活动，开展送立功喜报活动，推动解决驻津部队官兵“后院、后代”问题。

组织开展创建天津市双拥模范区中期考评，对全市16个区进行实地检查。编印并发行《天津双拥》杂志3.2万册，选树宣传20名“天津市最美军嫂”先进典型，创作双拥影视、歌曲、标识作品近80个。与3家大型保险公司签署拥军优抚战略合作框架协议。完成2021年度优抚对象抚恤补助、一至四级和部分五至六级残疾军人护理费调标工作。完成伤残人员专项核查，新版残疾军人证、伤残人民警察证等证件换发和残疾等级评定工作。完成优抚对象数据核查审定、年度确认、医疗保障等工作。发放各类优抚对象抚恤金、补助金、优待金等专项资金。联合25个部门制定出台加强军人军属、退役军人和其他优抚对象优待工作的实施意见，启动退役军人、其他优抚对象优待证申领制发工作。

七、褒扬纪念工作

开展“守护·2021清明祭英烈”代为祭扫烈士活动，共代为祭扫烈士（含无名烈士）万余名。全市各烈士陵园共举行纪念祭扫活动1600余场，超过13万人参加。组织开展“致敬国家丰碑”全国红色故事讲解员大赛天津市预赛，入选全国72强。参加退役军人事务部“我身边的英烈”主题征集活动，多部作品获奖。

开展全市烈士纪念设施数据信息采集和校核，报送烈士纪念设施510处、4218个。组织开展县级及以下烈士纪念设施管理保护专项行动，提高烈士纪念设施管理保护水平。组织实施县级以下英雄烈士纪念设施集中整修工程，会同市财政局对1728万元中央直达资金严格核算分配，资金及时拨付率和足额拨付率达100%。

河北省

2021年，河北省退役军人事务系统深入学习贯彻习近平总书记关于退役军人工作的重要论述，认真落实中央及省委、省政府决策部署，在切实抓好常态化疫情防控的同时，着力攻难点、抓重点，全面推动退役军人工作高质量发展，圆满完成全年目标任务。

一、机构建设情况

坚持以“人有我优”为主攻方向，大力提升“两站三中心”服务保障水平，着力打造“退役军人之家”。制定出台《河北省退役军人服务中心工作任务清单》，细化为8个方面33项任务，提升精准化服务水平。集中开展网上就业招聘活动，累计注册用人单位9009家、退役军人8.3万人，实现就业5902人。

管好用好各级关爱基金，先后救助困难退役军人10919人次，发放救助金3032万元。常态化做好信息采集工作，动态更新全省服务对象信息。举办市县两级退役军人事务局局长业务培训班、乡级退役军人服务站站长能力提升培训班，9800多名乡级以上服务中心（站）工作人员线上同步学习。

扎实开展“全国示范型退役军人服务中心（站）”创建活动，县乡两级服务中心（站）和服务对象300人以上的村级服务站全部达标。其中，唐山市丰南区服务中心等9家单位经验做法被退役军人事务部在全国推广，平山县西柏坡镇退役军人服务站等4家单位入选全国“百家红色退役军人服务站”。

二、思想政治和权益维护工作

坚持把退役军人作为重要人力资源，持续加强思想政治教育。全面建立“思想政治课”制度，累计培训10万余人次。思想政治理论课在全省退役军人适应性培训中不低于50%、职业技能培训中不少于20个课时。130万名退役军人加入“学习强国”平台，确保理论学习融入日常、抓在经常。开展“老兵永远跟党走”系列宣传活动，组织实施多样化、便捷化学习。

推进退役军人志愿服务队伍建设，发挥退役军人在基层治理、社会服务、国防教育、抢险救灾中的积极作用。截至2021年底，全省共有退役军人志愿服务队伍3.5万支、志愿者21万人。组织实施“常态化疫情防控”等6大志愿服务活动，服务群众650多万人次。

大力宣传退役军人先进典型，谋划推出“我是老兵——河北省退役军人志愿者风采海报”，在省厅官网和微信公众号持续刊发，全年共推出

738期，浏览转发量达2600多万人次。广泛宣传“时代楷模”张连印、全国“最美退役军人”赵凤全和“全国道德模范”赵庆祥、张志旺等退役军人先进事迹，发挥榜样力量。在全省组织开展了“千名优秀退役军人”选树宣传活动，进一步弘扬了退役军人正能量。

5月27日，全国退役军人事务系统学习推广新时代“枫桥经验”现场交流会在河北省张家口市召开。

三、移交安置工作

树立“贡献越大、安置越好”的鲜明导向，对作战部队主官、功臣模范、烈士子女、有参战经历、长期在艰苦边远地区和特殊岗位服役的退役军人，在档案考核中加以体现，在安置时予以政策倾斜。

对安排工作退役士兵，采取考核赋分、积分选岗的办法进行安置，协调选调部分现役士官参与集中封闭档案审核工作，严肃认真核对每一份档案中的积分情况和佐证材料，杜绝徇私舞弊行为。

对转业军官，统一采取考试考核相结合的办法进行分配，文化考试由全省统一组织、统一命题、统一阅卷，档案考核实行全省统一的赋分标准，高质量完成年度安置任务。

四、就业创业工作

大力实施就业创业帮扶。利用退役军人返乡报到、参加培训和就业招聘等时机，摸清求职意向，全省共为87.5万名退役军人建立个体需求台账。发挥省市县三级培训机制作用，广泛开展适应性培训和职业技能培训，采取“订单式”“定向式”“定岗式”培训，全年共组织开展各类培训2.2万人，实现学历教育6201人。

拓宽退役军人就业领域。系统推出政企合作推介一批、常态化线上招聘一批、社会组织吸纳一批等“十个一批”就业帮扶渠道，力促退役军人稳定就业。2021年，共帮助退役军人实现就业21250人，其中2020年度返乡且有就业意愿退役军人就业率为99%。

大力扶持退役军人创业。全省共打造退役军人创业孵化基地258家，为退役军人企业减免税费9586万元。出台《关于在全省推广“权威推荐+自主选择”就业模式的通知》《河北省退役军人就业创业导师管理暂行办法》等一系列政策文件，为退役军人就业创业营造良好政策环境。

五、军休服务管理工作

完善“随退随审、即交即接”工作机制，主动对接部队，简化交接流程，实现档案审核、手续办理“一条龙”服务，全力加快接收安置进度。2021年，全省超额完成军队离退休干部和退休士官接收任务，全面落实了“两个待遇”。

举办“永远跟党走”——全省军休干部书画摄影作品展，编排了“颂歌献给党”——庆祝建党100周年主题文艺演出，开展口述历史、军休功臣先进事迹征集编纂活动，激励军休干部坚定不移听党话、跟党走。

在全省组建124支军休干部志愿服务队，深入军营、学校、企业、农村、社区等，常态化开展健康义诊、红色宣讲、文艺演出、捐资助学、应急救援等志愿服务活动。

协调省住建厅，将所有军休老旧小区优先纳入全省首批城镇老旧小区改造范围。加强军休服务信息化建设，在全国试点运行军休机构管理系统取得明显成效。

六、拥军优抚工作

以双拥模范城（县）创建为契机，持续深化地方党委政府主导、社会力量积极参与的“双轮驱动”拥军优属新模式，不断提高新时代双拥工作水平。

深入创建省级双拥模范城（县），共命名表彰省级双拥模范城（县）65个、模范单位100家、先进个人150名。大力支持战备训练设施建设，认真落实“双清单”制度，帮助部队解决实际问题104件。

规范发展社会拥军力量，全省共设立拥军服务站（点）4.5万家，发展拥军志愿者258万人。开发省级社会拥军网上平台，入驻企业1.2万家，形成线上线下立体联动的社会化拥军格局。广泛开展“百城万店拥军行”等系列活动，累计优惠优待军人军属和退役军人43万人次、让利4700万元。

全省共走访慰问退役军人及其他优抚对象537.9万人次，赠送慰问金（品）1.8亿多元。新悬挂光荣牌16.5万块，送立功喜报1.9万份、发放一次性奖励金3290万元。积极打造拥军一条街和拥军商场191个，建成双拥主题公园和双拥广场122个，形成一批各具特色的双拥阵地。

“八一”期间，全省9个市与该城市同名舰艇集中开展“爱我家乡爱我舰”军民共建活动，并建立军民共建长效机制。

七、褒扬纪念工作

策划举办“信仰的力量——英烈家书朗诵会”，选取李大钊、董振堂、左权等9位英烈的家书，邀请烈士亲属朗诵、党史专家解读，多形式、立体化弘扬英烈精神，在线观看达70多万人。

开展“奋斗百年路·启航新征程——燕赵英烈”事迹连载活动，在《河北日报》开设专栏，连续刊载180名在河北生活过、战斗过的著名烈士的事迹。

举办老兵故事进校园活动，会同河北大学等单位举办“学百年党史·听老兵故事”主题宣讲活动，河北电视台全程直播，18.8万人在线同步收看。积极开展英烈故事志愿宣讲活动，全省共组建志愿宣讲服务队176支，举办宣讲活动5112场，现场受众达58.8万人次。

印发《关于加强烈士纪念设施保护管理工作的通知》等文件，进一步加强烈士纪念设施修缮维护、环境整治、作用发挥等工作。积极争取中央资金9684万元，各地配套1274万元，深入实施县级及以下烈士纪念设施整修工程，并建立完善了数字管理机制、联查联动机制、档案管理机制、资金保障机制等措施，确保取得扎扎实实的成效。

精心组织清明节网上祭扫、“9·30”烈士纪念日向烈士敬献花篮仪式等活动，加强相关服务保障工作，营造崇尚英烈、学习英烈、缅怀英烈的浓厚氛围。

八、自身建设情况

突出抓好机关党的建设，健全完善各项规章制度，有效发挥党组领导核心、党支部战斗堡垒和党员先锋模范作用。

深入开展“法律政策落实年”活动，明确重点任务28项、具体政策点242个，逐一抓好落实。印发《法律政策落实年和〈退役军人保障法〉宣传贯彻督导检查方案》，把贯彻落实情况纳入厅领导包市工作内容，建立两个100分指标体系，以督促检查推动法律政策落实。以省委、省政府、省军区名义印发通知，对全省学习宣传贯彻《退役军人保障法》作出安排部署。

对标对表中央退役军人工作政策制度改革部署，以省委办公厅、省政府办公厅、省军区政治工作局名义出台若干措施，提出8个方面33项具体措施，推动完善退役军人工作政策制度体系。研究制定《河北省退役军人保障条例》，推动列入河北省2022年一类立法项目。

编制完成“十四五”发展规划，为全省退役军人工作高质量发展提供有力保障。

山西省

2021年，山西省退役军人事务系统深入学习贯彻习近平总书记关于退役军人工作重要论述，认真落实党中央、国务院决策部署和省委、省政府工作安排，在建立健全“三个体系”上持续发力、蹚出新路，各项工作走上良性发展轨道。

一、机构建设情况

（一）组织管理体系方面

着力构建“横向到边、纵向到底、覆盖全员”的服务体系，建成省、市、县、乡、村“三中心两站”22177个，打造示范型服务中心（站）1949家，达标率100%，以点带面、连线成片、辐射周边，实现从“有”到“优”的转变。

（二）工作运行体系方面

专题学习退役军人工作政策制度改革方案，把退役军人和双拥工作考核作为评定各市、省直单位考核等次的重要依据。省委退役军人事务工作领导小组召开全体会议，确保离退休军人和伤病残人员移交、退役士兵社保补缴等重大任务、重点工作落实落地。

（三）政策制度体系方面

学习宣传贯彻《退役军人保障法》，落实“谁执法、谁普法”责任制，全系统举办培训870余次，政策讲座216场，播放普法视频10万余次，举行“纪念《退役军人保障法》颁布实施一周年暨2021·山西‘最美退役军人’发布仪式”，山西省第三届国家机关“谁执法、谁普法”履职报告评议排名第一。推进“法律政策落实年”活动，明确29项重点任务和254项政策点，指导各地梳理法律政策落实“问题清单”和“难题库”，有效解决一批重难点问题。

二、思想政治工作

（一）教育管理方面

联合出台《关于在优秀退役军人中大力培养农村基层组织带头人的指导意见》，依法依规把优秀退役军人选拔进基层组织班子，“兵支书”数量达4976人。成立各级退役军人志愿服务队1166支，动员2万余名退役军人投身乡村振兴、疫情防控、防汛救灾、文明创建等工作一线。

（二）典型宣传方面

深入挖掘退役军人先进典型，全省各级评选出各类退役军人典型490人，省级评选表彰山西“最美退役军人”10人。积极开展“老兵永远跟党走”系列活动，广泛开展作品征集、知识竞赛、演讲比赛，引领全省退役军人感党恩、听党话、跟党走。

（三）尊崇尊重方面

常态化开展走访慰问、悬挂光荣牌、颁发荣誉奖章、送立功喜报、欢迎老兵返乡等活动，走访慰问防汛抗洪、抢险救灾一线部队官兵，集中开展走访慰问烈士遗属活动，充实细化军人军属、退役军人和其他优抚对象优待目录。围绕庆祝建党100周年、《退役军人保障法》宣传实施、“法律政策落实年”活动等重点工作，加强政策解读和新闻宣传，制作“百岁老兵致敬建党百年”宣传片，正面宣传和舆论引领效果显著。

（四）援疆工作方面

主动对接协调，建立联动工作机制，出台《山西省退役军人事务系统援疆工作八项措施》。选派一名处级干部赴受援地对口援疆，调配100万元定向用于受援地开展困难退役军人帮扶援助工作，组织医疗队入疆开展优抚医疗巡诊，发放“千人健康大礼包”。晋城市退役军人事务局被新疆生产建设兵团确定为“退役士兵招录试点单位”。

三、移交安置工作

全面推行“阳光安置”和“直通车”安置，推行线上线下相结合的培训模式和代岗实习全覆盖。安置转业军官和安排工作退役士兵1600余名，转业军官安置到机关和参公事业单位比例达93.5%，退役士兵安置到事业单位比例达75.1%，安置质量和满意度创历史新高。组织开展安置工作“回头看”，做到部队、地方、个人三满意。

四、就业创业工作

（一）平台推动方面

贯彻落实中央和省委保就业要求，为退役军人搭建便捷就业平台，采集退役军人信息26585条，引入企业24558家。组织线上线下招聘会200余场，提供就业岗位5.9万余个，达成入职意向2.4万余人。举行退役军人助力乡村振兴启动仪式，推出“八小”惠民暖民项目，驻村扶贫工作荣获省级先进荣誉。

（二）教育培训方面

加大退役军人职业技能培训力度，建立退役军人就业创业工作台账，开展“订单式”“定向式”“定岗式”实用性培训。7311名自主就业退役士兵适应性培训全覆盖，参加职业技能培训7932人，获证率90%，累计就业6462人，就业率81%。

（三）自主创业方面

组织山西省第二届退役军人创业创新大赛，推荐3个优秀退役军人创业项目参加全国大赛。落实退役军人创业税收扶持政策，推动建立退役军人创业园区和创业孵化基地，打造低成本、全要素、一站式创业服务平台。

五、优待抚恤工作

（一）优待抚恤方面

完成享受国家定期抚恤补助对象年度确认

工作，从严换发残疾证件2万余份。出台政策提高部分优抚对象生活补助标准、伤残人员护理费标准，统一全省义务兵家庭优待金标准，优待证申领发放工作开局良好。确定全省229所医疗机构为医疗优待定点服务机构，为优抚对象提供优惠服务。分期分批组织184名优抚对象进行短期疗养，组织医疗队深入21个县（区）为700余名优抚对象提供医疗巡诊服务，发放“健康大礼包”。

（二）社保接续方面

接续补缴退役士兵社保近11.5万人，办结率99.84%，完成既定目标任务。加速推进资金清算，做到人数钱数相匹配、垫付资金与拨付资金相一致。

（三）帮扶援助方面

将历年结余军队划拨资金1700多万元调整用于全省退役军人困难帮扶援助工作。落实常态化联系退役军人制度，全年走访慰问退役军人26万余名，发放慰问金（品）共计4369.96万元，为11496名困难退役军人提供帮扶援助资金1548.73万元。出台《山西省荣军医院关于优抚对象等人员医疗补贴实施办法（试行）》，补贴标准最高达每年2万元。投入经费3207万元，全面加强优抚事业单位疫情防控和服务保障。

六、军休服务管理工作

出台军休干部和伤病残人员三年移交方案，按照“随退随审、即交即接”的要求，建立《离退休干部交接任务台账》《退休士官交接任务台账》，实行动态更新、挂账销号，加快档案审定速度，接收滞留部队离退休军人202人、伤病残士兵16人，年度任务完成率163%。出台文件加强军队离休退休干部服务管理，全面提升军休服务管理工作水平。

七、褒扬纪念工作

开展“百年英烈”褒扬纪念活动，举行清明祭英烈和向革命烈士敬献花篮仪式，全省各级烈士纪念设施接待近40万人，中华英烈网山西地区祭扫访问量达363万次。举办全省英烈讲解员比赛，推荐选手参加全国大赛。筹建“山西革命英烈展”，首次整体展现全省91位英烈和4个英雄群体的事迹。组建英烈英模报告团赴全省各地巡回演讲，开展烈士寻亲专项行动，帮助30位烈士找到亲人。启动县级以下烈士纪念设施整修工程，争取中央财政投入8413万元，省级配套4200万元，全面提升烈士纪念设施保护管理水平。

八、双拥工作

（一）拥军活动方面

组织省委、省政府慰问团深入驻晋部队师以上单位，看望慰问基层部队官兵，赠送慰问品价值730余万元。开展“情系边海防官兵”拥军优属活动，走进部队和军人家庭。出台《建立军供保障区域联动协作工作机制的实施意见》，强化山西军供区域联动协作保障能力。成立山西省爱国拥军促进会，公布“拥军承诺”会员单位83

家，动员社会力量参与双拥工作。

（二）解决军地问题方面

推动军地相互支持、互办实事“双清单”落实落地，妥善解决军地热点难点问题469件，协调帮助30余名随军家属安置和858名军人子女入学入托。

（三）双拥创建方面

深化双拥共建，出台《关于进一步加强新时代双拥工作的意见》，将省直单位双拥创建工作纳入全省年度目标责任考核体系，发挥双拥工作正向激励机制作用，在全国双拥办主任会议上作典型交流。

九、自身建设情况

扎实开展党史学习教育，深入推进“我为退役军人办实事”实践活动，完成省委部署的3件实事和省厅确定的11件实事。落实管党治党责任，与驻厅纪检监察组联动协作，严格“三重一大”事项审核把关，开展领导干部“政治画像”，排查廉政风险，抓好“信息化项目建设领域突出问题清理”等专项整治，织密廉政防控网络。围绕为基层减负制定39项预防和解决措施，严防问题反弹。实施领导干部履职能力、一线骨干业务能力“双提升”工程，举办培训28期，干部队伍专业素养和业务能力有效提升。

内蒙古自治区

2021年，内蒙古自治区退役军人事务系统坚持以习近平新时代中国特色社会主义思想为指导，深入学习贯彻习近平总书记关于退役军人工作重要论述和重要指示批示精神，开拓进取、扎实工作，为“十四五”时期全区退役军人工作高质量发展奠定坚实基础。

一、机构建设情况

自治区党委、政府高度重视退役军人工作，自治区领导先后10次对退役军人工作作出批示，自治区党委常委会2次听取退役军人工作汇报。自治区党委退役军人事务工作领导小组召开1次全体会议、2次会议，专题研究《退役军人保障法》贯彻落实措施，制定退役军人工作督促检查规定和退役军人协调联络制度，推动各项工作任务落实。

全面落实“五有”“全覆盖”要求，全区建成五级退役军人服务中心（站）6364个，退役军人服务保障体系实现从“有”到“优”的跨越。建立退役军人服务体系建设“一月一盟市云调度”制度，全年现场和视频调度基层退役军人服务中心187家，79家服务中心（站）采取线上形式点对点督导调研。

大力开展“百家红色退役军人服务站”创建活动，共创建示范型退役军人服务中心（站）1371家，402个退役军人服务中心（站）完成示范创建，2家退役军人服务站入选全国“百家红色退役军人服务站”。

各级退役军人服务站积极开展“四尊崇、五关爱、六必访”专项行动，强化优质服务，优化营商环境，扎实推进“最多跑一次”服务模式，推动各级退役军人服务中心（站）优化服务、提质增效。

二、思想政治工作

加强思想政治引领，积极开展“最美退役军人”事迹宣讲、“老兵永远跟党走”专题访谈等群众教育活动。组织开展2021年全区“最美退役军人”评选表彰工作，常态化推进“模范退役军人”“最美退役军人”“兵支书”等学习宣传活动，全年编发系列报道56期，在《人民日报》《内蒙古日报》、新华网等媒体刊发各类宣传活动13期。组建445支退役军人志愿服务队，2万多名退役军人参与疫情防控、应急救援、红色宣讲。组织开展全区退役军人和退役军人工作者演讲比赛、知识竞赛，提高干部队伍素质。打造具有内蒙古特色的“兵支书”队伍，全区13346个嘎查村（社区）“两委”委员中的退役军人逐年增加。

三、权益维护工作

全区各级退役军人事务部门以解决问题、化解矛盾为工作目标，以开门接访、深入下访、领导包案为主要方式，以强化组织领导、加强业务指导、注重源头治理、开展督导检查为主要措施，着力推动退役军人突出矛盾问题有效解决。

各地畅通信访渠道，对外公布来信邮寄地址、信访热线电话号码、网络信访方式。落实常态化联系退役军人制度，"面对面"联系信访退役军人，建立清单台账，实行销号管理。

深入学习推广新时代"枫桥经验"，广泛开展"四尊崇、五关爱、六必访"活动，认真落实生活困难帮扶援助、就业困难扶持再就业等优待政策，切实维护退役军人合法权益。

四、移交安置工作

印发实施《内蒙古自治区〈军队团职以下转业军官服役期间德才表现和贡献考核项目及赋分标准（试行）〉补充说明》。协调各级编制部门，增加接收安置单位数量，提高行政（含参公）编制岗位比例，拓宽拟接收单位的选择范围，转业军官安置质量和满意度逐年提高。全年计划分配军转干部安置到行政单位（含参公单位）的占比高于86%。将退役士兵安置工作纳入党委政府目标考核体系，采取量化评分的方式，安排工作退役士兵和退出消防员100%接收安置，安置到事业单位的比例高于90.6%。"三年移交"工作顺利推进，做到了"随退随审、即交即接"。

五、就业创业工作

一是多方位提供政策保障。联合有关部门印发退役士兵教育培训、就业创业园地认定、职业技能承训机构管理等制度，建立全区退役士兵承训机构及专业目录，建立"两表两账两统计"工作制度，坚持以退役军人个人需求为导向，摸清需求底数，为退役军人就业创业提供规范、精准服务。

二是多形式开展教育培训。大力推行"订单式""定向式""定岗式"培训，组织1.1万余名退役士兵进行线上线下适应性培训、技能培训和创业培训，鼓励1427名退役大学生士兵及时复学，动员8827名退役士兵报名参加高职扩招。

三是多渠道挖掘优质就业岗位。充分发挥"线上"招聘优势，加强内蒙古退役军人就业创业信息平台建设，常态化开展线上招聘服务。采取线下招聘+融媒体直播带岗的形式分东、中、西部组织了全区退役军人招聘会，全区各级开展261场招聘会，3498名退役军人达成就业意向。采取开发专属公益性岗位兜底安置方式，帮助2579名就业困难退役军人实现就业。

四是多举措营造就业创业氛围。发挥内蒙古退役军人就业创业促进会作用，吸纳光大银行、铁甲护卫等56家企业入会，鼓励社会力量支持退役军人就业。积极推动退役军人创业园地建设，设立4个退役军人创业孵化园地，121家退役军人初创企业（团队）入驻孵化园地。

六、拥军优抚工作

加强双拥共建，认真落实军地互提需求、互办实事的“双清单”制。开展双拥主题文艺作品征集活动，选送全国双拥办10件作品，获得一等奖1个、二等奖1个、三等奖2个。

落实优待抚恤政策，下拨发放中央和自治区各类优抚对象生活补助资金、医疗补助资金6.48亿元，8月1日起优抚对象抚恤补助标准较上年提高10%左右。协调自治区教育厅、内蒙古军区政治工作局，制定出台《内蒙古自治区军人子女教育优待办法》，700多名部队官兵、优抚对象及其子女全年享受教育优待。采取社会购买服务、政府开发公益性岗位、向企业单位推荐等方式，帮助324名随军家属实现就业。扎实开展伤残人员证件换发工作，完成残疾等级评定专项核查和优抚对象年度确认工作。

七、褒扬纪念工作

组织开展“为烈士寻亲”行动，为3名烈士找到亲人。开展褒扬纪念活动，先后组织3224个单位16万余人参加“守护·2021清明祭英烈”宣传教育和“9·30”烈士纪念日公祭活动。举办全区英烈讲解员大赛，3名选手入围国家讲解员大赛，1名选手晋级全国红色故事大赛72强。

加强烈士纪念设施保护，下拨7680万元实施烈士纪念设施提质改造工程及县级以下烈士纪念设施整修工程，加大英雄烈士保护部门联动协调力度，与自治区党委宣传部等13个部门制定印发《关于建立英雄烈士保护部门联动协调制度意见的通知》，切实维护英雄烈士尊严和烈士烈属合法权益。

八、军休服务管理工作

全年接收安置军休干部、退休士官110余人。做好评选表彰工作，3名个人和1个集体分别被评为“全国军休工作先进个人”“全国先进军休干部”“全国退役军人移交安置先进个人”和“全国军休先进单位”。

组织军休人员开展文艺宣传和军休文化活动，参加社会公益活动，确保军休人员老有所养、老有所依、老有所乐、老有所安。自治区组建的军休干部红色文艺轻骑兵、歌唱团、文墨团等组织，在节日期间深入学校、社区、部队等，讲述“红色”故事，不断树立“养老加奉献”的军休生活理念。

九、自身建设情况

坚持以党建为统领，深入学习习近平新时代中国特色社会主义思想，持续深入研学《习近平关于退役军人工作论述摘编》，举办各类培训班30多期，培训干部5000多人次。

深入开展党史学习教育，把学习党史与解决退役军人“急难愁盼”问题紧密结合，通过新媒体公开发布“三问”公告，开通征集电话，建立厅党史学习教育“三问”征集问题清单及办理工作台账，确定为退役军人办的“十件实事”已全部落实到位。

加强作风建设，接续开展“基层基础基本建设年”“矛盾问题攻坚化解年”“法律政策落实年”活动，各级退役军人事务部门领导班子成员和业务部门普遍与基层建立包联机制，指导基层推动政策落实。加强退役军人信息化建设，自治区累计投入3800余万元，建成全区退役军人综合信息数据库和全区“互联网+退役军人服务”、退役军人事务综合管理、退役军人事务视频会商等4个平台，8个盟市退役军人事务部门接入电子政务内网，所有盟市、旗县（市、区）和退役军人服务中心及苏木乡镇（街道）服务站全部接入电子政务外网。

辽宁省

2021年，辽宁省退役军人事务系统以习近平新时代中国特色社会主义思想为指导，深入学习贯彻习近平总书记关于退役军人工作重要论述，突出重点，统筹推进，退役军人工作水平全面提升。

一、服务体系建设情况

制定出台《中共辽宁省委退役军人事务工作领导小组关于高质量推进全省退役军人服务保障体系建设的实施意见》《辽宁省退役军人服务中心（站）建设管理工作指南》，推进全省服务体系深化发展。全省建立服务中心（站）1.7万余个，全部实体运行，核定编制5664名，人员到位率达97%。高标准推进示范创建工作，县、乡两级服务中心（站）和300名退役军人以上村（社区）服务站申报创建率100%。积极打造3家国家级、56家省级红色服务站。推动服务体系向企事业单位延伸，30家企事业单位成立退役军人服务中心（站），为近万名退役军人提供“零距离”服务。

二、政策法规工作

将《退役军人保障法》纳入全省“八五”普法规划，大力学习宣传贯彻。以学习宣传贯彻《退役军人保障法》为统领，先后出台保障法宣贯工作方案、“办实事解难题、化解矛盾风险”工作方案、高质量推进服务保障体系建设实施意见。《辽宁省拥军优属规定》重新修订并发布实施。制定出台《辽宁省“十四五”退役军人服务和保障规划》，对“十四五”时期全省退役军人工作作出系统谋划。制发安置就业、伤残抚恤、军人优待、军休服务、烈士寻亲、服务保障体系建设等政策制度文件20件。

深入开展“法律政策落实年”活动，建立法律政策落实工作台账，印发通知对退役军人事务部266个“具体政策点”进行中期评估，在全省开展落实情况核查。对标《退役军人保障法》等法律法规，组织开展厅本级政策性文件集中清理，共废止和宣布失效政策性文件25件；同时，对省政府行政规范性文件、非规范性文件和联合发文进行了清理，涉及以省委、省政府名义制发的文件36件。

三、思想政治和权益维护工作

加强与组织、民政等部门协作，依托1920名“兵支书”和3999名志愿者，初步构建起退役军人思想政治工作队伍。荣获全国“最美退役军人”1人、全国“最美志愿者”1人，评选辽宁“最美退役军人”10人，并大力开展学习宣传活动。

组织开展“老兵永远跟党走”系列活动，制定辽宁省“老兵永远跟党走”活动方案并印发实施。全省各级共走访慰问老兵7650人，赠送慰问金750余万元。征集诗歌、文章、摄影、绘画、书法等5种形式作品1000余篇（幅），10个作品被评为全国优秀。组织动员各地退役军人和退役军人工作者300余人参加演讲比赛，2名选手入选全国复赛，获优秀奖。征集微视频作品18部，《英雄老兵张贵斌》被评为全国10部优秀作品之一。组织参与知识竞赛答题53万人次，210人获奖，获奖人数占全国13%，位列全国第二，总结表扬先进单位38个、先进个人534人。

深入学习贯彻新时代“枫桥经验”，开展“办实事解难题、化解矛盾风险”工作。

帮扶援助困难退役军人6.4万人次。建立退役军人司法救助与社会救助衔接机制，办理司法救助案46件52人，帮助困难退役军人申请司法救助金125万元。发动社会力量，设立省级退役军人关爱基金，募集资金150万元。巩固深化常态化联系退役军人制度成效，组织全省县级以上退役军人事务系统干部职工与6类退役军人和其他优抚对象892人结对子。

四、移交安置工作

年度接收安置转业军官、安排工作退役士兵、自主就业退役士兵和退出消防员共计约1.3万人。对112名功臣模范和艰苦边远地区及特殊岗位工作的转业军官予以照顾。转业军官安置到党政机关、参公岗位的占91.5%，安排工作退役士兵安置到机关、事业单位的占76.2%。

组织实施转业军官岗前适应性培训、军转政策线上进军营前移培训、公安系统转业军官进辽宁警察学院专项培训。为1万余名跨军地改革集体转制部队退役军人办理落户手续。推进退役军人安置制度改革，开展退役军人接收报到“一站式”改革试点，为3432名退役军人提供接收报到“一站式”服务。

五、就业创业工作

组织开展适应性培训，完成高考加分和高职升学考试身份审核工作。建立培训机构目录，向社会公示78家培训机构信息。组织职业技能补贴培训1530人，培训合格后平均就业率达85%。举办招聘活动246场，参与单位8000余个，提供岗位12万余个，帮扶近8000名退役军人实现就业。推进辅警、禁毒、消防员、校园辅导、监护、非公党建等岗位招录工作，专岗专招退役军人2000余人。推进与大中型企业合作，全年签约企业72家。

配合教育部门开展教育培训，完成近1.2万名退役士兵高职扩招身份审核。为退役军人提供就业创业平台，创建省级创业孵化基地10家、就业创业园地19家，命名退役军人职工创新工作室15个。

六、军休服务管理工作

制定出台《辽宁省关于进一步提升移交政府安置的军队离休退休干部服务管理水平的若干措

施》，并配套制定实施军休干部因私出国（境）管理、社会团体兼职管理暂行办法等。全面排查2000年底前建成的军休住宅小区情况，推进纳入当地城镇老旧小区改造项目储备库，纳入率达到72.1%。研究制定《辽宁省2020—2022年军队师级以下离退休干部退休士官及伤病残士官和义务兵移交政府安置管理工作实施方案》。年度军休干部（士官）安置去向审定800余人，各市接收1500余人。

七、拥军优待工作

一是大力推动抚恤优待政策落地见效。创新开展“抢建英雄谱”活动，为3.1万余名健在老战士建档立卡、著书立传。为烈属、军属和退役军人等家庭悬挂光荣牌153.7万块。制定出台《辽宁省伤残抚恤管理实施细则》，有序开展伤残评定和伤残证换发工作。连续第17年提高优抚对象抚恤补助标准，平均提幅10%，全省20.5万名优抚对象受益。为883人办理伤残评定及抚恤关系转移，为616名残疾军人配发1132件假肢和辅助器具。为13.58万名退役士兵办理基本养老保险补缴手续，缴费23.12亿元。统一规范提高义务兵家庭优待金标准，提高艰苦边远地区服役义务兵增发比例。

二是双拥共建活动丰富多彩。召开全省双拥模范城（县、区）命名表彰大会。开展“情系边海防官兵”专项慰问活动。组织开展“最美拥军人物”评选和学习宣传活动。春节、“八一”期间，各级走访慰问部队1100余支，慰问边海防官兵及烈属、伤残军人等优抚对象2.1万余人，赠送慰问金（品）3800万余元。全省共解决随军家属安置就业140人，优先安排1580名军人子女入学入托转学。全省共为立功受奖军人家庭送喜报1300份，赠送慰问金（品）65万元。

八、褒扬纪念工作

圆满完成第八批在韩志愿军烈士遗骸迎回安葬工作任务。配合做好“9·30”烈士纪念日向烈士敬献花篮仪式活动。全省各级烈士纪念设施保护单位清明期间共接待祭扫群众20.5万余人。制发《辽宁省推进烈士寻亲工作落实措施》。完成全省烈士纪念设施数据校核，加强各级烈士纪念设施管理保护，大力推动沈阳抗美援朝烈士陵园改扩建项目。

沈阳市

2021年，沈阳市退役军人事务系统以习近平新时代中国特色社会主义思想为指导，认真学习贯彻习近平总书记关于退役军人工作重要论述及重要指示批示精神，坚决贯彻落实《退役军人保障法》和相关配套法规政策，认真执行落实《沈阳市加强新时代退役军人工作具体措施》，圆满完成退役军人领域重点工作任务，取得明显成效。

一、机构建设情况

充分发挥市委退役军人事务工作领导小组决策议事协调作用，多次召开相关会议，制定出台《沈阳市关于加强新时代退役军人工作具体措施》等政策文件，听取抗美援朝烈士陵园提质改造工程、涉军信访等重要工作的汇报。

投入专项资金3146万元，加强退役军人服务中心（站）建设，全市创建示范型退役军人服务中心（站）385个，13个区县（市）退役军人服务中心、179个乡镇（街道）退役军人服务站、3个“服务对象在300人以上的”社区（村）退役军人服务站全部创建完成，达标率100%。启用沈阳市退役军人服务大厅，办理关系转接、政策咨询等服务1万余人次。

二、思想政治和权益维护工作

制定《“老兵永远跟党走”建党百年系列活动方案》，组织知识竞赛、书法作品展、微视频征集等活动。市退役军人事务局、沈阳警备区政治工作处、沈阳广播电视台共同举办“传承红色基因　共谱军旅荣光”——沈阳市现役、退役军人优秀作品展。展览共收到370余篇（幅）投稿，选用150篇（幅）展览。

加强退役军人党员教育管理，多种形式宣传浑南首创社区、沈河红巾社区、康平东升村试点经验。常态化联系退役军人，全市走访各类退役军人和优抚对象1.6万余人（次），累计发放慰问金和各类慰问品1000余万元。加强对生活困难的286名退役军人的帮扶救助，发放资金75万元。

联合辽宁省退役军人事务厅、辽宁省国防教育基金会、沈阳警备区、沈阳市民政局、沈阳市总工会、沈阳市工商联共同举行“沈阳市退役军人关爱基金”启动仪式。筹集资金157万元，主要用于对生活困难的退役军人进行临时性、应急性救助。

三、移交安置工作

市军转安置工作小组印发《沈阳市军队转业

军官安置分配实施方案》，进一步树立公平、公正、公开的退役军官安置分配机制。接收计划分配军转干部和政府安排工作退役士兵800余人，落实安置岗位计划近1000个；接收自主就业退役士兵1000余人，伤病残退役军人730余人，为集体转制的2300余名退役军人办理落户。

四、就业创业工作

建立自主就业退役士兵动态就业指标统计体系，组织专场招聘会2场，提供就业岗位2400余个。开办2020年度冬季适应性培训班5期，组织职业技能培训22个班次，参训1000余人。

全市面向安排工作退役士兵（或其子女）定向招聘700名辅警人员，完成900余名报名人员的资格审核、政审体检、笔试考试等工作。695名通过考试的退役士兵（或其子女）走上辅警岗位。

与沈阳万科物业服务有限公司等5家企业签订“就业直通车”合作协议，每年为退役军人提供不少于600个高质量就业岗位。

举办第二届退役军人创业创新大赛沈阳市初赛，在全市评选退役军人创业示范企业。开展“光荣之家换新颜”主题公益工程，为老兵房屋重新装修和“无障碍化”改造。

五、军休服务管理工作

发挥接收安置服务大厅“一站式”服务优势，接收军休干部（士官）760人，为1万余名军休干部（士官）、580余名遗属发放工资、津贴、遗属补助费，落实荣誉金、取暖费等各项待遇，申请财政医疗资金。

将军休干部居住比较集中的9处老旧小区，纳入2022年度老旧小区改造项目储备库。在南塔、砂山休养所开展“健康小屋”服务试点，推进军休APP网络平台和沈阳军休大学建设。

六、褒扬纪念工作

制定出台《沈阳市烈士纪念设施规划建设修缮管理维护工作方案》，积极推动沈阳抗美援朝烈士陵园二期改扩建项目。成功承办辽宁省暨沈阳市“9·30”烈士纪念日向烈士纪念碑敬献花篮仪式，组织开展“守护清明祭，百年百人忆英魂”“英雄·归来”等祭扫活动。推荐2名烈士遗属参加国家“七一”系列庆典活动，10名老战士、烈士遗属参加“勿忘九一八撞钟鸣警仪式”。

沈阳市各级烈士陵园接待祭扫群众60万余人次，其中接待有组织的祭扫团体2950余次，代祭扫烈士760余人次，省外祭扫烈属3800余人。

七、优待抚恤工作

按照平均增加10%的标准，继续调整提高部分优抚对象抚恤和生活补助标准，实行优抚对象抚恤补助按月发放，为2.7万余名优抚对象发放各类抚恤和生活补助2.47亿余元。

认真组织残疾等级鉴定工作，审核档案56[illegible]份，组织277名残疾人员参加体检，做好优抚系统信息数据录入和系统减员处理，审核600余条数据信息。召开全市“抢救英雄谱”工作会议，核实健在老战士365人，择优推荐13人入选全省英雄谱。

联合市职工康复医院，开展“爱心献功臣”优抚对象短期疗养活动，获得参加疗养的50名优抚对象的一致好评。联合沈医二院开展为优抚对象医疗巡诊活动，为88名重点优抚对象赠送各类药品价值近7万元。2月至7月，开展新版残疾证件换发暨优抚信息系统数据核查工作，梳理总结问题清单，下发3轮工作通报，整改残疾人员优抚系统信息录入不完整和不合格问题1585个（次），重新录入档案611份，补齐各项档案材料3945份（件），为5000余名残疾人员换发新版残疾证。

八、双拥共建工作

沈阳市委宣传部、沈阳市退役军人事务局、沈阳警备区共同举办庆祝中国共产党成立100周年暨“军民携手奋进·共筑百年梦想”军民文艺演出。为军民齐心协力开创沈阳全面振兴、全方位振兴营造良好氛围。全年走访慰问部队236个（次），召开军政座谈会85次，组织联欢会、文艺演出17场次，赠送慰问金330余万元。持续完善随军家属就业安置、子女入学工作机制，帮助驻沈部队军人子女入学400余人，协调60余名现役军人配偶安置就业，为1400余名随军未就业家属发放生活补助。

九、自身建设情况

坚持把抓党建工作与抓业务工作同安排、同部署、同落实、同检查，扎实有序推进。全年党组理论学习中心组集中学习15次，开展党组成员带头上党课、外请专家授课、主题健步走等多种形式专题党史教育活动。制发《全面从严治党和党风廉政建设工作要点》，结合民主生活会开展警示教育，配合第十三纪检组进行“第一种形态”谈话5次。

审慎做好预算执行及主要领导经济责任审计协调保障、整改落实工作。聘请沈阳安行律师事务所为法律顾问。组织办结4项人大建议，实现“三个百分百”。

大连市

2021年，大连市退役军人事务系统坚持以习近平新时代中国特色社会主义思想为指导，认真学习贯彻党的十九大和十九届历次全会精神，特别是习近平总书记关于退役军人工作重要论述和重要指示批示精神，学党史、办实事，统筹推进疫情防控与业务工作，全面落实上级各项决策部署，较好地完成了年度工作任务。

一、工作概况

深入推进党史学习教育，围绕庆祝中国共产党成立100周年，举办“老兵永远跟党走”系列活动。组建大连市关爱退役军人协会，43家退役军人开办企业、国有大型企业和17名优秀退役军人入会。联合大连市慈善总会设立大连市退役军人关爱基金，筹集社会捐款130余万元。与大连市中心医院合作设立大连市退役军人医院，向全市退役军人和其他优抚对象提供优惠服务。

推进退役军人法律服务体系建设，联合市司法局和市律师协会建立退役军人法律服务站、“老兵调解室”，向退役军人免费提供法律援助、人民调解等法律服务。开展“英雄不能忘记”主题宣传，制作“大连英雄风采录”系列短片，在大连电视台等主流媒体展播。选树“最美退役军人”，挖掘各领域退役军人楷模建立资源库。完成年度转业军官安置任务，落实军队滞留人员“三年移交”重点任务。首次将长期在外居住军休干部异地体检纳入报销范围，将军休老旧小区纳入大连市政府改造项目储备库，为3229名老英雄撰写一人一谱“英雄谱”。

在市烈士陵园新建“烈士英名录碑”，组织烈士纪念活动。协调市卫生健康委、市交通运输局等部门出台10项具体举措，给予烈士遗属特殊优待。开展走访慰问、“情系边海防官兵”、悬挂光荣牌、为立功受奖军人家庭送喜报等活动。上调优抚对象抚恤补助标准。全市373家县乡两级服务中心（站）和服务对象300人以上的社区（村）服务站全部创建全国示范型服务机构。

动员引导退役军人事务工作者和志愿者发挥作用，系统内1300余名干部职工参与社区疫情防控工作，组织3000余名退役军人参与志愿服务。

二、思想政治和权益维护工作

突出思想政治引领，联合市委组织部出台《关于加强大连市退役军人党员教育管理工作的实施意见》。联合市委宣传部、市精神文明建设指导委员会办公室开展2021年度大连市“最美退役军人”选树和学习宣传活动，在主流媒体报道退役军人典型事迹。挖掘不同领域退役军人典型226人，形成典型资源库，建立全市682名“兵支书”电子档案。建立风险台账和预警机制，发挥网络信息员作用，全面排查风险隐患，攻坚化解涉军矛盾问题。

三、移交安置工作

推进军休人员三年集中移交重点任务，召开驻大连师以上单位军地联席会议，组织军地工作人员专题培训并抽调骨干力量设立专门窗口，接收安置退役军人500多人。举办退役军人迎接返乡仪式。以甘井子区为试点，在退役士兵集中报到时段，开展“一站式”服务，通过代办方式为退役士兵办理报到、落户等手续。完成办理跨军地改革集体转制退役军人落户工作任务。完成年度移交安置任务，转业军官行政岗位安置计划比例不低于85%，安排工作退役士兵安置岗位全部为事业单位和国有企业，确保安置质量不降低。全市投入2亿余元，办理1.28万名退役士兵社会保险接续。

四、就业创业工作

扶持退役军人就业创业，组织自主择业军转干部、自主就业退役士兵参加职业技能培训和适应性培训。梳理全市机关和国有企事业单位退役军人就业情况和登记失业退役军人情况，形成数据库。举办线上线下招聘活动40余次，提供就业岗位3.2万个，达成就业意向1500余人次。协调市公安局设置550余个辅警、基层派出所后勤岗位，专招退役军人。新建甘井子区退役军人创业孵化基地。协调中国银行大连分行等6家金融机构制定退役军人专属优惠贷款产品。组织参加省退役军人创业创新大赛，获一等奖1个、三等奖1个，2家退役军人创办企业获评省级创新工作室。

五、军休服务管理工作

发挥军休服务评价反馈机制作用，制作《军休服务指南》，规范服务保障。组织军休干部开展“赞党恩、颂党情、跟党走”庆祝建党百年主题纪念活动。创办大连军休老年大学，设2个分校17个班级7大类课程，在校学习1200余人。组建军休宣讲团和志愿医疗服务队，开展活动20余次。确定大连医科大学附属医院等5所三甲以上医院为军休体检定点机构，允许长期在外居住军休干部异地体检并报销费用。全面排查24个军休老旧小区实际情况，将17个小区纳入大连市政府改造项目储备库。

六、褒扬纪念工作

为全市参加过抗日战争、解放战争、抗美援朝战争的3229名老英雄建档立卡，一人一谱撰写“英雄谱”。开展“守护·2021清明祭英烈”活动，大连市烈士陵园接待祭扫8万余人次，以网络直播形式面向社会讲解烈士纪念馆情况。9月30日，在大连市烈士陵园举办烈士敬献花篮仪式，市领导和军地各界代表500余人参加。优化建设烈士纪念设施，在大连市烈士陵园新建烈士英名录碑，供社会各界祭奠英烈。加大为烈士寻亲工作力度，向社会各界提供烈士信息查询、寻亲线索发布、寻亲信息推送等服务，为安葬在大连市烈士陵园和普兰店区烈士陵园的3位烈士找到家属。

七、优待抚恤工作

落实抚恤优待政策，按照国家和辽宁省明确的调整标准，上调优抚对象抚恤补助标准，分类落实，发放抚恤补助资金2.7亿元。推进“关爱功臣”活动，“七一”期间，慰问烈士遗属、老党员，发放慰问金、生活补助金815人，共265万元。联合解放军联勤保障部队第九六七医院、大连医科大学附属第二医院、大连何氏眼科医院等医疗机构开展优抚对象义诊活动，惠及优抚对象近500人。组织优抚对象短期康复疗养活动一期，35名重点优抚对象参加。走访慰问优抚对象，元旦、春节期间，发放在乡重点优抚对象补贴7118人计569万元。

八、双拥共建工作

走访慰问驻大连部队251个，协助解决部队需求723件次，赠送慰问金（品）1045余万元。召开军地互提需求互办实事工作推进会，落实“双清单”机制，确定需要军地协调重点解决问题119项。新建甘井子区双拥主题公园、旅顺口区“拥军示范园”和龙河双拥主题公园。开展“铸军魂鱼水情，情暖退役军人”活动，160余家餐饮企业给予军人军属优惠待遇。修订《大连市拥军优属规定》，推动纳入大连市政府年度修改规章预备项目。开展新一届大连市双拥模范区市县双拥模范单位和个人命名表彰工作，6个区市县、26个单位、7名个人获省级表彰，6个区市县、44个单位、100名个人获市级表彰。

九、服务保障体系建设情况

推动示范型服务机构创建工作取得实效，373家县乡两级退役军人服务中心（站）和服务对象300人以上的社区（村）服务站成功创建全国示范型服务机构，创建率达100%。实地考察督导基层提升服务质量，在39个基层服务站查验新兵入伍“四尊崇”、退役返乡“五关爱”、日常关怀“六必访”落实情况，面向各类服务对象开展满意度问卷调查。大连市退役军人服务中心被退役军人事务部、中央军委政治工作部评为退役军人服务保障先进单位。

吉林省

2021年，吉林省各级退役军人事务系统坚持以习近平总书记关于退役军人工作重要论述为根本遵循，聚焦提升军人尊崇地位、聚焦回应退役军人关切，全省退役军人工作实现新突破。

一、机构建设情况

（一）行政机构建设情况

优化省退役军人事务厅内设机构。处室由建厅之初的11个增至15个，设立了吉林省退役军人服务中心、吉林省烈士纪念设施保护中心、吉林省退役军人宣传中心。在全省各机关、群团组织、企业事业单位建立议事协调机构近9000个。下发《关于进一步加强党政机关、群团组织、企业事业单位退役军人工作议事协调机构建设的意见》，增设拥军优属工作议事协调机构，延伸退役军人工作“触角”。

（二）退役军人服务中心（站）“五有”建设情况

制定《吉林省退役军人事务系统开展退役军人服务站建设专项行动实施方案》《全省退役军人服务中心（站）“五有”建设回头看工作方案》《各级退役军人服务中心（站）建设管理指导标准（试行）》，全省共建成退役军人服务中心（站）12000余个；省市县乡四级服务中心（站）均设置专门办公和活动场所，村（社区）服务站均依托便民服务大厅设置服务窗口，全省五级退役军人服务中心（站）服务保障体系基本形成。深入推广新时代“枫桥经验”，新增示范型服务中心（站）353个，县乡两级1022个服务中心（站）示范型建设已全部达标。

二、思想政治和权益维护工作

（一）创新开展退役军人典型选树活动

以“情系最可爱的人”为主题，开展退役军人先进典型选树活动。全年先后开展“最美军嫂”“最美退役军人职工”“最美青年退役军人”“退役军人创业模范”“退役军人创业模范企业”“支持退役军人就业模范企业”“最美兵支书”“吉林好人·最美退役军人”“最美军休干部”“年度最佳退役军人”“年度最佳关爱退役军人单位和个人”“年度双拥工作先进单位和双拥人物”12项选树和评选活动，评选先进典型351个。

（二）加强退役军人思想政治教育

依托全国常态化联系退役军人信息管理系统，常态化做好沟通联系、感情联络、心理疏导、思想引导、困难帮扶等工作。“八一”期间，组织广大退役军人开展向国旗宣誓活动。全省各级机关、群团组织、企事业单位共开展宣誓活动1万余场，16万余人参加。

（三）全力维护退役军人合法权益诉求

克服资金经费缺乏等困难，狠抓机制创新、问题解决、责任落实，全力维护退役军人合法权益。

三、移交安置工作

2021年安置退役士兵和消防员近700名、计划分配转业军官400余名，退役士兵安置进事业单位比例超过80%，转业军官安置进党政机关（含参公单位）比例保持在98%以上。

四、就业创业工作

开展适应性培训，培训退役士兵近6000名。制定《吉林省退役士兵教育培训承训机构和培训专业目录》，遴选262家教育培训机构承担教育培训任务。2000余名自主就业退役士兵参加职业技能提升培训，培训后就业率达86%。8000余名退役军人通过高职扩招参加学历教育，提升就业创业能力。

开展“创业有你‘就’在吉林”专场招聘会，组织“金秋招聘月”“民营企业招聘周”等专项活动，全省举办专场招聘会和岗位推介会162场，4.1万余名退役军人及军属参加招聘活动，3455家用工企业提供近6.8万个就业岗位，4100余人达成就业意向。

成立省退役军人创办企业扶持指导办公室，制定《吉林省退役军人就业创业指导委员会工作规则》，建立军创企业联络员机制，为退役军人创业提供指导和服务。举办全省第二届退役军人创业创新大赛，98个退役军人创业项目报名参赛，评选出一等奖3名、二等奖6名、三等奖9名。

部分退役士兵医疗保险实现常态化办理，养老保险补缴工作任务顺利完成，5.7万余名退役士兵享受政策红利。

五、军休服务管理工作

落实军队师级以下离退休干部三年集中移交方案，全年接收军休干部200余人，超额完成安置任务。制定《吉林省军队离休退休干部服务管理实施细则》《关于建立“亲情服务走进军休干部家庭”长效机制的实施意见》等6项制度。

邀请军休干部参加吉林省首届“情系最可爱的人”军人、退役军人及社会各界庆“八一”文艺演出、“9·30”烈士公祭日等重大政治活动。举办“远离心脑疾病、尽享健康人生”健康知识讲座，增强军休干部健康意识。举办吉林省军休系统书画摄影作品展和征文活动、吉林省第三届军休干部门球赛。依托省军队离退休干部疗养中心，按照“四有”标准，积极筹建军休大学。

六、拥军优抚工作

（一）双拥工作

深入开展“情系边海防官兵”拥军优属活动，省市县三级机关与全省部分边防基层连队结成对子。扎实做好全国双拥模范城（县）珲春市与边海防连队结对共建试点工作。推动军地互提需求、互办实事“双清单”制度有效落实，建立解决“双清单”275项。出台《吉林省军人配偶就业安置办法》，确保符合条件的随军家属享受优待政策。开展“情系最可爱的人·选树年度双拥先进单位和双拥人物”活动。会同省军区政治工作局持续开展“感恩吉林人民，奉献第二故乡”活动，部队官兵积极参与抗洪抢险、抗击雪灾、疫情防控等急难险重任务。

各级党委、政府和退役军人事务部门累计走访慰问部队900余个（次），看望退役军人和优抚对象6.6万余人（次），累计赠送慰问金（品）6000余万元，发出慰问信和节日祝福短信6万余封（条）。连续21年开展“爱心献功臣”活动，为在乡老兵送医送药送健康。

（二）优抚工作

制定《吉林省军人军属、退役军人和其他优抚对象优待工作实施细则》和《吉林省义务兵家庭优待金发放管理实施办法》，逐步规范优待范围、优待内容和标准。制定《吉林省光荣院管理规定》，规范光荣院服务保障工作。下拨优抚事业单位补助资金1555万元，推进全省优抚医院、光荣院维修改造。优抚医院与解放军第964医院签署结对帮扶协议。全年全省优抚医院、光荣院为2000余名优抚对象提供治疗和短期疗养服务。组织残疾等级评定专项核查，制定《退役军人残疾等级评定工作资金管理规定》。为300余人进行了残疾等级评定医学鉴定，为300余名残疾军人办理关系转移手续，为1.4万余人制发新式残疾军人证等证件。按照国家要求调整各类优抚对象抚恤补助标准，及时下发临时价格补贴。

七、褒扬纪念

在清明、“七一”“八一”、烈士纪念日等主要节日和纪念日，以“情系最可爱的人·致敬英烈”为主题，广泛开展征文、演讲、图片展、网上祭扫、公益宣传、烈士公祭等活动。举办吉林省暨长春市向人民英雄敬献花篮仪式和吉林省烈士光荣证颁授仪式。制作“吉林英雄赞”百部英烈事迹宣传片，在吉林卫视《新闻联播》等栏目播出，举办“致敬英雄·吉林百名英烈画像展”。

持续开展为烈士寻亲工作，先后为94名烈士找到亲人或者安葬地，为8名回国在韩志愿军烈士遗骸的家属进行DNA采样鉴定。“八一”前夕，联合中航安盟财产保险有限公司向长春市烈属赠送价值20万元慰问品。

八、退役军人宣传工作

制定《关于加强退役军人宣传工作的意见》《吉林省退役军人事务厅新闻信息发布审核规定》等，提升退役军人工作宣传水平。以“情系最可爱的人”为主题，在《吉林日报》开设专版，在中国吉林网开设专栏，打造“一刊一网两专栏三官方账号”融媒体宣传平台。《吉林退役军人》杂志共发行5期近7000册；厅官方网站、微信公众号、今日头条号、抖音号刊发信息500余条，点击阅读总量338.52万次；《吉林日报》刊发15个专版；中国吉林网专栏刊发信息220余条，累计点击阅读量达10万余次。全年共在国家级、省级媒体刊发或者转载各类稿件360余篇（条）。编印发行《尊崇之光耀吉林——2018—2020年吉林退役军人工作新闻作品集》。连续3年开展“情系最可爱的人·寻访老兵足迹、讲好英雄故事、传承红色精神”主题宣传活动。组织20余家媒体30余名记者深入15名老兵家中采访，在《吉林日报》等省级媒体刊发或者转载老兵事迹210余篇（条），网络浏览、点击、留言和转发量近百万次。

九、自身基础建设情况

制定《吉林省退役军人事务厅财务管理规定》《吉林省退役军人事务厅招标监督管理规定》《吉林省退役军人专项资金监督管理规定》等制度文件。制定《吉林省退役军人事务厅重要文稿行文程序规定》等制度，进一步规范机关各项工作流程。首次承办全国退役军人事务系统信息化培训班，提升退役军人工作影响力。

长春市

2021年，长春市退役军人事务系统认真学习贯彻习近平总书记关于退役军人工作重要论述，在上级退役军人事务部门的有力指导下，结合长春市政府工作部署，紧盯重点任务，创新工作方法，狠抓工作落实，圆满完成各项工作。

一、机构建设情况

聚焦“五有”“全覆盖”要求，成立“五有”建设回头看专项工作领导小组，深入基层退役军人服务站督导调研。发挥退役军人服务站政治文化阵地功能，着力打造红色退役军人服务站，2家服务站被推选为全国“百家红色退役军人服务站”，20家服务站被评为吉林省“红色退役军人服务站”。

组织召开全市退役军人服务体系能力素质提升专项行动视频调度会议，进一步规范退役军人服务中心（站）运行。组织开展全市基层退役军人服务保障工作者综合能力提升培训班，各基层退役军人服务中心（站）300余名业务骨干代表参训。

二、思想政治和权益维护工作

广泛开展“情系最可爱的人”系列主题活动，营造尊崇尊敬浓厚氛围。联合市委宣传部完成首届“长春好人·最美退役军人”评选发布活动，选树表扬20名先进典型，并在主流媒体进行宣传报道。组织全市退役军人应急志愿队伍，助力市应急管理局和净月潭国家森林公园开展森林防火宣教服务活动，受到社会各界好评。

按照保基本、救急难、求实效的原则，于春节、“八一”“十一”期间，对生活确有困难的退役军人进行走访慰问。与中华志愿者协会柏合暖兵服务队等单位联合开展对100名老兵党员慰问活动。全面落实下岗转业志愿兵（士官）就业帮扶工作，开发退役军人专项岗位、留置看护岗和国企岗位560余个，累计上岗430余人。

三、移交安置工作

发挥党政机关和参公单位接收安置转业军官主渠道作用，采取双向选择、公开选岗相结合的办法，妥善安置90余名转业军官，实现了安置工作的科学性和公正性相统一。

拓宽退役士兵安置渠道，优化不同类型组织机构接收安置比例，深化“公开选岗、阳光安置”办法，200余名退役士兵全部安置到事业单位和国有企业。

按照身份不变、专业对口、就地就近的原则，将50余名随军随调家属对应安置到市、区所属机关和事业单位，有力稳固了军人的“后院”。

四、就业创业工作

扩充退役军人领域国家级创业孵化基地——长春退役军人创业孵化基地产业规模，基地已累计孵化企业230余家，安置退役军人就业800余人，带动社会就业3000余人，年创造产值近1.5亿元。全市各级组织线上线下专场招聘会21场（次），提供10000多个优质岗位。组织600余名自主就业退役士兵参加技能培训，均获得“结业证”和“职业技能等级证”。

举办长春市第二届退役军人创业创新大赛暨2021年长春市退役军人创业之星评选活动，10家企业代表吉林省参加全国退役军人创业创新大赛，获得2个一等奖、3个二等奖和2个三等奖的优异成绩。成立长春市退役军人就业创业促进会，为全市退役军人就业创业提供多角度指导和全方位保障。

五、军休服务管理工作

全面落实“两个待遇”。不断加强政治引领，深入开展党史学习教育，不断丰富庆祝建党百年活动载体，为900余名军休党员干部颁发“光荣在党50年”纪念章。组建“军休党史宣讲团”，开展“学党史、祭英烈、传承爱国情怀”“党旗下我成长”“方寸见证党史，邮映百年辉煌”等系列主题活动。扎实推进支部创星达标活动，创建五星级支部1个、四星级支部4个。

注重加强荣誉激励，教育引导军休干部发挥正向作用。选树军休干部李守仁“口述历史”事迹材料上报退役军人事务部参评。合唱节目《人民军队忠于党》《走向复兴》参加吉林省首届军人、退役军人及社会各界庆八一“情系最可爱的人”文艺演出，展现全市3400余名军休干部昂扬向上的精神状态。择优表彰“最美军休干部”8名，有效提升服务水平。选树“长春好人·最美退役军人”刘柏林、“薪火传播者”军休干部宋宝寅及“助人为乐道德模范”军休干部潘贤。

切实加强信息化建设，建立军休干部居住情况分布数据库。将市直一至六级残疾军人定点医疗机构由1家调整到全市医保定点机构内任选省、市、区、社区4级医疗机构各1家，实现了长春军休干部医疗待遇上又一重大突破。积极推广网络“军休所”APP，军休干部注册率达90.39%，提升了服务管理的信息化、智能化水准。

六、拥军优抚工作

协调召开全市双拥工作领导小组第34次会议，全面回顾过去四年创建任务，部署争创全国双拥模范城“十连冠”任务，表彰通报先进单位和个人。连续9年开展“情系驻长官兵·关爱革命功臣”主题拥军活动，军地完成20个方面40件实事。

在做好教育、科技、文化、法律等拥军活动的基础上，加大社会化拥军的力度，依托南关区成立全市双拥联盟，目前，拥军社会组织及商家超市上千家，做法在全国社会化拥军工作座谈会上做了介绍。二道区英俊中学校长梁君获全国“最美拥军人物”提名奖。

认真做好各项优抚保障工作，完成年度伤残人员和带病回乡人员初检初评。按国家要求，提高在乡老复员军人、“三属”等优待抚恤标准。按要求做好全市军人子女入学、考学加分等优待工作。

七、褒扬纪念工作

圆满完成第8个国家烈士纪念日纪念活动，结合庆祝建党百年，全市组织开展“展百名英烈，铸百年辉煌”活动，弘扬英烈精神。加强对全市32处烈士纪念设施的维护和管理，完成基本信息采集，建起数字化档案，进一步提高全市烈士纪念设施管理保护水平。

八、自身建设情况

结合“军”字特色，扎实开展党史学习教育、四史学习和建党百年庆祝系列活动。党建工作聚焦“三抓三突出”总结“1234”工作法在全市党务培训班进行推广。打造红色事业、红色阵地、红色宣讲、红色志愿服务“四红品牌”，深入开展“我为群众办实事”活动，党的建设得到全面加强。

落实全面从严治党主体责任，认真开展市委第九轮巡察整改，规范完善各项规章制度，严格严肃落实执行，不断强化政治监督，营造风清气正的良好政治生态。

大力推进退役军人事务工作发展，将双拥工作、退役军人事务工作纳入市委、市政府年度绩效考评体系，并作为考评项列入市直部门考核，县（市、区）、开发区领导班子考核和县（市、区）、开发区考核三大板块。

黑龙江省

2021年，黑龙江省退役军人事务系统落实全面从严治党主体责任，坚持统筹新冠肺炎疫情防控和推进退役军人服务保障工作，打赢退役士兵岗位安置、补助发放、社保接续三大攻坚战，各项工作成效明显。全省退役军人工作转入“质量提升”阶段。

一、机构建设情况

全省建成五级服务中心（站）1.3万余个，编制人员到位率达90%以上，各市县办公场所总面积10万平方米。深入开展打造百家红色服务中心（站）、选树百家示范型服务中心（站）和百名优秀服务中心（站）主任（站长）“三个100”活动，推动服务保障体系建设提档升级。

二、思想政治和权益维护工作

解决部分退役士兵岗位安置、补助发放、社保接续问题，为1.7万人解决岗位安置问题，为17.6万人发放生活补助费。

设立黑龙江省退役军人关爱扶助基金，帮扶困难退役军人4.5万人次。提升退役士兵社保缴费率，联合省人力资源社会保障厅和医保局采取实地督导调研等措施，完成14.4万人养老保险集中补缴接续，缴费率99.1%。

大力开展“龙江最美退役军人”学习宣传活动，充分发挥典型示范引领作用。打造“橄榄绿”志愿服务品牌，注册志愿服务队1.3万支，招募退役军人志愿者5.6万人。

三、移交安置工作

以省政府名义印发《关于做好2021年退役士兵接收安置工作的通知》，联合省军区政治工作局印发《安置转业军官考核赋分办法（暂行）》，全面实施“阳光安置”，推进退役士兵安置“一站式”服务。扎实做好转业军官和安排工作退役士兵、消防员的安置工作；2021年安排工作退役士兵全部安置到位，自主就业退役士兵全部完成接收工作。

四、就业创业工作

出台《黑龙江省公安机关警务辅助人员条例》，针对退役军人招聘推出3项优惠举措。印发《黑龙江省退役军人培训管理实施办法（试行）》《黑龙江省退役军人就业创业导师团队管理办法（试行）》。推行“权威推荐+自主选择”模式，与中国建设银行黑龙江省分行等省内10

家企业进行签约合作，全省各级退役军人事务部门共签约540家企业，提供19390个岗位，推荐4850名退役军人上岗就业。

遴选30名就业创业导师，建立省级退役军人就业创业导师团队。举办省、市、县三级联动退役军人及随军家属专场招聘活动，累计提供8.8万个岗位，1.2万人签订就业协议。成功举办黑龙江省第二届退役军人创业创新大赛，126家企业（团队）参赛，18家企业（团队）获奖。退役军人邓立国被选为返乡创业典型，在“黑龙江老乡回乡创业交流会”上作经验交流。

五、军休服务管理工作

全省共建立7个军休中心、11个军休所、8个军休服务站，形成覆盖省市县三级“26个军休机构+退役军人服务中心（站）”的军休服务管理工作格局。

军休人员移交实施电子审档新模式，采取省、市、机构“一站式”接收，及时落实军休人员政治生活待遇、足额发放自主择业军转干部退役金。结合军休小区综合治理工程和军休机构提质改造工程，进一步改善休养环境、创新服务管理。

积极引入社会资源，推进军休服务信息化平台建设，推动建立“医养结合军休服务站”“日间照料室”，与社区共建“军休之家”，协调社区文化活动资源对军休干部开放，为军休干部养老、看病、就餐提供就近就便的服务；推动创建“军休老年大学”，全省已有两所军休机构完成了组建工作；与海南省签订异地军休服务管理协作办法，为全省“候鸟式”养老的军休干部提供异地延伸服务。

省军休中心、牡丹江、齐齐哈尔军休所抢救性挖掘整理抗美援朝志愿军老干部口述史，记录亲历者的历史记忆。军休干部栾金祥、侯鸿祥获“全国先进军休干部”荣誉称号。

六、拥军优抚工作

省领导春节和“八一”走访慰问驻省部队和其他优抚对象，送去慰问品。各级退役军人事务部门、工会慰问退役军人和其他优抚对象4075人，发放慰问金及慰问品。省双拥办和哈尔滨市双拥办第五年派出联合慰问组，看望慰问民族英雄、抗日烈士赵一曼的孙女陈红女士。

黑龙江省双拥办按照全省双拥模范城（县）创建中期检查考评方案，对哈尔滨等12个省级双拥模范城和克山等4个国家级双拥模范城（县）2020、2021年度的双拥创建工作开展中期检查考评。

结合“我为群众办实事”活动，在全省开展“大走访”活动，走访服务对象69万人，发放战友服务联系卡55万个，填写档案信息表62万份，收集、整理意见建议1.3万条，解决服务对象实际问题8.3万个。开展“老兵永远跟党走”活动，动员全省各地45.2万人参与活动。

提高省直优抚事业单位集中供养优抚对象生活补助标准。提高优抚对象抚恤补助标准，伤残人员、“三属”抚恤金平均提高10%。下拨中央优抚事业单位补助金，支持优抚医院、光荣院和军供站维修改造及设备更新。

根据国家政策要求，报经省政府同意，联合省财政厅、省征兵办，印发通知按国家上限调整我省义务兵家庭优待金相关规定，实现了优待金数额不降。

七、褒扬纪念工作

开展“守护·2021·清明祭英烈”活动，视频直播17次，229.7万人参加网络祭奠，38.5万人实地祭扫。联合黑龙江日报社在哈尔滨烈士陵园组织直播祭扫活动，近16万人在线观看。圆满完成9月30日“黑龙江省暨哈尔滨市烈士纪念日向英雄烈士敬献花篮仪式”。

结合庆祝“建党百年”，开展“百年英烈”褒扬纪念活动，指导各地开展为烈士寻亲、烈士事迹宣传、关爱功臣烈属等系列活动，接待党史学习教育团体5000余场次，发送烈士寻亲信息近万条，为烈属提供助老家政服务。统筹使用省彩票公益金和中央财政优抚事业单位补助，支持19处烈士纪念设施维修改造，争取中央财政4751万元，启动全省县级及以下烈士纪念设施整修工程。

八、自身建设情况

编制“十四五”退役军人服务和保障规划，制定退役军人工作政策制度改革实施方案，制发行政规范性文件5个，废止和宣布失效省级政策文件45份。

深入开展“法律政策落实年”活动，A类政策点已完成96%。完成政务内外网建设、安可替代工程和省市两级视频会商系统建设，投入专项资金开展“黑龙江省退役军人综合业务平台”建设。

开展学习《退役军人保障法》活动，召开全省退役军人系统视频会议进行专题辅导，在厅官网开辟专栏，利用官方微信公众号开展系列解读21次，制发保障法宣讲视频、实用问答和宣传折页，广泛开展线上线下宣传。市县两级组织集中学习培训87次、开展宣传活动700余次。

哈尔滨市

2021年，哈尔滨市退役军人事务系统坚持以习近平新时代中国特色社会主义思想为指引，深入贯彻习近平总书记关于退役军人工作重要论述，紧扣“让军人成为全社会尊崇的职业”这一工作目标，统筹谋划、科学部署、突出重点、狠抓落实，各项工作扎实有序推进，取得明显成效。

一、思想政治和权益维护工作

（一）加强对退役军人的思想政治引领

做好常态化新冠肺炎疫情防控工作，引导全市广大退役军人及退役军人工作者积极参与疫情防控。全市组建3162支“橄榄绿”志愿服务队，6244名志愿者投身值班值守、防疫消杀、物资转运、卡点执勤、核酸采集等疫情防控工作。

（二）深入开展矛盾攻坚化解

持续开展“思想政治工作和矛盾问题攻坚化解年”活动，多次召开工作推进会，推动矛盾化解。

（三）多措并举开展帮扶援助工作

全力推进符合条件的部分退役军人养老保险、医疗保险接续工作，共受理退役士兵社会保险接续申请近4万人，养老保险补缴办结率达到99.33%。

做好退役士兵待安置期间生活补助费、安置后未上岗期间生活费发放工作，已发放退役士兵“两费”5.89亿元。开展困难退役军人帮扶救助工作，讨论通过《哈尔滨市退役军人关爱扶助基金管理使用办法》。

二、移交安置工作

（一）军官转业安置工作

全面完成军官转业安置工作。2021年度，实际接收安置转业军官60余人，全部安置到党政机关岗位，安置过程坚持公开岗位、公开积分、公开排名、公开结果，安置环境风清气正。

（二）随调随军家属安置工作

2021年度，共安置随调随军家属23人，其中随军家属3人、随调家属20人。同时，妥善解决随调随军家属就业安置的实际困难。

（三）退役士兵安置工作

加强与黑龙江省退役军人事务厅及哈尔滨市委编办、市财政局的协调力度，鼓励退役士兵自主就业、妥善解决历史遗留问题。接收安排工作退役士兵170余人。认真落实自主就业退役士兵相关政策，严格按标准发放自主就业退役士兵相关待遇。

三、就业创业工作

（一）联合开展退役军人专场招聘会

2021年，哈尔滨市、县两级退役军人事务部门共组织40余场退役军人专场招聘会，提供就业岗位1.2万余个。举办以“搭建就业平台，助力龙江发展”为主题的“2021年春季哈尔滨市退役军人专场招聘会”，万豪酒店等60余家优质企业，提供就业岗位3482个，吸引退役军人1800余人，发放宣传材料1000余份，签订意向性协议551人次。

（二）启动民营企业招聘月

线上线下同步、市县两级联动，举办“2021年哈尔滨市民营企业招聘月启动仪式暨现场招聘活动”，线下红光锅炉厂、融创物业等87家参会企业，提供5800余个岗位，发放宣传材料1600余份，现场求职人员810余人，签订意向性协议260余人次。

（三）举办退役军人创业创新大赛

举办哈尔滨市第二届退役军人创业创新大赛，“飞行模拟训练设备项目”等3个项目分别摘得不同赛道一等奖。哈尔滨市南岗区退役军人事务局成立了全省首家退役军人就业创业服务联盟，28家联盟单位对退役军人开展订单、定向、定岗式培训。

四、双拥共建工作

加强双拥工作领导小组建设，建立市、区、街、社区四级770个双拥组织。把双拥共建作为特殊任务，创新双拥工作新模式，坚持“典型引路、整体推进、全面提升、遍地开花、全域创建”，开设“哈尔滨双拥”抖音号，2021年共发布39个抖音短视频。发掘哈尔滨退役军人典型事迹，结合“老兵永远跟党走”主题活动，制作10个“老兵故事”短视频。

深入开展社会化拥军，持续扩大拥军志愿单位覆盖面，拥军单位涵盖医疗、房产、银行、保险、汽车、零售等17个行业199家门店。推进双拥公园、双拥广场建设，目前，哈尔滨市松北区、香坊区、道里区、依兰县的双拥主题公园、街道、广场已经陆续建成。

结合党史学习教育活动，为驻哈部队办实事、解难题，针对部队大龄官兵婚恋难的问题，举办军地联谊会，为官兵牵线搭桥，现场牵手20对，为20对新人举办了集体婚礼。

五、军休服务管理工作

大力推进军休文化建设，开展军休服务信息化平台建设，全力打造网络“军休所”。开展军休干部住房小区居住条件摸底工作，组织专人做好政策宣传工作，对所辖军休干部住房小区进行全面摸排，切实掌握小区内房屋、人员、设施设备等情况，确定拟实施改造小区目录。

六、优待抚恤工作

建立优抚对象抚恤补助标准自然增长机制，提高各类优抚对象抚恤补助标准并及时兑现到位。完善优抚数据信息化建设，确保各项优抚资金安全运行。加大对优抚数据管理系统的核查力度，上报2020年度全市优抚数据。为全市3000余名残疾军人换发新版残疾军人证等证件，完善残疾军人基础信息，推进残疾军人一人一档工作。结合建党一百周年，深入开展“大走访”活动，重点部署优抚工作，切实落实好各项优抚政策。

七、褒扬纪念工作

贯彻落实《英雄烈士保护法》，扎实开展褒扬纪念工作。清明期间，哈尔滨市以“守护·2021清明祭英烈”为主题，以缅怀先烈、弘扬大无畏牺牲精神，共同携手抗“疫”为重点，开展多种形式的纪念活动。

开通微信公众号祭扫英烈平台和网上纪念馆，网上参谒祭扫人数达2万余人次。下发《关于做好清明烈士祭扫工作的通知》，明确全市在疫情期间推广网上祭扫的要求，落实“日报告”制度，充分利用新媒体进行宣传。

在“9·30”烈士纪念日，黑龙江省和哈尔滨市联合举行向英雄烈士敬献花篮纪念活动。

八、服务保障体系建设情况

“五有”建设取得显著成效，实现了四级服务中心（站）全覆盖、编制配置全部到位、编制人员到位率显著提升、工作场所有效保障、工作经费落实持续跟进。

2021年底，哈尔滨市共组建市、县、乡、村四级退役军人服务中心（站）3170个，共有专兼职工作人员3844人，在编人员950人，工作机构和服务保障体系基本形成。

扎实开展示范型退役军人服务中心（站）创建工作，全市共创建“示范型退役军人服务中心（站）”8家，国家级“红色退役军人服务站”1家，省级“红色退役军人服务站”16家。全市321家乡镇（街道）级以上退役军人服务中心（站）全部达到示范型创建标准。

九、自身建设情况

哈尔滨市退役军人事务系统坚持把政治建设放在首位，扎实开展党史学习教育工作，引导广大干部职工不断增强“四个意识”，坚定“四个自信”，做到“两个维护”，充分发挥党建工作中的组织协调、督促落实、检查指导等各项作用。

加大业务培训力度，紧紧围绕退役军人移交安置、优待抚恤、就业创业，部分退役士兵社保接续等工作，组织各区、县（市）退役军人事务部门相关人员开展集中培训、学习交流等活动，取得较好效果。

上海市

2021年，上海市退役军人事务系统深入贯彻习近平强军思想和习近平总书记关于退役军人工作重要论述，在抓好新冠肺炎疫情常态化防控的同时，以推动《退役军人保障法》落地和“十四五”规划编制实施为重点，加强工作统筹，推进政策落实，提升服务质效，守住安全底线，圆满完成全年工作任务。

一、机构建设情况

（一）建强服务保障体系

出台《关于进一步推进退役军人服务保障体系建设有关工作的通知》《上海各级退役军人服务中心（站）建设管理指导标准》等文件，落实“五有”“全覆盖”要求，推进退役军人服务保障体系建设。优化站点建设布局，建成上海财经大学服务站、白玉兰广场服务站、头桥集团服务站等23个不同类型的服务站。挖掘百年党史的本地元素，融入百家红色站点创建。按照服务机构建设管理指导标准，推进落实文明服务等12项工作规范。

截至2021年底，全市退役军人和其他优抚对象共有约60万人，军休服务管理机构22个，下设45个服务站点，市、区、乡镇（街道）、村（居）四级建成退役军人服务中心（站）约6000个，烈士纪念设施75处。

（二）推进信息化建设

初步建成退役军人数据总库和退役军人事务信息管理系统，新建三个业务模块。举办全市退役军人事务系统“一网通办”、军人退役“一件事”培训班。军人退役“一件事”覆盖所有类型退役军人，退役士兵经济补助申领发放实现“免申即享”、全程网办。

二、政策法规工作

（一）开展“法律政策落实年”活动

对照280项政策清单，赴16个区开展退役军人事务综合督查，推动各项法规政策落实。制定本市退役军人服务和保障“十四五规划”，开展退役军人保障地方立法调研，申报地方人大立法计划和政府规章立法项目，制定《关于进一步做好本市军人军属、退役军人和其他优抚对象优待工作的实施意见》《上海市退役士兵经济补助发放办法》等文件10余份。编印《退役军人工作法律政策文件汇编》。

（二）推进依法行政和法治宣传工作

举办全市领导干部学习贯彻《退役军人保障

法》专题研讨班和成员单位联络员培训班，全系统近万人参加学习培训。梳理权责清单和公共服务清单，落实重大行政决策程序规定，发挥政府法律顾问作用，优化行政审批流程和服务流程。完善政府信息公开工作机制，拓展主动公开范围，规范办理信息公开申请。组建《退役军人保障法》讲师团，深入各单位开展“送法上门”活动。运用各类媒介载体，做好社会面普法宣传。

三、思想政治和权益维护工作

（一）加强思想政治引领

贯彻落实习近平总书记给上海市新四军历史研究会百岁老战士们重要回信精神，开展2021年度“最美退役军人”学习宣传活动，18位个人和2个集体荣获2021年度上海市“最美退役军人”称号，其中1人入选全国“最美退役军人”。1位退役军人当选全国“最美志愿者”，3位退役军人荣获“全国脱贫攻坚先进个人”称号。拍摄制作《不变的军魂》视频短片。做好立功受奖军人家庭送喜报工作。邀请退役军人代表参加各项重大庆典和纪念活动。开展“赓续精神血脉　汲取奋进力量”优秀退役军人巡回宣讲活动。

（二）完善常态化联系和权益维护

出台关于加强退役军人思想政治工作指导员队伍建设文件，开展退役军人思想疏导、情感关爱、生活帮扶，全市有6500余名思想政治工作指导员。举办首期全市退役军人思想政治工作指导员培训示范班。完善常态化联系退役军人制度，开展“老兵永远跟党走”和“八一”期间走访慰问活动。学习推广新时代“枫桥经验”，在全市推动设立退役军人法律援助工作站（点）。

四、移交安置工作

组建军地联合调研组，开展退役军人“大安置”系列调研。组织开展“送政策进军营”活动，宣传各项安置政策。完成600多名转业军官和安排工作退役士兵接收安置，2000多名自主就业退役士兵和复员军官接收，6000多名跨军地改革集体转制部队退役军人落户安置，400多名转改文职人员落户安置，以及100多名驻沪部队随军家属指令性安置工作。制定上海市军休干部三年移交工作方案，统一全市接收安置标准和程序，推进“一站式”接收安置服务，截至2021年底已接收700多人。

五、就业创业工作

（一）统筹推进教育培训

体系化设计12个退役军人教育培训项目，实现各类退役军人和随军家属教育培训全覆盖。举办上海市2021年度转业军官“戎归申城，再创辉煌”安置前培训班。成立全国首家退役军人学院——上海师范大学退役军人学院。

（二）扶持促进就业创业

完善退役军人就业创业数据库，推进“一站式”服务。每月组织线下创业沙龙，提供创业指导。每季度开展“就业力提升营”“创业启航营”活动。与宝山区政府、临港集团签署合作协议，共建上海退役军人创新创业示范园。

组织开展第二届退役军人创业创新大赛，328家退役军人企业（团队）报名，65家优秀企业（团队）晋级决赛。举办“戎归申城，‘职’为你来”退役军人线下专场招聘会。组织退役军人参与线上“云”招聘。开展长三角地区退役军人线上线下专场招聘。

六、军休服务管理工作

开展军休系统基层党组织书记培训暨基层党建特色活动。为3000多名军休老党员颁发“光荣在党50年”纪念章。制定军休系统星级评定标准，开展“创新优质服务”活动。加快军休机构用房全面提质改造，协调推进各区军休机构建设项目。举办年度军休系统政策业务培训。确定上海军休标识、军休之歌方案。上海市军休老年大学揭牌，网络军休老年大学正式开通。

七、拥军优抚工作

（一）开展“双拥”系列活动

召开双拥工作领导小组全体会议、社会化拥军优属座谈会，完善军地互办实事“双清单”制度。开展节日慰问和系列主题活动。走访全国模范退役军人、“最美退役军人”、生活困难退役军人党员、退役军人老党员、烈士遗属等2.9万余人次，涉及慰问资金1500余万元，实物价值1300余万元。开展2021年“文化”进军营活动，12位军休老干部、老党员、老教授组成讲师团，面向驻沪各部队开展“党史教育进军营”活动。

（二）做好优待抚恤工作

出台《关于进一步做好本市军人军属、退役军人和其他优抚对象优待工作的实施意见》，落实优抚对象各项优待。完善优抚待遇动态增长机制，提高部分优抚对象抚恤补助、退役士兵经济补助和伤残人员护理费标准。发挥市拥军优属基金会作用，出资近170万元，为14500余名优抚对象购买商业健康险“沪惠保”。修订出台《上海市优抚对象医疗保障实施办法》。聚焦部队“三前”“三后”问题，推动双拥特色学校建设，切实解决官兵的后顾之忧。

八、褒扬纪念工作

建成消防英烈主题纪念园——上海消防烈士纪念园。全市烈士纪念设施统一悬挂标识牌，22家烈士纪念设施改造修缮完成。龙华革命烈士纪念地保护利用展示及功能拓展项目竣工，多媒体信息服务中心新建项目土建部分竣工，荣军院改扩建项目启动开工建设。清明节、烈士纪念日，全市75处烈士纪念设施共同开展“人民不会忘记”“我们来看望您”缅怀英烈活动。与上海戏剧学院联袂打造大型原创红色话剧《前哨》，在全市进行三轮公演。推出上海市纪念英雄烈士主题歌曲MV《征途上最亮的星》，在央视等全国各大媒体网站发布。

九、自身建设情况

开展党史学习教育和“四史”宣传教育，组织开展“庆祝中国共产党成立100周年”系列活动。推进“做退役军人贴心人——我为群众办实事”工作，实施实事项目29项，包括给军休老小区加装电梯、“送温暖、感党恩”走访慰问活动等。

分层分类举办处级干部培训班、青年干部培训班、全市服务中心主任研修班、街镇服务站站长培训班，开展退役军人服务模块化业务能力水平测试，组织全员网络培训和干部在线学习，推进“五个一、传帮带”工作。加强作风建设，推进大调研常态化制度化，深化党风廉政建设，打造新时代高素质干部队伍。

江苏省

2021年，江苏省退役军人事务系统深入贯彻习近平总书记关于退役军人工作重要论述，按照“基础工作抓规范、业务工作抓提升、难点工作抓突破、重点工作创特色”的总体思路，全面落实退役军人事务部决策部署，坚持对标对表，突出问题导向，加强统筹协调，全省退役军人服务保障工作迈上新台阶。

一、机构建设情况

省委退役军人事务工作领导小组科学谋划、有力指导全省退役军人工作。召开退役军人事务工作领导小组第三次会议，围绕学习贯彻落实《退役军人保障法》，专题研究推进退役军人保障工作重大政策、重大事项和重点任务。省、市、县三级党委退役军人事务工作领导小组均落实军队领导兼任同级领导小组及办公室领导要求。明确省委退役军人事务工作领导小组办公室秘书处职能配置及人员编制，实现秘书处实体化运行。全省各地积极联系并协调组织部门、编办、军队，推进落实机制性派驻军队人员相关工作。

124家县级以上服务中心、22256家服务站有效服务，配备工作人员3.15万人。出台《乡镇（街道）退役军人服务站工作指南和任务清单》，完善《全省退役军人服务中心（站）工作规范》，退役军人服务保障体系规范有序。全省共创建165个示范型退役军人服务机构，其中5个入选全国“百家红色退役军人服务站”。

二、政策法规工作

认真贯彻落实退役军人事务部关于开展“法律政策落实年”活动的部署，认真学习宣传贯彻《退役军人保障法》。研究制定《江苏省退役军人事务厅关于开展“法律政策落实年”活动的实施方案》，会同省司法厅、省法治宣传教育工作领导小组办公室、省军区政治工作局制发《开展退役军人保障法学习宣传贯彻活动的实施方案》，广泛开展法律政策宣传，发放普法材料22.9万份，累计播放普法视频6.8万次，开展《退役军人保障法》网络竞赛活动，超120万人次参与。

研究制定《江苏省军人军属、退役军人和其他优抚对象优待办法》，推动出台《关于加强和改进新时代自主就业退役军人就业创业工作的意见》《江苏省〈光荣院管理办法〉实施细则》等20多项重要政策文件，完成《全省“十四五”退役军人服务和保障规划（草案）》起草工作。

三、思想政治工作

广泛开展退役军人思想政治工作“一县一品牌、一市一特色”创建活动。组织“老兵永远跟党走”和“戎耀今生”主题系列活动，深入开展退役军人“微党课”巡回宣讲。组织第二届江苏“最美退役军人”学习宣传活动。联合省总工会下发《关于在全省机关企事业单位和社会组织中开展优秀“戎耀之家”建设活动的意见》，按照“八个一”建设内容和“五有两高”建设目标，共创建“戎耀之家”470多个，涵盖退役军人3.4万人。全省共评选出优秀“戎耀之家”124家并进行命名授牌，初步实现了加强党建引领、搭建创业平台、解决实际困难的目标。

积极引导广大退役军人参加志愿服务工作，组建退役军人志愿服务队2.26万支，吸纳退役军人志愿者23.9万人，初步形成“村村有队伍、县市有品牌”的退役军人志愿服务工作格局。面对河南特大洪涝灾害和江苏新冠肺炎疫情防控的严峻形势，省退役军人事务厅第一时间发布打赢防疫防汛阻击战有关通知和倡议书，省内退役军人志愿服务队伍第一时间快速集结，奔赴在防汛抗台和疫情防控各个战场，书写了一曲曲与时间赛跑、与病毒较量的奋斗奉献之歌。

四、权益维护工作

持续巩固和深化“矛盾攻坚化解年”工作成果，学习借鉴新时代“枫桥经验”，认真分析形势、研究措施、加强部门协作联动，积极做好矛盾问题攻坚化解工作。

落实“四尊崇、五关爱、六必访”制度，积极为退役军人办实事、解难题、送温暖。发动公益慈善组织、志愿服务组织、企事业单位等社会力量，构筑全方位、立体式帮扶援助机制。全省各级累计投入2.3亿元，慰问帮扶退役军人、重点对象23.7万人次。

五、移交安置工作

开展“送政策进军营”活动，为即将退役的部队官兵解疑释惑。“直通车安置”“阳光安置”“特岗选拔”等做法被退役军人事务部转发推广。全省共接收计划分配军队转业军官和安排工作退役士兵4000余名，计划接收数量位居全国前列。

六、就业创业工作

制定出台《关于加强和改进退役军人补贴性教育培训工作意见》《江苏省退役军人补贴性教育培训暂行规定》，积极推行以适应性培训、学历教育、技能培训、创业培训和个性化培训为重点的补贴性教育培训工作。

开展“百城联动退役军人就业专场招聘系列活动”，共举办线上线下专场招聘活动501场次，提供优质岗位192443个，达成就业意向12147人次。成功举办江苏省首届退役军人创业产品展陈活动。

自主建成退役军人就业创业服务平台，建立以“四卡一库”为主要内容的数据库，开发具备六大功能模块的手机APP，把推动退役军人就业创业服务保障制度化、常态化、规范化作为重点工作纳入年度计划，重点落实“三个清单”。

七、双拥共建工作

常态化开展走访慰问和“城市与舰队”“情系边海防”等共建活动。修订《江苏省双拥模范城（县、区）考评标准》。承担全国双拥模范城与边海防部队结对共建任务。开展“江苏最美拥军人物”学习宣传活动，组织开展“戎耀今生”书画家进军营活动。开展“学党史　砺初心——庆祝中国共产党成立100周年江苏英烈故事宣讲活动”“9·30烈士公祭活动”“守护·2021　清明祭英烈”网上祭扫、“为烈士寻亲”、新婚夫妇向革命烈士献花等纪念活动，大力推进实施烈士纪念设施提质改造工程，投入1.119亿元对县级以下烈士纪念设施进行整修。

八、优待抚恤工作

广泛开展“关爱烈属活动”。走访慰问、帮扶烈属9844户，为7783名烈士子女送温暖，组织1794名烈属参加各类纪念活动。

制定《江苏省军人军属、退役军人和其他优抚对象优待办法》和《江苏省光荣院管理办法实施细则》。完成超25万人优抚对象数据核查任务，超额完成计划56.5%，如期完成全省约39.8万人的年度确认工作，确认率达99.9%。积极协调卫生健康行政部门，确定医疗优待定点服务机构135家。

切实加强优抚事业单位建设和管理，摸清底数、优化职能，落实安全生产责任制，定期开展安全隐患排查，着力提升优抚事业单位服务保障水平。

九、军休服务工作

研究制定鼓励和引导军休干部发挥作用、做好军休老年大学建设、利用网络“军休所”提升服务质量等政策措施。在全省129个军休机构成立党组织，设立党总支37个、党支部249个。

组织指导安置军休人数较多的地区，与地方老年大学、高校合作办学，在军休机构设置“老年大学”办学点，逐步增设课程、拓展内容、完善设施，做好创建挂牌的基础性工作。指导南京市挂牌成立军休老年大学。

丰富完善军休网络平台，培训部署、指导推进军休服务信息平台建设，充实完善组织建设、教育管理、保健养生、养老服务等板块的内容。完成了1000余名军休工作人员、4000余名军休干部注册登记工作，军休干部阅读访问率达9.8万人次。

南京市

2021年，南京市退役军人事务系统坚持以习近平总书记关于退役军人工作重要论述和视察江苏时的重要讲话精神为根本遵循，坚决落实市委、市政府决策部署和退役军人事务部、省退役军人事务厅工作要求，在党史学习教育中不断深化为民服务本领，在“法律政策落实年”活动中不断提升服务保障质效，退役军人工作在高质量发展道路上迈出坚实步伐，取得“十四五”发展良好开局。

一、机构建设情况

强化党委对退役军人事务工作的领导。召开市委退役军人事务工作领导小组第三次会议，传达学习《退役军人保障法》，出台《领导小组2021年工作要点》。加大领导小组办公室对退役军人重大工作的统筹协调和督促落实，有序推进退役军人重要工作任务。加大统筹协调和监督指导移交安置、就业创业、权益维护、服务保障体系建设等重点工作。

加强服务体系规范化建设。明确思政引领、帮扶慰问、权益维护等8大类30项服务内容，围绕思政引领、政策咨询等“八大职能”，精心打造“一厅三区四站”，构筑起服务退役军人的硬核阵地。突出基层服务中心（站）服务保障功能发挥，对全市示范型创建待验收的23家街镇退役军人服务站开展联合复审，确保100%实现创建达标；232家300人以上社区服务站示范型创建坚持成熟一批、申报一批。全市9家基层退役军人服务站成功入选全国、全省“百家红色退役军人服务站”。建立分级分层常态化联系退役军人制度机制，四级中心（站）联动，常态化走访慰问退役军人及困难优抚对象。建立全市服务系统信息数据库。组建1065支退役军人志愿服务队，已有600多支在“中国志愿服务网”正式注册。建成三级退役军人法律服务体系，开展9场次法律政策下基层活动。

二、思想政治和权益维护工作

强化思想政治引领。组织“老兵永远跟党走”主题演讲比赛、微视频征集展播、口述历史视频录制、首届退役军人党员军功人物选展活动，激发退役军人感党恩、听党话、跟党走的行动自觉。以“五有两高”为主要建设内容，以“八个一”为创建标准，开展省、市级优秀“戎耀之家”创建活动，南京一民医院有限公司等7家企业、单位被授予江苏省优秀“戎耀之家”称号。

推进“一地一特色”创建活动，构建浦口区老兵“6+1”服务阵地，实现政治教育、权益维护等“一站式”综合服务。常态化推动退役军人党员“微党课”巡回授课和“老兵永远跟党走”

巡回宣讲活动，邀请优秀参赛选手进社区、进企业、进单位授课，掀起退役军人上党课、抓党建、强党性热潮。

三、移交安置工作

全面落实各类安排工作退役军人年度安置任务。聚焦政策配套，会同省退役军人事务厅，进一步完善南京地区转业军官安置办法，对《退役军人保障法》明确的六类优先安置对象予以妥善安置。

制定《南京市安排工作的军士和义务兵移交安置工作规程（试行）》，统一规范全市安排工作退役士兵移交安置工作流程。坚持做好安排工作退役军人移交安置全过程服务保障，对南京地区转业军官移交安置政策口径进行调研、梳理、完善，积极做好驻区部队移交安置政策宣讲，开展“走军营送政策”活动20余场，发放宣传手册2000份。

统筹疫情防控和年度退役军人培训工作，开通网络直播授课，确保转业军官培训和结业考试工作圆满完成。为待安置期的安排工作退役士兵购买意外伤害保险，解决退役军人后顾之忧。

四、就业创业工作

开发“退役军人创业信息采集系统”，实行“外网采集、内网审核”。开展“戎创金陵”退役军人创业大赛，共征集120个项目参加，决赛评选出一等奖5名。开展退役军人企业家行业论坛和创业培训指导，针对有创业意愿退役军人的需求提供帮扶指导。组织“退役军人振兴乡村绿色行”“退役军人模拟创业实训营”“对话国企”、创业对接会、全市“退役军人就业创业高质量发展论坛”等活动，帮助促进全市退役军人高质量就业创业。制定承训机构遴选方案，签约市、区两级相应承训机构和实习实训机构49家，制定承训机构和相关专业目录，扎实推进承训机构认定工作。

五、优待褒扬工作

连续25年调整重点优抚对象抚恤补助标准，增幅达10.5%。完成2021年度优抚对象数据审定、数据核查以及首次年度确认工作。安排重点优抚对象短期疗养和医疗巡诊。扎实做好各类优抚对象抚恤、补助金和义务兵优待、奖励、慰问金拨付及各项优待政策落实。

以不同形式开展“立功喜报送上门”活动，开展“爱心送下乡献功臣”结对帮扶活动。与中国邮政集团有限公司南京市分公司等5家单位签订合作协议，为退役军人提供“专属”优质岗位、“专业”培训指导、“专门”绿色通道、“专项”拥军优抚服务等“四专”保障。

整合市内烈士纪念设施等红色资源，建成网上祭扫英烈的“宁英烈云平台”，共收录全市烈士纪念设施26处，烈士3869名，清明至烈士纪念日期间点击达58万余人次；扎实开展“守护·2021清明祭英烈”主题宣传教育活动，清明节期间开展形式多样的祭英烈活动。

六、双拥工作

认真听取部队和基层双拥部门意见，修订下

发《驻宁部队随军家属未就业生活补贴实施办法》等文件。扎实开展省级双拥模范区创建，拟制下发《南京市考评推荐省级双拥模范区工作实施方案》，做好打分排序、审核报批和推荐上报工作。落实“六送”要求，做好“情系边海防官兵”拥军优属活动。组织“慈善一日捐”“99公益日”活动和拥军慈善资助，对家庭困难的驻宁部队现役官兵发放医疗、困难资助金。做好“南京舰”城舰共建、海外护航支前保障和相关宣传工作，巩固城舰共建成果，发挥流动国土作用，宣传南京城市形象。

全面构建与军供保障使命任务相适应的新型军供保障体系，先后与10家协作单位开展战略合作，提供个性化特色服务，探索完善军供伴随保障模式，构建铁、公、水、空全方位保障体系，顺利完成各项保障任务，军供军转保障任务准确率、优质率均达100%。

七、军休服务管理工作

实施“三年集中移交”攻坚计划，突出抓好军改期间军休人员接收安置。组织对2020年度新接收安置的军休人员办理党组织关系接转和医疗关系接续，对基础信息数据进行数据库网上录入。提前完成全市军休服务信息平台注册工作，全市共注册343人，完成率达100%。召开军休样板所创建工作动员会和建设项目评估会，全面推进军休样板所建设。推动军休小区居住环境改善、军休老年大学创建、网络“军休所”建设，开展军休“三项”活动等工作。

八、自身建设情况

制定2021年度全市退役军人系统教育培训工作计划，开展全市退役军人事务系统岗位练兵比武和网络培训，进行直播培训10期，培训1500余人；完成2021年度市管干部、处级干部专题培训，以及市局2021年度市管干部专题进修班、处级干部任职进修班和优秀科级干部培训班报名和学员选调；举办1期全市退役军人系统干部队伍能力提升培训班，培训学员百余人；举办局机关业务知识培训班4期，培训160余人。

制定《2021年局机关纪律检查工作要点》，按照“一岗双责”要求，压实各级主体责任；召开警示教育大会和全市退役军人事务系统全面从严治党暨党风廉政建设工作会议，定期组织学习《党章》《中国共产党纪律处分条例》并通报违纪典型案例，重要节假日及时编发廉政短信，筑牢全局党员干部思想防线，做到警钟长鸣。加强保密教育，守牢安全底线。

浙江省

2021年，浙江省退役军人事务系统坚持以习近平新时代中国特色社会主义思想为指导，深入学习贯彻习近平总书记关于退役军人工作重要论述，全面落实中央以及省委、省政府各项决策部署，统筹推进疫情防控和退役军人工作高质量发展，全力打造新时代军政军民团结第一方阵、退役军人全生命周期数字化管理保障模式、新时代枫桥式退役军人服务站、退役军人高质量就业创业高地和退役军人迈向共同富裕等具有浙江辨识度的"五张金名片"。

一、机构建设情况

组织开展新时代退役军人工作督查，有力推进"法律政策落实年"活动，"新时代枫桥式退役军人服务中心（站）"创建工作取得成效，浙江省退役军人事业发展"十四五"规划编印实施，组织开展系统援藏援疆工作。

二、数字化改革工作

全省系统退役军人数字化改革工作提质升级。迭代升级军人退役"一件事"，探索开展"退役军人全生命周期数字化管理保障模式"。

浙江"老兵码"加载"码上办事""码上优惠""码上就业"等菜单，提供教育管理、交通文旅、医疗康养、商贸商超、餐饮娱乐等公共服务，惠及退役军人和其他优抚对象48万余名。

"浙里办——浙里老兵"专区启用上线，"浙里办"、政务服务网上线运行67个办事事项，获2021年度浙江省改革突破奖铜奖，并入选全省党史学习教育"三为"专题实践活动最佳案例。

三、思想政治和权益维护工作

部署开展"服务保障能力提升年"活动，在宁波市召开全省现场推进会，全面推广"轮值站长"制度，全省10万余名"轮值站长"认真履职尽责，推动实现老兵管理老兵、老兵服务老兵。

精心打造100家红色退役军人服务站，累计建成"新时代枫桥式退役军人服务中心（站）"2446个，全省所有县乡和100名退役军人以上的村服务中心（站）全部创成全国"示范型服务中心（站）"，"新时代枫桥式退役军人服务站"成为全国退役军人事务系统8个先进典型经验之一，嘉兴市南湖区南湖街道等4个服务站获评全国"百家红色退役军人服务站"。

选树发布全省第二届"最美退役军人"，组

建“之江老兵”先锋服务队，汇集队伍1.2万余支，20余万名退役军人参加抗疫抗台、应急救援和其他志愿服务活动。全省4526名退役军人在新一届村（社）换届选举中当选“兵支书”，1.5万余名退役军人担任“兵委员”。建立浙江省崇军文化传播实训基地，打造“之江哨兵”网评培训基地品牌。

四、移交安置工作

完成2500余名转业军官和安排工作退役士兵（退出消防员）安置任务。500余名军队离退休干部和随军家属得到妥善安置。

选取省直单位和杭州市、宁波市等地稳慎开展“直通车”安置工作。70余名转业军官实现直通安置。

联合省人力资源社会保障厅、人事考试院，实行全省安排工作退役士兵“一张卷”文化考试，开启转业军官和安排工作退役士兵全省统一文化考试新模式。开展转制部队退役军人落户工作，先后完成1000余名转制部队退役军人、随迁家属子女落户通知的发放以及随调家属安置计划下达工作。

五、就业创业工作

举办第二届“建行杯”退役军人创业创新大赛，310家军创企业（团队）报名参加。建设银行浙江省分行在比赛期间给予参赛企业7.9亿元金融授信。浙江在线、天目新闻等媒体全程网络直播省级决赛，在线观看人数达122.1万人。浙江省第16届电子商务大赛开设退役军人赛道，参赛人员数量和质量得到提升。

协调银行，为具备一定创业条件但缺乏资金的符合条件、初次创业退役军人提供不超过50万元的贴息贷款。联合建设银行、中国银行推出退役军人创业绿色通道、降本减负等优惠性政策措施，帮助退役军人走出“创业起步难”困境，年内累计减免税收2.43亿元，惠及8619家企业及个体工商户。

举办“线上+线下”专场招聘活动655场，进场企业4.4万余家，达成就业意向的退役军人1.4万余名。推进“金蓝领”职业技能提升行动，全省共组建退役军人创业园162个、导师团队102个、退役军人学院33个，公示承训机构154家，开展适应性培训12143人次，参训率达97.39%。

六、军休服务管理工作

完成军休干部安置去向审定200余名，接收安置军休人员300余名，军休干部接收安置完成率165%，部队满意率100%。

加快推进军休数字化建设，全面推进全国军休服务信息化平台第二阶段试点，及时召开全省部署会，指导各地开展试点工作。创新研发以“医疗、服务、办事、优待”四个场景为主的“浙军休”手机端服务管理系统，为全省军休干部提供“一站式”服务，军休干部注册率达67%，11个市接入本地便民服务和军休干部实时医保就诊数据，8个市连通公交地铁军休优待码。

联合省民政厅、省财政厅等7部门出台《关于进一步提升移交政府安置的军队离休退休干部服务管理水平的通知》，编辑出版《浙江百名军休干部口述历史》书籍和视频。积极推进军休老年大学建设，宁波市军休老年大学被部确定为首批示范军休大学，杭州市军休老年大学挂牌成立。

七、拥军优抚工作

出台《全省拥军优属“百件实事”活动实施方案》和《开展全省社会化拥军百家成绩突出单位选树活动实施方案》，汇总101件事项形成“实施清单”，依托双拥模范城（县、区）创建届中检查大力推进，共投入资金约3.21亿元，101件实事清单全部完成。

组织开展首届“最美拥军人物”评选活动，评选出全省最美拥军人物30名。全面开展省级双拥模范城（县、区）创建届中检查，全省各地成立拥军志愿服务队331支，拥军优属社会团体198个，拥军慈善基金31个，拥军企业1240个。广泛开展“双拥在基层”“爱心献功臣”“慰问军属大走访”、困难军人家庭救助等拥军活动，常态化开展“情系边海防官兵”活动。春节前，以“浙江味道、浙江祝福、浙江情谊”为主题，定向慰问边防官兵，全国双拥办发专函表扬。

联合省财政厅制定出台《关于调整现役义务兵父母等优抚对象免费健康体检工作的通知》，扩大参检范围，从“具有我省户籍的农村现役义务兵父母”调整为“具有我省户籍的现役义务兵父母”，实行城乡一体免费体检，惠及义务兵父母和烈士遗属等对象4万余名。

依托数字化改革，推动实现优抚对象在省内所有医保统筹区享受基本医疗保险、医疗救助和抚恤对象住院费用补助省域内“一站式”报销结算。部分市实现优抚对象赴省外医院住院费用刷卡“一站式”报销结算。各类享受抚恤补助待遇的优抚对象医疗保障水平达到城镇职工基本医疗保险水平。

八、褒扬纪念工作

组织开展“百年·百人·百场——庆祝中国共产党成立100周年浙江英烈故事宣讲活动”，累计开展专项活动100余场，4.2余万人现场观看，18余万人网络观看。走访烈属4944人次，发放慰问金1584万元，跟进解决烈属“急难愁盼”问题536件，为2000余名烈属免费健康体检。连续三年组织开展全省英烈讲解员大赛，选送视频《红色誓言·俞秀松》荣获退役军人事务部“我身边的英烈”主题征集活动一等奖。

开展县级以下英雄烈士纪念设施整修工程，推进县级以下烈士纪念设施保护管理专项行动，做好全国烈士纪念设施数据校核，落实英雄烈士保护部门联动协调制度。结合《浙江省军人抚恤优待办法》和浙江省抚恤补助标准逐年自然增长机制，调整提高部分退役军人和其他优抚对象抚恤补助标准，各类对象调标幅度达5%至8%不等。

发布“守护·2021清明祭英烈”祭扫活动倡议，组织开展“守护·2021清明祭英烈”主题宣教活动。2021年清明节期间，组织网上悼念1214.6万次、网上祭扫1307.4万次。举行烈士纪念日向烈士纪念碑敬献花篮仪式。扎实开展“关心关爱烈属、为烈属办实事”活动，让广大烈士遗属感受到党和国家的关怀、社会的尊崇、人民的敬爱。

九、自身建设情况

深化党史学习教育，组织开展“百名军休干部口述历史”，以及“百名最美退役军人”云展播、“深化三服务、真情聚四家”等一系列特色活动，全省颁发“光荣在党50年”纪念章1.2万余枚，走访慰问党员1.1万余人次。

联合《浙江日报》，开展“不忘英雄、为烈士寻亲”公益活动，为13名一江山岛烈士寻找到家人。人民日报客户端、浙江卫视、《浙江日报》《中国退役军人》杂志等主流媒体先后对省退役军人工作进行报道，“学习强国”平台刊登选送的红色文物故事64篇。

积极配合省委巡视组开展巡视工作，扎实推进整改工作，努力把巡视成果转化为发展成果。

杭州市

一、机构建设情况

杭州市退役军人事务系统核定内设机构7个处室，即办公室（政策法规处）、思想政治和权益维护处、移交安置处、军休服务管理处、双拥工作处、优抚褒扬纪念处、机关党委（组织人事处）。

退役军人事务局下设5家正处级事业单位，即杭州市军队离休退休干部服务管理中心、杭州市军队离休退休干部活动管理中心、杭州市退役军人服务中心、杭州军用饮食供应站、杭州市革命烈士纪念馆。

二、服务体系建设情况

推进“示范型”“枫桥式”退役军人服务中心（站）创建行动，建设集走访慰问、帮扶解困、权益保障、就业创业扶持为一体的服务阵地。

全市退役军人服务中心（站）3375家，申报全国示范型服务中心（站）2486家，占全市总数的74%；申报全省枫桥式服务中心（站）344家，其中290个退役军人服务中心（站）获评全省“新时代枫桥式服务中心（站）”；20个退役军人服务站被评为省百家“红色退役军人服务站”，居全省第一。

全市1万余名退役军人走上“轮值站长”岗位，15家退役军人服务中心（站）被评为省退役军人服务保障体系建设先进单位，居全省第一。

三、数字化改革工作

设计“智慧老兵系统”，打通人社、医保、民政、公安、住建等9个部门2800万条数据，建立退役军人全生命周期综合数据库和数字驾驶舱。退役军人凭“老兵码”即可享受医疗、养老、就业、教育、消费等各类优先优惠优待服务。

“杭州老兵码”已惠及超过15万名退役军人，崇军优惠商家突破1.2万家，成为全市退役军人工作的一张金名片，被市党史学习教育列为“民呼我为”优秀案例。

四、思想权益工作

制定出台《关于加强退役军人思想政治工作的实施意见》《杭州市退役军人事务局信访工作制度》《杭州市退役军人事务局机关处理信访事项暂行办法》。

深挖先进典型，持续开展“擦亮崇军之光·八一崇军周”主题宣传系列活动，集中展示杭州退役军人和双拥工作成效。举办杭州市第三届“最美退役军人”选树宣传活动，评选发布20名“最美退役军人”。

创设“钱潮老兵”志愿服务品牌，3000余名“兵支书”“兵委员”、5万余名退役军人参与乡村振兴、防疫抗台和应急救援等社会服务，招募200名退役军人志愿者助力杭州亚运。

五、双拥共建工作

建立健全“双清单”制度并开展拥军优属“百件实事”活动，提报并办理24个部队、军人军属事项，15项任务全部完成。

260名官兵子女就近就便入学照顾，60名享受中考加分优惠政策。推进“慈善拥军情”活动，拨付年度专项资金补助经费76.2万元。

全市各级走访退役军人2万余人次，慰问杭州籍边海防士兵家庭560人次，发放慰问品3000万元，解决各类问题280余个。

六、安置就业工作

积极提升安置质量。2021年安置军转干部200余人（含“直通车”安置人员）、退役士官200余人，随军随调家属100余名，其中军转干部进机关（参公）比例达92%。接收军休干部（士官）人数占全省51.6%。购置完成滨江军休服务活动用房480.91平方米。

拓宽就业培训渠道。全市17家承训机构组织超过2000人次的职业技能培训，投入资金2000余万元。全市共开展退役军人专场招聘会22场，提供就业岗位15万余个。利用就业援助云服务平台，新增退役军人稳定就业2500余人。

有效深化创业服务。举办“建行杯”退役军人创业创新大赛。建行总授信额达1.3亿元，其中2个项目代表浙江省参加全国总决赛。落地21家杭州市首批退役军人就业创业基地，为军创企业的科技、人才、金融和市场赋能。

七、优抚褒扬工作

实施重点优抚对象待遇保障动态增长机制，较上一年度增长9%左右。全面落实每年为现役义务兵父母、享受定期抚恤补助的烈属进行一次免费体检，惠及6000余人次。

认定核查48782名优抚对象，2021年新（补）评残疾军人70人，认定带病回乡131人，伤残关系转移115人，为4609名残疾军人发放新版残疾军人证。

扎实推进县级以下烈士纪念设施建设整修工作，完成609处烈士纪念设施校核普查，启动110处纪念设施的修缮提升工作。在杭州市民政局福利院现有医疗资源基础上，增设杭州光荣院牌子，突出为“军”服务特性。

宁波市

2021年，宁波市退役军人事务系统通过数字化改革撬动退役军人事务各领域各方面创新发展，“崇军在线”智慧服务场景应用入选省数字社会第二批“最佳应用”和市第一批数字化改革“最佳应用”，“轮值站长”制度全国推广，网络崇军文化传播获退役军人事务部突出贡献奖。

一、机构建设情况

持续推进“千家站点创示范”行动，建成示范站点500余家，获评全国示范型退役军人服务中心（站）1322家、浙江省新时代枫桥式退役军人服务中心（站）253家。全市1个单位和1名个人获全国服务保障体系先进表彰，12个单位和12名个人获省退役军人服务保障先进荣誉。

二、政策法规工作

出台《宁波市退役军人事业发展“十四五”规划》，科学规划未来五年退役军人事业发展路径。

充分发挥红色资源优势，在全市退役军人事务系统深入开展党史学习专题教育宣讲活动399场次，举办学习宣传贯彻《习近平关于退役军人工作论述摘编》系列活动190余场次。

开展《退役军人保障法》《宁波市退役军人事业发展“十四五”规划》等专题业务学习培训220余场次。开展《退役军人保障法》等法律政策宣讲“六进”活动200余次，参与人次达8000余人，在村（社区）退役军人服务站开设政策法规宣传专栏1200余个。

三、思想政治和权益维护工作

深度提升服务保障能力，在基层全面推广“十小”工作法，深化落实“轮值站长”制度，全市2万余名“轮值站长”协助基层办理日常事务近30万件次，解决急事、难事12万余件次，累计服务逾50万人次。

注重先进典型引领，开展2021年全市“最美退役军人”系列学习宣传活动，选树先进个人40名、工作团队10个，3人获评省第二届“最美退役军人”。鼓励退役军人参选基层“两委”，全市“兵支书”人数增加至467名，打造基层“兵支书”工作示范点300余个。

成立宁波市退役军人志愿服务总队，启用4个新时代文明实践志愿服务WE站，为退役军人开辟参与社会治理和服务的阵地平台。全市400余支退役军人特色志愿服务队、9000余名志愿者，共开展疫情防控、抗台抢险、文明创建等活动1.3万余场次，服务基层群众10万余人次。

四、移交安置工作

全年接收安置转业军官、安排退役士兵、军休干部、随军随调家属共600余人。严格执行“六公开”“六透明”，确保安置工作公开公平公正。持续实施“直通车”安置模式，实现“人岗相适、人事相宜”。

通过微信公众号等平台，提供政策释疑、心理疏导等服务，主动做好退役军人暖心关爱、对接送岗，实现退役军人和用人单位的精准无缝对接。全市安置工作得到服务对象好评，共收到安置对象集体赠送的锦旗7面、感谢信20余封，驻地军、师两级部队赠送的锦旗2面。

五、就业创业工作

持续强化退役军人人才资源开发理念，深入开展“就业创业提升年”活动，着力打造基层就业服务“三兵”体系，创新举办“沉浸式”直播带岗21场、精准对接会32场，提供就业岗位2万余个，落实技能提升培训6100余人次，新增高质量就业500余人，5人荣获“宁波市就业之星”称号，全市退役军人就业率达97.69%。

创建市、县两级军创园12个，其中9个入选省首批退役军人就业创业基地，引进海军工程大学人才团队、项目3个，截至2021年12月，已为415家军创企业提供授信额度136亿元，贷款余额33亿元。

建成全省首家企业退役军人就业创业服务中心，积极为退役军人提供就业服务和创业孵化，目前已孵化多家退役军人企业。宁波市推荐的军创项目在全省第二届军创大赛中名列前茅。

六、军休服务管理工作

2021年7月，宁波市军休老年大学正式挂牌成立，成为全国首批挂牌的军休老年大学之一。

积极推进“三年移交”工作，对接市医保中心，开通宁波市首例医保转移绿色通道，实现军休人员即交即接即保障。积极推进信息化系统建设，通过手机端的“一码、一库、一平台”为军休干部提供优质服务。

围绕庆祝建党100周年，市级军休干部组成红色宣讲团，深入各单位、平台等累计宣讲50余场，2000余人次参加；组织开展宁波市“口述历史，致敬英雄”书籍编撰活动，采写全市军休干部中26位抗美援朝战争亲历者事迹，编辑20万字《口述历史》一书。

七、双拥工作

高水平推进新一轮双拥模范城创建。聚焦部队“三前”建设，全力支持部队建设和服务备战打仗，高质量落实各级部队官兵机动、演训的军供保障任务，建立健全全市拥军支前数据库。

突出解决官兵“三后”问题，落实军人子女入园、入学476人，协调中考加分89人。全市4人获评全省首届“最美拥军人物”，13个单位获评全省首批“社会化拥军成绩突出单位”。开展春节、“八一”走访慰问驻地驻训部队活动，发放慰问金、慰问品。

关注部队适龄青年婚恋问题，开展“拥抱军营绿”军地联谊活动，成为20余名官兵的“红娘”，得到部队官兵高度肯定。

八、优待抚恤工作

不断优化优待抚恤服务，因地制宜推进基本优待目录实施，落实落细部分优抚对象优待优先政策，及时足额落实优抚对象待遇保障，全年发放价格补贴593.7万元。

持续开展关心关爱活动，全覆盖推进义务兵父母免费体检，多样化开展部分优抚对象短期疗养，走访慰问全市烈属。持续推进部分优抚对象数据核查和享受定期抚恤优抚对象年度确认工作。

顺利完成2380本残疾证更换工作。坚持常态化联系退役军人深化“三服务”，全年系统干部共下基层开展“三服务”活动1255次，为广大退役军人、群众和基层服务站解决实际困难问题411个。

九、褒扬纪念工作

开展“百年英烈”主题活动，在烈士纪念日开展祭扫英烈慢直播，实现超百万人次观看。挖掘整理百年来为党和人民牺牲奉献的宁波英烈事迹并编撰出版《百名英烈——中国共产党在宁波100年》一书。

组织开展宁波市第二届英烈讲解员大赛暨英烈事迹宣讲活动，组织英烈事迹宣讲21场，现场观众超7万人次。联合检察部门开展全市烈士纪念设施校核和县级及以下烈士纪念设施管理保护情况督查，对全市25处烈士陵园、1559个陵园内设施、363处陵园外设施进行实地核查并完善登记信息，进行整修维护。

十、改革创新工作

推进退役军人领域数字化改革，提高全生命周期管理服务数字赋能水平，加快打造“崇军在线”退役军人智慧服务综合应用。目前，已为全市20余万名退役军人和其他优抚对象赋“老兵码”，日使用频率30万人次，总点击量累计超7000万次，并实现与基层治理“141”体系全面贯通。“崇军在线”智慧服务场景应用入选省数字社会第二批“最佳应用”和市第一批数字化改革“最佳应用”。深化落实“轮值站长”制度，试点“轮值站长”智治子场景。

安徽省

2021年，安徽省退役军人事务系统以推动退役军人工作高质量发展为主题，推进走访联系常态化、关爱帮扶多元化、移交安置精准化、就业创业品牌化、双拥共建社会化、党建引领模范化，取得积极成效。

一、机构建设情况

省委退役军人事务工作领导小组召开第五、六次会议，审议通过《安徽省退役军人工作高质量发展考核评价办法（试行）》等文件，部署年度退役军人工作。

加强机构政治文化建设，全省4家乡镇退役军人服务站入选全国“百家红色退役军人服务站”，建强115家省级红色退役军人服务站。印发《各级退役军人服务中心（站）建设管理指导标准》《基层退役军人服务中心（站）服务事项清单》，2021年县、乡、村三级建成示范型服务中心（站）1953个。

加快“互联网+退役军人服务”建设，各级服务中心（站）电子政务外网实现全贯通。完成全要素建档立卡全国试点任务，全省退役军人和其他优抚对象建档立卡数达130万人。省退役军人服务中心被评为“退役军人服务保障先进单位”。

二、政策法规工作

出台《关于加强新时代退役军人工作法治建设的意见》。制定《退役军人保障法》宣传贯彻方案并开展执法调研。开展“法律政策落实年”活动，建立重点任务清单、具体政策点清单和落实情况台账。2021年对4份行政规范性文件、30份合同、52份《残疾等级评定结果告知书》、35份信息公开答复书进行合法性审查。

三、思想政治和权益维护工作

组织开展“老兵永远跟党走”系列活动，完成“党的退役军人工作发展历程”专题访谈、“荣光之路”融媒体宣传。推动优秀退役军人选进村（社区）“两委”班子，目前全省“兵支书”人数达5300多名，占比近30%。

印发《关于开展退役军人“红耀江淮”志愿服务工作的意见》，全省招募志愿者4.5万人，组建志愿服务队5000多支，形成“1+4+N”志愿服务体系。省、市、县三级招募“红色宣讲志愿者”400余名，开展“红耀江淮——红色宣讲”志愿服务1066场次。评选出安徽“最美退役军人”集体1个、个人9名，安徽“最美拥军人物”10名。

截至2021年底，累计为退役士兵提供专项岗位5.55万个，帮助3.93万名退役士兵就业。落实常态化联系退役军人制度，帮助协调解决住房、医疗、养老等困难问题近2万件。全省法律援助咨询服务站为4800余人次提供法律援助咨询，转送援助申请121件，助力退役军人挽回经济损失或者取得利益400余万元。全省共建设“老兵谈心室”1987个，参与协调化解矛盾问题。

四、移交安置工作

圆满完成2500余名转业军官和安排工作退役士兵的安置任务。转业军官安置到党政机关和参公管理的事业单位比例达95%，退役士兵安置到事业单位岗位比例达71%。落实军队复员军官、伤残退役士兵移交安置计划，完成43名军队复员军官和35名残疾退役士兵接收安置任务，为2万余名自主就业退役士兵发放一次性经济补助4.8亿元。积极支持国防和军队改革，审核并办理113名集体转制退役军人落户手续。

五、就业创业工作

累计举办退役军人专场招聘会440场，提供就业岗位39万余个，1.7万余人达成就业意向。印发《关于开展“戎耀归皖·就业起航”2021年全省退役军人网络招聘月活动的通知》，2532家单位提供就业岗位7.68万余个。与省工商联签署合作协议，搭建退役军人和民营企业之间的就业供需平台。出台《安徽省退役军人创业园管理暂行办法》《安徽省省级退役军人就业创业园地创建标准（暂行）》，规范退役军人就业创业园地建设。累计建立退役军人就业创业园地324家，其中省级园地56家。建立就业创业指导团队，聘任56名省级退役军人就业创业导师。举办第二届全省退役军人创业创新大赛，386个项目参赛。

印发《关于进一步做好退役军人高职教育教学管理工作的通知》，加强退役军人学历教育。全年高职扩招录取4.76万人，普通专升本计划单列录取434人，免试录取退役军人315人。推行“订单式”“定向式”“定岗式”和企业新型学徒制培训，全年1.37万名退役军人参加技能培训。印发《关于开展退役军人异地技能培训工作的通知》，组织120名退役军人参加省级技能培训示范班。开展适应性培训工作，全年累计1.39万名退役军人参加适应性培训。

六、军休服务管理工作

印发《关于进一步做好移交政府安置的军队离退休干部服务管理工作的通知》，构建开门办所、融入社会、购买服务、资源共享的服务保障新模式。组织开展“光荣在党50年”纪念章颁授仪式。配合省军区制作发放新式军休干部离休退休证件2000余本。推进网络“军休所”建设，与政治引领、医疗健康、社会养老等资源有效对接。积极引入社会资源，为高龄、孤寡、失能等特殊军休干部群体提供家政、康复保健等社会化服务。开展“军休智库”试点建设，鼓励、引导军休干部开展“党史教育进校园”“白发志愿服务队”等公益活动。开展军休“口述历史”征集活动，征集事迹材料30余篇、视频14部。

七、双拥工作

推动双拥工作上升为“一把手工程”，省双拥工作领导小组组长由省政府主要负责同志担任，各市、县双拥工作领导小组组长由党委或政府主要负责同志担任。制定《安徽省双拥工作领导小组工作规则》《安徽省双拥工作领导小组办公室职责和工作制度》。建立健全军地互办实事“双清单”、成员单位专题会商、重要情况通报等工作制度。修订《安徽省双拥模范城（县）创建命名管理办法》和《考评标准》，开展新一届全省双拥模范城（县）创建工作。

开展“助力随军家属就业工程”“送岗位进军营”等活动，解决近300名随军家属就业问题。制定《安徽省军人子女教育优待工作实施细则》，1300余名军人子女享受到义务教育就近就便入学及中考加分政策。出台《深化“情系边海防官兵”拥军优属活动若干措施》，走访慰问边海防官兵家庭2000多户。成立省、市、县三级联动的拥军支前军地协调组织，组建70支、2400余人的拥军支前工作队伍，出台拥军支前工作队伍建设管理规范，加强军地军民共建活动，开展“三级法官进军营”“千家民企进军营”等活动。

八、优待抚恤工作

义务兵家庭优待金标准实现全省城乡统一，为4.7万户义务兵家庭兑现优待金4.1亿元。落实国家优待目录清单，出台《安徽省加强军人军属、退役军人和其他优抚对象优待工作的实施意见》，扩大优待服务项目范围。13家省级拥军优抚合作银行新增开设银行优先窗口6087个，发放专属银行卡14.9万张，办理拥军贷款65.3亿元。

印发《关于推进全省优抚医疗“一站式”结算平台与医疗保障信息平台对接工作的通知》，重点优抚对象享受医疗费用报销补助“一站式”办理、一体化服务。为3万名困难优抚对象发放纾困解难优待金近1.9亿元。有效使用1亿元省级革命老区农村综合保障体系建设专项资金，帮扶困难优抚对象7.6万人次。

开展“爱心献功臣、服务送上门”活动，为困难、高龄及重度残疾军人免费配发维修康复辅助器具110余件。开展“爱心送进光荣门”活动，为困难服务对象提供服务近1.4万人次。完成43.8万名重点优抚对象信息数据集中审定、3.36万名残疾人员档案核查清理和新证换发工作。

修订《安徽省光荣院管理办法》，出台《光荣院建设指南》省级地方标准。省荣军医院、省荣军康复医院与中国人民解放军联勤保障部队第901医院签署《军地医联体共建协议》。组织开展医疗巡诊活动服务近700人，全省光荣院举办短期疗养活动91期，服务优抚对象2234人。

九、褒扬纪念工作

制定全省“十四五”烈士纪念设施建设规划。打造“一中心、两群、两带”江淮烈士纪念设施红色教育新阵地。出台《省级烈士纪念设施评定规范》《零散烈士纪念设施保护管理规范》省级地方标准。争取中央财政专项补助资金9749万元，整修县级以下烈士纪念设施。完成第五批省级烈士纪念设施考评命名工作，皖北烈士陵园等5家烈士纪念设施经省政府批准予以公布。完成烈士纪念设施数据校核2.2万余条。

举办烈士褒扬纪念工作新闻发布会。评定烈士15名，换补发烈士证明书314件。关爱帮扶烈士遗属1.4万余人次，发放慰问金（品）约1090万元。开展“百年江淮英烈”褒扬纪念系列活动、“追寻先烈足迹”“我身边的英烈”主题征集展示活动等。安徽省退役军人讲解员张淞硕获“致敬国家丰碑——全国红色故事讲解员大赛”志愿组金奖。编纂出版《红色江淮 · 听爷爷讲那英烈的故事》。开展“守护 · 2021清明祭英烈”活动，接待实地祭扫120余万人次，服务群体祭扫1万余场次，代为祭扫3000余场次。开展“祖国没有忘记——为烈士寻亲”专项行动，上门为烈属采集DNA检材，为38名烈士寻找到亲人。

十、自身建设情况

健全沪苏浙皖退役军人工作常态化联系机制，落实《推进长三角退役军人事务一体化高质量发展合作备忘录》议定事项。设立省退役军人信息中心，启动安徽省退役军人信息化工程建设。

积极推进“我为群众办实事”实践活动，完成2项省级民生重点项目和12项厅本级项目。举办全省县级退役军人事务局长培训班等14个培训班，培训2600余人次。开展全省系统业务技能练兵比武，提升业务实操水平。培塑“忠诚、为军、担当、奉献”的系统文化，打造高素质专业化干部队伍。

福建省

2021年，福建省退役军人事务系统深入开展“法律政策落实年”活动，持续加强组织管理体系、工作运行体系、政策制度体系建设，推动退役军人工作“优势更优、特色更特、亮点更亮”，各项工作持续加强，呈现良好发展态势。

一、服务保障体系建设情况

落实习近平总书记关于服务保障体系“五有”“全覆盖”的重要指示要求。建强队伍，提升省、市服务中心实体化运转水平，增加县、乡两级服务中心（站）编制，至2021年底全省五级服务中心（站）18404个。加强经费保障，对全省23个扶贫开发工作重点县的4431个村（社区）退役军人服务站，省级财政每年每个给予2400元经费补助，全省其他县（市、区）参照省级财政做法，进一步加大对村（社区）退役军人服务站的经费保障力度。

标准化提升服务，围绕五个方面19项标准，推广莆田市退役军人服务综合标准化项目做法，持续建设100家省级红色服务站点，上杭县古田镇退役军人服务站等4家服务站入选全国“百家红色退役军人服务站”。

推进“士兵退役一件事”改革，拓展“互联网+退役军人服务”，依托县乡村三级服务中心（站），建立帮代办服务队伍，变“老兵跑”为“代办跑”。

二、思想政治和权益维护工作

开展“老兵永远跟党走”系列活动，参与录制“党的退役军人工作发展历程”专题访谈节目，被纳入党中央“四史”宣传教育重要内容。与省委组织部、省民政厅等5部门联合出台《关于进一步引导退役军人投身基层社会治理充分发挥作用的意见》，常态化实施“兵支书”培育工程，把优秀退役军人选拔进基层组织班子，全省共有“兵支书”4681名。

加强退役军人志愿服务探索实践，全省现有志愿服务组织（服务队）2579支，实名登记的退役军人志愿者21087人，涵盖医疗、救援、防灾减灾等217个志愿服务项目。

协助中央电视台7套拍摄播出4期福建省优秀退役军人事迹系列专题片，泉州籍退役军人陈聪河获评全国“最美退役军人”，组织开展2021年度全省“最美退役军人”学习宣传活动，评选出10名全省“最美退役军人”和10名提名奖获得者。

在宁化长征学院挂牌设立退役军人思想政治教育实践基地，引导退役军人做到“八个争当”。广泛开展“我为老兵办实事”实践活动，落实好创建示范型退役军人服务中心（站）、退役军人就业创业、帮扶困难退役军人等9项办实事项目，并结合庆祝建党100周年活动，按照“广覆盖、分层级、多渠道”的原则，推动办实事活动向常态化、精准化、长效化推进。

三、移交安置与就业创业工作

坚持“阳光安置”和“直通车”安置，全面完成转业军官、安排工作退役士兵和退出消防员安置任务，安置率达100%。

出台《就业创业指导团队管理办法》，建立289人专家团队，为全省退役军人就业创业提供指导，自主就业退役士兵就业率达95%以上；探索“教培先行、岗位跟进”模式，与28家就业服务单位签订协议；发挥军创企业引领作用，成功举办省第二届退役军人创业创新大赛，各地共177个项目参赛。全省各级组织开展242场次退役军人专场招聘，提供就业岗位逾20万个，达成就业意向9027人次。制定《福建省退役军人就业创业园地量化评价指标体系》，确定首批13家省级退役军人就业创业园地，促进退役军人学历教育、技能实训、就业见习、创业孵化“四位一体”融合发展。实现部分退役士兵养老保险办结率和缴费率“两个100%”，为近3万名符合条件的退役士兵解决后顾之忧。

做好军休干部服务保障，举办书画摄影展、趣味运动会、军休干部“口述历史”等系列活动，推广使用网络“军休所”APP，推进军休大学建设，完成3个军休所老旧小区改造，组织7批次300多名军休干部开展疗养。

四、优抚褒扬工作

贯彻落实习近平总书记重要回信精神，扎实做好革命功臣和伤残军人关心关爱工作，组织省荣军医院，联合部队和地方医院、社会团体、爱心企业开展常态化医疗巡诊活动，为1700多名优抚对象提供免费巡诊服务。“9·30”烈士纪念日和国庆节前后，为全省20万名优抚对象分送致敬礼盒、为烈士亲属发致敬卡、为退役军人发致敬短信。全面落实提标政策和抚恤补助金标准自然增长机制，全年下达优抚对象补助经费11.11亿元。

出台加强困难退役军人帮扶援助实施意见，省级财政每年安排500万元专项资金。成立省退役军人关爱协会，向社会募集帮扶财物价值超2000万元。

开展县级以下英雄烈士纪念设施整修提升专项行动，实施66个集中迁移建设项目，创新分类整修、分级负责、统一数字化管理的“两分一统”长效管护机制，明确“六个一”管护标准（一个醒目标识，一个规范墓碑，一份事迹简介，一套管理制度，一个保护边界，一条通行道路），先后在中央退役军人工作专题研讨班、全国弘扬英烈精神座谈会等会议上作典型交流。开展全省烈士纪念设施摸底工作，按照“一墓一表、一区一册”标准，对全省15278个英雄烈士纪念设施逐一采集地理坐标、烈士事迹、烈士亲属、管理单位和具体责任人等信息，推进“烈士纪念设施一张图”信息管理平台建设，打通烈士、烈属、烈士纪念设施“三烈”信息。

加强英雄烈士保护，建立英烈保护部门协调联动机制，构建退役军人事务部门牵头主管，政法、宣传、检察等部门各负其责的协调联动机制。开展烈士纪念设施展览陈列摸底排查工作，对纪念设施的展陈内容和烈士英名录编撰等进行整改、规范，改陈布展纪念堂（馆）11个。持续开展“为烈士寻亲、为烈士立传”“八闽烈士纪念设施巡礼”采访等活动，重新编撰烈士英名录和《八闽英烈传》，2021年全省各级共为225名烈士找到亲属。

五、双拥共建工作

传承弘扬习近平总书记在福建工作期间抓双拥共建工作的重要理念和重大实践，始终把双拥作为“书记工程”“主官工程”，聚焦练兵备战和官兵急难愁盼，点上破难题，面上建机制，让全国双拥模范城“满堂红”“五连冠”的“金字招牌”更加响亮。在全国双拥办主任会议上交流典型经验。

2021年，全省军地互办实事710多项，协调解决197名随军家属随调安置，527名随军家属就业，安排3216名军人子女入学。省级财政安排1000万元，支持22个拥军项目。逐一走访各重点驻军单位，在落实已有“双清单”项目的基础上，启动解决22类需地方解决的事项。聚焦“边海防”提升拥军，深入开展“情系边海防官兵”拥军优属活动，特事特办、全力解决执行边境专项任务官兵家庭困难；向执行中印边境任务的官兵赠送3000台平板电脑和3700份慰问品，获得全国双拥工作领导小组充分肯定；福州市投入230万元支持空军驻西藏日喀则部队哨所文体设施建设，添置20台洗烘一体机，提前完成全国双拥办部署的援建任务；组织宁德市与陈祥榕烈士生前部队结对共建；组织17个全国双拥模范城（县）与17个驻闽高山、海岛部队共建。

福州市“双拥+退役军人”工作法入选“全国十大示范工作法”；与无锡联勤保障中心探索建立军属优待片区协作试点，被誉为“福建模式”；发挥双拥优势，推进系统援疆，在全国退役军人事务系统对口援疆工作会议上作典型经验交流。

六、自身建设情况

牢记政治机关属性，不断提高政治站位，坚持把习近平总书记关于退役军人工作重要论述、重要讲话、重要指示批示精神作为厅党组学习“第一议题”，做到“第一时间”贯彻落实。结合开展党史学习教育和省委“再学习、再调研、再落实”活动，推动实施“书记领头学、党组研讨学、专家辅导学、青年座谈学、支部集中学、个人持续深入学”的学习长效机制，引领全厅党员干部进一步做到“学史明理、学史增信、学史崇德、学史力行”，以实际行动忠诚拥护“两个确立”，坚决做到“两个维护”。坚决扛起巡视整改责任，把治标与治本结合起来，既彻底整改巡视发现的具体问题，又注重深挖根源、举一反三，切实把巡视整改成果转化为推动退役军人工作高质量发展的强大动力。

厦门市

2021年，厦门市退役军人事务系统完善政策法规体系，加强退役军人思想政治引领，扶持就业创业，坚持“阳光安置”，完善英雄烈士纪念设施保护机制，巩固发展双拥共建成果，退役军人工作取得新成效。

一、服务保障体系建设情况

推进退役军人服务中心（站）“标准化、示范型”建设。实体化运行1个市级、6个区级退役军人服务中心和42个镇（街）、544个村（居）退役军人服务站，全市所有区级、镇（街）服务中心（站）和服务对象300人以上村（居）退役军人服务站全部通过“五有”示范型核验。协助解决基层服务中心（站）人员、经费等方面实际困难。

加强业务培训和学习交流，市退役军人事务局举办全系统业务培训，组织市、区、镇（街）退役军人事务系统干部110余人参加学习，各区采取不同形式组织退役军人工作业务培训。

二、法规制度体系建设情况

制定《厦门市退役军人事务局2021年依法行政推进法治政府建设工作方案》，运用各类媒体宣讲《退役军人保障法》，深入部队、基层，发放法律释义、辅导读本等资料近2000册。

市、区两级退役军人服务中心成立退役军人法律援助工作站，提供法律援助服务。对照《退役军人保障法》，梳理全市涉及退役军人的法规及相关政策文件。出台《关于做好退役军人法律服务工作的通知》，完成《厦门市拥军优属办法》修订。贯彻落实《关于促进新时代退役军人就业创业工作的意见》和福建省实施细则，研究出台厦门市扶持退役军人就业创业若干措施。

三、思想政治工作

开展“老兵永远跟党走”系列活动，常态实施“兵支书”培育工程，选育500多名退役军人进入基层“两委”。与《厦门日报》联合举办“戎装虽解军魂在·一颗红心永向党——我的退役故事”建党一百周年主题征文活动，登载52篇优秀退役军人事迹。宣传祁发宝等5名戍边英雄事迹，印制推送“致全市退役军人一封信”主题宣传材料，为75名2020年秋冬季立功退役士兵及现役军人立功代表送喜报发放慰问金。

开展“最美退役军人”评选，推荐2名全国“最美退役军人”候选人、4名全省“最美退役军人”候选人。退役军人游文晃荣获全国道德模范提名奖，荣登“中国好人榜”，获评全省“最美退役军人”。退役军人王刚获评全国应急管理系统先进工作者。

四、移交安置工作

制定《厦门市退役军人报到落户工作规范》，健全“阳光安置”工作机制，完善接收程序，总结提炼自主择业军队转业军官管理经验，探索制定逐月领取退役金军人接收方案。接收安置团职及以下和专业技术军转干部近200名。组织开展2021年度随军随调家属就业安置工作，共安置随军随调家属80名，其中编制内32名，其他48名。

五、军休服务管理工作

2021年，厦门市共接收军休人员60余名。发放离退休人员补助经费16121万元，管理机构补助经费556万元，军休人员医疗费用75.6万元。为全系统308名军休老党员颁发“光荣在党50年”纪念章。开设老年大学军休干部班，报名137人次，招收军休干部学员共76人。

六、就业创业工作

开展退役军人就业创业状况摸底调研，采集近2000条数据信息。开展“创业创新月”活动，举办8场退役军人专场招聘会，提供岗位23729个，促成退役军人就业300余人。组建退役军人就业创业指导团队，选聘退役军人就业创业导师，开展指导服务。

整合全市优秀培训资源，印发2022年退役军人承训机构黄页。举办“汇聚创业新力量，助推高质量发展”退役军人专场创业培训暨创业沙龙，举办“立创业创新潮头，展退役军人风采”第二届“建行杯”厦门市退役军人创业创新大赛暨全国初赛，征集、选拔16个项目参加大赛。

七、退役士兵社保接续工作

完成部分退役士兵社保接续攻坚收尾工作，截至年底，全市养老保险办结3000余人，办结比例100%，受理人数中，需缴费人员全部完成缴费，缴费率100%，实现办结率和缴费率两个百分百，圆满实现“应缴尽缴”的既定目标。

八、优待抚恤工作

组织开展优抚对象数据核查审定，核定2021年度全市优抚对象6829人。调整提高各类抚恤补助标准，按月发放优抚对象抚恤补助资金，及时办理重点优抚对象医疗救助、临时价格补贴等事项，全年发放各类抚恤补助经费近10505万元、义务兵家庭优待金6140万元。

春节、“八一”期间，组织慰问“三属”等重点优抚对象和困难退役军人，烈士公祭日和清明节增发烈属慰问金。为现役军人、退役军人和其他优抚对象家庭赠送春联和慰问信7万多副（封），开展光荣牌悬挂工作“回头看”，累计悬挂光荣牌64360面。建党100周年前夕组织慰问烈士遗属、因公牺牲军人遗属233人，发放慰问金46.6万元。

九、褒扬纪念工作

2021年，厦门烈士陵园、厦门市革命烈士事迹陈列馆及各区烈士陵园共接待10万多人次，开展专题宣讲230余场。开展向烈士敬献花篮、“守护·2021清明祭英烈”主题宣传教育活动，整理编辑《追寻先烈足迹　传承红色基因》宣讲手册，拍摄罗扬才、刘惜芬、谢景德等烈士事迹专题宣传短片，举办罗扬才、刘惜芬、王兴芬、张水锦一家等革命先烈英雄事迹宣讲活动。选送宣讲员参加“致敬国家丰碑——全国红色故事讲解员大赛”。坚持开展“为烈士寻亲”活动，为52名烈士找到亲属。

2021年，完成全市烈士纪念设施数据校核和建档立卡工作，累计校核烈士纪念设施382处。组织开展烈士纪念设施整修提升专项行动，制定《厦门市零散烈士纪念设施保护管理制度（试行）》，市、区筹集780多万元用于零散烈士纪念设施修缮维护。安排200多万元维修厦门烈士陵园、新建“烈士英名园”、安装无人语言导览讲解系统；启动厦门革命烈士事迹陈列馆改扩建项目前期工作，配合市委第三巡查组开展烈士纪念设施建设管理保护工作情况调研，联合厦门市人民检察院对全市区级及以下烈士纪念设施管理保护情况进行专项督导。

十、双拥共建工作

市委理论学习中心组与驻厦第73集团军党委中心组开展联学共建活动。做好驻厦部队和过往部队演练演训军供保障，圆满完成上级赋予的拥军支前专项演练任务。完善军地“双清单”工作机制，大力支持部队营区军事设施改造升级，协助东部战区陆军驻厦部队开展军队退役人员占用部队住房清理工作，协调解决省市重点建设涉军通信管线30余条、60公里，涉军土地20宗次、4200余亩。

十一、自身建设情况

认真落实习近平总书记关于退役军人工作重要论述，坚持和加强党的全面领导，准确把握政治机关定位，增强政治担当，聚焦“服务中心、建设队伍”两大任务，以“再学习、再调研、再落实”活动为契机，以党史学习教育为重点，深化班子成员落实党建工作联系点制度，抓实党建第一职责，认真履行“一岗双责”，推动党建与业务深度融合，为各项工作发展提供坚强政治保障。

举办基层党务干部培训，进一步提高党务工作水平。定期听取机关及直属单位党风廉政建设情况汇报、开展以“讲纪律、守底线、知敬畏”为主题的党风廉政建设警示教育周活动，推动局系统党风廉政建设和反腐败工作向纵深发展。

积极培育践行社会主义核心价值观，完善“党建+文明创建”机制，落实精准“双报到”，开展志愿服务1090人次，局系统19名党员干部分批下沉抗疫一线，在职党员累计提供抗疫志愿服务476人次。

江西省

2021年，江西省退役军人事务系统深入学习贯彻习近平总书记关于退役军人工作重要论述和视察江西重要讲话精神，全面落实各项退役军人政策，坚持创特色、求实效，结合党史学习教育，深入推行“尊崇工作法”，切实为广大军人军属、退役军人和其他优抚对象办实事、解难题。

一、机构建设情况

认真落实退役军人服务保障体系建设“五有”“全覆盖”要求，已建成省、市、县、乡、村五级退役军人服务中心（站）22934个，核定事业编制8000名，省、市、县、乡（镇）配备全额拨款事业编制的工作人员和全省村（社区）配备了退役军人服务专干4.1万余人。创建全国示范型退役军人服务中心（站）的县级退役军人服务站3家、乡镇级退役军人服务站784家、村（社区）退役军人服务站350家。全省创建红色退役军人服务站140家，5家服务站入选全国“百家红色退役军人服务站”。

出台《江西省退役军人服务中心（站）建设管理指导标准（试行）》《江西省退役军人服务专干管理办法（试行）》等规范性文件，增添“尊崇工作法”“新长征”志愿服务队、精神文明建设、作风建设等内容。

二、思想政治和权益维护工作

规范志愿服务工作，印发《关于组织退役军人志愿服务队伍开展学雷锋志愿服务的通知》《江西省退役军人志愿服务队伍管理办法》等文件，在南昌启动“学雷锋、感党恩、葆本色、显担当”志愿主题活动，全面推进志愿服务体系化建设。联合省委组织部等10部门下发《关于充分发挥退役军人在基层社会现代化治理中积极作用的实施意见》，引导退役军人积极投身基层社会治理。及时下发《关于在优秀退役军人中选树推荐培养村（社区）“两委”后备人才的通知》，组织各地推荐优秀退役军人参与基层“两委”选举。

举办首届退役军人“永远跟党走　建功新时代”主题活动，组织“回望军旅路　奋斗新征程”退役老兵宣讲大赛，选聘30余名退役军人担任思想政治工作宣传员。开展“最美退役军人”学习宣传等活动，评选2021年江西“最美退役军人”10名、“最美退役军人团队”1个。1名退役军人获评2021年度全国“最美退役军人”。将3万余名退役军人流动党员纳入组织管理，重点推进“新长征”退役军人志愿服务队伍建设和“兵支书”培养计划，共组建“新长征”退役军人志愿服务队1.7万余支，志愿者12.9万余人。

2021年村（社区）“两委”班子换届后，全省14756名退役军人在村（社区）“两委”任职。帮扶援助各类困难退役军人7万余名，投入帮扶援助资金4000万元。

三、移交安置工作

坚持高位推动，省委、省政府主要领导同志亲自审定2021年省直单位接收转业军官安置计划。将军转安置质量纳入各级党委政府高质量发展、党管武装、机关绩效和领导干部目标管理四个考核体系，并作为创建“双拥模范城”“双拥工作先进单位”重要考核内容。坚持“阳光”安置，继续推行考试考核与积分选岗、双向选择相结合的安置办法，做到安置办法、安置岗位、安置名单和考核成绩、考试成绩、积分排名、安置结果“七公开”。全省共接收安置400余名转业军官，除1人自愿选择到其他单位安置外，其余100%安置到党政机关和参公单位。

全省1700余名安排工作退役士兵和退出消防员岗位落实率达100%，其中安置到机关事业单位的占95%以上。在部分退役士兵社保补缴工作中，全省共受理并通过审核符合政策保障对象9.8万余人，其中养老保险无需补缴3.8万余人、已缴费5.9万余人，缴费率达99.78%。

四、就业创业工作

举办第二届江西“尊崇军创”退役军人创业创新大赛，成立退役军人就业创业创新导师团队，聘请首批20名省级导师。签订就业合作单位25家。开展“请战友回驻地”活动，举办“战友企业家”座谈会，建立“战友企业家”名录库1366人。积极引入社会力量推进退役军人就业创业产业园建设，授牌22个省级就业创业园地。

一年来，共组织7000余名自主就业退役士兵参加适应性培训，开展“订单式”“定向式”“定岗式”职业技能培训4236人。开展“春风行动”退役军人专场招聘活动421场次，提供岗位330178个，88150人次参与，达成就业意向协议18890人。南昌市组织135家企业开展“千企万企送真情　爱军崇军促就业”主题活动。九江市推出“退役军人贷”助力退役军人创业。

五、军休服务管理工作

高质量完成“三年移交安置”年度任务，全年接收安置军休人员76人，接收安置率172.7%。组织江西省第十六届军队离退休干部医疗队“老区行”赴鹰潭市义诊，为当地300余名优抚对象及困难群众检查问诊，免费发放药品2万余元。开展丰富多彩的军休干部文体活动，举办江西省第一届军队离退休干部“尊崇杯”运动会、第十三届“健康杯”门球赛，分批次组织1000余名军休人员赴景德镇市开展“走进陶瓷·艺享晚年”文化活动。大力打造军休人员舒适休养环境，改造完成军休老旧小区4个，加装电梯6部。

创新社会化服务军休干部模式，指导南昌市军休所与西湖区社会福利院签订“满怀忠诚讲尊崇　共建养老暖军休”协议，为军休干部提供送餐、情绪疏导、医疗护理等养老服务。转接自主择业军转干部党员组织关系2700余人，接转率100%。

六、拥军优抚工作

春节、“八一”期间，组织走访慰问和送喜报等活动。省委、省政府主要领导带头走访东部战区、驻赣部队以及退役军人和其他优抚对象。全省共发出慰问信130余万封、年画140万份，送立功受奖喜报1896人次。协调解决军人子女就学问题1859人。精心组织“满怀忠诚讲尊崇　千行百业共拥军”活动，制定优待目录。全省已有2800多家企业加入拥军联盟，开展各类拥军活动1000余次。深挖本土红色资源，组织创作双拥题材文艺作品，如赣南采茶戏《一个人的长征》、电视剧《井冈山儿女》等。

全面落实部分优抚对象等人员抚恤和生活补助标准提标工作，提标幅度10%。开展残疾评定专项核查工作，完善享受优抚政策伤残人员档案9658份，核减享受抚恤待遇伤残人员363人。持续做好残疾评定工作，全年受理材料537人，评定残疾人员320人。为468名残疾军人办理残疾关系迁移，补办残疾证91份，为216名残疾军人配置换发康复辅助器具777件。高质量完成全省1216名烈士遗属等重点优抚对象的短期疗养、休养。省荣军医院组织4批医疗专家深入全省20个县（市、区）为优抚对象开展健康巡诊。

七、褒扬纪念工作

2021年评定烈士1名，补（换）发烈士证106份。精心开展“守护·2021清明祭英烈”网上祭扫活动，实地祭扫烈士人数133.6万人次，搭建网络祭扫平台153个，网络祭扫人数突破350万人次。精心组织“9·30”烈士纪念日活动，共举办公祭活动1000场，现场参加活动人数20万余人。大力开展烈士寻亲专项工作，与军区、公安、宣传等部门建立联动机制，共享寻亲信息，已为110名烈士寻找到亲属或安葬地。持续推进红色基因传承，编印《尊崇·江西退役军人》，举办全省英烈讲解员大赛和“忠诚永铸——江西省烈士纪念设施建设巡礼”专题展。

八、深入推行“尊崇工作法”

推动“尊崇工作法”写入省委、省政府、省军区《关于加强新时代退役军人工作的实施意见》和省第十五次党代会报告、省政府工作报告。编印《“尊崇工作法”深入推行工作手册》3.5万余册，组织开展“老兵永远跟党走”“深入推行‘尊崇工作法’推动退役军人工作高质量发展”主题研讨等尊崇系列活动。召开深入推广“尊崇工作法”新闻发布会。在全省退役军人事务系统开展深入推广“尊崇工作法”示范单位和第二届“尊崇之星”评选工作。萍乡市将深入推行“尊崇工作法”纳入全市深化改革重点推进项目。上饶市在全市实行军人退役“一件事”联办。新余市结合“一月一堂课”，组织“老兵宣讲团”等宣讲近1000场次。

九、自身建设情况

扎实开展党史学习教育，结合“我为群众办实事”，创新开展“替烈士看爹娘、为烈属办实事”活动和革命英烈后代关爱行动，组织全省各级领导干部带头上门走访烈士遗属，实现全省4万余名烈属走访慰问“全覆盖”。已为110位烈士寻找到亲属或安葬地，帮助烈属解决政治待遇等7个方面实际问题12935个。《人民日报》、新华社、中央电视台、《瞭望》等媒体对此陆续进行了报道。

全面加强自身建设，印发《关于进一步激励广大干部新时代新担当新作为的实施方案》，梳理10个方面廉政风险点并予以“清单式”管控，两次全覆盖完成厅班子成员和处级以上干部政治谈话，厅机关干部全员签订《工作规范承诺书》。分级分批开展“全覆盖”教育培训，着力打造具有“铁一般的信仰、铁一般的信念、铁一般的纪律、铁一般的担当”的“四铁”队伍。

山东省

2021年，山东省退役军人事务系统坚定贯彻习近平总书记关于退役军人工作重要论述，从百年党史中汲取智慧力量，在砥砺前行中践行初心使命，各项工作取得新进展、实现新突破。

一、机构建设情况

省委、省政府从政治全局高度认识和推进退役军人工作，多次召开省委常委会会议、省政府常务会议、省委退役军人事务工作领导小组会议进行研究部署。省领导同志多次作出批示，到省厅机关调研指导，走访慰问部队和退役军人，带动各级关心退役军人、支持退役军人工作。

持续壮大退役军人工作力量。全省行政编制1800余个，事业编制1.49万个；146个军休机构、29家优抚事业单位规范运行；建成示范型退役军人服务中心（站）9403家，6.7万个乡村服务站，13万名专（兼）职人员扎根基层提供常态化服务。建立精准信息数据库，为370多万名退役军人和其他优抚对象建档立卡，动态管理、精准服务。

统筹社会力量参与支持退役军人工作。2500多家社会企业、15家主要银行、3家电信运营商为现役军人、退役军人和优抚对象提供特色优先服务。设立老兵工作室、心理咨询室9804个，建立法律援助站7796个。组建山东老兵志愿服务总队，统筹24462支志愿队、突击队、救援队，35.2万名退役军人投身志愿服务。

二、思想政治和权益维护工作

围绕庆祝建党百年开展“老兵永远跟党走”系列活动。组织“把党的关爱送到老兵心中”主题慰问，各级走访慰问28万余人。组织退役军人和系统干部职工456万人次参加“党旗飘扬在心中”知识竞赛，举办“老兵永远跟党走·让退役军人成为全社会尊重的人”主题演讲比赛。

制定退役军人思想政治工作清单，13项重点任务抓实落地。省市县三级打造228个退役军人思想政治教育基地和工作示范点。评选10名“齐鲁最美退役军人”，1人获评全国“最美退役军人”。推荐老革命、老英雄和英模后代24人参加全国“七一”观礼。各级召开退役军人代表座谈会1.1万余次。为5万余名退役军人村（社区）干部建档立卡。

参加“荣光之路”大型直播，全景展现山东退役军人工作，1000万网友在线互动、300万人点赞。对健在的28399位新中国成立前和参加抗美援朝作战老兵事迹开展“抢救性”整理保护，逐人拍摄口述视频，制作164套荣誉画册，整理2万小时高清影像资料，形成完整档案，分别赠送省市县三级党史研究院（中心）、档案馆、图书馆永久留存。打造“山东退役军人之家”新媒体矩阵，推出“印象·退役军人”短视频338期，全网点击量超18亿次。山东省退役军人事务厅召开3场新闻发布会，各级举办《退役军人保障法》等政策宣传解读活动2900余场次，送政策进军营、进企业、进校园等1200多场次，解答咨询近5万人次。

三、移交安置工作

转业军官安置按照“统一命题、统一考试、统一阅卷”原则，16个市同时开考，公开考试成绩和档案赋分、安置计划和安置结果，全省100多名具有专业特长的转业军官被安排到专业对口岗位。提高退役士兵安置岗位质量，安排工作退役士兵实行“四公开一监督”，按照服役表现量化评分排序选岗。

对安排工作退役士兵上岗定岗和工资福利待遇落实情况开展“回头看”，发现问题及时解决。对2019年、2020年省直单位转业军官进行集中封闭培训。累计为20余万名符合条件退役士兵集中补缴基本养老保险，基本医疗保险补缴工作常态化办理。

四、就业创业工作

实施山东省退役军人职业技能提升行动，将退役军人适应性培训所需经费纳入全省职业技能提升行动大盘子，给予专项资金保障，培训20869人次。规范退役军人职业技能培训承训机构评估管理，签约357家承训机构，开展培训1.1万人次。落实退役军人学历教育优待政策，1.07万人上高职（专科）、专升本、考取硕士研究生。

集中打造济南、青岛和临沂退役军人就业创业孵化基地省级中心，辐射带动“三圈”城市退役军人就业创业协同发展，全省孵化基地278个，入驻军创企业1828家，全省军创企业累计达7.37万家。开展“军岗日”招聘活动，6183家企业提供岗位12.3万个，5.19万名退役军人参与。举办第二届退役军人创业创新大赛，开展首届退役军人“就业之星”“创业之星”选树活动。

用好50亿元专项基金开展退役军人创业扶持和困难帮扶，2021年全省累计发放创业贷款1.6万笔、40.8亿元，困难帮扶资金1.9万笔、9700多万元。

五、军休服务管理工作

制定《军休干部服务管理规范》，修订《山东省军队退休干部护理费审批办法》，出台《关于鼓励和引导移交政府安置的军队离休退休干部发挥作用的意见》，推进军休服务管理标准化、规范化。

全面实施军休干部医养结合，建立起“以居家为基础、军休机构为依托、市场供给为主体、医养结合为载体”的新型军休服务保障模式，实现更高层次“病有良医、老有颐养”。改造军休老旧小区55处、面积26.94万平方米，加装电梯70部。创办青岛、济南、烟台、泰安4所军休老年大学。

组织开展全省军休干部庆祝建党100周年书画摄影展，举办“情暖军休”登上春晚。编辑出版《初心·本色——建党百年百位军休功臣口述历史》。

六、优抚褒扬纪念工作

提升优待抚恤水平。印发《关于进一步做好义务兵家庭优待金发放工作的通知》，统一全省优待金发放标准。出台《山东省抚恤定补优抚对象短期休养办法》，为部分优抚对象安排短期休养。提高在乡老复员军人补助标准，在国家提标基础上省财政每人每月再补助190元。全年共评定残疾军人1291人、调整残疾等级388人、办理抚恤关系转移共2727人，为2151名残疾军人配置辅助器具，为86142名残疾军人等换发残疾证件。

加强褒扬纪念工作。9月30日，山东省、驻济部队暨济南市在英雄山革命烈士纪念塔广场举行烈士公祭活动，举行2021年度《烈士光荣证》颁授仪式。开展清明祭英烈活动，全省网上祭扫298万人次，实地祭扫108万人次。完成《山东省烈士纪念设施规划建设修缮管理维护工作任务清单》2021年度项目1937个，完成县级及以下烈士纪念设施整修工程5169个。常态化开展“为烈士寻亲”、为英雄画像活动，为1204位烈士找到家人、让103位英烈面孔“活”起来。

七、双拥工作

6月1日至2日，全国双拥办主任会议在青岛召开，现场推广山东省双拥工作党委“一把手”工程和青岛市新时代双拥“四最”理念。威海荣成市院夼村“拥军船”62年不停航，被评为全国“最美拥军人物”集体。

围绕服务部队备战打仗双拥工作主线，各级参与拥军支前保障行动，帮助任务一线和边海防官兵家庭解决实际困难。14个军供站被评为全国重点军供站。协调落实军人子女教育优待，帮助解决随军家属安置就业。为7500名山东籍立功受奖军人家庭送喜报。全省1.6万多家拥军企业和近千家社会组织开展拥军活动。

开办《山东双拥》融媒体宣传栏目，访谈对象向县（市、区）党委书记延伸。组成双拥模范城（县）军地联合调研考评组，对45个县（市、区）调研考评。申请9类726件退役报废装备用于红色教育展陈。组织参加全国双拥主题文艺作品征集活动，全省8件作品获奖，省双拥办被评为优秀组织奖。

八、自身建设情况

持续涵养“绝对忠诚的政治品格、亲如一家的为军情怀、担当奉献的精神境界、敢打能胜的过硬作风、令行禁止的铁的纪律”军的气质系统文化，全系统“大培训、大练兵、大提升”，年内举办17个主体班次、10期“业务大讲堂”，4500余人次参与。

扎实开展党史学习教育，着力解决服务对象急难愁盼问题，中央党史学习教育指导组工作座谈会省厅典型发言，2期中央工作简报、13期省委工作简报介绍退役军人工作经验做法。

深入开展“法律政策落实年”活动，推动退役军人事务领域9方面、41项重点任务、195项具体政策点落地落实，启动《山东省退役军人保障条例》立法工作，全省退役军人工作法治化、规范化水平不断提高。

济南市

2021年，济南市退役军人事务系统深入学习贯彻习近平总书记关于退役军人工作重要论述，严格落实退役军人各项政策规定，全面做好退役军人移交安置、就业创业、军休服务管理、双拥优抚、褒扬纪念等工作，维护军人军属合法权益，不断增强退役军人和其他优抚对象的获得感、幸福感、荣誉感。

一、机构建设情况

（一）加强组织领导

全面贯彻落实中央和省委有关文件精神，济南市委常委会专题研究审议移交安置等退役军人重点工作；济南市委退役军人事务工作领导小组召开2次全体会议，高位谋划“十四五”期间全市退役军人工作，统筹推进年度重点任务。

（二）开展法律宣传

利用退役军人事务局官方网站、微信公众号，广泛学习宣传《退役军人保障法》；梳理退役军人工作10个方面186条政策点，推动政策法规落实落地；开展法律宣传活动，悬挂横幅189条，张贴海报9791张，发放《退役军人保障法》宣传资料、明白纸10万余份。

（三）建强服务体系

开展全国示范型服务中心（站）创建活动，全市16个退役军人服务中心、163个镇（街道）退役军人服务站、614个服务对象100人以上村（社区）退役军人服务站全部达标，8家服务站入选全省“百家红色退役军人服务站”，2家服务站被评为全国“百家红色退役军人服务站”。

（四）高效常态服务

召开现场会，学习新时代“枫桥经验”。组织业务大讲堂，培训区县（功能区）退役军人服务中心（站）负责人1600多人次。制定常态化联系退役军人工作规范，实现“人人联系退役军人，退役军人人人有人联系”。

二、思想政治和权益维护工作

（一）强化思想政治引领

为3629名新中国成立前和抗美援朝老退役军人建立荣誉档案，拍摄照片1.2万张、视频1169部，制作荣誉画册5100余册。举办“听老兵讲述英雄故事”活动80余场，事迹展播3000余次，点击量580万次，播发老战士、老英雄口述史26期。组建退役军人思想政治、法律援助、应急救援志愿服务“三支队伍”，市县乡村四级志愿者2.7万名，构建“双向服务”格局。

（二）选树典型示范引领

积极选树先进典型，1个单位、3名个人获全国退役军人服务保障工作表彰。评选10名“泉城最美退役军人”、10名“优秀兵支书”，举办先进事迹发布仪式。组织“把党的关爱送到老兵心中”主题慰问活动，走访慰问退役老兵3.8万余人。

（三）全力维护合法权益

持续开展“政策清零”行动，2021年，办理市政府民声连线344件、“12345”热线2717件、“8181”服务热线6098件，解答各类咨询2万余人次。开展困难救助740人次、发放困难帮扶基金458万元；指导动员社会力量参与帮扶救助，累计救助4330人次、1458万元。

三、移交安置工作

（一）严格落实安置政策

市委常委会专题研究退役军人安置工作，审议安置计划，强调安置纪律，推动安置落实；坚持“四公开一监督”安置模式，确保“阳光安置”全覆盖；积极协调组织、编制、人社、国资等部门，科学制定安置计划。

（二）圆满完成安置任务

2021年，济南市共接收安置军休干部（士官）400余名；安置转业军官200余名，90%以上安置到公务员或参公岗位；安置安排工作退役士兵600余名，50%以上安置到事业单位，其余全部安置到市属以上国有企业。

（三）积极做好兜底保障

春节期间走访退役军人5189人，开展临时救助159人次。出台7条措施，抓好退役士兵专项公益岗规范管理，2021年度新开发岗位1937个。为2788名符合条件退役士兵补缴社会保险。

四、就业创业工作

（一）创新就业创业格局

牵头推动山东省会经济圈7城市退役军人就业创业一体化发展，用好山东省退役军人就业创业孵化基地——济南中心，53家优质军创企业入驻。建立齐鲁军创联盟，云孵化培育150家军创企业。建立就业创业服务平台，300家企业登记，为退役军人就业创业牵线搭桥。

（二）举办就业创业促进活动

组织济南市退役军人创业创新大赛，102个团队参赛，3个项目参加全省大赛。用好山东省退役军人创业扶持基金，年度发放创业贷款764笔、1.99亿元。举办“军岗日”等专场招聘50场次，推介就业岗位2.6万个。评选退役军人“创业之星”10名、“就业之星”20名，选树退役军人就业创业示范基地20个。

（三）精准落实优惠政策

叠加退役军人就业创业优惠政策，评审确定31家承训机构、153个专业，年度培训退役军人3509人次，其中，转业军官岗前培训593人次，安排工作退役士兵适应性培训618人次，自主就业退役士兵适应性培训1606人次、职业技能培训692人次。为符合条件退役军人减免学费43人，发放助学金264人，落实高职单招803人。

五、军休服务管理工作

（一）全面实施军休干部医养结合

全市23家军休服务机构全面实施医养结合，累计投入1765万元，签约协作单位144家，为军休干部建门诊、设超市、办餐厅、修庭院，提供优先医疗、优惠家政、日间照料、文体娱乐、精神关爱服务。军休医养结合工作受到中央有关领导同志肯定。

（二）严格落实军休干部各项待遇

推广网络"军休所"，军休干部注册4521人。完善五级联网信息，核对并上报军休干部换证信息4596名。为5271名军队离退休干部（家属遗属）缴纳医保费用，组织2300名省直保健军休干部进行健康体检，组织45名军休干部进行荣誉疗养。

（三）开展丰富多彩军休服务活动

济南市军休大厦提供1.2万平方米活动场馆，年接待军休干部13万人次。军休老年大学开办13个专业，29个班级，每周1000余人次上课。开展"知党情、报党恩"系列公益活动，为100名为国家作出突出贡献的军休干部免费制作老照片纪念册。

六、优抚褒扬工作

（一）细化落实优抚政策

发放抚恤和生活补助金5.46万人，义务兵家庭优待金5581户，医疗补助1.47万人，一次性抚恤金129人，大病医疗救助159人。组织450名重点优抚对象进行短期休养，换发残疾军人证、伤残人民警察证、民兵民工及其他人员伤残证件7652个。

（二）实施推进重点工程

申请国家项目债3.6亿元，启动济南市优抚医院改造提升工程。争取资金5000万元，启动莱芜战役纪念馆改陈布展。开展全市烈士纪念设施整修工程，共排查烈士墓等纪念设施5265处。圆满完成烈士公祭、清明祭扫保障工作，全市参加祭扫活动71.4万人次，网上祭扫36.96万人次。

（三）创新开展褒扬纪念

投资3000余万元组织济南革命烈士陵园墓区提升改造，修缮烈士墓1663座，党史学习教育接待群众91万人次。将47名散葬烈士集中迁葬济南革命烈士陵园，举行迁葬仪式。成立济南革命烈士寻亲中心，通过DNA技术为790名无名烈士寻亲，累计成功寻亲45名，寻亲视频点击量超2.5亿人次。

七、双拥共建工作

（一）圆满完成双拥考评迎检

全面做好全国双拥模范城（县）创建工作，组织天桥区、历城区、莱芜区、钢城区高标准迎接年度调研考评工作，省考评组给予高度评价。济南军供站不断提升军供保障能力，获评"全国重点军供站"。

（二）扎实开展双拥共建活动

安置随军家属28名，发放生活补助731人，协调军人子女入学转学70人，落实中考加分政策137人。结合春节、“八一”等节点，走访慰问驻济部队148个（次），登门送立功喜报1819户。为部队协调解决国防工程施工、基础设施改造等实际困难67件。

（三）持续深化双拥宣传

因地制宜、突出特色，打造双拥主题广场、路街等48处，会同济南警备区开展大学生演讲比赛、国防教育技能竞赛、军事比武等活动，选送的双拥主题标识荣获全国一等奖。为驻济部队赠送书籍6500册，组织英模事迹报告团和军旅艺术团进企业、进学校、进社区、进村居开展国防教育、文艺演出30场次。

八、自身建设情况

建立“三五二”工作机制，组织业务学习、强化调查研究、加强沟通协调，提升工作成效。印发《济南市退役军人事务局内控制度汇编》，扎紧制度笼子。扎实组织党史学习教育，开展“我为退役军人办实事”主题实践活动，4件实事纳入市级民生项目清单。

青岛市

2021年，青岛市退役军人事务系统深入贯彻落实习近平总书记关于退役军人工作重要论述，坚持以“维护军人军属合法权益”为核心，以“让军人成为全社会尊崇的职业”为目标，围绕庆祝建党100周年和深入开展党史学习教育，突破框框办难事、集中力量办大事、踏踏实实办实事，全市退役军人事务工作开创新局面。

一、机构建设情况

（一）健全“一网统筹”体系

聚焦解决服务退役军人最后一小步问题，将四级服务体系再向下延伸一步，健全到边到底、全域覆盖的退役军人网格服务体系。按照“多网融合、一网统筹、全网联动”思路，协调推动社保、医疗、救助等服务资源力量组团向网格延伸，健全分层管理、分级解决“五步闭环”网格工作机制，把便捷服务送到广大退役军人家门口。

（二）建立“三级会商”机制

建成集咨询服务、网络办件、视频会商、数据分析、现场研判五大功能于一体的指挥调度中心，建立市、区、镇“三级会商”机制，及时回应退役军人关切。先后为42名退役士兵协调解决了调换工作岗位或地点、疫情防控期间待遇保障等合理诉求。

（三）推行“四项服务”模式

全面推行延时、预约、上门和跟踪“四项服务”工作模式，成立帮办代办服务队，为退役军人提供全程代办、贴心帮办等个性化服务，最大限度满足退役军人和其他优抚对象多元化服务需求，累计提供“四项服务”5.9万余次。

二、思想政治与权益维护工作

（一）权益维护工作形势持续向好

深入推动“人人联系退役军人，退役军人人人有人联系”工作走深走实，累计联系走访45.4万人次，为群众办实事解难题近2000件。建立完善“局长直通车”“双交办双考核”“会商评议”等机制。

（二）思想政治引领突破谋新

制定《关于加强退役军人思想政治工作的实施意见》，对全市退役军人思想政治工作进行总体谋划设计。强化典型选树，评选表扬“最美退役军人”，让广大退役军人学有榜样、做有标杆。注重作用发挥，积极做好推荐优秀退役军人担任村（社区）党组织书记工作。

（三）政策法规工作规范有序

深入贯彻落实《退役军人保障法》，扎实推进各项政策法规的规范清理。广泛开展“保障法宣传月”和“法律政策落实年”活动，落实48项重点任务，有力推动各项政策落实落地。全市退役军人事务系统组织开展政策法规学习和全员考试，明确规定考试不合格者不能上岗。

三、移交安置工作

（一）安置质量再提升

进一步提升安置质量，转业军官安置到公务员岗位比例和退役士兵安置到事业岗位比例再创历史新高。

（二）随军家属全安置

对符合条件的驻青行政事业编随军家属全部予以定向安置，受到部队、军人军属和用人单位的一致好评。

（三）跟踪督导广覆盖

首次将转业军官纳入督导范围，精准掌握转业军官和退役士兵的合同签订、待遇落实等情况，确保退役军人得到妥善安置。

（四）适应岗位无缝隙

为近两年来安置转业军官全部配齐任职辅导员，通过“师傅带徒弟”的方式，助力转业军官实现工作角色“无缝隙”转换。

（五）保险接续率先完成

组织开展拉网式排查，年内为退役士兵补缴养老保险523万元，实现缴费率100%。

四、就业创业工作

（一）提升培训实效

组织2500多名退役军人开展适应性培训和技能培训。充分利用社会优质培训资源，确定68家技能培训机构，累计设置机器人操作等110个就业前景好的专业，受到退役军人广泛欢迎。

（二）创新就业服务

举办千企万店“荣军岗”系列招聘30余场，提供就业岗位2万余个，达成就业意向2000余人。召开首届胶东经济圈五市退役军人就业创业一体化发展联席会议，组建五市退役军人就业创业联盟，为退役军人提供就业创业一体化服务。

（三）加大创业扶持

挂牌成立山东省退役军人就业创业孵化基地青岛中心，举办第二届青岛市退役军人创业创新大赛。为1800余家军创企业发放创业贷款4.1亿元，贴息4000余万元。联合税务部门出台《关于全面落实税费优惠政策　助力退役军人就业创业的意见》，变“人找政策”为“政策找人”，主动为全市500余家企业落实税收优惠近1200万元，助力退役军人实现创业梦想。

五、优抚褒扬工作

（一）进一步提升优待抚恤水平

制定《青岛市军人军属、退役军人和其他优抚对象基本优待目录实施办法》，目录共计169项，推动优待工作进一步提质增效。出台《青岛市抚恤定补优抚对象住房优待办法》，首次将现役军人及军属纳入住房优待范围。挂牌成立青岛光荣院，为3800余名优抚对象提供社会化供养服务。联合青岛市住房公积金管理中心，出台退役军人公积金优惠政策，军人退役当月就可享受公积金贷款；取消社保门槛限制，没有工作的退役军人也可以缴存使用公积金。

（二）进一步营造浓厚社会氛围

广泛开展“为烈士寻亲·让忠魂归根”“绘忆英烈”活动，联合11部门出台《青岛市英雄烈士保护部门联动协调机制》，挖掘烈士事迹，弘扬红色文化。征集广大优抚对象“微心愿”，组织爱国拥军企业和个人一对一落实，提升优抚对象幸福感。开展“丰碑永铸”英烈事迹演讲大赛，参赛人数创全市纪录。承办“老兵永远跟党走”全国主题演讲比赛，青岛市选手取得全国第三名。在全市交通要道设立双拥宣传牌，双拥主题公园、文化街实现了区（市）“全覆盖”，致敬先烈、尊崇军人、尊重退役军人的社会氛围进一步浓厚。

（三）进一步提升社会化服务水平

开发“荣军通”智慧服务平台，开展远程医疗巡诊、智慧养老等信息化服务。面向全市军人军属、退役军人和其他优抚对象办理荣军通信卡，全市重点优抚对象可免费使用宽带和收看电视，退役军人享受通信优惠。

六、军休服务管理工作

（一）健全军休服务体制

揭牌启用全国首批军休老年大学，完成军休老年大学创建、网上军休大学课堂建设两个全国性指导规范，培训军休学员4500余人。

（二）整合军休服务力量

挂牌成立青岛市军队离休退休干部服务中心，军休服务能力和水平实现了整合提升。

（三）提升军休干部“两个待遇”

为2300余名军休干部隆重举行“光荣在党50年”纪念章颁发仪式。开展首届“荣军敬老”服务周，组织“老兵唱响新征程”文艺会演等多项活动。推动军休老旧小区改造，加装电梯6部、外墙保温2000余平方米。

七、双拥工作

（一）大力推广宣传新时代双拥“青岛理念”

全国双拥工作会议首次在青岛市举办，青岛市就“最佳海湾筑军港，最美地块建营房，最优儿女穿军装，最好保障献国防”的新时代双拥“青岛理念”作典型发言，新时代双拥“青岛理念”向全国推广。

（二）扎实服务国防和军队建设

年度军地联席办公会议确定的28件互办实

事，全部办结。全力支持海军博物馆优化提升工作，按时完成场馆卧碑建设、绿化提升等工作，确保海军博物馆如期开馆。累计解决部队训练场地建设等问题30余件次。

（三）切实关爱军人军属

建立现役军人家庭联系机制，实现现役军人家庭户户有人联系。开展“情系边海防官兵”春节专项慰问活动，执行索马里护航、一线作战任务官兵家庭走访慰问全覆盖。协调解决军人子女入学入托问题1000余次。为立功受奖现役军人家庭送喜报2100余人次，发放慰问金200余万元。

（四）创新打造“荣军工作法”

推出“荣军卡”，全市近30万名退役军人持卡免费乘坐公交、地铁，免门票费游览由政府定价的公园等，使用“荣军卡”免费乘车达2700余万人次，为广大退役军人免费4500余万元。组建“荣军联盟”，招募商贸商超、文化旅游等七大类企业加盟，为现役军人、退役军人提供优待优惠。全市有近1万家企业加盟，累计拉动消费约1.3亿元，为退役军人节约费用约1300万元。打造“荣军街”，已实现“荣军街”区（市）全覆盖。启动“荣军情”，开启社会化拥军、社会化帮扶退役军人新模式，累计募捐800余万元。

八、自身建设情况

（一）扎实开展党史学习教育

制定实施方案，将党史学习教育列为党组理论中心组学习重要内容，举办党史学习教育专题学习班。发挥红色资源优势，举办主题实践活动30余场次。

（二）着力营造风清气正的政治生态

修订全面从严治党“两个责任”清单，组织签订《党风廉政建设责任书》。严格监督执纪，运用监督执纪“第一种形态”进行廉政谈话、批评教育和诫勉等。

（三）全面激发干事创业精气神

打造“荣军学堂”培训品牌，通过国家版权局登记的退役军人思想政治教育题材作品，吸引7万余人次参加课堂学习，干部队伍干事创业的精气神得到有效提升。

河南省

2021年，河南省退役军人事务系统始终高举党的旗帜、突出军的特色、营造家的感觉，按照“提速、提质、提效”总体要求，围绕“一学三抓六提高”工作布局，以“项目化管理”推进机制为抓手，推进各项工作任务，重点工作屡见出彩。

一、机构建设情况

持续加强党委退役军人事务工作领导小组建设，完善信息、督查、协调、调研等工作机制，发挥领导小组议事、协调、统筹作用，推动军队人员派驻、保险接续、政策落实等各项工作落实落地。

开展“枫桥杯”示范型退役军人服务站评选活动，大力推广服务保障体系“南召经验”，评选20家“枫桥杯”示范型退役军人服务站，建强“百家红色退役军人服务站”。按照全国示范型退役军人服务中心（站）建设标准，创建2005个示范型服务中心（站）。联合省司法厅印发《关于加强退役军人法律援助工作的意见》，指导各地挂牌设立退役军人法律援助中心（站），为退役军人办实事、解难事1200余件。

二、思想政治和权益维护工作

全面深化2020年思想政治工作试点成效，制定2021年全省退役军人思想政治教育工作巩固提升方案，探索建立以让退役军人成为“五种重要力量”为主要内容的思想政治工作新格局。

开展庆祝建党100周年——“老兵永远跟党走”系列活动，10万余名退役军人参与，河南省退役军人陈昊取得全国主题演讲比赛第2名的好成绩。开展“出彩河南人”第三届“最美退役军人”宣传推介活动，评选16名先进典型，推荐1个先进集体、5名先进个人参加全国“最美退役军人”评选，从中挑选8名先进代表组成宣讲团，开展“退役军人风采”先进典型“六进入”学习宣传活动。开展“不忘兵之初、当好兵支书”活动，近2万名退役军人进入基层“两委”。组建退役军人志愿服务组织6500个，退役军人志愿者约9万人，共捐赠物资价值4177万元，抢救安置受灾群众约32万人。

组织开展“走访慰问+六个一批”活动，累计走访447万人次，发放慰问金1.4亿元，帮扶困难人员1.9万人次，解决问题1243个，化解矛盾3252件。

三、移交安置工作

完成第二批跨军地改革集体转制部队退役军人及随调配偶落户工作，持续推进转业军官进高校专项培训试点，遴选近200人进入郑州大学、河南大学等4所高校培训。严格落实档案移交审核工作规程，圆满完成退役军官和政府安排工作退役士兵档案、军休干部年度审核接收工作。扎实做好计划移交残疾军人和复员军官移交安置工作，按期下达2021年实行计划移交残疾军人名单和2020年（含）以前已列入计划尚未移交残疾军人名单。稳步推进岗位安置工作，向7家省（中）直单位筹集退役士兵安置岗位计划近200个，4人与相关企业开展双向选择成功签约。

四、就业创业工作

探索民营企业吸纳退役军人就业制度机制，出台《河南省关于鼓励支持民营企业吸纳退役军人就业若干措施》《河南省退役军人就业创业基地（示范企业）管理办法（试行）》，授予牧原集团等11家企业“河南省退役军人就业创业基地”称号。创新实施“N个联合”行动，联合省直部门定向招录退役军人313名，推动辅警、消防员岗位直招退役军人126人；联合各地职业院校打造“直通式”就业培训实训基地，完成退役军人培训2万余人次；联合省工商联组织全省3000余家民营企业开展退役军人招聘会111场次、线上招聘会119场次，招录退役士兵2.5万余人；联合合作银行为退役军人金融贷款提供支持；联合社会力量，试点成立退役军人就业创业促进会，为9000余名退役军人提供就业创业扶持。举办河南省第二届退役军人创业创新大赛和首届退役军人创业创新直播大赛，吸引476家企业包括新疆哈密市共613名退役军人参与。

五、军休服务管理工作

全年接收军休人员500余人，分配下拨各类保障经费18亿余元，完成“军休干部换发离退休证”工作。委托省财政厅评审中心开展项目评审，确定36个河南省军休机构改造重点扶持项目，支持各级军休机构提质改造，共投入资金4190万元。组织全省“军休服务管理机构星级评定”，对59个星级军休机构授牌表彰。举行全省军休系统“老兵永远跟党走”演讲朗诵比赛等系列文体活动，评选出163个优秀节目（作品）和4个优秀组织单位。发掘31名军休干部先进典型，4个书画摄影作品获评退役军人事务部作品征集活动优秀作品，1个军休机构、2名军休工作者、4名军休干部受到全国“三先”工作表彰。

六、拥军优抚工作

下发《关于常态化解决军人“三后”问题的若干意见》，推动全省第二批6000余名跨军地改革集体转制部队退役军人及随调配偶落户工作，解决300余名随军家属的就业安置和2000余名军人子女的入学入托问题；省委书记部署召开双拥工作座谈会，印发《军地互提需求互办实事双清单落实机制》，梳理制定2021年军地互提需求互办实事“双清单”，全力解决军队和地方提出的18项问题；春节、“八一”期间慰问驻豫部队，赠送价值350万元的慰问品。累计投入

1014.7万元开展“情系边海防官兵”春节专项慰问活动，周口市代表全省与新疆驻军某基层连队结对共建，筹资500万元帮助改善提升训练生活环境。完成修订《河南省双拥模范城（县）创建命名管理办法》和《河南省双拥模范城（县）考评标准》，年度命名表彰双拥模范城（县）70个，双拥模范单位80个，双拥模范和先进个人100名。积极开展“舰城”共建活动，以省辖市命名的海军舰艇达到11艘。全省建立拥军窗口、双拥通道等双拥站点46万个，开展各类活动300多万件次，参与人数达上千万人次。

加强优抚对象数据管理，核实修正公安比对反馈问题数据2万余条，圆满完成优抚对象年度确认工作试点，在全国优抚工作培训会上作典型发言。研究起草《河南省实施〈伤残抚恤管理办法〉实施细则》，完成河南6万余名伤残人员的证件换发和残疾等级专项核查工作，部专题通报表扬；提高抚恤优待补助标准，按时下达中央和省级抚恤补助资金49.2亿元，中央和省级优抚对象医疗补助资金1.9亿元；落实义务兵家庭优待金政策，下达省级补助资金6866万元；6个优抚事业单位建设项目纳入“十四五”兜底线工程；组织1400名优抚对象开展短期疗养，为1800余名退役老兵和烈属开展健康医疗巡诊，免费送药价值14.8万元。

七、褒扬纪念工作

提前谋划、全面厘清河南省县级及以下烈士纪念设施底数，争取修缮维护经费。争取中央预算内资金支持全省5个烈士纪念设施提升改造和1个新建光荣院项目。探索烈士评定“三提前一及时”做法，完善烈士评定审查机制。

开展“百年英烈”褒扬纪念活动，先后组织“守护·2021清明祭英烈”主题宣传教育、“百年征程庆华诞　红色基因我传承”演讲比赛、“百年英烈”宣讲、“红色耀中原”故事会等特色宣传活动，特别是联合河南广播电视台，开展“共和国不会忘记——传承红色基因我为烈士寻亲”大型公益活动，推出视频80余条，点击量4亿多人次，在退役军人事务部《工作信息参考》上刊登经验做法。

八、自身建设情况

严格执行《关于加强和改进机关党的建设的实施意见》，完善党建“三级四岗”责任清单。依据《健全和完善理论学习制度机制推动党员干部理论学习提质增效的实施方案》，细化“第一议题”“五种学习方式”等制度安排，共开展集体学习30余次，研讨交流6次。

深入开展党史学习教育，以为老兵送岗位、送健康、送政策、送温暖、送服务等“五送”为主要载体，开展“学党史　开新局　为老兵办实事”系列活动。健全完善廉政风险防控机制，建立《河南省退役军人事务厅“服务保障现代化建设政治监督重点事项”台账》，推动落实厅党组全面从严治党暨党风廉政建设主体责任。

湖北省

2021年，湖北省退役军人事务系统积极主动作为，用好退役军人事务部支持湖北省退役军人工作“一揽子”政策，统筹抓好常态化疫情防控和年度重点任务落实，各项工作取得新成效，实现“十四五”良好开局。

一、机构建设情况

健全党委退役军人事务工作领导机构运行机制。推动各地设立领导小组办公室秘书机构，市、县两级批复成立领导小组秘书机构86个。召开省委退役军人事务工作领导小组第三次全体会议，研究推动工作落实。连续三年将退役军人工作纳入省委对市州党政领导班子政绩考核和平安建设（综治工作）评价体系，作为双拥模范城（县）评选表彰重要内容。

全省建成省到村五级服务中心（站）28535个，修订完善《湖北省退役军人服务中心（站）星级评定办法》《湖北省市县乡村退役军人服务中心（站）星级评定标准》，持续加强软硬件建设。2021年新增申报达标全国示范服务中心（站）1442个，3位服务中心（站）主任（站长）获“全国百名优秀退役军人服务中心（站）主任（站长）”称号。市（州）退役军人关爱协会增加至13个，省、市、县三级“退役军人关爱基金”增加至122支。

二、政策法规工作

举办全省系统学习贯彻《退役军人保障法》培训班，厅主要负责同志带头到市州作宣讲辅导，分管负责同志在省政府门户网站作政策解读。将《退役军人保障法》纳入年度普法责任清单和国家机关工作人员年度学法内容，纳入各级党校培训、法制宣讲员专题培训内容。在全国《退役军人保障法》颁布一周年电视电话会议上作交流发言。厅机关每月举办“法律政策大讲堂”，全省累计举办各类培训、讲座、授课等1400余场次，开展普法宣传活动2600余次。

组织制作《我是军属我光荣》《烈士安息莫惊扰》法治动漫微视频，获全省二等奖。联合省司法厅印发退役军人和其他优抚对象法律服务实施方案，在各级退役军人服务中心（站）设立退役军人法律援助工作站，提供法律援助1017次，为95名退役军人申请司法救助131.49万元，做法被退役军人事务部简报推介。

三、思想政治和权益维护工作

组织开展“老兵永远跟党走”——中国共产

党成立100周年系列庆祝活动，举办"让退役军人成为全社会尊重的人"主题演讲比赛，退役军人、退役军人工作者代表参加全国比赛分获二等奖、优秀奖；组织74万名退役军人参加党史知识竞赛，获一等奖1名、二等奖20名、三等奖62名。加强退役军人党员教育管理，借助党史学习教育和"光荣在党50年"纪念章颁授契机，分级推开退役军人党员组织归建行动；试点组织退役军人到属地乡镇（街道）服务站参加双重组织生活；会同组织部门举办130名退役军人党员示范培训班。

印发《"荆楚楷模·最美退役军人"学习宣传活动先进典型选树宣传办法》，组织开展2021年"荆楚楷模·最美退役军人"学习宣传活动。聚力发挥退役军人作用，为1.2万余名"兵支书"建档立卡，跟踪培养；全省各级建立退役军人志愿服务队伍15180支，服务人民群众180余万人次，荆门张富清老兵志愿服务队荣获全国学雷锋志愿服务"四个100"先进典型"最佳志愿服务组织"称号。结合党史学习教育，组织黄石市"党史爷爷"王明林等一批老兵参加党史军史宣讲。

四、移交安置工作

推行"阳光安置"，实行全省转业军官安置统一考试，完善推行转业军官"直通车"安置办法，促进人岗相适。协调机关、群团组织、企业事业单位做好接收安置工作，转业军官安置到参公以上单位的占比92.3%、安排工作退役士兵安置到事业单位的占比79.3%。复员军官、伤病残退役士兵、自主就业退役士兵有序移交接收，随调随迁家属、跨军地改革集体转制部队人员落户工作有效落实，组织200余名转业军官进高校开展专项培训、500余名转业军官参加适应性培训和公共类专业培训，成效明显。转业军官年度安置工作经验做法被退役军人事务部《退役军人工作信息参考》刊发推广。

五、就业创业工作

持续推动就业政策落实，联合教育、公安等部门出台关于延续实施部分减负稳岗扩就业政策措施、非现役人员承担普通高等学校学生军事训练工作实施试行办法、"一村一辅警"等政策文件，在政策范围内顶格扣减税收限额标准，享受税收优惠企业803家，减税规模约6983.29万元。积极做好退役士兵社保接续工作，养老保险断缴欠缴人员的缴费率为98.69%。

发布首批29家省级退役军人职业技能培训承训机构，确定首届"退役军人创业之星"和提名奖各10名，签约、授牌确定省级首批10家退役军人就业创业园地并给予资金扶持。建成4229家军创企业项目库和71名就业创业导师专家库。

大力扶持退役军人就业，消防员单列专项计划招录141名退役军人。组织退役军人参加教育培训15698人次。举办全媒体运营师培训成果展暨"战友杯"直播大赛，1473名退役军人及军属参加，610人获证；组织湖北省第二届"军创杯"大赛，183家军创企业和团队参加，评选一、二、三等奖和优胜奖共30名。第二届退役军人专场招聘会暨展示交流活动顺利完成，2000余家企业提供近7万个岗位，近4000名退役军人达成就业意向。全省组织线上线下招聘会792次，提供岗位64.18万个，帮助1.7万名退役军人实现就业。扩大公益性岗位资源供给，帮助3960名就业困难退役军人实现就业。

六、军休服务管理工作

聚力推动“三年集中移交”工作，2021年超额完成接收安置任务。完成全省军队离休干部、无军籍离休干部生活补贴提标，全面落实军休干部“两个待遇”。研究出台《进一步提升移交政府安置的军队离休退休干部服务管理水平有关措施的通知》。持续督促各地推进军休老旧小区改造。做好新式离退休证换发工作。在军休系统持续开展老年人“办事难”问题专项整治和“我为群众办实事”实践活动，组织全省共计218名军休干部进行荣誉疗养。举办厅首届军队离退休干部门球赛。在军休干部中全面推广使用网络“军休所”。

七、拥军优抚工作

按照国家统一部署，持续提高抚恤补助标准，抚恤补助实现按月发放。调整出台义务兵家庭优待金政策，发放义务兵家庭优待金4.745亿元。完成全省残疾军人专项核查和3.2万余名伤残人员的伤残证件换发工作。配合省纪委监委持续开展优抚政策落实监督检查工作，移交问题线索大幅下降。推动各市州制定出台落实优待目录清单具体办法，拓展优待内容。研究出台《湖北省优抚对象短期疗养服务管理办法（试行）》。开展优待证制发、年度确认试点工作，赤壁市光荣院社会化运营改革工作试点项目开业运营。

开展“关爱烈士后代”实事项目，全省共走访慰问烈属7072户9939人，发放慰问金1414.4万元，组织5184名烈士老年子女参加健康体检，帮扶解困1536人次。

八、双拥工作

开展“情系边海防官兵”春节专项慰问活动，统一采购定制3000份“湖北味道”糖果礼包，组织武汉市中小学生制作慰问书信、书画作品、贺卡500余份，春节前送达驻藏某边防部队。“八一”期间高规格举行军地座谈会，省委、省政府主要领导等带队走访慰问10个驻鄂军级以上部队和省消防救援总队，省双拥办组织慰问40个基层部队，赠送慰问物资共计1000余万元。全省各地走访慰问退役军人和优抚对象17.8万人，发放慰问品、慰问金共计1.18亿元；召开双拥会议、座谈会和联欢活动等514场。

积极推进社会化拥军，为部队办实事467件。落实“双清单”制度，协调解决部队困难339件。组织武汉市参加全国双拥办第一批“城连结对共建”试点。推荐郭海明评为全国“最美拥军人物”。破解“三后”难题，解决现役军人子女入学2000余人、家属就业3000余人。

九、褒扬纪念工作

持续推进烈士纪念设施提质改造，6个新建（改扩建）项目被退役军人事务部批准或确认为社会服务设施兜底线工程2022年中央预算内投资重点支持项目。联合省委宣传部、省财政厅、省人民检察院等部门印发《湖北省开展县级以下烈士纪念设施管理保护专项行动工作清单》《湖北省县级以下英雄烈士纪念设施整修工程实施方案》，组织全省褒扬纪念业务骨干专项培训，对37517座零散烈士墓和1012处烈士纪念设施进行数据校核，投入资金1.8亿元开展整修，全面提升烈士纪念设施整体面貌和管护水平。

开展“百名烈士寻亲”活动，为5名烈士找到亲属，为6名第八批回国的在韩志愿军烈士遗骸后人采集送检DNA，进行数据比对。做好疫情防控形势下清明祭扫工作，印制《文明祭扫宣传手册》60万份，各地组织集体祭扫8920场次1336992人次，代为祭扫烈士1842位，开通“守护·2021清明祭英烈”网络祭扫通道，网上祭扫超300万人次。

十、自身建设情况

围绕“抓党建、带队建、促改革、创满意”工作思路，推动党建工作和业务工作融合发展。制发实施《厅党组理论中心组学习实施细则》《加强意识形态工作的意见（试行）》《厅廉政风险排查防控实施办法（试行）》等20余项制度文件。开展“十个一”党史学习教育活动，获得省直机关党史知识竞赛决赛三等奖。深化文明单位创建活动，厅荣获省级“精神文明单位”称号。荣获第九届（2020—2021年度）省直机关“党建工作先进单位”。省委第六巡视组对厅党组开展巡视，同步开展了选人用人、意识形态工作责任制落实情况专项检查，巡视反馈问题全部整改落实，督导组对整改工作给予充分肯定。

完成《湖北省“十四五”退役军人服务和保障规划》，制发《湖北省退役军人事务厅财务管理规定（暂行）》《湖北省退役军人事务厅机关财务管理办法（暂行）》《湖北省退役军人事务厅机关政府采购管理办法（暂行）》《湖北省退役军人事务厅公费医疗管理办法（暂行）》《湖北省退役军人事务厅机关加（值）班用餐管理办法（暂行）》等机关财务管理制度和《湖北省退役军人事务厅项目资金监督管理办法》。全省退役军人事务系统信息化“1123”工程建设取得进展，获省发改委批复立项投资匡算1.28亿元，并根据急用优先、实用优先原则，先期启动“建档立卡”“视频接访”“智慧服务”等重点分项建设，建档立卡工作被纳入全国退役军人事务系统首批两个试点省份之一，完成全量数据治理和部分实现数据交换。同时在公文处理、政务公开、新闻宣传、机要保密等方面做了大量工作。全年举办培训班20个，1600余人次参与。

武汉市

2021年，武汉市退役军人事务系统坚持以《退役军人保障法》为遵循，严格贯彻中央、省、市的决策部署，认真落实移交安置、就业创业、优待抚恤和褒扬纪念等方面的政策法规，切实维护退役军人合法权益，各项工作步入健康发展轨道。

一、思想政治和权益维护工作

（一）发挥示范引领作用

持续开展武汉“最美退役军人”学习宣传活动，建立200余名优秀退役军人资源库，建档立卡2127名“兵支书”信息。开展“忆往昔峥嵘岁月　看今朝风华正茂”建党100周年征文活动，进一步在全市营造尊崇军人职业、尊重退役军人的浓厚氛围。

组建186支街道及以上退役军人志愿服务队；发起的“长江大保护”项目在全国退役军人志愿服务工作部署会交流经验；全面启动武汉市首届模范退役军人和退役军人工作先进单位、先进个人评选表彰工作，通过正面典型激励，旗帜鲜明弘扬主旋律、传播正能量。

（二）加大困难帮扶力度

及时掌握全市困难退役军人状态，按照“一人一档、一人一策”要求，有针对性地采取帮扶援助和关心关爱等措施，实施“精准帮扶”。广泛开展常态化联系退役军人活动。在市、区退役军人服务机构建立涉军法律援助工作站，积极推动服务中心（站）成为化解矛盾纠纷的“吸附器”。

二、移交安置工作

（一）转业军官安置工作

接收安置转业军官近400人。主动适应军官职业化改革要求，实施“考试考核、积分选岗”安置模式，组织所有转业军官按积分排序选岗。继续探索“直通车”安置，对取得法律资格、会计专业技术资格、医生资格、注册消防工程师等职业资格的转业军官，开辟有对应专业岗位选项的优先通道。

（二）退役士兵安置工作

接收安置近2500名自主就业退役士兵，发放自主就业地方一次性补助金2700余万元，发放完成率100%。接收安置近400名符合安排工作退役士兵和退出消防员，科学编制安置计划，坚持公平公开公正的原则，继续推行阳光安置，事业单位、国有企业安置比例进一步优化，年度退役士兵移交安置任务圆满完成。

三、就业创业工作

（一）全面完成社保接续任务

全市退役士兵社保接续补缴率达99.96%，超额完成目标任务。

（二）细化退役军人就业创业政策

会同组织、政法、人力资源社会保障等18部门就《武汉市促进新时代退役军人就业创业工作实施办法》，汇编各项政策的办理服务指南，促进退役军人就业培训、就业扶持、创业支持等政策落地。

（三）推进退役军人教育培训

择优确定45家2021—2022年度退役士兵职业技能培训承训机构，组织退役军人参加职业技能培训，享受免费培训和生活补助1407万元。

（四）搭建退役军人就业创业平台

组织退役军人招聘会、推介会36场（次），参与招聘单位1300家，提供岗位40874个，招聘岗位匹配度明显提高。设立全市首家退役军人创业孵化器，武汉市3人获湖北省首届“退役军人创业之星”称号，择优选取军创企业团队参加湖北省第二届“军创杯”，获得三等奖2名、优胜奖3名。

四、军休服务管理工作

（一）落实安置任务和相关待遇

接收安置军休干部及士官500余人，安置率100%。落实全市军休干部两个待遇，按时发放军休干部、士官离退休费及遗属生活补贴等。保障军休干部看病就医，丰富精神文化生活，筹备建设军休大学，举办文体活动，满足军休干部求知、求乐、求健康的需求。

（二）引导军休干部“老有所为”

成立老兵宣讲团，开展“五进”活动，全年累计宣讲135场，受众5万余人次，在社会上引起强烈反响。挖掘军休干部红色故事，抗美援朝老兵孙曰崇事迹在湖北电视台“戎耀荆楚”专题节目中播出；协助湖北省退役军人事务厅和湖北电视台完成上甘岭战役特等功获得者文汉春“口述历史”拍摄工作；征集军休干部事迹材料194篇。

（三）推进军休信息化建设

加快推进网络“军休所”建设，注册认证5300余人。

（四）改善军休干部休养环境

持续推进军休老旧小区改造、电梯加装及物业社会化管理工作，32部电梯加装完成，15个院落引进物业公司，军休干部获得感、幸福感进一步增强。

五、拥军优属工作

（一）优抚工作扎实推进

强化优抚数据资金监管，核准武汉市2.8万名享受国家定期抚恤补助对象数据，及时足额发放各类抚恤补助资金3亿元。

（二）常态化开展双拥创建

持续加强双拥工作阵地建设，广泛宣传双拥

模范先进事迹，武昌职业学院院长郭海明被评为全国“最美拥军人物”。全市共投入资金1.3亿元，为驻军部队及官兵解决实际问题共77大项。武汉作为全国16个双拥模范城（县）之一，与新疆某部队51分队开展结对共建试点，计划援助该部200万元用于改善基础设施条件。向西藏某部队援助100万元，用于新建营房，全力为边海防基层部队办实事解难题。

（三）切实做好褒扬纪念工作

加强烈士纪念设施管理维护工作，确定向警予烈士生平展示厅场地位置、设计方案、展陈策划大纲等。在中央、省级拨付整修资金的基础上，市级、区级拨款用于区级及以下烈士纪念设施维修改造，确保烈士纪念设施整修工程稳步推进。开展“省、市9·30向烈士敬献花篮仪式”等教育活动。

六、服务保障体系建设情况

以星级创建、示范创建为抓手，全面推进服务保障体系从“有”到“优”转变，其中市本级被湖北省退役军人事务厅评为2020年度湖北省市（州）退役军人服务中心星级创建第一名，15个区服务中心、169家街道服务站和910家具有100名服务对象的社区服务站全部达到三星级及以上标准。武昌区中华路等7家街道服务站入选全国、湖北省百家“红色退役军人服务站”。

七、自身建设情况

（一）全面从严治党

严格落实“一岗双责”“三会一课”等制度，加大执纪问责力度，全面完成了市委巡察整改任务。深入开展党史学习教育。全年组织中心组理论学习20次，组织集中辅导讲座31场次，开展现场教学活动46次，发放学习书籍资料4万余册。微党课作品《“老马”与“青马”的对话》在武汉市主题党课比赛中荣获一等奖。

（二）加强队伍建设

积极有序推进干部选拔任用、调整配备工作。组织指导军休系统开展2021年度事业单位公开招聘。全年自主举办各类培训班28期，参加上级调训及网络培训班，累计培训1300余人次，进一步提升干部综合能力素质。

（三）严格依法行政

以学习贯彻《退役军人保障法》及退役军人事务部开展“法律政策落实年”活动为契机，在推进普法教育、加强工作人员政策培训的同时，编制涵盖261项具体工作任务的重点任务清单，通过监督检查、工作考核、约谈问责等方式，加大政策法规落实督导力度，督促全市系统依法依规开展退役军人服务管理工作。

湖南省

2021年，湖南省退役军人事务系统深入学习贯彻习近平总书记关于退役军人工作重要论述和对湖南省重要讲话重要指示批示精神，以退役军人为中心，以“两个服务”为方针，着力完善“三个体系”、聚焦“四个重点”、探索“五化路径”，围绕中心、服务大局，守正创新、真抓实干，各项工作扎实有效开展，实现“十四五”良好开局。

一、机构建设情况

省委退役军人事务工作领导小组秘书处获批成立，设正处职、副处职领导职数各一名。开展红色退役军人服务站点创建工作，建立3家国家级、100家省级红色服务站点，创建2100多家示范服务站点，新田县创新异地建设退役军人服务站受到退役军人事务部专刊推荐。

与南华大学共建共管省荣军医院，推动荣军优抚医院深化改革，探索军民融合发展新路子。投入4000余万元开展信息化项目建设，2021年底已完成招投标工作。

学习宣传贯彻《退役军人保障法》近200场次，开展“法律政策落实年”活动，制定政策制度33项，涵盖社保接续、就业创业、困难帮扶、关心关爱等领域160余项配套政策的“1+N”政策制度体系不断完善。

二、思想政治和权益维护工作

出台加强退役军人思想政治工作实施意见，为退役军人党员建立“政治生日”档案，教育引导广大退役军人赓续“听党指挥”的军魂意识。联合团省委印发《关于充分发挥团青组织优势进一步做好新时代青年退役军人工作的实施意见》《关于开展服务青年退役军人“八个一”活动的通知》，激励广大青年退役军人矢志不渝听党话跟党走。

开展“十个100”“老兵永远跟党走”建党百年宣传活动，近25万人次参与，其中8000多名退役军人通过创作书法、绘画、摄影、文章作品及红色经典诵读等方式为党献礼，近500名退役军人宣讲党史1600多场次。策划“湘军有为 征程万里”等专题报道，在红网开设退役军人频道，各级新闻媒体宣传报道退役军人工作4000多篇次。全国模范退役军人朱再保被授予“全国优秀共产党员”称号，全国退役军人工作模范个人贺晓英荣获全国“最美拥军人物”称号。开展2021年度湖南省“最美退役军人”学习宣传活动，遴选10名2021年度全省“最美退役军人”并举行发布仪式。

开展常态化联系退役军人工作，慰问帮扶110余万人次，精准用好省级3000万元特殊困难援助资金，引导各级加大帮扶援助投入力度。

三、移交安置工作

推动省属国有企业接收安置退役士兵全覆盖，建立国有企业接收安置退役士兵岗位计划事前会商审核和事后落实跟踪机制。完成900余名转业军官、近60名复员军官、3700余名安排工作退役士兵和退出消防员、40余名伤病残退役士兵移交安置任务，湖南省转业军官离队报到情况被军委国防动员部通报表扬，转业军官安置经验做法被退役军人事务部推介刊发，伤病残士兵三年集中移交工作在全国伤病残士兵接收安置工作电视电话会议作典型发言，移交安置工作被《湖南快讯》刊发并在空军军地座谈会上作典型发言。

完成基本养老保险集中补缴，通过社保补缴系统共受理审核19.6万余人，养老保险办结率100%，实际缴费率97%，为到龄退休人员办结城镇职工基本医疗保险补缴3800余人，医保补缴进入常态化办理阶段。

四、就业创业工作

加大人力人才资源开发培养力度，在中南大学成立“湖南省退役军人人力资源开发管理研究中心”，在湖南农业大学成立退役军人教育学院，建立党政机关、地方高校、大型企业优势互补的人力人才开发培养机制。开展职业技能培训、创业培训，提高退役军人职业技能培训配套补贴标准，组织适应性培训1.1万余人次、学历教育近4000人。

给予部分县市区退役军人就业创业专项工作经费支持，破解税收优惠政策难落实问题，退役军人就业创业税费研究课题报告得到上级部门肯定。积极为退役军人大规模推介就业岗位、搭建就业平台，共组织专场招聘活动632场次（线下326场次，线上306场次），1.8万余家企业为退役军人提供岗位29万多个。举办第二届全省退役军人创业创新大赛，311个军创企业（项目）踊跃报名参赛。

五、军休服务管理工作

高标准完成年度军休干部接收安置任务，接收率达到163%。严格落实军休干部“两项待遇”。加快军休信息化建设，完成换发2016式离休退休干部证件的数据核查、清理、摸底、上报等工作，推广网络“军休所”，推动军休干部注册登录，提升军休服务智能化、数字化水平。加强军休老旧小区升级改造，已改造完成7个、正在改造11个。

打造军休文化特色品牌，成立“老首长”工作室，积极参与街道社区公益和文化建设等活动，涌现出了一批“老有所为”典型。组织开展军休干部门球、气排球、乒乓球、羽毛球比赛及疗养等活动，展现广大军休干部良好精神风貌。

六、双拥工作

组织召开省双拥工作领导小组第三十一次全

体会议、全省市（州）双拥办主任会议，部署开展新一届双拥模范创建工作。全省各级“八一”、春节期间走访慰问现役部队700多个次，慰问军人军属近30万人次，为7661人送上立功喜报，为部队解决实际问题150余个，赠送慰问物资2亿余元。深化开展“情系边海防官兵”拥军优属活动，出台《关于开展“为边海防官兵送温暖”拥军优属工作暂行办法》，组织省双拥工作领导小组成员单位，赴新疆军区、西藏军区边防某部、空军驻云南某部和海南武警边防某部等单位走访慰问一线湘籍官兵，为近8000户边海防官兵家庭排忧解难，走访慰问湘籍英雄航天员汤洪波，积极践行拥军使命。

做好全国第三届最美拥军人物、双拥优秀文艺作品、社会化拥军企业和拥军组织推荐评选工作。

七、优待抚恤工作

足额规范发放退役军人和其他优抚对象补助资金，待遇发放调整为一月一发。各级优抚事业单位开展优抚对象短期疗养6240人次，医疗巡诊和送医送药活动1.2万余人次，其中省荣军医院开展8期共395名一级至六级残疾军人、烈士父母和入朝作战老战士短期疗养，开展8批次医疗巡诊活动，为1271名优抚对象送医送药。研究起草《关于进一步做好烈士父母关爱工作的通知》，走访慰问烈士遗属5700余人。完成4.2万多本残疾军人证等证件换发工作。对48个优抚医院、光荣院、军供站进行维修改造，组织开展全省优抚医院、光荣院概况编写工作，完成全国第三轮重点军供站考核评估任务。

八、褒扬纪念工作

按照“四不四倡导”工作思路，安全、文明、平稳、有序推进清明祭扫工作。依法依规开展烈士评定工作，全面核对有名有姓烈士信息近11万条。积极开展为烈士寻亲活动，组织开展对安葬在华北军区烈士陵园的11名湘籍烈士身份核查认定、为烈士寻亲、异地祭扫等活动，赢得社会各界充分肯定。

出台《关于进一步加强省级烈士纪念设施保护管理的通知》，及时分配下拨维修改造补助资金支持37处烈士纪念设施提质改造。按照“应迁尽迁、集中管护”的原则，扎实推动县级以下英雄烈士纪念设施整修工作。推动烈士纪念设施与爱国主义教育基地、红色旅游线路融合发展。新增5处省级烈士纪念设施，31处烈士纪念设施成为省级爱国主义教育基地，道县陈树湘烈士纪念园、衡山毛泽建烈士陵园纳入全省精品红色旅游线路，将系统红色资源纳入《湖南党史学习教育地图》《湖南红色旅游地图》。

九、自身建设情况

扎实开展党史学习教育，下发《关于发挥退役军人事务系统资源作用服务党史学习教育的通知》，推动党史学习教育走深走实、见行见效，让党史学习教育更鲜活、更有效、更深入。开展“两优一先”评选工作和“光荣在党50年”老党员纪念章颁发、走访慰问等活动。主动接受巡视监督，扎实开展巡视整改，推动全面从严治党向纵深推进。创建“三表率一模范”机关，实施党支部“五化”提质工程，创新开展党员过“政治生日”活动。举办全省退役军人工作专题研讨班，各市州分管领导和退役军人事务部门主要负责人参加研讨。组织开展大练兵活动，培训干部近3万人次，不断提升系统干部队伍的政治判断力、政治领悟力、政治执行力。

广东省

2021年，广东省退役军人事务系统坚持全心全意为退役军人服务理念，以法治化、信息化、标准化为支撑，以强基础、抓落实、保稳定、树品牌为工作主线，凝心聚力，奋楫笃行，退役军人工作实现新发展、迈上新台阶。

一、机构建设情况

加强党对退役军人工作的集中统一领导，21个市委退役军人事务工作领导小组办公室全部下设秘书科，全省镇（街道）均成立党委退役军人事务工作领导小组，形成五级书记抓退役军人工作格局。

发挥党委退役军人事务工作领导小组把方向、管大局、保落实作用，统筹开展“六大行动”，培树“六大品牌”，组织开展全省退役军人工作综合督查，联合成员单位组建11个督查组，在全省开展全覆盖督查，切实压实地方党委政府主体责任。制定领导小组成员单位年度实事清单，84件具体实事顺利完成。

二、思想政治工作

组织开展“大走访”活动，累计走访服务对象165万人次，开展退役军人党员结对帮扶，推动“老兵管老兵、老兵做老兵思想工作”常态化，确定结对数3.6万对，解决实际问题3.8万项，涉及退役军人超过30万人。组织“老兵永远跟党走”系列庆祝活动，录制专题访谈4期，征集各类文艺作品297篇、微视频46部、知识竞赛参与56万人次。

实施“退役军人村官培养工程”，11555名退役军人进入村（社区）“两委”班子，其中2136名当选为“兵支书”。开展“广东优秀兵支书”学习宣传活动，评选出10名“广东优秀兵支书”。推荐珠海刘清伟获评全国“最美退役军人”，东莞莫浩棠获评第三届全国“最美拥军人物”。推荐优秀退役军人参加全国学雷锋志愿服务“四个100”先进典型评选活动，深圳退役军人钟立钊被评为全国“最美志愿者”。组织开展退役军人服务保障先进单位及个人评选表彰，全省13个单位、17名个人、4名军休干部获退役军人事务部和中央军委政治工作部联合表彰。

实施退役军人志愿服务工程，印发《广东省退役军人志愿服务工作指引》，募集专项基金3660万元，组建退役军人志愿服务队8459支，人员规模32.97万人，累计志愿服务时长超过3961万小时，形成深圳“红星”、广州“红棉老兵”、佛山“南狮”等地区性退役军人志愿服务品牌。

三、移交安置工作

建立“6+1”安置保障机制，完善“直通车”、双向选择、积分选岗、考试考核和指令性分配相结合的安置措施办法，完成国家下达的转业军官接收安置任务，安置到公务员（参公）岗位比例超过90%。健全省属国有企业岗位归集审核制度，加强国有企业岗位计划审核和岗位结构比例指导，妥善安置安排工作退役士兵（含退出消防员）。

四、就业创业工作

坚持为经济社会发展服务、为国防和军队建设服务方针，对全省2万名退役军人开展适应性培训，为近万名退役军人开展短期培训和中高职培训，10943人被高职扩招录取。创新开展公职人员考试“线上+线下”培训，323名退役军人被录取，占省考专项职位的63%。开展东西部教育培训对口协作试点工作，培训甘肃、青海退役军人学员47人并全部推荐就业。协调应急部门，在2021年消防员招录中调配三分之一的岗位用于招录退役士兵。

建立省退役军人农业双新双创服务中心，举办退役军人乡村振兴双新双创培训示范班，首次举办两期“广东省自主择业军转干部就业创业能力素质提升培训班”。联合举办首届农村创业创新大赛。推广军创项目，农业博览会现场签订采购订单115万。出台广东省退役军人教育培训（实训）示范基地、创业孵化示范基地认定办法，各遴选认定5个作为省十大示范性基地，同时作为广东省退役军人就业创业园地，并给予每家200万元、50万元奖补。在省级示范性基地引领下，各级确定229家教育培训基地，以及一大批创业孵化基地。建设“退役军人e学院”终身教育平台，上线1088节课程，课程浏览量达65.11万次。确定331家教育培训承训机构，同比增长45%。

举办退役军人专场招聘活动286场次，提供岗位24.6万个，全省11613名退役军人达成就业意向。落实创业扶持政策，吸纳退役军人就业补贴（1万元/人）补助168万元，为退役军人创业减免税收3.96亿元，发放一次性创业资助700万元、创业担保贷款2370.9万元。

五、军休服务管理工作

完成军休人员年度接收安置任务，接收安置率达137.2%。出台《广东省退役军人事务厅等6部门关于进一步提升移交政府安置的军队离休退休干部服务管理水平的通知》，提升军队离休退休干部服务管理水平。开展全省军休服务管理机构星级评定，深圳市军休大学成为全国6所首批揭牌军休大学之一。

六、优待抚恤工作

落实经费动态增长和优抚标准提标机制，惠及近41万名优抚对象。省财政投入配套资金10.4亿元，保障优抚对象生活水平与经济社会发展相适应，帮助符合条件的优抚对象参加医疗保险和建立补充医疗保障，落实医疗优惠待遇。强化优抚工作区域协调机制，逐步缩小地区差异，完成3.1万名残疾人员新版残疾人员证件换发工作。全年办理残疾等级评定1572人，配置残疾辅助器具51人。

组织“关爱功臣　送医送药”和短期疗养活动，投入资金500余万元，为11100多名烈属、革命功臣检查身体、建立健康档案、送医送药，组织2092名优抚对象参加短期疗养。组织开展走访慰问烈属等革命功臣活动，全省走访慰问烈属10506人，帮助解决生活、医疗、住房、教育、就业等困难894人次，投入资金1100余万元。

大力支持和推动优抚医院光荣院建设，组织实施9个提质改造项目加强军地协作，中国人民解放军南部战区总医院结对帮扶省第一、第二、第三荣军医院和肇庆市复退军人医院，推动优抚医院诊疗能力和建设水平有效提升。

七、拥军褒扬工作

落实“双清单”制度，开展保障部队演训等拥军支前工作，解决实际困难1600余件，协调1300余名随军随调家属就业，优先安排军人子女入学4200余人。协调援助资金物资2300多万元，援藏援疆工作高位高效推进。全省共建设双拥主题公园、广场和展览馆110个，开展千场万人“送法进军营”活动，组织“情系边海防官兵”拥军优属活动，赴西藏、新疆慰问艰苦边远基层连队。常态化走访慰问边海防部队官兵家庭，举办军地青年联谊活动40余场。各地驻军支持地方重大建设项目59个，派出乡村振兴工作队107个，投入资金1000余万元。精心组织“军营开放日”活动，全省共军训学生170余万人，接受国防教育1000余万人。

落细落实关心关爱英烈后代工作，建成烈士烈属信息库，投入慰问、帮扶资金近1300万元，精准规范保障烈属权益。实施县级以下英雄烈士纪念设施整修工程，零散烈士墓迁移集中保护率达80%以上。清明期间，各级烈士纪念设施现场祭扫人数约300万人次，全省共有256个烈士纪念设施管护单位开展代烈属祭扫服务，代祭扫烈士11769位。开展“百年英烈”褒扬纪念活动，建成广东英烈网等“一网三库”，14个烈士纪念设施提质改造建设英名墙。

八、服务保障工作

持续开展服务中心（站）能力提升三年行动，实施“强镇带村”工程，投入1.842亿元支持镇级服务站购买服务、星级服务站奖补，评选“优秀主任（站长）”36名、“优秀接访员”51名。开展星级示范创建，1720个县、镇级服务中心（站）获评三星级以上；全省县镇两级服务中心（站）100%创建全国示范型退役军人服务中心（站）并达标。

全省各级退役军人事务部门共帮扶退役军人和其他优抚对象40.36万人次，帮扶援助总金额达2.52亿元。充分发挥10亿元广东省退役军人应急救助资金效益，拨付应急救助资金5454.07万元，救助困难退役军人和其他优抚对象2275人。全面完成部分退役士兵社保集中补缴工作，全省受理养老保险集中补缴8.2万人，系统已办结8.1万人，缴费资金18.59亿元。

九、政策制度工作

深入开展“法律政策落实年”活动，确定257项具体政策点清单，推动法律政策落地见效。开展政策制度清理，出台“1+N”配套文件6份，政策性文件废止4份、宣布失效29份。打造《退役军人保障法》学习宣贯“十个一”工程，全省宣讲、培训《退役军人保障法》1500余场次。

制定广东省第一个退役军人服务和保障五年规划，谋划12项工程项目。组织编制实施“十四五”时期社会服务设施兜底线工程整体解决方案，重点推进优抚医院、光荣院、烈士纪念设施建设。加强改革创新，深圳获批建设退役军人工作发展先行示范区。

十、信息化工作

扎实推进信息化赋能行动，构建“一人一档”退役军人主题库，获取12个省直部门83类信息2.3亿条，分类推进政务服务事项网办网查，8大业务系统上线运行，主题库项目亮相中国电子政务论坛暨首届数字政府建设峰会。

十一、自身建设情况

深入开展党史学习教育，组织开展“七个一”系列活动，制定实施关爱英烈后代工程等12项重点民生项目，“我为群众办实事”实践活动深入推进，“六送”活动取得显著成效。

全面加强机关党的建设，制定印发三年行动计划，开展“两优一先”评比表彰工作，模范机关创建成效明显。实施干部教育培训三年规划，举办各种形式培训班（会）2500多期（次），培训各级干部近8万人次，系统干部队伍建设实现新进步。

广州市

2021年，广州市退役军人事务系统坚持以习近平新时代中国特色社会主义思想为指导，深入贯彻落实习近平总书记对广东、广州系列重要讲话和重要指示批示精神，认真落实省委、省政府“1+1+9”工作部署和市委、市政府“1+1+4”工作举措，完善“三个体系”，培树“九大品牌”，全面营造社会更加尊崇、退役军人作用充分发挥的社会新风尚。

一、机构建设情况

构建市、区、镇、村（社区）四级退役军人服务中心（站），均由党支部书记担任站长，党对退役军人工作的领导真正落到了末端、扎到了基层。

发挥市委退役军人事务工作领导小组办公室作用，召开市委退役军人事务工作领导小组单位联络员会议，制定年度工作要点，明确任务清单、责任清单，将退役军人事务工作纳入领导班子考核、双拥模范城评比和平安建设考评内容。

深入开展“基层基础基本建设年”活动，推动服务体系实体化运行，建成四级退役军人服务中心（站）2972个。开展结对帮扶和常态化联系，退役军人党员与非党员结对子6500余对，常态化联系近500人，为立功官兵送出喜报183份。全市458名“兵支书”投身乡村振兴一线。

二、思想政治与权益维护工作

举办第三届“最美退役军人”“最美拥军人物”“最美退役军人服务站站长”“最美红棉老兵”发布仪式，评选40名优秀典型代表。成立各类退役军人志愿服务队1400多支，1.8万名退役军人参与志愿活动，成立“红棉老兵”应急救援志愿服务队8支。近3.8万人次参与抗击疫情活动，571人次自发赴河南省郑州、新乡等地驰援抗洪救灾。

持续开展矛盾问题攻坚化解和有关专项治理行动，连接多方资源，用好用足政策，维护退役军人合法权益。加强“一对一”服务沟通，建立“一人一档”，为141名困难退役军人申请应急救助资金350.62万元，拨付326.69万元，与去年同期相比提升107.55%。聘请律师团队定时驻场提供法律援助，联合专业社工力量和社会公益资源，为约160户退役军人家庭解决难事。

三、移交安置工作

坚持“国防贡献、阳光透明、人岗相适”的原则，深化“直通车”试点安置办法，把“打分结构化选岗”贯穿安置全过程，完成2021年全市转业军官的现场选岗、安排工作退役士兵和退出消防员以及2020年度自主择业军转干部的移交安置工作。为7000余名退役士兵完成社保集中补缴。

四、就业创业工作

承办东西部退役军人教育培训对口协作试验班，将西藏、新疆受援地区退役士兵纳入培训范围。将退役军人培训纳入广州市“实施十项重点群体职业提升工程”，补贴经费1000万元。组织年度自主就业退役士兵“一站式”接收报到，开展适应性培训。做好创业指导、资源对接和孵化服务，落实财政、税收等扶持政策，退役军人复工复产申请政府贴息贷款3680万余元。

加强就业推荐，全市举办29场退役军人专场招聘会，举办两场“戎归羊城”网络招聘月活动，累计提供近5万个优质岗位，扶持退役军人就业5754人次。

五、军休服务管理工作

修订移交广州市安置的军休干部和无军籍职工接收管理办法，接收符合移交条件的军休干部294人。推动军休服务保障资源整合，海珠区整合原军休一所、二所、三所、四所设立海珠区军休所，黄埔区整合原军休一所、二所、三所、四所、五所组建军休中心。扎实开展军休机构星级创建工作，广州市军休所等16个服务管理机构获评广东省星级军休机构，赵燕清、彭德才被表彰为全国先进军休干部。研究出台全市深化军休干部服务管理九条工作措施，举办军休干部“学百年党史·抒军休情怀”书画摄影作品展，及时分配下拨军休经费16亿余元，为4000名军休干部换发新式离退休证，调整99名军休干部服务管理关系。

六、双拥工作

制定“军地互提需求、军地互办实事”双清单，协调处理部队战备道路、桥梁和码头建设等9项需求，为部队机动保障任务52次，车辆2282辆，为部队官兵开通专用公交专线3条。持续推动解决现役官兵“三后”（后路、后院、后代）问题，推动安置随军家属350人，协调军人子女入园入学1079人，为自主就业退役士兵提供170个招生名额，引进优秀士兵入户18人。广州市双拥工作促进会与社会企业联合推出社会化优抚平台“红棉老兵小程序”，该程序依托支付宝、微信两大客户端，首批4000多家企业为退役军人及优抚对象提供优先优惠服务。加大拥军支前工作力度，推动《广州市军供保障应急预案》落地落实，首次全程参加远海航行伴随保障。

七、优待抚恤工作

联合市委宣传部、市发展改革委等20个部门，印发退役军人等优待目录清单152条。2021年，作为全省优抚对象年度确认唯一试点地市，提前以100%的审核率完成试点工作，并在全国优抚对象身份确认工作培训会上作经验交流。为全市优抚对象足额发放医疗和抚恤补助5.1亿元，发放一次性抚恤金1.3亿元、节日慰问金2.2万人次约5600万元。完成7287名退役士兵社保补缴，缴费率99.24%。

八、褒扬纪念工作

遴选4位优抚对象和英模代表前往北京参加建党100周年庆典活动。加强烈士纪念设施排查修缮保护等专项行动，82处纪念设施纳入全国核对信息管理系统。在市人大《英雄烈士保护法》《烈士褒扬条例》执法检查中，受到广大群众肯定。

充分发挥烈士纪念设施“一址三基地”（即红色革命遗址，党员教育基地、爱国主义教育基地、国防教育基地）作用，举办“建党百年广州英烈”事迹展等近20个活动、展览，向社会各界提供红色教育1634场，受教育群众4.4万余名。举行省、市“9·30”烈士纪念日公祭烈士活动和《烈士光荣证》颁发仪式，线上线下祭扫活动近5000场次，百万群众参与。

九、自身建设情况

推动党史学习教育走深走实。制定落实全面从严治党主体责任清单、贯彻落实同级监督实施意见等文件，举办局领导班子读书班、专题授课、党史宣讲等强化理论学习，印发“我为群众办实事”重点民生项目清单，明确15个民生项目、21项具体工作。

加强规划引领，编制广州市首个退役军人事业发展“十四五”规划，梳理推动6类200余项“政策落实点”，深入开展“法律政策落实年”活动，以学法普法、创新创制、政策落实、矛盾化解、督查督办“五个专项行动”为抓手，推动法律政策进机关、进基层、进企业、进学校、进农村、进军营，夯实退役军人工作的法治基础。

深圳市

2021年，深圳市退役军人事务系统深入学习贯彻习近平总书记在庆祝中国共产党成立100周年大会上的重要讲话以及关于退役军人工作重要论述精神，坚持稳中求进总基调，建立健全“三个体系”，全面夯实“八个基础”，着力打造“六个中心”，各项工作成果丰硕。

一、思想政治工作

坚持以党建为引领，以激励为驱动，以关爱为抓手，制定实施《关于推进退役军人思想政治工作先行示范的工作方案》，创建“退役军人宣传思想系统”。联合市委组织部印发《关于规范我市退役军人党员服务管理工作的通知》，建立退役军人党建地图，全面推动退役军人党员服务管理工作提质增效。

深入组织“2021年深圳最美退役军人”评选宣传及“五进”宣讲活动，凝聚全社会关心关注退役军人的强大势能。充分发挥深圳市退役军人事务局“两网一微一刊”（“两网”即深圳市退役军人事务局官网和深圳战友网，“一微”即深圳市退役军人事务局微信公众号，“一刊”即《战友》杂志）宣传引导作用。开展“关爱功臣”等系列活动，联合深圳市关爱行动公益基金会等社会组织和爱心企业，推动成立市、区各类退役军人关爱基金，举办退役军人关爱成果展。全面摸排困难退役军人，扎实做好结对帮扶工作，广泛开展“老兵永远跟党走”活动，引导退役军人始终感恩党、永远跟党走。

二、政策法规工作

联合市发展改革委编制《深圳市退役军人事业发展“十四五”规划》。出台《深圳市促进退役军人高质量就业创业的若干措施》，加快制定配套实施细则，形成就业创业扶持“1+N”政策体系。加大《退役军人保障法》普法宣传力度，在京基100大厦、平安金融中心等地标建筑亮灯造势、营造氛围。市、区、街道三级公共法律服务中心退役军人工作站（窗口）全数挂牌，实现全市退役军人公共法律服务体系全覆盖。联合市检察院印发《关于加强退役军人司法救助工作的实施办法》，推动国家司法救助工作与困难退役军人帮扶援助措施深度融合。

三、就业创业工作

坚持“政府推动、市场引导、社会支持”的理念，打造退役军人就业创业“五个一”工程，经验做法多次获得国家、省、市信息专刊转发。高质量举办第五届、第六届“兵至如归”退役军人网络专场招聘活动，结合退役军人特点和需求，开展“名企小型专场”及“共享用工培训”等定制服务，进一步丰富品牌内涵，提升服务实效，联合深圳市人力资源和社会保障局举办“木棉花暖”2021届高校毕业生（含退役士兵大学生）大型公益网络招聘、2021年全国民营企业招聘月等活动，数万人次退役军人参与。

联合36家高校、企业及社会组织成立“市退役军人就业创业联盟”，整合优质社会资源助力退役军人就业创业。成功举办全市首届退役军人创业创新大赛，激发深圳退役军人焕发创业激情、展现深创风采。做大做强市退役军人就业创业中心，针对就业困难退役军人提供“一人一档”“一人一策”“一对一”精准帮扶。优化完善深圳市退役军人就业创业服务系统，扩容“就业需求库”“岗位信息库”和“创业项目库”，实现招聘“永不打烊”、服务“永不落幕”。联合深圳职业技术学院开办退役军人高职扩招专班，提升退役军人就业创业能力并推荐深圳职业技术学院获评全国退役军人服务保障先进单位。

四、移交安置工作

坚决扛起移交安置政治责任，不折不扣落实各项政策任务，确保将退役军人接收好、安置好、作用发挥好。高质量完成全年转业安置任务，在全省率先建立“1+5+N”三级军休服务管理体系，按照“一校五院N系”的思路，以“一所一院一特色”为目标，全力办好中南地区第一所军休老年大学。持续擦亮军休干部红星讲师团、艺术团、义诊团“三团”品牌，圆满筹办全国军休服务管理工作座谈会，获评全国“军休工作先进单位”。圆满完成随军家属安置任务，坚决打赢部分退役士兵养老保险补缴攻坚战，排名位居全省前列。

五、拥军优抚褒扬工作

谋划实施深圳市社会化拥军三年行动，围绕“1+5”重点任务推出40项有力举措。健全军地互办实事“双清单”，办好拥军实事133件，投入经费超1亿元。在全国率先打造“鹏军百宝箱”综合服务平台，推出涵盖医疗、交通、文化、保险等领域拥军“大礼包”，累计服务超20万人次。常态开展“拥军慰问进军营”92批次，送上慰问金近3000万元。“保险送精兵”投入资金180万元，助力驻深部队破解6000余名新兵演训伤病救治难题。出台基本优待目录清单，推出涵盖生活、养老等9大领域153条有力措施，全面提升军人军属、退役军人和其他优抚对象优待水平。实施关爱烈士遗属“五个一工程”，有序组织清明节、烈士纪念日等集中缅怀祭扫活动，树立崇尚英雄、关爱烈属社会风尚。

六、服务保障体系建设情况

全面系统提升退役军人服务保障效能，实现从抓组建、强基础，到精服务、出特色，再到塑品牌、创一流迭代提升。大力开展退役军人服务中心（站）星级示范创建行动，累计获评全国示范型退役军人服务中心（站）187个、广东省星级退役军人服务中心（站）84个，其中获评五星级72个，通过率85.7%。全国“百家红色退役军人服务站”南山区招商街道退役军人服务站建成启用，1人获评全国退役军人服务中心（站）“优秀主任（站长）”，5人获评广东省退役军人服务中心（站）“优秀主任（站长）”“优秀接访员”，深圳市退役军人服务中心党支部被深圳市委表彰为“深圳市先进基层党组织”。

组建各级各类退役军人红星志愿服务队295支，开展常态化志愿服务。高标准举办广东省退役军人志愿服务工作会议，在全国退役军人志愿服务工作部署会上作经验介绍。深圳市退役军人红星志愿服务队被中央宣传部、中央文明办等16部门评为全国学雷锋志愿服务“四个100”最佳志愿服务组织。围绕“一库明晰底数、一图可知全局、一号智享服务、一体运行联动”目标，完成退役军人“一库、两网、五平台”（“一库”指深圳退役军人综合信息资源库，“两网”指深圳退役军人事务局官网、深圳战友网，“五平台”指基础技术平台、智慧管理平台、综合服务平台、决策支持平台、智能办公平台）信息化系统建设，2次在全国相关会议上介绍经验做法。

七、自身建设情况

锲而不舍抓实基层基础基本建设，努力打造一支政治坚定、纪律严明、能力过硬的干部队伍。深学笃用习近平新时代中国特色社会主义思想，特别是习近平总书记关于退役军人工作重要论述，坚持将党建工作与业务工作一体谋划、一体部署、一体推进。全面推进党史学习教育，做实集中学习与个人自学、授课宣讲与研讨交流等规定动作，开展“我为烈士种棵树”“老兵永远跟党走”等特色活动。坚持将形式多样的学习教育贯穿于退役军人工作始终，聚焦学习贯彻习近平总书记关于退役军人工作的重要论述和《退役军人保障法》，举办综合能力提升培训班。

严格落实“第一议题”学习、理论中心组学习、业务学习等制度，培育退役军人事务领域行家里手。全面压实党风廉政建设主体责任，组织观看警示教育片，持续加大内部管理制度及岗位流程建设力度。树立“以实干论英雄”的鲜明导向，永葆“真抓实干、马上就办”的硬朗作风，激励广大干部职工担当作为、建功新时代。

广西壮族自治区

2021年，广西壮族自治区退役军人事务系统深入学习贯彻习近平总书记关于退役军人工作重要论述，进一步加强组织管理体系、工作运行体系、政策制度体系建设，努力促进退役军人工作政治引领作用充分发挥、安置就业质量全面提高、优待抚恤制度更加健全、合法权益得到有力维护、服务保障能力明显提升、尊崇尊重氛围不断浓厚。

一、机构建设情况

截至2021年底，广西各级退役军人行政机关126个，退役军人服务中心（站）17683个，1251个乡镇（街道）退役军人服务站完成单设，光荣院29个，荣誉军人康复医院1个，退役军人康复中心1个，退役军人精神病院4个，军队离退休干部休养所32个，军队离退休人员管理中心4个，烈士纪念建筑物管理单位26个。完成创建全国示范性退役军人服务中心（站）1362个，百色市右江区百城街道、桂林市全州县才湾镇、南宁市青秀区建政街道、北海市海城区地角街道等4个基层退役军人服务站被评为全国“百家红色退役军人服务站”。自治区、市、县、乡四级退役军人服务机构人员到位率97.85%，村（社区）退役军人服务站配备专兼职人员16810人，落实办公场所24.6万平方米。

二、思想政治和权益维护工作

一是创新思想政治教育工作。出台《关于利用好革命文物资源及烈士纪念设施建设“广西退役军人思想政治教育基地”的指导意见》，建成20家退役军人思想政治教育基地，开展活动38场次，线上线下接受思想政治教育退役军人2.1万人次。

二是发挥“兵支书”示范带动作用。激励引导优秀退役军人积极投身基层社会治理和乡村振兴，在2021年村（社区）“两委”换届中，1.03万名优秀退役军人充实进村（社区）“两委”队伍。

三是突出典型示范激励。深化开展“最美退役军人”评选及学习宣传活动，1名退役军人获评2021年度全国“最美退役军人”。

四是创新工作机制。探索“兵事兵解”新模式，在示范型退役军人服务站设立老兵调解室，鼓励引导退役军人到老兵调解室寻求法律服务和申请调解。印发《广西壮族自治区退役军人志愿服务工作方案》，以退役军人服务中心（站）为依托，探索组建“一村（社区）一队伍、一地域一品牌”的退役军人志愿服务队。

五是积极开展帮扶解困。加大广西退役军人

关爱基金会资金募集力度，获得区直国有企业资金捐赠。

三、移交安置和军休服务管理工作

研究开发广西退役军人安置工作系统，提升安置工作效率和信息化水平。稳妥推进移交安置工作，加强与组织、编制部门沟通协调，印发年度转业军官安置计划，圆满完成全区转业军官和安排工作退役士兵接收安置任务。

加大制度创新力度，印发政策制度改革若干措施，明确安排工作退役士兵安置到事业单位，首次聘用不受接收单位岗位总量和结构比例限制，全区共有120余名退役士兵直接安置到事业单位管理岗和专技岗，破解了退役士兵成长“天花板”。

出台《广西壮族自治区退役军人人事档案管理暂行办法》，全面推进退役军人人事档案科学化、制度化、规范化、信息化管理。开展军休服务管理标准化建设，推动服务管理保障模式创新发展，全面提升军休服务管理水平。加强军休干部党组织建设，创建“广西军休老年大学”，精心组织军休干部“讲军史”主题国防教育宣讲活动，举办军休干部庆祝建党100周年文艺会演。

四、就业创业工作

落实就业优先战略和积极就业政策，开展退役军人船员、全媒体运营师、健身教练、无人机操作等一批市场就业好、受退役军人欢迎的培训项目，实现退役军人“培训即就业”。着力推进易地培训，吸纳345家机构、1649个专业进入2021年退役军人职业技能培训机构和专业目录。打造就业创业平台，建设或认定退役军人创业孵化基地或创业实训基地80家，入驻退役军人创办企业482家。先后组织1万多名退役军人参加适应性培训，1.22万名退役军人参加广西退役军人八桂网络学堂学习。拓宽就业渠道，先后与18家国企和547家民企签订就业合作协议。全区共举办退役军人线上线下专场招聘会、推介会234场，吸引1万余家用人单位，提供30多万个用工岗位，累计参会退役军人12万余人次。

积极推进与优抚合作银行的合作，运用“桂惠贷”政策优势，开发名单制退役军人专属信贷产品“桂惠贷——拥军贷”，建立退役军人融资需求名单制，提前收集退役军人创办企业融资需求，纳入“拥军贷”平台管理，实现供需精准对接。以举办退役军人创业创新大赛和退役军人创业创新产品（项目）展销会等活动为引领，鼓励退役军人创业创新，帮助退役军人创办的企业开展渠道对接、产品销售，共有335家军创企业参展，65个项目参加决赛，活动期间吸引1.2万名群众参加，实现销售300多万元，订单金额近3000万元。

五、优待抚恤工作

出台《广西壮族自治区伤残抚恤管理办法实施细则》《自治区本级优抚对象短期疗养管理办法（试行）》及配套制度，将参战参试、服役期间及退役后立功受奖的退役军人纳入疗养范围。高标准完成优抚对象年度确认全国试点任务。圆满完成新式伤残证件换发工作和残疾等级评定专项核查工作，组织开展34批次巡诊，为6000余人送药送健康。推动玉林市退役军人医院升级为三级医院。

六、褒扬纪念工作

扎实做好清明期间边境烈士祭扫工作，积极倡导就地祭扫、网上祭扫和代为祭扫，各边境烈士陵园接待祭扫5.18万人次，祭扫活动整体平稳有序。牵头组织并圆满完成“9·30”烈士纪念日向人民英雄敬献花篮仪式相关工作。

圆满完成12个革命老区县（市、区）补充认定工作。与检察院等部门联合开展全区县级及以下英雄烈士纪念设施专项保护行动，扎实推动全区县级以下烈士纪念设施整修工程。完成烈士信息数据及纪念设施数据采集校核工作。

实施“致敬英烈·为烈士寻亲”自治区级“我为群众办实事”重点项目，为114位烈属寻找到烈士安葬地，为安葬在东北三省等地的101位广西籍烈士寻找到亲人，为安葬在区外烈士陵园的11位病故军人找到亲属。

七、双拥工作

广泛开展“情系边海防”拥军优属活动，推动全区4个全国双拥模范城和4个驻广西边海防基层部队结对共建。完善和落实军地相互支持、互办实事“双清单”制度，明确重点任务责任分工和时限要求，实行挂账销号。

2021年4月，经中央军委习近平主席签发命令，排水量4万吨的075型两栖攻击舰“广西舰”正式入列东部战区海军，实现了广西双拥工作的重大突破。

通过对口安置、定向招聘、货币安置等助力随军家属充分就业。2021年，全区事业单位已累计提供166个岗位定向招聘无工作的随军家属。扎实做好全国双拥主题文艺作品征集工作，自治区双拥办在全国双拥主题文艺作品征集评选中获“优秀组织奖”。开展“最美拥军人物”选树宣传活动，营造拥军优属的社会氛围。积极探索创新社会化拥军新模式，指导打造“崇军联盟”。

八、自身建设情况

着力强化学习培训，扎实开展全系统综合行政、政策法规、思想政治和权益维护、规划财务、信息化建设、移交安置、就业创业等领域业务培训，自治区本级共举办31期脱产培训班，培训工作人员2700余人次；举办15期“新时代退役军人事务大讲堂活动”，培训各级干部2800余人次。签订党建、党风廉政建设和意识形态工作责任状，层层压实党建工作责任。常态化开展季度党建工作综合督查，推动各党（总）支部“三会一课”、主题党日、谈心谈话等各项制度有效落实，举办党支部标准化规范化建设现场观摩会，开展“七一”过党的生日、“八一”进军营等特色鲜明的主题党日活动，“四强”党支部建设和党支部标准化规范化建设不断增强。

海南省

2021年，海南省退役军人事务系统坚持以习近平新时代中国特色社会主义思想为指导，深入贯彻落实习近平总书记关于退役军人工作的重要论述，坚持以退役军人为中心，不断提高退役军人服务保障水平，推动退役军人工作取得新的进展。

一、省委退役军人事务工作领导小组工作

省委退役军人事务工作领导小组充分发挥党的组织优势，加强总体谋划，研究重大问题，推动任务落实。举办全省退役军人工作专题研讨班，深入学习贯彻习近平总书记关于退役军人工作重要论述，认真学习贯彻有关会议精神，牢牢把握退役军人工作的正确方向。领导小组先后召开全体会议和专题会议，研究部署年度工作，审议《贯彻落实〈关于军地合力推动有关工作的意见〉的措施》《海南省“十四五”退役军人服务和保障规划》等5项重要文件，高位谋划推动退役军人工作。领导小组办公室出台《贯彻落实〈关于加强和改进调查研究工作的意见〉的措施》和《贯彻落实〈关于加强协调工作的意见〉的责任清单》，健全制度机制，规范工作运行。领导小组各成员单位充分发挥自身职能优势，积极支持退役军人工作，出台一系列服务优待政策措施，为全省退役军人工作多做实事、贡献力量。

二、思想政治和权益维护工作

深入开展“法律政策落实年”活动，以学习宣传贯彻《退役军人保障法》为主线，在各大网络客户端进行主题宣传、深度解读，发布稿件300余篇，梳理具体政策点清单247项并开展立改废工作，不断提升退役军人工作法治水平。

出台《海南省困难退役军人帮扶援助办法》，建立健全退役军人服务保障制度体系。充分发挥退役军人生力军作用，建立提前发现、优先选拔、精心培育、突出使用、严格管理的“五位一体”机制，打造高素质“兵支书”队伍。通过村（社区）“两委”换届选举，全省“兵支书”3919人，占比16.6%，较上届提升11.4%。打造退役军人志愿服务队伍，全省共有退役军人志愿者4260名，各类志愿服务队伍736支。

联合省委宣传部、省军区政治工作局组织开展2021年度海南省“最美退役军人”“最美拥军人物”学习宣传活动，举办2021年度海南省“最美退役军人”“最美拥军人物”发布会，评选出“最美退役军人”15名、“最美拥军人物”5名；

推选4家单位和7名个人获评全国退役军人服务保障先进单位及先进个人，1家单位和1名个人获评全国军休工作先进单位及先进个人，1人获评“先进军休干部”。

三、移交安置和军休服务管理工作

组织开展“送政策进军营”活动，探索“直通车”安置工作，将“直通车”安置对象范围从转业军官扩大到政府安排工作退役士兵。建立国有企业“事前核查+事后跟踪+督导整改”安置机制，优化中央驻琼企业安置退役士兵程序，完成年度转业军官和安排工作退役士兵安置任务。严格落实“随退随审，即交即接”工作机制，超额完成年度军休人员移交任务。出台进一步加强新时代军休服务管理工作有关政策，发布《海南省黑龙江省异地军休服务管理工作协作办法》，举办“老兵心向党　建功自贸港”主题文艺会演活动。持续抓好部分退役士兵社保接续工作。

四、就业创业培训工作

持续推进“万名老兵创业行动”和“百站创百业”活动，打造“一村一品、一镇一业”等产业发展格局，引导鼓励退役军人发挥自身优势和特长，积极投身海南自贸港建设。

积极搭建服务平台，评选授牌37家省级退役军人就业创业示范、培训和孵化基地。对接央企中国核工业第五建设有限公司，以线上线下相结合的形式举办2场专场招聘会，100多名退役军人被录用并签订劳动合同。指导各市县开展退役军人专场招聘会43场次，提供岗位3.08万个，参加人数7419人，达成就业意向1966人。开展创业项目指导、企业经营管理培训，分别在海口、琼海、三亚、儋州和保亭举办5期退役军人就业创业培训班，共计321人参加。

积极动员全省退役军人参加高职扩招报名，2021年共有3541名退役军人被录取。联合金融机构探索“兵支书+信用村”模式，开展“兵支书”“兵两委”信用村建设工作，破解退役军人创业贷款难题，共评定信用村922个、发放贷款2.4亿元，获省委领导批示。在海南自贸港创业大赛增设退役军人专门赛道，设置奖项24个、奖金98万元，全省共有27名退役军人获奖。

五、拥军优抚工作

召开全省双拥办主任会议，出台《海南省双拥工作领导小组工作规则》《海南省双拥工作领导小组成员单位工作职责》《海南省双拥工作领导小组办公室职责和工作制度》，开展新一届省级双拥模范城（县、区）届中调研活动。印发《海南省关于组建海南社会化拥军平台的通知》，发布社会化拥军平台招募公告，招募800余家成员单位。

开展春节、“八一”拥军慰问，走访慰问现役部队和官兵家庭，赠送慰问品、慰问金折合人民币共计818.75万元。印发《海南省双拥工作领导小组关于做好驻琼部队现役军人子女教育优待工作的通知》，全年全省军人子女享受教育优待政策2560人。带编安置符合条件的随军家属86人，为3312名随军家属及时发放未就业生活补助2171.74万元。完成2.9亿元各类优抚对象补助专项经费分配下拨工作。

联合省财政厅印发《关于调整部分优抚对象等人员抚恤和生活补助标准的通知》。联合省委组织部等15部门印发《海南省军人军属、退役军人和其他优抚对象优待目录实施办法》及《优待目录清单》。完成全省27114名优抚对象年度数据核查确认工作。印发《关于换发残疾军人证等证件的通知》，完成2373名伤残军人、伤残人民警察、伤残预备役人员民兵民工、因公伤残人员等优抚对象换证工作。

六、褒扬纪念工作

完成6289处烈士纪念设施的数据采集校核工作。推动定安县母瑞山革命根据地纪念园提质改造工程和琼海市杨善集烈士纪念园改造工程纳入国家重点项目库，申请社会服务设施兜底线工程2021年中央预算内投资1600万元。召开全省县级以下烈士纪念设施整修工程动员部署会，印发《海南省县级以下烈士纪念设施整修工程实施方案》，下拨5598万元整修工程专项经费，稳妥有序实施整修工程。联合省检察院开展全省县级以下烈士纪念设施管理保护专项行动，推动烈士纪念设施管护水平全面提升。

清明期间，开展“守护·2021清明祭英烈”网上祭扫英烈活动，发放《文明祭扫宣传手册》15187册，累计200万余人次参与网上悼念。出台《海南省关于做好烈士亲属异地祭扫组织服务工作的实施办法》，规范组织服务工作。组织开展海南省烈士公祭日活动，举办《烈士光荣证》颁授仪式。与海南广电国际传播融媒体中心联合推出“百名英烈”系列宣传活动，献礼建党100周年。

七、军供保障工作

保障是基础，服务是关键。省军供站始终坚持“为部队服务，为国防服务”宗旨，聚焦备战打赢，按照贴近实战要求，建立完善渠道稳定、预案健全、协调顺畅、运转高效的军地联合保障工作机制。持续优化提升应急保障能力和综合服务保障水平，高质量、高标准、高规格、零差错地完成各项军供保障任务。获赠锦旗3面、感谢信2封，被授予“军供保障先进工作单位”荣誉称号，被评为“全国重点军供站”。

八、服务保障体系建设情况

全省退役军人服务体系建设逐步实现从“有”向“优”转变。先后举办3期全省服务中心主任和服务站站长业务培训班及1场服务保障体系建设现场观摩活动。依托五级服务体系，深入开展“百站联百企”活动，在全省建立232家“站企”联络点，助力退役军人走实创业路。全省224家乡镇级、300人以上村级退役军人服务站达到示范建设标准，在全省评选表彰20家标杆型退役军人服务中心（站）。1个市级服务中心获评“全国退役军人服务保障先进单位”，2个基层服务站获评全国“百家红色退役军人服务站”，2人被评为全国退役军人服务中心（站）“百名优秀主任（站长）”。

九、自身建设情况

以政治建设为统领，加强政治学习，强化理论武装。坚持不懈用习近平新时代中国特色社会主义思想、习近平总书记关于退役军人工作重要论述武装头脑、指导实践、推动工作。紧密结合巡视整改，转变工作作风，坚持问题导向，坚持举一反三，不断强化使命意识和政治担当，构建长效机制，制定完善规章制度54项。坚定扛起全面从严治党政治责任，严格落实民主集中制，加强党支部标准化建设。持续加强系统干部培训，制定印发教育培训计划，全年共组织各类培训20期，培训系统工作人员1300余次。扎实开展党史学习教育，深入开展“查堵点、破难题、促发展”活动，梳理解决退役军人事务领域堵点难点事项共10项，积极为老兵办实事解难题。

重庆市

2021年，重庆市退役军人事务系统坚持以习近平新时代中国特色社会主义思想为指导，以高质量发展为目标、党史学习教育为动力、“法律政策落实年”为抓手，按照“提质提速、创新创优”的工作要求，扎实推动“十四五”开新局、起好步，实现新变化、呈现新气象。

一、机构建设情况

市委退役军人事务工作领导小组召开2次全体会议，听取工作报告8项，研究审议重要工作9项，全力推动解决退役军人工作重点难点问题。召开专题协调会议12次，推动各成员单位列出13项为退役军人服务的清单，跟进抓好督促落实。39项全年工作要点任务全部落实。增补3个成员单位，职责更全面、功能更完善。单设领导小组办公室秘书处，日常工作运行有了专门机构保障。

服务保障体系建设规范开展。建成退役军人服务中心（站）12163个，编配专兼职工作人员18280名。编印《重庆市退役军人服务中心（站）工作规范》，开展全市服务保障体系全要素“回头看”，创建全国示范型退役军人服务中心（站）1736家，全面实现县、乡、服务对象300人以上村“三个100%”示范创建目标。

结合建党百年，打造48家红色精品“退役军人之家”，2家退役军人服务站入选全国“百家红色退役军人服务站”。3名主任（站长）获评全国退役军人服务中心（站）“百名优秀主任（站长）”。

二、思想政治和权益维护工作

（一）扎实做好先进典型选树

评选出重庆市“最美退役军人”10名，并举办先进事迹发布仪式。全国“最美退役军人”谢彬蓉获邀赴京参加中国共产党成立100周年庆祝活动，赵孝英获邀参加“党的退役军人工作发展历程”采访。退役军人蒋诚获评“全国道德模范”，6名退役军人先进典型获邀参加中央电视台“老兵你好”栏目专访，在各类平台广泛宣传退役军人典型。

（二）积极发挥典型示范引领作用

结合党史学习教育，组织模范退役军人、“最美退役军人”宣讲活动，发挥示范引领作用。遴选一批老英雄、老战士，在重大纪念日等时间节点，以“线上+线下”的方式宣讲革命故事，展现红心永向党的良好风貌。

（三）认真做好帮扶援助工作

印发《关于加强退役军人司法救助工作的意见》，做好全市退役军人司法救助工作。筹建退役军人心理健康服务中心和志愿服务热线，以江北区“指导员在线+东江聊天室”的模式，推进“老兵帮老兵”相关工作。扎实做好退役军人困难帮扶，实现市、区两级退役军人关爱基金建立全覆盖。在元旦、春节、“八一”等重要节点开展帮扶援助专项行动，对部分困难退役军人及家庭进行帮扶援助。

三、移交安置和军休服务管理工作

（一）加强统筹谋划，强化高位推动

召开市级部门、中央在渝单位和区县接收安置退役军人工作推进会，研究解决重难点问题。将安置工作纳入对市级部门和区县年度考核内容。出台《退役军人档案管理办法》。

（二）完善安置方式，坚持公开透明

采取考试考核、双向选择、积分选岗、“直通车”和指令性安置等办法，做好退役军人安置工作。对政策性照顾对象，予以倾斜优先照顾，放宽安置区域条件限制，努力实现妥善安排、合理使用。

（三）加强沟通协调，做好军休工作

制定军休服务管理工作规范，落实军休干部“两个待遇”，开展军休失能、半失能养老试点，启动开办军休大学，配合开展军休老旧小区改造。

四、就业创业工作

（一）教育培训高效实施

完善教育培训制度，先后出台《重庆市退役军人就业创业培训工作管理指南》《关于阶段性调整完善自主就业退役士兵就业培训补助标准的通知》等文件，畅通“市级统筹、区县联动、校企合作”教育培训机制。

统筹推进各类培训项目，组织实施退役士兵“退役第一课”、转业军官适应性培训、转业军官进高校专项培训、职业技能培训等项目，全年共培训转业军官和自主就业退役士兵2.3万余人次。做好高职扩招工作，1.7万余人被录取；推进成人学历教育工作，300余人享受成人学历教育扶持政策。规范开展承训机构确认工作，165个机构（学校、企业）纳入重庆市退役军人承训机构目录。

（二）就业渠道有效拓宽

策划实施“老兵招聘月”等活动，联动四川省开展2021年川渝退役军人直播招聘周活动，全市开展退役军人专场招聘活动200余场次，9500余家用人单位提供岗位12万个，1.9万余名退役军人达成就业意向。

建立部门合作机制，与市工商联签订部门合作协议，与9个商会、14家重点民营企业开展合作，推行“权威推荐+自主就业”模式。推动落实公务员定向招录，全市共提供定向招录退役军人岗位39个。推动优秀退役军人按法定程序担任村（社区）“两委”班子成员，全市“兵支书”6600余人。用好用足税收扶持政策，引导企业主动招聘退役军人就业，全市2282户纳税

人享受退役军人税收优惠。

（三）创业扶持持续强化

举办第二届全市退役军人创业创新大赛，评选出获奖项目25个，3个项目进入全国退役军人创业创新大赛总决赛。挂牌67家退役军人就业创业园地，其中市级园地10家，园地建设实现区县全覆盖；29个区县挂牌退役军人创业孵化基地（园区）38家，其中市级创业孵化基地（园区）5家。组织开展2021年度退役军人就业创业人物评选活动，全市评选退役军人就业人物20名、创业人物10名；2家企业入选全国退役军人就业合作企业光荣榜、2名创业人物入选全国退役军人创业光荣榜。

打造全市退役军人创业孵化基地观摩点，推广退役军人创业孵化工作经验。建立就业创业导师团队，明确市级导师团队成员40名。

五、拥军优抚工作

（一）稳步提高优抚对象保障水平

及时调整抚恤补助标准，较去年同期分别提高10%以上；调整一级至四级残疾军人（含精神病五级至六级）护理费标准，较上年度增幅达5%；调整义务兵家庭优待金标准，较上年度增长5.4%。

（二）加强优抚事业单位建设

狠抓光荣院、优抚医院、军供站建设，更新设施设备，加强制度建设，提升保障效能。全市军供站均被评为全国重点军供站。

大力加强基础设施建设，支持大足优抚医院建设。协调安排中央和市级补助资金，对市内3个优抚医院（含假肢康复中心）、6个光荣院的基础设施、医疗设备、供养设施进行改善。组织市荣军院、涪陵区优抚医院与陆军军医大学第二附属医院签订结对帮扶协议，提升医疗服务水平。

（三）加大烈士遗属关心关爱力度

组织开展关爱帮扶、待遇保障、医疗保障、住房改善、社会优待“五大关心关爱行动”，建立了“一对一”结对帮扶机制，精准化、精细化服务4225名烈士遗属家庭。

（四）高质量安置驻渝部队随军家属

出台现役军人随军家属就业安置政策，“一对一”“点对点”指令性安置随军前系公务员、企事业单位人员。

（五）推进优抚对象优待工作发展进步

出台重庆市优待目录清单。在市内公共服务场所醒目位置，设置“军人依法优先”“优抚对象优先”标识，提供优先优惠服务。市内14家银行、5家保险公司、4家通信运营商落实《拥军优抚合作协议》，为全市相关服务对象提供优先优惠服务。

（六）真情服务边海防和任务部队官兵

持续开展“情系边海防官兵”活动，走访慰问任务一线和边海防官兵家庭，精准帮扶军属就业创业，为边海防一线部队和官兵解决2100余件难事。

六、褒扬纪念工作

（一）聚焦阵地建设，抓好“护”

推动烈士纪念设施动态信息化管理。对全市908处烈士纪念设施签订管护协议，明确烈士纪念设施管理保护责任。制作重庆烈士纪念设施“一图一册一库”，建立“重庆烈士信息数据库”，完善近1.8万名烈士信息，建立动态更新机制。重点做好县级以下烈士纪念设施整修保护，将77座零散烈士墓迁入陵园管理，将22座零散烈士墓迁入4处烈士集中安葬墓区管护。

（二）聚焦英烈祭扫，用心“做”

精心开展清明祭英烈活动。打造“重庆英烈网上纪念堂”，清明期间网上祭扫达240余万人次。推出网络祭扫互动平台，提供服务近1500次，参与量达400余万人次。全市烈士纪念设施保护单位组织代祭服务584人次、异地祭扫36批90人次。

在重庆歌乐山烈士陵园举行烈士纪念日公祭活动和烈士光荣证颁授仪式，1.4万余人参加。

组织各类英烈纪念和红色文化宣讲活动4800余场次，共有280万余人参加。开展主题为“百年英烈筑党魂　砥砺奋进续新篇”的祭扫活动100余场次，1000余名党员干部参加。

（三）聚焦英烈故事，用情“讲”

开展英烈故事进机关、进社区、进学校、进军营、进企业、进农村“六进”活动百余场次，制作党史学习教育、英烈故事宣讲视频44期，在“荔枝微课”微信公众号平台展播。联合相关部门，打造“传承红色基因　争做时代新人——红岩革命故事展演”，在各高校、机关企事业单位演出354场次。组织全市26家烈士纪念馆、烈士陵园、红色景区的46名优秀讲解员，参与“致敬国家丰碑——全国红色故事讲解员大赛”。

（四）聚焦英烈回家，用力“寻”

持续推送15条为烈士寻亲的信息，发出寻亲信息（函）近100条。对接媒体，宣传报道烈士寻亲开展情况。联合《重庆日报》等媒体，开设“重庆英雄烈士谱”专栏，发布相关新闻信息30余篇次。

（五）推进规范化建设实现新突破

会同相关部门制定《将烈士和符合条件的现役军人、退役军人的名录和事迹编辑录入党史、地方志的具体办法》。

七、自身建设情况

深入开展党史学习教育，扎实开展中国共产党成立100周年系列庆祝活动、“永远跟党走”群众性主题宣传教育活动和“我为群众办实事”实践活动。

全面提升党建工作质量，修订完善落实全面从严治党主体责任清单，出台全面从严治党考核实施办法，落实党组成员述责述廉制度，全覆盖开展党支部书记抓基层党建工作述职评议考核。

注重提升干部能力素质，深入实施《2020—2022年全市退役军人事务系统干部教育培训规划》，开展“大学习、大培训、大落实”行动，各级举办各类业务培训约1100期，约3.8万人次参训，有力提高干部职工政策理论水平和服务管理能力。

四川省

2021年，四川省退役军人事务系统深入学习贯彻习近平总书记关于退役军人工作重要论述及给四川省革命伤残军人休养院全体同志重要回信精神，坚持稳中求进，围绕“迈大步、上台阶、出实效”年度目标，各项工作取得新的明显实效。

一、机构建设情况

积极推进事业单位改革，挂牌成立四川省军供保障中心。健全烈士纪念设施保护体系，指导有条件的地方成立13个市级、27个县级保护中心。结合做好全省乡镇行政区划调整和村级建制调整“后半篇”文章，全省五级退役军人服务中心（站）优化为32185个，创建全国示范型服务中心（站）3497个，建成全国“百家红色退役军人服务站”5个、全省“红色退役军人服务中心（站）”146个。

提升服务效率，大力推进退役军人咨询服务大厅政务服务“一体化”，探索一门进出、一表申请、一事联办、一网通办、跨域协办“4+1”服务模式。整合共享资源，与7家央企深化合作，在部分退役军人服务站开展“服务超市”试点，为退役军人和其他优抚对象及周边群众提供便捷优质服务，内江市相关做法入选国家2021年度全面深化改革典型案例。

2021年，全省37个单位和个人被退役军人事务部、中央军委政治工作部表彰为退役军人服务保障先进单位及个人。

二、思想政治工作

开展“老兵永远跟党走”主题宣传教育，组织作品征集、主题演讲比赛、抗美援朝老战士口述史采集等系列活动及成果发布仪式等6项活动。服务全省党史学习教育，开展“我们的心永远忠于党”专题宣讲活动，牵头组建党史学习教育省委宣讲团“五老”、英雄模范先进典型宣讲分团，累计作宣讲报告7场，四川省革命伤残军人休养院老战士宣讲团被评为2021年全国“最美退役军人”。

扎实推进“三支队伍”建设，举办全省退役军人参与城乡基层治理培训班，组织开展“兵支书”普查；选聘首批12名“红色宣讲员”，四川省退役军人事务厅“红色宣讲员”参加“致敬国家丰碑——全国红色故事讲解员大赛”并荣获铜奖；印发《关于推动全省退役军人志愿服务加快发展的指导意见》。全省有“红色宣讲员”1200余人、“兵支书”6135余人、退役军人志愿者9万余人。

三、权益维护工作

强化法治思维，扎实开展“法律政策落实年”活动，抓实《退役军人保障法》学习宣传贯彻，确定并推动落实15项具体任务和258个具体政策点；将《退役军人保障法》宣传纳入“法治四川行”一月一主题活动，面向社会集中开展学法普法宣传活动8100余次，印发宣传资料36.3万余份；推动建设退役军人法律援助站，设立老兵调解工作室，提供法律咨询服务1.5万余次。召开学习推广新时代“枫桥经验”现场交流会，稳妥化解历史遗留问题，精准高效完成万余名退役士兵社保接续工作。指导各地建好用好困难退役军人关爱帮扶专项基金，基金总规模达5.99亿元，2021年帮扶困难人员5.7万人次。

四、移交安置工作

坚持“阳光安置”原则和“功绩制”导向，圆满完成转业军官和安排工作退役士兵的接收安置工作，转业军官安置到机关和参公单位比例达95%，安排工作退役士兵安置到机关和事业单位比例达90%。推动跨军地改革集体转制部队退役军人顺利落户，全力推进离退休军人和伤病残士兵三年集中移交，中央军委政治工作部老干部局和陆、海、空三军政治工作部均来信感谢。

五、就业创业工作

强化教育精准培训，组织开展“8+2”典型示范培训，组织完成适应性培训和职业技能培训3.4万余人。多措并举畅通就业渠道，组织线上线下退役军人专场招聘会687场，提供岗位57万余个。聚焦“六稳”“六保”，出台退役军人返乡入乡创业就业等具体扶持政策，加快10家省级促进退役军人就业创业产业园建设，建立10家省级促进退役军人就业创业示范基地。打造成都促进退役军人就业创业综合体，开展“2021四川省退役军人就业创业之星”推选宣传、第二届四川省退役军人创业创新大赛等活动，就业创业环境不断优化。

在天府新区探索建立全国首个省级“退役军人‘两个服务’创新发展试验区”，促进退役军人发挥更大作用。

六、军休服务管理工作

圆满完成2021年军休人员接收安置任务。加强军休干部教育管理，定期开展组织生活和学习研讨活动。跟踪指导各地做好军休服务管理机构提档升级、军休老旧小区改造等工作。依托成都市试点开展“军休大学”建设，完善军休荣誉疗养制度，提升军休服务管理水平。

组织开展“军休干部口述历史”活动，通过拍摄视频影像，留下宝贵历史资料。打造“军休大学”“少年军校”“军休中医馆”，组织“老八路”“老解放”“老革命”与中小学生积极互动，让军休干部在“传承红色基因、发扬红色传统、赓续红色血脉”方面发挥积极作用。

七、优待抚恤工作

精心组织开展“崇尚英雄、学习英雄、关

爱英雄”主题实践活动，扎实做好抗美援朝老战士日常联系和重点走访。“七一”前夕，省委、省政府主要领导专程看望慰问抗美援朝老战士，为他们颁发“光荣在党50年”纪念章；省委、省政府分管领导带队赴省革命伤残军人休养院进行走访座谈，并送去慰问演出。严格落实抚恤优待政策，及时足额发放抚恤金、生活补贴等。推进优抚医院、光荣院整体提升和残疾军人集中供养标准化，升级改造3家省级优抚医院。走访慰问烈士遗属、功臣模范等7.4万人。开展巡回医疗20余批次，惠及优抚对象1.3万余人。印发四川省《关于加强军人军属、退役军人和其他优抚对象优待工作的实施意见》，制定军人军属和退役军人优待目录清单。做好残疾证件换发和专项核查工作，完成伤残人员证换发5.5万余本，完善伤残人员档案资料和电子信息库。

八、双拥共建工作

调整充实省双拥工作领导小组，将成员由21个增加到37个，全部由军地部门主要负责人担任。“八一”期间，省委、省政府6个慰问团前往驻川部队走访慰问、座谈交流等。

持续开展“机关干部走海防”“情系边海防官兵”等活动，2021年帮助部队官兵解决实际困难697个。开展社会化拥军试点，组织开展社会化拥军企业、社会组织遴选工作。全国双拥模范城（县）双拥专职干部培训班在四川绵阳市举办，四川5件文艺作品在全国双拥主题文艺作品征集评选活动中获奖，抗美援朝老战士涂伯毅获评全国“最美拥军人物”。

九、褒扬纪念工作

印发《四川省烈士纪念设施三年提升行动方案（2021—2023年）》，规划新建、提质改造178个项目。围绕“长征丰碑、川陕苏区、将帅故里、三线建设、两弹一星、川藏公路”特定主题规划建设标志性烈士纪念设施。零散纪念设施实施“应迁尽迁、集中管护”。

出台《四川省烈士纪念活动操作指引》等6个工作指引，推进褒扬纪念工作规范化、制度化。建立健全烈士纪念设施保护体系，加强管理维护、史料研究、宣传讲解3支队伍建设。精心组织烈士纪念活动，改版上线“四川英烈纪念堂”，群众参与线上线下祭扫超200万人次；隆重举行“向人民英雄敬献花篮仪式”“为烈士寻亲”活动，广受好评。

十、自身建设情况

将退役军人工作纳入全省“十四五”规划纲要并专节表述。建立省、市两级项目储备库，2021年获中央预算内投资支持项目6个。制发《军休干部（士官）服务管理规范》等3项省级地方标准，退役军人工作制度化规范化迈出新步伐。

实施“5432”干部能力素质提升工程，“5”即开展“政治理论和党性、国防意识、军旅文化、专业知识、党纪党规”五项教育，“4”即打造干部教育“一网一中心两讲堂五基地”四大培训平台，“3”即抓住“领导干部+业务骨干+年轻干部”三个重点培训对象，“2”即健全“培训规划+效果评估”两项教育培训工作机制，有力推动系统干部思想大解放、能力大提升、作风大转变。

成都市

2021年，成都市退役军人事务系统坚持以习近平新时代中国特色社会主义思想为指导，以习近平总书记关于退役军人工作重要论述为根本遵循，坚决贯彻落实市委、市政府工作部署，深入推进“法律政策落实年”活动和《退役军人保障法》宣传贯彻，认真做好各项退役军人工作，奋力推动退役军人工作再上新台阶。

一、机构建设情况

成都市退役军人事务局机关内设办公室（规划财务处）、思想政治与政策法规处、权益维护与信访处、移交安置处、就业创业处、双拥工作处、褒扬纪念与军休管理处及机关党委（人事处）8个处（室），行政编制42个；有局属事业单位7个，分别为成都市退役军人服务中心、成都市烈士纪念设施保护中心、成都市军队离退休干部服务中心和4个军休所。

二、思想政治与政策法规工作

加强政策法规宣传，结合“法律政策落实年”活动，通过组织座谈、微信推送、发放学习读本等多种途径普及《退役军人保障法》；推进志愿服务工作，举办“成都市退役军人战旗红志愿服务队集中授旗仪式”，组建全市四级退役军人志愿服务队2000余支，吸纳退役军人志愿者2万余名，开展活动上万次；召开退役军人战旗红志愿服务表彰大会，为先进个人颁发荣誉证书，为先进集体和组织单位授牌；发挥“兵支书”基层党组织领导核心作用，引导退役军人参与城乡基层治理。全市担任村（社区）书记（主任）、“两委”成员的退役军人分别达800余人、3000余人；强化荣誉激励，评选发布就业创业之星30名，充分发挥退役军人党员和先进典型的示范引领作用；结合庆祝建党100周年，组织开展主题演讲、书画摄影展评、微视频展播及“老兵永远跟党走”系列主题宣传活动，激发广大退役军人荣誉感。

印发《关于学习推广新时代“枫桥经验”深入推进村（社区）退役军人服务站标准化建设的意见》，细化职责优化要素，完善服务保障体系建设；争创全国示范型退役军人服务中心19个、镇（街道）服务站153个，全市共12名退役军人服务中心（站）主任（站长）被评为“四川省百名优秀主任（站长）”；建成退役军人共建共享“服务超市”632个，积极引入社会力量，提供优质服务资源，先后与964家企业签署项目合作协议，为退役军人提供金融服务、医疗健康等17个方面专属优惠，累计受益4万余人次。常态化做好沟通联系、感情联络、心理疏导、思想引导、帮扶援助等工作，实现全市范围内各类退役军人联系全覆盖。2021年共联系退役军人近千名，加强关爱援助，累计援助退役军人逾千人次。

7月9日，王平江副市长出席成都市退役军人"战旗红"志愿服务队授旗仪式并致辞。

三、移交安置工作

落实省委退役军人移交安置计划，2021年共接收安置800余名转业军官、800余名安排工作退役士兵、80余名离退休人员，接收30余名复员军官；妥善安置随调家属；加强与部队和伤病残退役士兵家属沟通协商，全年接收安置伤病残士兵10余名；稳妥推进解决部分退役士兵社会保险接续，完成养老保险集中补缴阶段任务。

四、就业创业工作

规范培训流程，审核认定43家市级退役军人职业技能培训承训机构；为全市5766家退役军人创办的实体企业和19.5万名退役军人建档立卡；开展企业定制培训和"翱翔计划"公益培训，提升就业率；举办退役军人专场招聘会154场，6582家用人单位提供就业岗位近13万个；举办促进退役军人就业合作签约仪式，与111家优质企业签订合作协议；挂牌成立退役军人孵化基地33家，举办"成都市退役军人新经济、新场景、新产品创新创业主题活动"并配套"新产品、新场景交易会"，达成交易意向2.08亿元；打造"成都市就业创业综合体"和市级退役军人创新创业园（孵化基地），带动更多退役军人高质量创业。

五、军休服务管理工作

加强军休文化品牌建设，成立成都军休大学，挂牌军休少年军校，与10余家部队、学校签订共建协议，鼓励军休老同志为青少年、部队官兵开展革命历史传统教育；配合省退役军人厅编撰并出台《军休干部（士官）服务管理规范》省级标准；通过政府购买服务等方式，为军休干部开通家庭医生、专用病床（房）、入院绿色通道等医疗服务；创办《蓉耀军休》杂志，录制军休干部《卫国戍边·军魂永驻　边防老战士口述历史》《建党100周年口述历史》等纪录片，取得良好社会反响。

六、拥军优抚工作

推进边海防基层部队结对共建试点工作，及时调整驻蓉师以上部队与市级相关部门结对共建关系，走访慰问驻蓉部队官兵，赠送慰问品（金）价值1400余万元。推动成立成都市爱国拥军联合会，将原"四川省红十字基金会成都退役军人关爱援助专项基金"更名为"四川省红十字基金会成都市拥军事业发展基金"，壮大基金规模，累计募集社会资金逾千万元。

将双拥元素融入公园城市建设理念，新增双拥主题公园、文化广场、示范街（区）等特色宣传阵地6处。开通以国防科普和爱国主义教育为主题的"铸魂强军号"地铁专列。优化优抚审批手续，优抚系统新增及补录"两参"人员数百名、年满60周岁农村籍义务兵和60岁以上烈士子女享受生活补助千余名、带病回乡退伍军人数百名、其他优抚对象近百名；接转残疾抚恤关系数百名，办理调评残百余名，报送优抚对象及其子女享受教育优待人员名单，协调四川省革命伤残军人休养院配备及维修残疾军人辅助器械数十人次；为新中国成立前加入中国共产党的农村老党员和未享受离退休待遇的城镇老党员发放一次性生活补助金数万元，在“把党的关爱送到老兵心中”暖心活动中发放走访慰问经费数百万元；换发新版残疾军人证逾万份。

七、褒扬纪念工作

对市烈士陵园、金牛区马鞍山烈士陵园、成都战役烈士陵园等13处烈士纪念设施进行提质改造；会同市检察院联合开展县级及以下烈士纪念设施管理保护专项行动，完成113座零散烈士墓迁葬；在全国挂牌成立市级烈士纪念设施保护中心，指导龙泉驿区等9个区（市）县成立县级烈保中心；扎实开展“守护·2021清明祭英烈”和“百年英烈”宣传活动，精心保障“9·30”烈士纪念日省市向人民英雄敬献花篮仪式、党史学习教育市级领导班子中心组学习暨市级领导干部专题读书班、全市新党员代表入党宣誓等重大活动；全市烈士纪念场所先后保障各类缅怀先烈、党史教育活动2300余场；举办首届“弘扬红色文化、传承红色基因”英烈讲解员大赛，组织开展“我身边的英烈”主题作品征集、“谁是最可爱的人”全网诵读快闪。

八、自身建设情况

扎实开展党史学习教育，局系统各级领导干部带头讲党课、作表率；赴成都战役纪念馆现场教学，抓好专题党课、组织生活会等的落实，推动全市系统干部职工进一步武装头脑、指导实践。举办全市系统纪检工作培训班，开展反面典型案例剖析，以案为鉴、警钟长鸣；组织观看《黑白人生》警示教育片，筑牢拒腐防变思想基础；赴天府家风馆开展“弘扬红色家风　涵养优良作风”主题党日活动，持续加强党风廉政建设。

依托“学习强国”“蓉城先锋”、退役军人事务部“再起航”平台及省厅“先锋大讲堂”等载体，通过集中培训、交流研讨、专题研究等方式，进一步增强系统内干部职工能力素质，有效提高业务水平。

贵州省

2021年，贵州省退役军人事务系统深入学习贯彻习近平总书记关于退役军人工作重要论述和视察贵州时的重要讲话精神，坚决落实中央和省委决策部署，持续加强组织管理体系、工作运行体系、政策制度体系建设，着力破解突出矛盾问题，推动各项工作不断取得“质”的提升、夯实“稳”的基础、砥砺“进”的势头，实现“十四五”良好开局。

一、政策法规工作

将“法律政策落实年”活动贯穿退役军人工作全过程、各方面，制定计划落实方案，召开全系统动员部署会、成效观摩会，深入开展大学习、大落实、大梳理、大调研、大宣传、大督导活动，努力实现政策水平有提高、刚性举措有落实、原则要求有配套、破解难题有进展、尊法守法有氛围、常态推进有机制。

省市县召开党委常委会议、党委退役军人事务工作领导小组会议，学习贯彻习近平总书记关于退役军人工作重要论述，将《退役军人保障法》纳入“八五”普法内容、纳入成员单位党组（党委）学习内容、纳入机关干部“法宣在线”学习项目，形成工作强大合力。

围绕改革急需、工作急用、退役军人急盼，及时废止和宣布失效政策文件24份，制定出台《省级烈士纪念设施申报流程及评定标准》等一系列务实管用的工作举措，着力构建保障高质量发展的政策制度体系。

二、思想政治工作

深入开展“崇军黔行·戎归增辉——老兵永远跟党走”系列活动，省委、省政府主要负责同志率队走访慰问退役军人老党员、烈属等代表，线上线下举行“党旗飘扬在心中”党史知识竞赛，举办“让退役军人成为全社会尊重的人”主题演讲比赛、“传承红色基因”作品鉴赏会，征集展播各类文艺作品500余件，开展“难忘的军旅生涯”征文活动，录制“军休干部口述历史”专题片，成立“良知退役军人”研学基地，开展2021年贵州省“最美退役军人”学习宣传活动，遴选发布13名“最美退役军人”。

引领“兵支书”助力乡村振兴，出台“兵支书”工作指导意见，推进“兵支书”实现数量、质量、分量“三个提升”。推进“兵校长”选聘工作，以黔南州为试点，在全州中小学全覆盖选聘“兵校长”579名，开展“开学第一堂党史课”、国防教育宣讲等530多场，得到退役军人事务部肯定和社会广泛好评。

举行全省退役军人志愿服务队授旗仪式，全省10万余名退役军人组建“志愿服务队”1万余支，主动参加“战疫”30万余人次。仁怀市获批纳入国家退役军人工作高质量发展示范区建设，重点实施“兵支书”“兵经理”“兵工匠”“兵校长”“兵代表”“兵队长”六大工程，打造退役军人作用发挥特色模式。

开展“我为群众办实事·情暖退役军人”等关爱行动，帮助2850个退役军人家庭解决急难愁盼问题，为76万余名退役军人及其家庭成员免费申领“补充医药报销蓝卡”。推进矛盾问题攻坚化解，建立常态化联系服务退役军人、定期接访、“主题月·服务周”等制度，走访退役军人32万余人，解决问题1.8万个。

三、拥军优抚工作

春节、“八一”期间，全省各级党委、政府走访驻黔部队赠送3035万元的慰问物资，为军队离退休老同志等发放慰问金1.04亿元。组织开展“情系边海防官兵”专项慰问活动，得到较好反响。

高质量完成新兵运输和过往部队的军供保障任务，6个军供站被国家评为第三轮全国重点军用饮食供应站，4个军供站获评南部战区“2021年度军供工作先进单位”。妥善解决现役官兵子女入学入托4367人，随军家属就业安置131人，为6513名军队立功受奖人员家庭送喜报。

全面落实抚恤优待政策，开展优抚对象年度确认工作和抚恤补助金发放专项整治行动，按月足额发放优抚金15.98亿元。核查伤残等级14631人，换发新版残疾证14302人，受理和办理1010人伤残等级评定。与“三大”通信运营商、“两桶油”签订拥军优抚协议。

四、就业安置工作

高质量完成1100余名转业军官和安排工作退役士兵安置任务。全省筹集事业单位管理岗位137个，面向安排工作退役士兵招聘，不断提高安置满意率。全面落实军休人员和伤病残士兵“三年集中移交”安置任务，完成部下达军休人员任务数比例为203%，符合条件伤病残士兵全部接收。

召开全省退役军人就业工作会议，发挥“政企沟通联络机制”作用，线上线下举办专场招聘活动200余场，退役军人达成就业意向7000余人。确定公布50家省级退役军人教育培训基地、3家孵化基地，组建20人就业创业导师团队和“16+1”职业教育联盟，积极构建适应性培训、技能培训、学历教育、终身教育培训“四位一体”教育培训体系。

全省退役军人高考加分12人、专升本204人，参加职业技能培训4380人，参加适应性培训8804人、参训率99.5%。举办退役军人创业创新大赛，开展“创业之星”遴选，探索“政府+金融机构+退役军人+创业发展”模式，推出“兵支书e贷”“拥军贷”“退役军人创业e贷”，共建“退役军人农村普惠金融服务点”，累计发放贷款1.5亿元，支持退役军人创业创新。

五、褒扬纪念工作

隆重举行向英雄烈士敬献花篮仪式、《烈士光荣证》颁授仪式，精心组织“守护·2021清明祭英烈”“百年英烈”“深切缅怀革命先烈　感恩奋进励志报国”等活动，中央电视台《等着我》栏目播出贵州省“为烈士寻亲”专题片。大力挖掘宣传英烈故事、烈士纪念设施故事、守墓人故事44个。

积极争取中央、省级财政资金8371万元，加强烈士纪念设施修缮保护。会同省委宣传部等18个部门建立英雄烈士保护部门联动协调机制，会同省人民检察院开展县级及以下烈士纪念设施专项行动，在全社会树立尊崇英烈、关爱烈属的良好风尚。

六、自身建设情况

召开退役军人服务保障体系建设专题会，以政令畅通、工作统筹、日常管理、服务态度等为重点，推进作风政风建设，提高工作效能和服务质量。全省建设并实体化运行退役军人服务中心（站）19459个，梳理印发县乡村服务中心（站）业务（职能）清单，制定政治文化建设“123+N”机制，累计创建全国示范型退役军人服务中心（站）1695个，打造全国“百家红色退役军人服务站”3个，在部级创建基础上，省级创建100家红色退役军人服务站。

云南省

2021年，云南省退役军人事务系统深入学习贯彻习近平总书记关于退役军人工作重要论述和考察云南时的重要讲话精神，坚决贯彻党中央、国务院决策部署以及退役军人事务部工作要求，在省委、省政府的坚强领导下，学党史、悟思想、办实事、开新局，不断提高政治站位，强化使命担当，聚焦主责主业，各项工作实现创新发展，取得明显成效。

一、体制机制建设情况

召开省委退役军人事务工作领导小组第五次全体会议，传达学习中央有关会议和文件精神，学习贯彻《退役军人保障法》，着力解决长期制约退役军人工作发展的体制机制障碍和突出矛盾问题，各地党委政府及时召开领导小组会议，部署推动重点难点工作落实，把党的领导贯穿到退役军人工作各方面和全过程。

整体功能作用发挥明显，全省三级146个退役军人工作机构领导班子建设、人员配备得到加强。工作机制更加完善，开展全省退役军人服务保障体系建设督查，将退役军人工作纳入省年度综合考评和全省双拥模范城（县）评比表彰内容，做到督导有力、权责清晰、协调联动。

政策制度更加健全，深入开展“法律政策落实年”活动，印发《退役军人工作政策制度改革实施方案》，科学制定云南省“十四五”退役军人服务和保障规划，与国家“十四五”退役军人服务和保障规划、云南省国民经济和社会发展“十四五”规划有效衔接。

二、移交安置工作

组织开展“进军营、送政策、畅安置”活动，深入部队宣讲政策，帮助官兵认清安置形势，找准自身定位。坚持稳中求进工作总基调，突出质量安置，结合疫情防控要求，探索转业军官线上公开选岗的方法路子，圆满完成转业军官及随调家属、安排工作退役士兵及退出消防员、复员军官移交安置任务，整体移交安置工作继续走在全国前列，经验做法被退役军人事务部转发。

中央下达云南省跨军地改革集体转制部队退役军人落户数居全国第三、随调家属安置数居全国第二，在任务重、要求高、压力大的情况下，主动作为，积极牵头协调印发《云南省退役军人事务厅等5部门关于进一步做好跨军地改革集体转制部队退役军人随调家属安置工作的通知》，有力有效推进工作落实落地。

制定离退休及伤病残军人三年移交方案，审定下达3批移交安置计划，有力支持军队建设，受到军队有关部门肯定和安置对象好评。

三、就业创业工作

搭建就业创业信息平台，建立由28万余名退役军人构成的人才资源库。签订合作协议，每年为退役军人提供2万个民营企业就业岗位。做好退役军人高职扩招报名工作，1.9万余名退役军人参加。组织首届云南省退役军人职工职业技能大赛，有效提升退役军人就业竞争力。

充分发挥省级退役军人就业培训创业孵化基地辐射带动和就业创业导师示范引领作用，组织1600余家军创企业（团队）开展创业辅导、培训、创业实训等活动16次，对74家军创企业开展创业孵化指导。为820名退役军人提供创业扶持低息贷款，开展系列招聘活动446场，提供岗位20多万个，年内新增退役军人就业2.1万多名。

四、拥军优抚工作

大力推进“美丽军营”建设，高标准完成军供保障任务，彻底解决某部队进驻昆明多年以来市政用水接入难问题。协调中国民生银行、太平人寿保险等为享受国家定期抚恤补助待遇的烈士遗属免费投保家庭财产保险（一年期），解决军人家属随军随调安置就业和军人子女入学转学900多人。曲靖市小学教师宋妍嫱被评选为“全国最美拥军人物”。

1.8万余名农村籍重点优抚对象生活困难补助实现“城乡一体”，近万名自主就业退役士兵地方一次性经济补助由3600元提高至4500元，增发部分优抚对象12个月抚恤补助金作为丧葬补助费并纳入各级财政保障范围。组织开展“八千里边防百镇千村送温暖”等走访慰问活动，在春节、“七一”建党节、“八一”建军节和烈士纪念日，关爱帮扶75位重点优抚对象、1586名烈士遗属、80岁以上老龄退役军人党员和特殊困难退役军人。走访慰问“5・21”漾濞地震、“9・13”洱源泥石流受灾退役军人，及时将关心关爱落到实处。

五、褒扬纪念工作

探索“代亲祭扫、认亲祭扫、网上祭扫”等“绿色祭扫”新路子，共接待实地祭扫人员27万人次，烈士祭扫安全、有序、文明、和谐。组织开展首批“为烈士寻亲”活动，为53名烈士寻找到亲人。实施对越自卫反击战烈士纪念设施提质改造工程和县级及以下英雄烈士纪念设施整修工程。云南省革命军事馆项目建设通过立项批复。在老中国烈士陵园修缮工程有序推进。

9月30日，省委、省政府和昆明市委、市政府在昆明抗战胜利纪念堂隆重举行向人民英雄敬献花篮仪式。党政军领导与各族各界代表一起，向人民英雄纪念碑敬献花篮。同日，省政府在昆明抗战胜利纪念堂隆重举行烈士光荣证颁授仪式，向6名烈士遗属代表颁授烈士光荣证，营造崇尚英雄、捍卫英雄、学习英雄、关爱英雄的浓厚氛围。

六、军休服务管理工作

召开全省军队师以下离退休干部、退休士官移交政府安置和服务管理工作会议，传达学习全国三年集中移交安置工作动员会议精神，安排部署移交安置任务，提高全省军休服务管理工作水平，着眼“随退随审、即交即接”的工作目标，扎实推动移交安置工作落实。

印发《云南省移交政府安置军队离休退休人员服务管理机构星级评定实施办法》，建立以军休干部满意度为主要内容的服务管理工作评价体系，突出对军休机构主要负责同志的考核，进一步推进全省军休服务管理工作制度化、规范化、标准化，不断提高服务管理水平和保障能力。严格做好全省军休干部和无军籍职工的人员经费、服务管理机构经费、机构用房资金的分配、拨付工作。开展7个军休服务机构维修改造工作。完成军休干部护理费、医疗补助、遗属生活补助21批次64人审批工作。全省军休系统在春节、“八一”等重要节日开展全覆盖走访慰问军休干部。

组织举办云南省第二届退役军人暨“云岭军休”美术书法摄影作品展、“云岭军休心向党·百年征程续辉煌”云南省军休干部庆祝中国共产党成立100周年文艺会演等活动，丰富军休干部精神文化生活，使军休干部老有所学、老有所乐。

七、思想政治和权益维护工作

联合相关部门举行2021年度云南省“最美退役军人”发布仪式，刘洪机组先进集体和丁新华等25名先进个人获评2021年度云南省“最美退役军人”。组建省、市、县、乡、村五级退役军人志愿服务队，招募吸纳首批志愿者8万余名。推动优秀退役军人进入基层“两委”，“兵支书”在全省村（社区）基层党组织书记中占比达16.5%。全省8家单位和15名个人被退役军人事务部表彰为全国退役军人服务保障先进单位及个人。

西藏自治区

2021年，西藏自治区退役军人事务系统深入学习贯彻习近平总书记关于退役军人工作重要论述、西藏工作的重要指示和新时代党的治藏方略，贯彻落实党的十九大、十九届历次全会和中央第七次西藏工作座谈会精神，认真落实自治区第十次党代会精神，坚持以退役军人为中心，积极推进全区退役军人工作新发展，为西藏长治久安和高质量发展作出积极贡献。

一、政策法规工作

以开展“法律政策落实年”活动为抓手，把学习宣传落实《退役军人保障法》贯穿始终。深入开展《退役军人保障法》进军营、进社区、进乡村宣讲活动，采取专题培训、编印藏文版本手册、媒体宣传、线上答题等多种方式，开展全方位、广领域宣传，线上答题达5.5万多人次，专题培训500人次，编印藏文版本10000多册，媒体宣传6次。推动将《退役军人保障法》落实情况纳入自治区党委、政府年度重点督查内容。

深入贯彻落实退役军人工作政策制度改革部署，推动将深化退役军人政策制度改革纳入自治区党委全面深化改革委员会2021年工作重点，研究制定贯彻落实举措。

二、思想政治和权益维护工作

聚焦引领退役军人奋进新征程、建功新时代，大力推进退役军人思想政治引领、人才资源输送和志愿服务工作。以开展“老兵永远跟党走”系列活动为抓手，突出红色教育主题，组织3900余名退役军人参加线上答题活动，征集并推送退役军人书画、文学、摄影等作品41件。

遴选50名模范退役军人代表参加西藏和平解放70周年庆祝大会。持续抓好典型培树，制作投放西藏自治区“模范退役军人”宣传视频，表彰全区“模范退役军人”30人、退役军人工作模范单位25个、退役军人工作模范个人24人。

紧紧抓住村（社区）“两委”集中换届的窗口期，集中开展推选优秀退役军人党员进村居“两委”班子工作，全区461名退役军人成为新任职“兵支书”。

组建退役军人志愿服务队120个，招募退役军人志愿者2227人，组织开展志愿服务活动570余次。

继续推进退役军人法律援助工作，协调各级司法部门，在县区级及以上退役军人服务中心建立“退役军人法律援助站”。

持续抓好常态化联系退役军人和困难退役军人帮扶援助工作，常态化联系退役军人2187人次，

980名困难退役军人实现信息入库和动态帮扶。

三、移交安置和就业创业工作

继续发挥党政机关事业单位接收安置主渠道作用，坚持平职级安置。

持续推进教育培训。依托清华大学继续教育学院，组织开展自主择业军转干部网络个性化培训。加大退役士兵职业技能培训力度，积极开展“订单式”“定向式”“定岗式”培训，协调西藏技师学院开设汽车维修等5个专业，专项招录退役士兵。举办退役军人适应性培训28班（次）。

强化就业创业扶持。加大金融财税支持力度，进一步完善退役军人就业创业动态管理“双清单”。全区各级退役军人事务部门举办退役军人专场（线上线下）招聘会84场，为退役军人协调提供岗位6538个，514人实现就业。全面完成101名退役士兵社会保险接续工作。

四、烈士褒扬工作

组织开展“9·30”烈士纪念日系列活动和清明节线上线下祭扫活动，开展“我身边的烈士”征集活动，为40名烈士寻找到亲人。

围绕传承红色基因、赓续红色血脉，深入开展爱国主义教育活动，大力宣传以“十八军”为重点的四路进藏部队英烈事迹。开展《烈士英名录》编纂工作，全区4290名烈士身份得到确认。

五、拥军优抚工作

研究制定伤残抚恤管理办法、优抚对象医疗保障经费管理办法、推进优抚对象财政补贴资金实施细则等配套政策制度，及时发放优抚资金、医疗补助经费和退役士兵家庭优待金及一次性自主就业金。

认真落实军休干部政治生活待遇，探索开展军休老年大学建设。认真组织开展“老兵永远跟党走·把党的关爱送到老兵心中”主题慰问活动，走访慰问十八军老战士、退役军人党员、烈士遗属等174人次，向80岁以上退役军人、生活困难退役军人发放慰问金。开展“情暖老兵·关爱帮扶”公益行动，向困难退役军人发放帮扶资金。

向驻藏部队官兵发放医疗急救包3000个。通过援藏渠道，积极为驻藏部队解决工作、生活困难，广东省双拥办捐赠价值100万元保暖服装，湖北省双拥办援助105万元资金，用于解决边防部队实际困难。持续解决部队官兵“三后”问题，积极落实现役军人家属就业、子女入学入托和享受农牧民子女教育“三包”政策，深入开展“情系边海防官兵”拥军优属、“八一·情系边海防”走边防慰问活动，广泛走访烈士遗属并发放慰问金，向现、退役军人发送节日慰问短信。

推进社会化拥军，协调中国联通西藏分公司、中国邮储银行西藏分公司和西藏银行股份有限公司等企业，为边防部队送温暖送爱心。加强双拥模范城（县）创建，召开自治区双拥模范命名表彰暨退役军人工作会议，自治区党委书记王君正会见受表彰代表并发表讲话，自治区主席严金海出席会议并讲话。命名自治区双拥模范城（县）40个，表彰双拥模范单位51个、双拥模范个人40名。

六、自身建设工作

推进完善服务功能，建成开放自治区退役军人教育学习阵地，以地市、县区服务中心为重点，对标实现“九大功能”，突出抓好场地建设，做到“四上墙”“五公示”。

围绕庆祝建党百年，追忆传承党在西藏的光辉足迹，选创2家全国“百家红色退役军人服务站”和10家自治区级“红色退役军人服务站”，摄制宣传视频并通过西藏自治区退役军人事务厅门户网站、微信公众号等平台投放。

组织全区332家县区、乡镇退役军人服务中心（站），争创全国示范型退役军人服务中心（站），完成自查自评、地市和省级交叉验收。

七、受援工作情况

认真贯彻落实全国退役军人事务系统对口援藏工作会议精神，成立受援工作领导小组，建立受援工作报告制度。培训干部职工100余人次，广东、重庆、辽宁、吉林、江苏等部分对口援藏省（市）退役军人事务厅（局）负责人带队赴藏调研援藏工作，就对口援藏事宜达成初步援助意向。

陕西省

2021年，陕西省退役军人事务系统坚持以习近平新时代中国特色社会主义思想为指导，全面贯彻党的十九大和十九届历次全会精神，深入学习贯彻习近平总书记关于退役军人工作重要论述和来陕考察重要讲话重要指示精神，学党史、悟思想、办实事、开新局，实现“十四五”良好开局。

一、机构建设情况

调整省双拥工作领导小组成员配置，组长由省长担任，增加编办、生态环境厅2个成员单位，人员为各单位主要负责同志。选配专人担任厅机关党委专职副书记兼机关纪委书记，明确纪检工作专职人员。

召开全省高质量建设退役军人服务保障体系推进会，进一步加强机构建设、充实工作力量、强化经费保障、完善工作阵地，高位推动体系建优建强。联合相关单位印发《关于高质量推进退役军人服务保障体系建设的实施意见》，推动各地高标准落实“五有”要求，实现服务中心（站）省市县乡村“全覆盖”，共建立省、市、县、乡、村五级退役军人服务中心（站）21344个，核定编制3676人，到位专职人员3047人、兼职人员29483人。推动创建标杆站1000家，结合庆祝建党百年，打造红色精品服务站136家。

二、思想政治和权益维护工作

把思想政治引领摆在突出位置，教育引导广大退役军人退役不褪色，始终听党话、跟党走，为实现陕西省高质量发展汇聚更强力量。

起草《关于加强退役军人思想政治工作的实施意见》，明确全省退役军人思想政治工作思路，推动退役军人思想政治工作系统化、规范化、制度化。

注重典型选树。刘维同志被评为全国“最美退役军人”，推荐8个单位和20名个人为全国退役军人服务保障先进单位及个人（含军休工作先进单位及个人、先进军休干部），筛选优秀退役军人代表参加庆祝中国共产党成立100周年大会。

集中开展未缴费人员攻坚行动，通过多种途径帮扶引导3000余人缴费。开展2批次关爱帮扶活动，关爱援助困难退役军人403人，援助资金679万元。

联合陕西省慈善协会发起腾讯99公益日“关爱退役军人行动”募捐活动，募集资金3626.76万余元。

三、移交安置工作

创新安置办法。全省统一推行功绩制打分排名选岗，服役时间越长、贡献越大，安置越好。转业军官安置方式实现历史性变革，两人以上必须排名选岗，陕西安置工作经验在全国退役军人事务厅（局）长会上进行了交流。“优先选用”全面优化升级为“直通车”安置，引导260余名转业军官、85%的硕博士对口安置到专业性较强的单位。改变随调配偶安置滞后于转业军官安置、干部身份的“一刀切”安置到事业单位的做法，同步、同岗位类别安置随调配偶46人。

高质量完成转业军官、军休人员、退役士兵（含消防员）安置任务。同步接收一级至四级伤病残和五级至六级精神病退役士兵15名，实现待遇保障到位。

四、就业创业工作

把退役军人就业创业作为“牛鼻子”工程来抓，推动军事人力资源向经济社会发展重要力量高效转化。登记劳动年龄段自主就业退役军人38万人，建立退役军人动态精准就业服务系统，注册退役军人13.7万人，整合挖掘发布岗位3.5万个、政策资讯1600条，帮助就业1935人。线上线下同时发力，退役军人“就业服务季”“金秋招聘月”等活动深入开展，举办招聘会760场次、提供岗位23万个，达成就业意向1.6万人。

鼓励面向基层就业，选拔优秀退役军人回村（社区）任“两委”班子成员，帮助124名退役军人专招入职社区工作者，为报考公务员和参加事业单位招聘的960余名大学生退役士兵落实了加分政策。

探索政法、交通、消防等行业直招专招退役军人模式，帮助近600名退役军人应聘入职公安辅警、专职消防员等。强化就业导向抓教育培训，建立“您返乡后的必修课”课程体系，自主就业退役士兵适应性培训全覆盖，免费技能培训6200人、高职扩招7000人。

落实退役军人创业贷款，退役军人创办企业、吸纳退役军人就业企业享受税收减免，全省退役军人创业创新大赛示范带动效应显现。落实稳岗政策，兜底帮扶就业1100人，消除退役军人零就业家庭12户。

五、军休服务管理工作

依托红色资源，在延安市举办陕西省军休干部党支部书记党建培训班，提升全省军休机构党建水平和抓班子带队伍能力。举办陕西省军休系统庆祝建党100周年“百年征程映初心”文艺会演、军休干部书画展等系列活动，展示新时代军休干部的精神风貌。

引导鼓励军休干部老有所为，发挥军休干部政治优势、专业优势、经验优势，组织军休干部艺术团进校园、进社区、进部队演出，开展军休干部“口述历史”巡回宣讲英雄故事活动，组织引领、搭建平台、典型带动，发挥军休干部余热，传承红色基因，赓续革命血脉。

摸清全省军休老旧小区底数，军休老旧小区改造有序推进。大力推进军休三年集中移交。

六、拥军优抚工作

持续用好解决部队实际问题交办、推荐、反馈“三项制度”，691名军人子女享受教育优待，帮助2996名边海防官兵和其他优抚对象解决实际困难。

结合建党百年，大力开展“把党的关爱送到老兵心中”走访慰问活动，省、市、县三级参加走访慰问的各级干部1942人次，共走访慰问2120人。坚持有功必报、有功必贺、有功必奖，全年共为2212名立功受奖现役军人家庭送立功喜报，为9646户退役军人家庭悬挂光荣牌。在渭南市召开陕西省社会化拥军工作推进会，宣传推广王友民同志拥军优属的感人事迹，对全省社会化拥军工作作出安排部署，推动社会化拥军工作迈出新步伐。

修订出台《陕西省伤残抚恤管理实施细则》，新评定残疾等级133人、调整残疾等级16人。高标准做好残疾证换发工作。组织空军军医大学第二附属医院和陕西省荣誉军人康复医院、陕西省荣复军人第一医院、汉中退役军人康复医院开展结对帮扶活动。现役军人免费乘坐全省市内公共交通工具。军供保障任务高质量完成。优抚对象抚恤补助再次提标。入伍新兵中大学生比例提高到87.5%。

七、褒扬纪念工作

加强烈士纪念设施日常管理，推进县级及以下烈士纪念设施整修工程，不定期对全省烈士纪念设施日常管理保护进行督查检查，形成督查检查机制。全省3处县级烈士纪念设施晋升为市级烈士纪念设施。充分用好革命文物资源及烈士纪念设施服务党史学习教育，陕西省烈士纪念设施服务保障党史学习教育和庆祝中国共产党成立100周年6927场次，接待60.52万人，讲解服务5963场次。

推动关怀烈士遗属高质量发展，建立“一对一”常态化联系服务烈士遗属工作机制，为全省512位烈士父母购买保险，建立“华山论剑西凤酒关爱烈属”专项基金，与解放军总医院第八医学中心合作，开展军地携手共建关爱烈士子女活动。完成烈士寻亲401位。

大力弘扬英烈精神，积极开展英烈故事进机关、进企业、进校园、进社区、进军营“五进”活动300余场次。建设“陕西英烈线上纪念馆”，使红色文化活起来、动起来。

隆重举行烈士公祭和烈士光荣证颁授仪式，联合宣传、教育、民政、文旅等8部门下发《陕西省英雄烈士祭扫常态化工作指导意见》，建立党委领导、政府组织、部门协作、单位落实、社会参与的英雄烈士祭扫常态化工作机制，推动瞻仰纪念英雄烈士实现区域人群全覆盖，倡导每人每年至少接受一次英雄烈士精神洗礼。扎实做好退役军人去世悼念试点工作。

八、自身建设工作

强化理论武装，筑牢思想政治根基。以党史学习教育为重点，组织赴照金、习仲勋纪念馆等革命旧址，开展“守护·2021清明祭英烈”代祭扫暨“赓续精神血脉·汲取奋进力量”主题党日活动。举办处级以上干部党史学习教育暨学习贯彻党的十九届五中全会精神专题培训班，切实将理论学习成果转化为工作成效。

扎实开展党史学习教育，将学习教育成果融入“我为退役军人办实事”，办实事868件，出台办实事制度14项，解决共性需求、痛点难点堵点问题28件。

聚焦作风建设，深化纪律廉政教育。严格落实“一岗双责”，召开陕西省退役军人事务局长会议暨系统党风廉政建设工作会议，把党风廉政建设与退役军人工作同谋划、同部署、同检查。始终把纪律和规矩挺在前面，深化以案促改成果，落实中央“八项规定”精神，坚决抵制“四风”，自觉接受监督，营造风清气正、团结干事的工作环境。

西安市

2021年，西安市退役军人事务系统坚持以习近平新时代中国特色社会主义思想为指导，深入贯彻党的十九大，十九届五中、六中全会和习近平总书记关于退役军人工作重要论述以及来陕考察时的重要讲话重要指示精神，完整、准确、全面贯彻新发展理念，围绕推动退役军人工作高质量发展，持续提升服务保障能力，全力营造关爱退役军人的良好氛围。

一、机构建设情况

党领导下的行政机构、事业单位、社会力量“三驾马车”同向发力的工作格局全面形成。服务保障体系示范创建成效显著，打造2个全国百家“红色退役军人服务站”，90个省级标杆站。

社会力量充分融入，2021年8月成立退役军人服务协会，吸纳企业会员200余家，个人会员42人。开展“崇军荟”活动，与200余家商企达成合作意向，形成500余条优惠清单。

建立退役军人特色服务站，在非公企业、高等院校、旅游景点、金融机构等行业打造具有代表性的基层服务站点，为退役军人提供优待服务。

二、政治引领工作

（一）权益维护工作

进一步强化《退役军人保障法》学习宣传，以精准化、规范化为导向，着力完善退役军人法律援助制度。着力解决退役士兵安置遗留问题，按照政策规定，协调解决工作岗位，发放待安置和待岗期间生活补助费。2021年度发放省、市、区（县）三级关爱基金329.41万元，援助退役军人400人。

（二）退役军人作用发挥明显增强

凝聚市、区两级退役军人志愿服务力量，组建退役军人志愿服务队176支9000余人，开展志愿服务活动50余次。“第十四届全国运动会和残特奥会”期间，在文化宣传、文明交通、外围安保等方面提供优质服务；联合西安红十字会、西安邮电大学成立西安市首支退役大学生士兵红十字“三献”志愿服务队；宣传动员退役军人积极投入乡村振兴建设，1950名退役军人在村（社区）任书记、主任和“两委”成员。

三、移交安置工作

突出“贡献越大、安置越好”的安置导向，首次采用功绩制排名选岗、“直通车”安置、指令性包底分配相结合的方式，圆满完成计划分配转业军官安置任务。通过“量化评分、排名选岗”，顺利完成518名安排工作退役士兵接收报到和安置工作。完成3万余名符合条件的退役士兵养老保险补缴工作，缴费4.38亿元，办结率100%。

四、就业创业工作

按照“即退即接、即接即训、即培训即就业”原则，组织15场返乡自主就业退役士兵适应性培训会，1900余人次参加培训。大力开展“就业服务季”“春风行动”“金秋招聘月”“暖冬行动”等系列促就业活动，成功举办“线上+线下”招聘会29场，发布招聘信息21次，参与企业4200余家，提供岗位9.8万余个。为225名参加公务员招录、事业单位招聘及社区工作者招聘的退役军人落实加分优待政策。

建立退役军人创业项目库，选送13个创新创业项目参加陕西省退役军人创业大赛，获得一等奖2名、二等奖2名、三等奖4名、优秀奖5名和“最佳组织奖”等。

五、军休服务管理工作

大力推进“三年集中移交”安置工作，先后组织4场接收安置工作和军地业务培训会。走访驻军大单位、各兵种移交组、基层部队召开军地座谈会，帮助部队推进安置住房建设。收到陕西省“三年集中移交”安置工作专班感谢信1封、部队赠送锦旗12面。

完成11家军休机构24个大中修改造项目和8家军休机构老旧小区改造项目。确立5家三甲医院为军休干部体检定点医院，为9000余名军休干部提供体检服务。以“住、行、食、医、养”为基准点，将军休干部纳入西安市“15分钟养老圈”，探索推广“军休机构+社区+社会组织”相结合的居家养老新模式。

六、优抚褒扬工作

认真落实重点优抚对象抚恤补助政策，确保优抚资金及时、安全、准确发放到位。开展残情集中鉴定和慢性病检查，为残疾人员换发残疾军人证。为烈士遗属制作“心连心”服务卡，开展烈士遗属走访慰问活动。推进烈士纪念设施建设，对2处国家级、5处县级烈士纪念设施进行提升改造，对全市7处零散烈士纪念设施、112处散葬烈士墓进行摸底建档。

组织“百年英烈”宣传纪念系列活动，开展“学党史、庆百年、颂英烈、铸丰碑”英烈故事讲解大比武，培养200余名“小小讲解员”。清明期间，2000余家企事业单位、大中专院校、人民团体共计15万余人次参加形式多样的祭扫活动。隆重举办“9家企事”烈士公祭仪式，共计2000余人参加活动9场次，营造“缅怀英烈、敬重英雄”浓厚氛围。

七、双拥工作

调整组织领导机构，西安市双拥工作领导小组成员单位由37个增加至60个，修订成员单位职责。召开3次全市双拥工作专题会议。广泛开展“情系边海防官兵”拥军优属活动，发动西安市首家“双拥示范学校”东方小学280多名军人子女，为边防官兵手书慰问信、绘制贺年画，精选50幅优秀作品与400份西安特色礼品寄往边防官兵手中。“八一”期间，西安市各级开展军地交流联谊活动140余场次，走访慰问驻军部队

130多批次。

八、自身建设情况

认真履行主体责任，制定《落实全面从严治党主体责任清单》，签订党风廉政建设责任书28份。开展中心组理论学习11次，专题培训研讨班1期，基层党组织开展集体学习483次。

切实把党史学习教育作为全年党建工作重点来抓，将党史学习教育5项工作细化分解为37项具体任务，切实做到学史力行、学以致用。

持续抓好机关党建载体创新，促进党建与业务深度融合，西安市退役军人服务中心、西安市军休中心东郊第四党支部分别被评为市直机关十佳和优秀“党建+业务”创新案例。

甘肃省

2021年，甘肃省退役军人事务系统深入学习贯彻习近平总书记关于退役军人工作重要论述，全面落实《退役军人保障法》，以适应新发展阶段、贯彻新发展理念、构建新发展格局为统领，学党史、悟思想、办实事、开新局，推动退役军人工作取得新进展。

一、思想政治和权益维护工作

加强退役军人党员教育管理，及时转接退役军人党员3022名，全部纳入基层党组织管理。广泛选树先进典型，西峰区张保华当选全国“最美退役军人”，酒泉市退役军人事务局等7个单位和金川区退役军人事务局局长周永武等14人被退役军人事务部、中央军委政治工作部表彰为全国退役军人服务保障先进单位及个人，在全省选树20名“陇原最美退役军人”，举办专场发布仪式。落实常态化联系退役军人制度，定期登门入户做好政策宣传、思想引导、困难帮扶等经常性思想工作，引导退役军人永葆本色，听党话、跟党走。

积极服务全省经济社会发展，推动优秀退役军人在基层一线建功立业，4804名“兵支书”在脱贫攻坚、乡村振兴中勇毅担当，3602支退役军人志愿服务队、8.6万名退役军人在疫情防控中无私奉献，《人民日报》、中央电视台对此作了报道，退役军人事务部《简报》刊发了甘肃做法。

全力帮难解困，扎实开展“情暖老兵·关爱帮扶”行动，向特困退役军人发放救助金1994万元，帮助协调落实公益性岗位3321个、保障性住房2899套、城乡低保16800户。充分发挥省退役军人关爱基金会作用，常态化开展困难退役军人帮扶援助工作，有效传递党委政府对退役军人的关心关爱。

畅通信访渠道，落实厅领导接访约访、带案下访蹲点调研制度，规范“五个一”服务流程，实行“日收集、周汇总、月分析、季通报、年考核”工作机制，突出抓好退役军人事务部“13712”信访平台、“12397”智能信访专线和省厅转送、交办、督办的信访事项，推动信访问题及时受理、妥善解决，全力维护退役军人合法权益。持续开展退役军人矛盾问题攻坚化解工作，下大力推进重复信访集中治理和信访积案化解专项工作，退役军人事务部、国家信访局挂账督办的重点信访事项和重复信访治理事项，以及省厅挂牌督办的重复信访事项和信访积案全部得到妥善化解。

二、安置就业工作

在计划安置上，推广“直通车”模式，实行“一站式”服务转业军官，将75%的转业军官安置到行政单位，25%的转业军官安置到事业单位。安排工作退役士兵全部安置到位，80%以上进入事业单位，安置满意度大幅提升。

在就业创业上，出台《退役军人就业创业培训工作指南》，落实“三免一补”政策，组织6000人参加适应性培训和职业技能培训，1400多人取得继续教育学历，920多人被高职院校扩招录取，帮助1.2万人实现就业。

在军休服务上，圆满完成195名军休人员接收安置任务，“三年移交”工作扎实推进。

三、优抚褒扬工作

建立新兵入伍欢送、老兵退伍迎接、立功受奖报喜、节日走访慰问等全流程激励机制。健全军人军属和退役军人优待目录，累计在公益广告平台、各类媒体刊播信息4万余条，其中在省级以上媒体刊播1100余条。

按时精准拨付优抚补助资金13亿元、补助标准连续5年增长10%以上，全面完成1.16万名残疾军人证件换发和3.86万名退役士兵社保接续工作，投入1600多万元慰问重点优抚对象4.6万多人次，为退役军人争取“补充医药报销保险”100万份。调整完善义务兵家庭优待金、自主就业退役士兵一次性经济补助金发放管理办法，从政策层面化解了一大批历史遗留问题。

大力弘扬英烈精神，举办“百年祭英烈”“陇原烈士纪念日”活动，组织近80万人参加清明祭扫，为102位烈士找到亲人，颁发3447枚抗美援朝纪念章。

四、双拥工作

大力服务国防和军队建设。全省累计投入资金3.39亿元、划拨土地8852亩、解决“三后”问题4650多件，筹措3689万元慰问部队450次，着力加强军供保障，有力支持部队备战打仗，《解放军报》整版刊发甘肃双拥工作经验。

推动重点项目落地，争取国家支持，在褒扬纪念、优抚优待、军休服务等方面中央财政资金投入1.47亿元，比上年度增加2倍。军供站全部列入国家重点军供保障单位。

五、服务保障工作

促进政务服务改革，投入1500万元加强信息化建设，新增4个网上公开服务项目，大幅压减政务服务审批环节、缩短办结时限。

推进退役军人法律援助工作规范化标准化建设，出台《关于做好退役军人法律服务工作的意见》，将退役军人法律服务列入省级法治为民办实事项目，建立1382个退役军人法律服务工作站点，累计为退役军人、军人军属提供无偿法律服务2500多次。

六、自身建设情况

建强工作队伍，开发退役军人政策法规网

上学习平台，累计举办各级各类培训班126期、培训5600人次，7个单位、14名个人被表彰为全国退役军人服务保障和军休工作先进单位、先进个人。

优化服务体系，总结推广兰州市“5553”工作法，打造国家级和省级红色服务站104个，创建全国示范型服务中心（站）832个，经验做法被退役军人事务部推广。

青海省

2021年，青海省退役军人事务系统在党中央、国务院和省委、省政府领导下，以学习贯彻《退役军人保障法》为主线，以开展“强化理论武装年”“法律政策落实年”“服务能力提升年”活动为牵引，学党史、悟思想、办实事、开新局，推动退役军人工作高质量发展。

一、机构建设情况

省委退役军人事务工作领导小组积极发挥议事协调作用，建立运行成员单位联络机制，重大问题研究会商、重点任务协调推进，审议通过《青海省“十四五”退役军人服务和保障规划》，对“十四五”时期青海省退役军人工作作出总体安排。

各地党委退役军人事务工作领导小组主动作为，持续跟进、督导做好《退役军人保障法》宣传贯彻、退役军人思想政治引领、移交安置、就业创业培训、服务体系建设、优抚褒扬政策落实等重点工作，党全面领导退役军人工作的组织领导优势充分发挥。

二、法治教育工作

各级退役军人事务部门把学习宣传贯彻《退役军人保障法》纳入年度工作要点。省退役军人事务厅联合相关部门印发《青海省学习宣传贯彻〈中华人民共和国退役军人保障法〉工作方案的通知》，明确5个方面学习重点，提出3个方面目标要求，细化分解学习宣传“七进”活动。采取以会代训、集中培训等形式举办专题培训班7期，确保系统干部职工做到出台背景、主要内容、具体内涵、实践要求、操作细节“五个明白”。同时，利用“送教下乡”活动，分4期对市、县、乡三级退役军人服务保障机构的700余名工作人员进行《退役军人保障法》内容覆盖式培训，实现上下一体、全面贯通。

积极发挥主流媒体、网络平台宣传功效，在《西宁晚报》连续刊载法律原文及解读10期，在厅官网、官微以及“青海退役军人就业创业”公众号累计发布条文、解读及宣传动漫60余期，印制发放宣传手册、台历1.2万余份（套），年度普法新闻浏览量11.22万人次。

三、思想政治工作

深度挖掘退役军人先进典型，推荐3名同志为2021年度全国“最美退役军人”候选人，上报4个单位、9名个人为“全国退役军人服务保障先进单位及个人”表彰对象，在《青海日报》《西海都市报》等媒体刊登全国“最美退役军人”

董博俊和7名优秀退役军人老党员先进事迹。协调省表彰协调领导小组办公室增设“全省退役军人服务保障先进单位和个人”表彰项目。在原子城纪念馆挂牌省级综合性退役军人教育基地。成立“高原老兵宣讲队”，深入部队、企业、学校开展党史、军史宣讲183场次，传递正能量、弘扬新风尚。

各地退役军人志愿服务队广泛开展生态保护、抢险救灾、疫情防控、义务巡诊等志愿服务活动，全年参与公共区域消毒300余次，小区商铺巡逻1000余次，生态环境保护志愿服务2000余小时，义诊服务350余人次，捐赠各类物资65万余元。玛多地震发生后，“青海省退役军人志愿服务队”“玉树老兵救援队”“西宁市方舟救援队”第一时间奔赴灾区开展抗震救灾，用实际行动展现“退役不褪色、建功新时代”的精神风貌。

四、移交安置工作

全面完成第三批跨军地改革集体转制退役军人和随迁配偶子女相关工作。落实“阳光安置”办法，圆满完成转业军官、安排工作退役士兵及退出消防员的安置工作，完成80余名军休人员接收任务。扎实做好部分退役士兵社会保险接续工作，全省累计受理申请6000余人，完成5800多名符合条件退役士兵养老保险补缴工作，医保补缴进入常态化办理阶段。

五、就业创业工作

全年累计开展退役军人专场招聘活动64场次，提供就业岗位2.7万余个。利用“青海退役军人就业创业”公众号，及时发布招聘信息，服务退役军人及随军家属近7万人次。认真落实就业台账和实名制管理要求，依托“全国退役军人就业创业信息平台”，先后对1800余名退役军人就业信息进行采取登记、建立台账，实行实名制管理。省退役军人事务厅联合相关部门评定授予12家企业为“青海省退役军人自主创业示范企业”，4家企业为“青海省退役军人创业孵化基地”。成功举办第二届全省退役军人创业创新大赛。

推动退役军人素质能力提升工程，组织开展各类培训1900余人次。选派18名自主就业退役士兵参加东西部对口协作培训，组织39名退役军人开展“订单式”“定向式”“定岗式”培训。在10家教育机构挂牌“青海省退役军人教育培训基地”。

六、优抚保障工作

连续第21次按10%的幅度调整提高优抚对象抚恤补助标准，及时调整无军籍退休退职职工基本养老金标准、企业退休和失业转业军官解困补助标准，实现保障水平与经济发展相协调、与社会进步相适应。开展优抚对象数据审查，及时办理残疾军人伤残抚恤关系转移手续，审批新增优抚对象信息数据，完成全省残疾退役军人、伤残人民警察证件换发工作。常态化开展新兵入伍欢送、退役返乡欢迎、光荣牌悬挂、送立功喜报等活动。

七、英烈褒扬工作

制作发放《烈士褒扬条例》《英雄烈士保护

法》宣传台历7000份，在西宁市所有公交线路、出租车连续一周滚动播放英烈保护法条文，营造崇尚英雄、缅怀先烈的良好风尚。“烈士纪念日”“清明节”期间，指导各地广泛开展烈士纪念活动，厅官网开设“守护·2021清明祭英烈”活动专栏，印制《文明祭扫宣传手册》6万册，倡导网上祭扫、文明祭扫新风。

开展烈士纪念设施数据校核工作，联合省检察院下发《青海省县级以下烈士纪念设施管理保护专项行动方案》，完成42处烈士纪念设施保护单位、散葬烈士墓和烈士陵园的数据校核。编制青海省烈士纪念设施提质改造项目建设导则，提质改造部分烈士纪念设施和展陈场所。开展“烈士寻亲”工作，收集各类线索100余条，涉及烈士39名。评定烈士1名。

八、拥军优属工作

协调召开全省双拥工作领导小组第24次全体（扩大）会议，传达学习全国双拥工作领导小组第31次全体会议精神，部署年度双拥工作重点任务。联合省军区政治工作局下发通知，统筹安排元旦、春节和“八一”期间拥军优属、拥政爱民工作。指导各地广泛开展“两节”“八一”慰问活动，协调省领导带队走访慰问驻青部队15家，赠送价值256万元慰问品，累计走访慰问部队官兵、退役军人和其他优抚对象近2100人，送去300余万元的慰问品、慰问金。玛多地震发生后，厅领导赴灾区看望慰问抗震救灾一线部队官兵和部分生活困难退役军人，并赠送价值27.78万元的慰问金、慰问品。

全面落实军人家属随军就业、子女入学优待政策，先后为83名随军家属和1337名军人子女解决就业、入学问题。圆满完成年度各批次军供保障任务。与工商银行青海省分行、中国银行青海省分行、邮政储蓄银行青海省分行、中信银行西宁分行、兴业银行西宁分行五家银行分别签订拥军优抚合作协议，积极吸纳社会化拥军力量。

举行退役军人关爱帮扶基金启动仪式，开展“情暖老兵”系列公益活动，为490余名符合条件退役军人申请、发放关爱帮扶资金近290万元，组织250余名服务对象开展医疗巡诊、进行短期疗养。

九、军休服务工作

出台《关于进一步提升青海省移交政府安置的军队离退休干部服务管理水平的实施意见》，提供军休人员精细化服务管理的政策支撑。将新接收安置的军休人员及时纳入各地城镇职工基本医疗保险体系，解除军休人员移交地方看病就医的后顾之忧。服务管理单位积极开展踏青、郊游等活动，丰富军休干部的精神文化生活。

采用集中领取、上门服务、邮寄快递等方式，完成军休干部退休证件印制和发放工作；为12名抗美援朝老兵补发“中国人民志愿军抗美援朝出国作战70周年”纪念章和慰问金，为214名军休干部老党员发放“光荣在党50年”纪念章。

十、自身建设情况

巩固深化“送教下乡”成果，对市、县、乡三级工作人员进行全覆盖培训。稳步推进服务体系建设，2021年新增创建“退役军人之家”323家，完成星级评定138家。升级改造基层信息化系统。全省2个退役军人服务中心（站）被评为全国“百家红色退役军人服务站”。依托各级退役军人服务中心（站），建立退役军人公共法律服务工作站1412个，帮助解决法律问题和诉求506件。

扎实开展“老兵永远跟党走”系列活动，成功举办全省退役军人庆祝建党100周年射箭比赛和全省退役军人事务系统“老兵坚定跟党走”文艺会演，动员2万余名退役军人参与党史知识网上竞答，遴选6篇优秀征文在《青海日报》刊载，向退役军人事务部报送的2部微视频获优秀作品奖。

宁夏回族自治区

2021年，宁夏回族自治区退役军人事务系统深入学习贯彻习近平总书记关于退役军人工作的重要论述和视察宁夏重要讲话精神，全面贯彻党的十九大和十九届历次全会精神，全面落实自治区党委和政府工作要求，统筹推进退役军人事务领域改革发展稳定各项任务，推动宁夏退役军人工作迈出新步伐、实现新突破、取得新成效。

一、工作体系建设情况

召开自治区党委退役军人事务工作领导小组第三次全体会议，出台《退役军人事务核查督办实施细则》，建立部门履职“责任清单”和军地合力“任务清单”，推动将退役军人事务工作纳入自治区、市、县（区）党政领导班子和有关领导干部综合考核评价考评内容，实行清单化管理、跟进式督导、一体化考核，推动党中央和自治区党委工作部署落细落实。

开展“法律政策落实年”活动，推进政策制度“立改废释”，制定退役军人工作政策制度改革实施方案，围绕思想政治、就业创业、移交安置、待遇保障、褒扬纪念、权益维护、基层基础等7大领域和当前退役军人普遍关切的10个方面核心问题，确立新建38项制度、修订22项制度的改革任务，出台思想政治、安置就业、优抚优待、褒扬纪念、服务保障等各领域配套政策14项，“普惠+优待”的退役军人工作政策制度体系基本建成。

探索建立重大决策事前调查研究工作机制、军地会商沟通协调机制，围绕党中央重大决策部署、重要政策制度落实、服务备战打仗等进行调研规范，形成军地合力“七步法”（谋、研、商、干、实、督、考），以“小切口”带动“大突破”，以“小举措”撬动“大格局”，助推“宁夏经验”赋能升级。

二、思想政治工作

实施“党员回归”“榜样引领”“鸿雁归巢”“结对帮带”计划，探索形成“专属阵地支撑、线上线下联动，政治教育引领、组织管理发力，红色文化浸润、先进典型激励”系统发力的“大思政”工作模式，引领退役军人在经济建设、乡村振兴、基层治理等新战场上续写荣光、实现价值。全区“兵支书”和“兵委员”占比分别达6%和11%，退役军人志愿服务队伍增加至244支3200余人，4名退役军人获评全国脱贫攻坚先进个人，16名退役军人荣获全区抗击新冠肺炎疫情先进个人称号，2名退役军人获得第8届全国道德模范提名奖。在新一轮疫情防控中，360余名退役军人事务系统工作者、2000余名退役军人志愿者主动请缨驰援抗疫一线，展现了退役军人的家国情怀和责任担当。开展“情暖老兵　关爱帮扶”活动，走访慰问困难退役军人1370人次，为3600多名困难退役军人提供帮扶援助，协调解决房屋拆迁、劳动纠纷、法律援助等事项100余件。

三、移交安置工作

强化“贡献越大、安置越好”导向，推动将安置工作纳入各级党政领导班子和领导干部综合考核评价的重要指标、双拥模范城（县）评选的重要内容，出台转业军官功绩制考核和档案管理办法，优化转业军官功绩制考核办法，实行“市级统筹、县级负责”和“十公开”的阳光安置办法，严密组织转业军官档案审核接收、功绩制量化考核、岗前教育培训，圆满完成年度退役士兵、退出消防员安置任务。

坚持“即退即审、即审即接”，圆满完成年度军队离退休人员（含滞留人员）和伤病残士兵移交安置任务。军休干部“三年移交”工作受到中央军委政治工作部通报表扬。网络“军休所”开通使用，老旧军休小区改造顺利实施，服务管理质量显著提升。

四、就业创业工作

出台《退役军人就业创业培训工作管理办法》，针对转业军官，打造“解读式”直播课堂、“云端式”网络课堂、“互助式”自主课堂，构建多渠道、多层次、全方位适应性培训模式，助力转业军官“梦想起航”；针对自主择业军队转业军官，设立“5+N”课程体系，实现政治教育、就业培训、创业指导一体融合，提高培训针对性实效性；针对自主就业退役士兵，推动适应性培训全员覆盖，构建“教培先行、岗位跟进”职业技能培训模式，参训学员取证率达97%，就业率达100%，实现“退伍即入学、结业即就业”，做法被退役军人事务部全文刊发。

修订《自治区级退役军人创业孵化基地评定管理办法》，建立发布承训机构黄页，成立宁夏退役军人就业创业促进会，建成退役军人创业孵化基地13家，举办各类专场招聘会120余场次，发放创业担保贷款1700余万元，为退役军人个体工商户和招用退役军人企业减税2400余万元，全年退役军人新增就业1400余人，超额完成18.5%。

五、优抚褒扬工作

修订《军人军属、退役军人和其他优抚对象优待工作实施办法》，提高1.7万名优抚对象抚恤补助标准，组织400余名优抚对象赴河北短期疗养，为听力障碍退役军人免费配备助听器1800余台，为2500余名残疾军人、警察等人员换发新版残疾证。

实施烈士纪念设施管理保护专项行动，组织挖掘编纂英烈事迹110人（次），开展“百年英烈”宣传纪念、“追寻先烈足迹”短视频征集等活动，参与人数达20万人（次），网络点击量达300万人（次）。协调解决70余名军人家属就业安置问题，700名军人子女享受教育优待，帮助解决160余名边海防官兵和其他优抚对象实际困难。走访慰问驻宁部队和来宁演习部队300余支（次）、优抚对象2.8万人，组织慰问演出50余场（次）。召开全区双拥模范城（县）命名暨双拥模范单位和个人表彰大会，6个市、县被命名为全国双拥模范城（县）。

六、服务保障能力建设情况

推进学习推广新时代“枫桥经验”先行先试重点示范省、区创建，在2020年创建220个全国示范服务中心（站）的基础上，全区42个乡镇退役军人服务站和39个服务对象在300人以上的村（社区）退役军人服务站示范创建全部达标，同心县豫海镇退役军人服务站入选全国“百家红色退役军人服务站”。

出台《关于加强困难退役军人帮扶援助工作实施意见》，落实“3456”常态化联系退役军人工作法，开展“情暖老兵　关爱帮扶”活动，全面推广“三化六突出”“三问三色三帮三星”“六步化解法”等精准服务模式，让退役军人矛盾诉求在基层得到解决。

七、党史学习教育情况

全面对标对表党中央及自治区党委部署要求，聚焦学党史、悟思想、办实事、开新局，深入推进“传承党的百年光辉史基因、铸牢中华民族共同体意识”主题教育，举办“老兵永远跟党走”主题演讲赛、情景思政课、主题书画展等系列活动，全区13处烈士纪念设施纳入自治区党史学习教育基地，组建区、市、县三级“老兵宣讲团”进企业、进学校、进村镇、进社区、进军营巡回宣讲330多场次，受众6万多人（次）。退役军人事务厅老兵宣讲团被中央宣传部办公厅评为基层理论宣讲先进集体。

开展“我为群众办实事”实践活动和“十百千万——我为退役军人谋幸福”行动，协调办成退役士兵社保补缴、军休小区改造、困难退役军人帮扶救助、优抚对象短期疗养等一批暖人心、得人心、稳人心的好事实事。

新疆维吾尔自治区

2021年，新疆维吾尔自治区退役军人事务系统坚持以习近平新时代中国特色社会主义思想为指导，深入学习贯彻习近平强军思想和习近平总书记关于退役军人工作重要论述，完整准确贯彻新时代党的治疆方略，全面做好退役军人工作，引领广大退役军人建功新时代。

一、机构建设情况

健全组织管理体系。召开自治区党委退役军人事务工作领导小组全体会议，研究审议《自治区退役军人事业发展“十四五”规划》等文件，部署重点工作任务。军地有关部门合力共为，重点问题集体研究、重要任务合力推进、重大事项请示报告，党领导下的行政部门、服务体系、社会力量“三驾马车”同向发力的工作格局基本形成。

配合自治区党委组织部招录留疆战士，推荐优秀退役军人依法依规担任村（社区）“两委”，充实基层工作力量。督促落实自治区退役军人事务工作领导小组成员单位工作职责、联络员工作职责，逐步规范军地职责、运行模式，落实军地“双清单”制度，召开2次成员单位联络员会议，将退役军人工作纳入地方党委班子和领导干部考核及双拥模范城（县）评比表彰、平安建设（综治工作）等综合考核内容。首次开展退役军人事务综合督查，推动重点任务落实。服务保障全国退役军人事务系统对口援疆工作会议顺利召开，认真落实系统援疆任务，稳步推动5类70个援助项目实施，助力提升基层基础建设水平。

建强退役军人服务中心（站）。自治区建成退役军人服务中心（站）10720个，落实编制406个、配备专兼职人员11182人，落实经费960万元、办公场所20.5万平方米；创建全国示范型服务站点1045个、打造红色站点80个。

配套建设法律援助工作站和人民调解委员会，为2275名退役军人和其他优抚对象提供法律服务。成立新疆维吾尔自治区退役军人关爱基金会，动员社会力量，为广大退役军人办实事、解难题。协调中国老龄事业基金会开展“情暖老兵·关爱帮扶”活动，筹措资金为296名“抗美援朝老兵”和困难退役军人实施帮扶援助，营造关心关爱退役军人的浓厚氛围。

二、政策法规工作

深入开展“法律政策落实年”活动，认真落实退役军人事务部明确的258个具体政策点。以贯彻落实《退役军人保障法》为牵引，加快推进自治区地方政策法规体系建设，全面启动《自治区烈士纪念设施保护管理办法》立法工作。制定实施《贯彻落实〈退役军人工作政策制度改革方案〉具体措施及分工方案》，编制完成《“十四五”退役军人服务和保障规划》，陆续编制《自治区优抚事业单位建设规划（2021—2025）》《烈士纪念设施建设规划（2021—2025）》《自治区军人公墓建设规划（2021—2025）》《自治区退役军人事务信息化建设规划（2021—2025）》4个子规划，统筹推进退役军人重点工作。

制定实施《关于促进新时代退役军人就业创业工作的实施意见》《关于促进退役军人投身乡村振兴的实施意见》《关于加强红色资源挖掘保护和管理运用的指导意见》《自治区移交政府安置的军队离退休干部荣誉疗养办法》《自治区伤残抚恤管理办法实施细则》等配套文件或实施细则19个，不断夯实政策体系“四梁八柱”。

三、思想政治工作

制定实施《贯彻落实〈关于加强退役军人思想政治工作的意见〉工作措施》《贯彻落实〈全国“最美退役军人”学习宣传活动先进典型评选办法（试行）〉的工作措施》，深入开展“最美退役军人”评选活动，涌现出“时代楷模”拉齐尼·巴依卡、为祖国守边的龙吉克·卡德尔等一批先进典型。组织开展2021年度“最美退役军人”暨自治区首届退役军人服务保障“三先”评选表彰活动，广泛宣传先进典型事迹。

开展“老兵永远跟党走”主题活动，慰问全国模范退役军人、“最美退役军人”、退役军人党员等9513人。举办新兵入伍欢送、退役军人回乡欢迎仪式和座谈会265场次，送立功喜报627人次。指导517支退役军人志愿服务队3万余名退役军人志愿者，常态化开展党史学习宣讲，投身疫情防控、应急救援、固边兴边第一线。

四、移交安置工作

推行“阳光安置”全覆盖。加大退役军人安置岗位供给，完成转业军官和随调配偶，由政府安排退役士兵和退出消防员安置任务，完成退役士兵安置信息录入工作。完成跨军地改革集体转制部队退役军人落户工作，完成退役士兵社保接续集中补缴任务，缴费率不低于96%，医保补缴进入常态化办理阶段。分专题举办高校网络培训12次、融入式培训1次，加强服务保障，提升退役军人能力素质。

五、就业创业工作

承办全国退役军人就业创业政策落实推进会，制定实施《自治区退役士兵教育培训工作实施办法》，开展“就业创业百千万　稳岗兴业在边疆”活动，认定培训机构107所，开展适应性培训3739人次，扶持军创企业1004家，协调发放创业贷款3000余万元。举办专场招聘会234场次，协调直招9000余名退役军人到人民警察（含辅警）队伍就业，940名在乡村就业创业。推行“权威推荐+自主选择”“教培先行、岗位跟进”就业模式，与10家企业签订合作协议，提供专属岗位298个。引导1387名退役军人参加学历教育。成功举办第二届退役军人创业创新大赛。开展5期“新疆退役军人就业创业大讲堂”活动，1万余名退役军人在线学习。

六、军休服务管理工作

制定实施《自治区移交政府安置的军队离退休干部退休士官定期增资经费管理暂行办法》，落实军休干部医疗补助资金，有效解决“高山海岛”津贴和一级至六级伤病残人员扩大就医问题。制定实施《自治区军队师级以下退休干部退休士官及伤病残退役军人移交政府安置工作任务分工》，超额完成年度军休人员移交安置任务。

有序换发新式离退休证件，积极推进军休老年大学建设，普及推广网络“军休所”暨军休服务管理信息化平台。组织移交政府安置的军休干部（士官）和各地退役军人事务部门工作人员300余人进行政策法规培训。举办“展老兵风采 颂百年峥嵘”庆祝建党100周年线上文艺会演，丰富军休干部文化生活。

七、拥军优抚工作

制定实施《自治区军人军属、退役军人和其他优抚对象优待工作实施办法（试行）》，明确170项优待事项。筹划优待证申领发放工作。提高部分优抚对象抚恤和生活补助标准，精准下拨抚恤补助经费和医疗补助经费。开展优抚对象短期疗养和巡回医疗活动。深入开展“情系边海防官兵”活动，积极协调解决驻疆部队官兵及任务部队官兵家庭困难问题，组织开展走访慰问驻疆部队、现役官兵家庭和优抚对象活动。

八、褒扬纪念工作

将《自治区实施〈中华人民共和国英雄烈士保护法〉办法》列入自治区2021年立法调研论证项目，完成前期调研和《草案》起草；与部队和网信、公安、检察等部门通力合作，依法处置侵害烈士名誉、荣誉网络事件；打造全区烈士陵园爱国主义基地，全区3个烈士陵园列入自治区红色旅游经典景区，9个烈士陵园列入自治区党史教育服务单位。

加强烈士纪念设施保护管理，实施县级以下烈士纪念设施整修工程、自治区级烈士陵园提质改造工程，修缮康西瓦烈士陵园；加强烈士保护组织体系建设，完成8个陵园升级，保护单位由7个增加到19个。

加强英烈文化研究，出版《新疆烈士英名录》《新疆立传烈士简介》、红色英烈故事口袋书，制作“追寻先烈足迹”短视频、烈士陵园展播作品；加强队伍建设，举办英烈讲解员大赛；持续开展“网上祭英烈”活动，网上祭扫累计134.2万人次；开展“让烈士回家”活动，为24名烈士找到亲人。

九、自身建设情况

强化党的建设。深入开展党史学习教育，反复学习重要讲话和重要会议精神，为行动不便的退役军人提供“上门送学”服务。扎实开展“我为退役军人及群众办实事”实践活动，牢固树立以退役军人为中心的理念，聚焦退役军人和群众的“急难愁盼”问题，切实为退役军人和群众办实事解难题。精心组织“老兵永远跟党走”“百年英烈”“光荣在党50年”“最美退役军人”座谈会等庆祝中国共产党成立100周年系列活动。

强化队伍建设。优化干部管理体系，理顺工作机制，规范选拔任用。扎实开展各类学习培训，组织线上线下培训170余场次。深入调查研究，抓好督导检查，狠抓工作落实，稳步提升服务水平和履职效能。

强化宣传引导。联动《新疆日报》、新疆电视台和人民网、天山网等媒体平台，探索“互联网+退役军人工作”模式，发挥退役军人事务厅门户网站、“新疆退役军人”官微、《新疆双拥》杂志等“一网一微一刊”宣传主阵地作用，完善退役军人事务系统政务新媒体矩阵、新闻宣传媒体传播矩阵，全年共刊登退役军人工作相关信息800余条次。

新疆生产建设兵团

2021年，新疆生产建设兵团退役军人事务系统深入贯彻习近平强军思想和习近平总书记关于退役军人工作重要论述，紧紧围绕兵团维稳戍边和向南发展、深化改革、经济高质量发展、兵地融合发展等重点工作，扎实组织开展“法律政策落实年”活动，强化思想政治引领，为实现新时代兵团退役军人工作高质量发展奠定坚实基础。

一、机构建设情况

党对退役军人工作的领导落实到基层，着力构建兵团、师市、团场、连队四级书记抓退役军人工作新格局。调整兵团党委退役军人事务工作领导小组和兵团双拥工作领导小组，自治区党委副书记，兵团党委书记、政委李邑飞同志分别担任两个小组组长。先后3次召开常委会议学习研究部署退役军人工作，审议通过《新疆生产建设兵团“十四五”退役军人服务和保障规划（送审稿）》，大力推进兵团退役军人系统组织管理、工作运行、政策制度各体系建设，统筹推进思想政治、安置就业、服务保障、抚恤优待、权益维护、双拥共建、褒扬纪念等各项工作。

师市、团场成立党委退役军人事务工作领导机构，14个师市、118个团场（街道、乡镇）党委退役军人事务工作领导小组均由主要负责同志担任组长。

坚持以“示范型退役军人服务中心（站）创建”为抓手，推动基层退役军人服务体系建设提质增效、转型升级。完善服务中心（站）功能，对兵团首批通过国家示范验收的120个服务中心（站）加强监督指导，配合广东省退役军人事务厅完成对兵团2021年示范型服务站复核，15个服务中心、157个团场服务站、14个街道服务站和300名以上退役军人服务站初步达标。3个服务站被退役军人事务部、中央军委政治工作部表彰为退役军人服务保障先进单位，7名基层服务（中心）站干部和1名军队退休干部被表彰为退役军人服务保障先进个人、先进军休干部，2名服务中心负责同志被评为2021年度全国退役军人服务中心（站）“百名优秀主任（站长）”。

组织系统内各单位深入开展“法律政策落实年”活动，认真落实各类具体政策点，将“法律政策落实年”活动开展纳入2021年度师市经济社会发展（绩效）考核指标细化方案。扎实推动送政策“七进入”，组织专题培训49次，政策讲座77次，播放法律政策视频1.8万次，新闻浏览量3.8万次，现场宣讲法律政策199次，发放各类宣传材料22044份，为退役军人维权、提供法律援助累计1187次。

二、思想政治和权益维护工作

结合党史学习教育和庆祝中国共产党成立100周年组织开展了“老兵永远跟党走”知识竞赛、作品征集、主题演讲比赛、微视频征集展播等系列活动。2个退役军人服务站被评为全国“百家红色退役军人服务站”。挖掘优秀退役军人先进典型。第九师161团退役军人魏德友荣获“七一勋章”。魏德友、武来银等8名老兵接受央视国防军事频道《老兵你好》栏目组采访，录制5期《“屯垦戍边天山下”新疆生产建设兵团特别节目》，引起强烈反响。引导退役军人发挥作用，师团连三级退役军人服务中心（站）按照属地原则组建退役军人志愿服务队200支，吸纳退役军人4624名，在当地开展志愿服务活动。联合兵团党委宣传部、新疆军区政治工作部开展兵团2021年度“最美退役军人”学习宣传活动，6名同志被评为2021年度兵团“最美退役军人”。

组织落实“情暖老兵·关爱帮扶”公益行动，对特别困难的实行优先服务，并联系民政、财政、社保等部门进行帮扶解困。持续开展退役军人矛盾问题攻坚化解工作，切实维护退役军人合法权益。组织学习推广新时代“枫桥经验”，最大限度把矛盾化解在基层。

三、移交安置工作

印发《关于做好2021年兵团转业军官、逐月领取退役金军官和复员军官安置工作的通知》等文件，圆满完成转业军官、随调家属、安排工作退役士兵（退出消防员）、自主就业退役士兵的接收安置任务。联合兵团财政局、人力资源社会保障局印发《关于持续开展部分退役士兵社会保险补缴工作的通知》，截至12月底办结率达到98.8%。

四、就业创业工作

强化退役军人就业服务，联合人力资源社会保障局、工商联等部门共同开展“2021年春季兵团退役军人招聘周”“民营企业招聘月”“金秋招聘月”等线上、线下招聘活动79场，1168家企业参与活动，400名退役军人签订就业（意向）协议。

印发《关于加强兵团退役军人就业创业培训工作的通知》，各师市退役军人事务部门与31家培训机构完成签约，形成兵团退役军人培训黄页、目录。印发《关于做好兵团退役军人就业创业培训机构评估工作的通知》，于10月完成首次评估。签约培训机构全年共组织344名退役士兵参加适应性培训，93名退役士兵参加职业技能培训。举办大众创业万众创新活动周新疆生产建设兵团分会场退役军人线上路演活动，推荐2个优秀企业（团队）参加。常态化提供自主择业军转干部管理服务，为自主择业军转干部发放退役金和缴纳医疗保险。

五、军休服务管理工作

为15名军休干部换发证件，为第八师石河子市、第六师五家渠市划拨分配2020年移交政府安置退休干部、退休士官年度定期增资经费。根据军队离退休干部交接计划，完成军休干部接收任务。

六、拥军优抚工作

召开兵团双拥模范命名表彰大会暨兵团退役军人事务工作会议，命名4个兵团双拥模范城，表彰17个爱国拥军模范单位、8个拥政爱民模范单位、15名爱国拥军模范个人和8名拥政爱民模范个人。

指导各师市深入开展情系边海防拥军优属活动，投入88.2万元慰问1320名边海防官兵和家属并帮助其解决实际困难。出台12项优待措施，帮助45名家属解决就业问题，82名军人子女享受教育优待。开展军民文艺、文化、体育等联谊活动145场。送喜报81次，悬挂光荣牌431个。全年走访慰问部队官兵、参战老兵、伤残军人、三属等群体27382人次，元旦、春节、“八一”期间，兵团领导带队慰问6支基层驻军部队及20名重点优抚对象。组织2个全国双拥模范城在春节前慰问任务部队。

开展优抚对象数据核查，2次提高部分优抚对象定期生活补助，完成享受国家定期抚恤补助优抚对象年度确认工作。4次启动优抚对象价格临时补贴。2次召开兵团退役军人事务局残疾等级评定工作领导小组会议研究评残事宜，为79名优抚对象评定了残疾等级。年内为1313名残疾军人、伤残人民警察和伤残公务员换发了残疾证，为67名残疾军人配置了辅助器具。

七、褒扬纪念工作

广泛开展烈士纪念活动。“清明节”期间，在新媒体平台设置“2021百年英烈暨清明祭英烈”活动专栏，开展清明节缅怀、祭扫英烈活动和相关报道。9月30日“烈士纪念日”，兵团各级采取多种形式开展烈士纪念活动。其中第二师铁门关市退役军人服务中心（站）组织800余名党员干部、职工群众、教师学生等参加慰问祭扫。

加强烈士纪念设施保护管理。组织各师市对13类烈士纪念设施基本情况、保护现状、周边环境等进行核对，新增数据信息，形成烈士纪念设施数据库。印发《兵团县级以下英雄烈士纪念设施整修工程实施方案》，开展兵团县级以下烈士纪念设施管理保护专项行动，对辖区内53座烈士墓进行修缮维护。申请国家项目资金对孙龙珍军垦烈士陵园进行改扩建。

八、自身建设情况

围绕打造“政治机关、行政机关、服务机关”定位，切实抓政治建设、能力建设和作风建设。

以政治建设为统领，持续推进党的建设。坚持全面从严治党，落实党建工作责任，加强党风廉政建设工作，局党组全年2次专题部署全面从严治党暨党风廉政建设工作，组织开展普法教育、上党课、主题党日、谈心谈话、学习研讨等系列活动20余次。

深入开展机关干部“能力提升年”工作。加强干部人才队伍建设，着眼退役军人工作实际需要，优化干部成长路径，按照“干什么学什么、缺什么补什么”的思路，提升当前干部队伍能力素质。

持续开展机关作风建设。以“查作风、查责任、查漏洞、查落实”为抓手，做好作风问题排查和整治工作。坚持高标准、严要求，坚持抓两头、带中间，坚持功必奖、过必罚，坚持认真

"论"、切实"用"，引导全体党员干部站得高、看得远、想得明白。

九、对口援疆工作

2021年，退役军人事务部先后9批次组织干部在新疆、兵团组织会议，对接援疆、调研指导。兵团退役军人事务局和退役军人事务部、对口援疆省市围绕干部人才、项目、资金等方面建立"双清单"制度，退役军人事务部援助300台电脑、8万元书籍和价值66万元电子学习卡等网络学习培训课程。山西省退役军人事务厅选派1名副处级干部担任第十二师退役军人事务局副局长。退役军人事务部以及广东、山西、浙江、湖南、山东、湖北等省退役军人事务厅捐助退役军人帮扶救助等资金共380余万元。

政策法规

中华人民共和国退役军人事务部令

第5号

《军队离休退休干部服务管理办法》已经2021年11月19日退役军人事务部第17次部务会议审议通过，现予公布，自2022年1月1日起施行。

部长　孙绍骋

2021年12月1日

军队离休退休干部服务管理办法

（2014年9月23日民政部令第53号公布，2021年12月1日退役军人事务部令第5号修订）

第一章　总则

第一条　为了做好军队离休退休干部服务管理工作，根据《中华人民共和国退役军人保障法》和国家有关规定，制定本办法。

本办法所称军队离休退休干部，是指移交政府安置的由退役军人事务部门服务管理的中国人民解放军和中国人民武装警察部队离休退休干部（以下简称军休干部）。

第二条　军休干部服务管理应当从维护军休干部的合法权益出发，贯彻执行国家关于军休干部的法律法规和政策，完善军休干部服务保障和教育管理机制，落实军休干部政治待遇和生活待遇。

军休干部服务管理坚持政治关心、生活照顾、服务优先、依法管理的原则。

第三条　军休干部服务管理工作坚持党的领导，由退役军人事务部门主管，军休服务管理机构（以下简称军休机构）具体组织实施。

退役军人事务部门应当依法负责军休干部服务管理工作，及时研究解决存在的问题，监督检查军休服务管理相关法律法规和政策措施落实情况。

军休机构是服务和管理军休干部的专设机构，包括军休服务管理中心、军休所、军休服务站等，承担军休干部服务管理具体工作。

第四条　军休干部服务管理应当与经济发展相协调，与社会进步相适应，实行国家保障与社会化服务相结合。

第五条　对在军休干部服务管理中作出突出贡献的单位和个人，按照国家有关规定给予表彰、奖励。

第二章　服务管理内容

第六条　退役军人事务部门、军休机构应当加强军休干部思想政治工作，引导军休干部继续发扬人民军队优良传统，模范遵守宪法和法律法规，永葆政治本色。

第七条　退役军人事务部门、军休机构应当按照规定落实军休干部政治待遇，组织军休干部阅读有关文件、听取党和政府重要会议精神传达等。

退役军人事务部门应当主动协调当地离退休干部管理部门，将军休干部纳入本级老干部工作体系。

第八条　退役军人事务部门在国家、地方和军队举行重大庆典和重大政治活动时，应当按照要求组织军休干部参加。

第九条　退役军人事务部门应当协调当地人民政府和军队有关负责人，在八一建军节、春节等重大节日走访慰问军休干部。

第十条　退役军人事务部门应当按规定落实军休干部荣誉疗养制度，对服役期间或移交安置后作出突出贡献的军休干部，分层级、分批次组织疗养。

第十一条　军休机构应当做好以下服务保障工作：

（一）举行新接收军休干部迎接仪式。

（二）按时发放军休干部离退休费和津贴补贴，帮助符合条件的军休干部落实优抚待遇。

（三）协调做好军休干部的医疗保障工作，落实体检制度，建立健康档案，开展医疗保健知识普及活动，引导军休干部科学保健、健康养生。

（四）培育军休干部文化队伍，开展军休文化体育活动，引导和鼓励军休干部参与社会文化活动。

（五）开展经常性走访探望，定期了解军休干部情况和需求，提供必要的关心照顾。

（六）协助办理军休干部去世后的丧葬事宜，按照政策规定落实遗属待遇。

第十二条　退役军人事务部门、军休机构应当依法依规加强对军休干部参加社会组织、出国（境）、著作出书、发表言论等事项的管理，督促军休干部遵纪守法和遵守军休机构各项规章制度。

第十三条　退役军人事务部门、军休机构应当鼓励支持军休干部保持和发扬优良传统，发挥自身优势，继续贡献力量。

第三章　服务管理方式

第十四条　军休机构应当建立健全工作制度，为军休干部老有所养、老有所医、老有所教、老有所学、老有所为、老有所乐创造条件。

第十五条　军休机构应当建立值班制度，并采取定期联系、定人包户等方式，为军休干部提供及时、方便的日常服务保障。

第十六条　军休机构应当坚持共性服务和个性化服务相结合，为军休干部提供细致周到的服务。对失能、失智、重病、高龄、独居、空巢等军休干部，应当重点照顾并提供必要帮助。

第十七条　军休机构应当按照退役军人事务部门制定的规范标准，推进服务管理工作标准化建设，确保规范运行。

第十八条　军休机构应当推进社会化服务，根据需要引进医疗、养老、志愿服务等方面力量，为军休干部提供多元服务。

第十九条　退役军人事务部门、军休机构应当加强信息化建设，充分运用信息化技术，发挥军休安置服务管理信息系统、网络“军休所”等信息化平台作用，提高工作效率，实现精准服务。

第二十条　退役军人事务部门、军休机构应当推进军休老年大学建设，线上线下融合，扩大教学供给，提高办学水平，不断满足军休干部终身学习需求。

第二十一条　退役军人事务部门应当健全军休机构服务网格，加强军休干部服务保障。

第二十二条　军休干部管理委员会是在军休机构内军休干部自我教育、自我管理、自我服务的群众性组织。

军休机构内设有军休干部管理委员会的，军休机构党组织应当加强对军休干部管理委员会的领导，按照有关规定组织开展活动，发挥军休干部管理委员会的作用，定期听取军休干部管理委员会工作情况报告，研究解决其反映的问题。

第四章　军休机构建设

第二十三条　退役军人事务部门根据安置管理工作实际，按照统筹规划、合理布局、精干高效、便于服务的原则设置、调整军休机构。

第二十四条　军休机构实行法定代表人负责制，对重大问题实行科学决策、民主决策。

军休机构应当依法依规落实政策公开、财务公开、服务公开，接受军休干部和工作人员监督。

第二十五条　军休机构应当加强党组织建设，改进和创新军休干部党组织工作，落实党的组织生活制度，增强党组织的政治功能和组织力，使之成为组织、凝聚、教育军休干部和工作人员的坚强堡垒。

加强军休干部中的流动党员管理，将流动党员就近安排在暂住地军休机构党组织参加组织生活。

第二十六条　军休机构应当加强基础设施建设，设置会议室、活动室、阅览室、荣誉室等场所，根据军休干部特点和需求，因地制宜开展适老化改造，具备条件的可引进或设立养老、医疗、助餐等功能设施，建立必要的室外文化体育活动场地，创造良好休养环境。

第二十七条　军休机构应当按规定用好军休经费，加强军休经费和国有资产管理，提高使用效益，接受有关部门的审计监督。

第二十八条　军休机构应当加强军休干部档案管理。

第二十九条　军休机构应当加强安全管理，制定并落实卫生、灾害等突发事件应急预案，增强风险防控和应急处置能力，及时消除安全隐患，防止安全责任事故发生。

第五章　服务管理工作人员

第三十条　退役军人事务部门应当加强军休服务管理工作人员队伍建设，在编制员额内配齐配强工作力量，优化队伍结构。

第三十一条　军休机构在编制员额内新聘用工作人员，除国家政策性安置、按照人事管理权限由上级任命、涉密岗位等人员外，应当面向社会公开招聘，同等条件下优先聘用退役军人、军人家属。

第三十二条　退役军人事务部门可以通过引进专业化服务等渠道充实工作力量。

第三十三条　服务管理工作人员应当强化能力素质和作风纪律，树牢全心全意为军休干部服务的意识。

第三十四条　退役军人事务部门、军休机构应当定期开展教育培训、岗位练兵、业务竞赛等活动，提高工作人员思想政治素质、政策理论水平和服务管理能力。

第三十五条　退役军人事务部门应当建立

以军休干部满意度为主要内容的服务管理工作监督考评体系，定期对军休机构及其负责人进行测评。

退役军人事务部门、军休机构应当建立工作人员绩效考核、岗位交流制度。对军休政策落实不到位、工作推进不力的人员，按照有关规定进行处理。

第六章　附则

第三十六条　中国人民解放军和中国人民武装警察部队移交政府安置的退休军（警）士的服务管理参照本办法执行。

第三十七条　本办法自2022年1月1日起施行。

中共中央宣传部　退役军人事务部　中央军委政治工作部关于授予贵州安顺“兵支书”脱贫攻坚代表队等2个集体和丁国年等18名同志“最美退役军人”称号的决定

退役军人部发〔2021〕5号

各省、自治区、直辖市党委宣传部，政府退役军人事务厅（局），各战区、各军兵种、军委机关各部门、军事科学院、国防大学、国防科技大学、武警部队政治工作部（局、处）：

为全面贯彻习近平总书记关于退役军人工作重要论述，深入落实党的十九届五中全会精神，讲好优秀退役军人故事，发挥先进典型的示范引领作用，中央宣传部、退役军人事务部、中央军委政治工作部联合开展了2020年度“最美退役军人”学习宣传活动。经广泛发动、层层推荐、严格遴选、社会公示，决定授予贵州安顺“兵支书”脱贫攻坚代表队等2个集体和丁国年等18名同志“最美退役军人”称号。

希望荣获称号的先进集体和个人珍惜荣誉、发扬成绩，牢记初心使命、坚定理想信念，自觉弘扬人民军队光荣传统和优良作风，砥砺奋进、服务社会，展现奋斗争先风采，彰显“若有战、召必回”的使命担当。广大退役军人要以“最美退役军人”为榜样，见贤思齐、勤奋敬业，努力为全面建设社会主义现代化国家，实现中华民族伟大复兴的中国梦贡献力量。

各地各级党委宣传部门、退役军人事务部门要深入贯彻习近平新时代中国特色社会主义思想，充分认识以“最美退役军人”先进事迹凝聚奋进力量的重要性，采用多种形式宣传他们立足本职、攻坚克难的作风，勇于冲锋、甘于奉献的精神，主动担当、无私无畏的品质，推动在全社会形成尊崇军人职业、尊重退役军人的浓厚氛围；要做好对“最美退役军人”的关怀工作，充分体现对退役军人先进典型的尊重和关爱，树立德者有得、好人好报的价值导向。

军队各大单位、军委机关各部门政治工作部门要结合“传承红色基因、担当强军重任”主题教育，指导部队学习宣传“最美退役军人”事迹精神，激励引导广大官兵贯彻习近平强军思想，贯彻新时代军事战略方针，增强“四个意识”、坚定“四个自信”、做到“两个维护”，贯彻军委主席负责制，坚持政治建军、改革强军、科技强军、人才强军、依法治军，全面加强练兵备战，加快国防和军队现代化，提高捍卫国家主权、安全、发展利益的战略能力，为实现党在新时代的强军目标、把人民军队全面建成世界一流军队不懈奋斗。

附件：

1.“最美退役军人”集体

2.“最美退役军人”个人

2021年1月16日

附件1

“最美退役军人”集体

贵州安顺“兵支书”脱贫攻坚代表队

安徽省庐江县退役军人抗洪抢险突击一分队

附件2

“最美退役军人”个人

（按姓氏笔画排序，排名不分先后）

丁国年　浙江省国骅集团有限公司董事长

王国辉　河南省沈丘县白集镇田营村党支部书记

王昌群　云南省粮油运输公司退休干部

牛何松　山西省壶关县桥上乡后脑村民兵连长

石炳启　河北省河间市兴村镇大庄村党支部书记、村主任

邝远平　（湖北）炎黄集团董事长

孙　超　新疆出入境边防检查总站红其拉甫出入境边防检查站民警

李　锁　天津市蓟州区穿芳峪镇副镇长兼毛家峪村党支部书记、村主任

何健忠　江苏省泰兴市江平路邮政支局局长

宋　伟　山东省邹城市后八里沟村党委书记

张天水　福建省福州市鼓楼区三坊七巷消防救援站副站长

张国强　中国第一汽车集团有限公司整车道路试验工

陈卫华　国家税务总局北京市西城区税务局第一税务所副所长

陈炳金　四川省川椒种业科技有限责任公司总工程师

郁文贤　上海交通大学讲席教授，上海北斗导航创新研究院院长

赵孝英　陆军特色医学中心胸外科主管护师

董博俊　青海立詹律师事务所党支部书记

靳玉国　甘肃省静宁县陇原红果品经销有限责任公司董事长

退役军人事务部等8部门关于促进退役军人到开发区就业创业的意见

退役军人部发〔2021〕6号

各省、自治区、直辖市退役军人事务厅（局），发展改革委、科技厅（委、局）、财政厅（局）、自然资源厅（局）、商务厅（局），新疆生产建设兵团退役军人事务局、发展改革委、科技局、财政局、自然资源局、商务局，海关总署广东分署，驻天津、上海特派办，各直属海关，税务总局各省、自治区、直辖市、计划单列市税务局：

退役军人是重要的人力资源，是建设中国特色社会主义的重要力量。促进他们到企业、产业集聚的各类开发区实现稳定就业、投身“双创”实践，对更好实现退役军人自身价值、助推经济社会发展、服务国防和军队建设具有重要意义。退役军人到开发区就业创业促进工作要以习近平新时代中国特色社会主义思想为指导，坚持政府推动、市场引导、社会支持相结合，紧密结合国家区域发展战略，调动各方面力量共同推进，保障退役军人在本区域就业创业享受同等条件下优先、普惠基础上优待。现就促进退役军人到开发区就业创业提出以下意见。

一、落实扶持政策

（一）开发区内退役军人从事个体经营或企业招用退役军人，符合相关规定的，可享受税收优惠政策。

（二）对退役军人创办中小微企业吸纳就业困难人员、农村建档立卡贫困人员就业的，按规定给予社会保险补贴。

二、积极促进就业

（三）发挥各区管委会促进就业的主导作用，需管委会审批、核准的生产经营性项目，享受管委会政策扶持的企业，在招录用工时，同等条件下优先录用退役军人。鼓励所有驻区企业优先招用退役军人。

（四）政府投资项目以及区内自行投资项目产生的岗位，招聘的物业公司、自身平台公司等企业和机构用工岗位中，设定一定比例（数量）招用退役军人。

（五）各区在开展的特色招聘活动中设置退

役军人招聘专区，定向提供适合退役军人就业的岗位。

（六）加强岗位信息归集提供，建立各区与退役军人事务部门岗位信息共享渠道，用好退役军人就业创业网、中国开发区网等平台，加快实现公共机构岗位信息区域和全国公开发布。定期统计并与当地退役军人事务部门共享区内退役军人就业数据。

三、优化创业环境

（七）鼓励政府投资开发的孵化基地等创业载体对退役军人予以优先支持。对各区孵化基地等创业载体，优惠或免费提供退役军人场地、设置退役军人专区的，当地政府可视情给予适当支持。

（八）加大对退役军人初创企业的土地使用、项目遴选、贷款抵押、导师推荐、房租减免、住房优惠等政策扶持力度，降低创业成本。鼓励各区根据实际情况出台相关措施，对退役军人创办的紧跟国家产业发展导向的、获得版权注册或专利等创新技术的、推动经济转型或具有较强就业吸纳作用的企业，给予重点关注和支持。

（九）充分发挥创业投资和政府创业投资引导基金作用，支持退役军人初创企业发展。

四、加强服务管理

（十）发挥区内创新创业服务机构作用，在同等条件下，优先优惠为退役军人及其创办企业提供有关金融、外贸、法律、保险、审计、会计、知识产权、资产评估、计算、测试、信息咨询、人才交流与培训等支撑服务。

（十一）鼓励各区开设退役军人“绿色通道”，对符合入驻条件的，简化相关核准手续。

（十二）加强对区内退役军人创办企业的信用培育。退役军人创办企业申请高信用等级管理的，应加快认定工作进程。

（十三）对违反国家及地方法律法规、各区相关制度及管理规定，造成社会危害、损害退役军人及军创企业良好社会形象的，依法依规进行处理。

本意见所称开发区是指经济技术开发区、高新技术产业开发区、海关特殊监管区域等国家级开发区和经济开发区、工业园区、高新技术产业园区等省级开发区，具体可参照《中国开发区审核公告目录》。各地要高度重视、上下配合，结合实际情况，制定具体措施，积极促进退役军人就业创业。

2021年1月27日

退役军人事务部等13部门关于建立英雄烈士保护部门联动协调制度的意见

退役军人部发〔2021〕35号

各省、自治区、直辖市退役军人事务厅（局）、宣传部、政法委、网信办、公安厅（局）、司法厅（局）、文化和旅游厅（局）、市场监管局（厅、委）、广电局、文物局、知识产权局、人民检察院，新疆生产建设兵团退役军人事务局、宣传部、政法委、网信办、公安局、司法局、文化体育广电和旅游局、市场监管局、文物局、知识产权局、人民检察院，各战区、各军兵种、军委机关各部门、军事科学院、国防大学、国防科技大学、武警部队政治工作部（局、处）：

为深入贯彻习近平总书记关于烈士褒扬工作重要指示精神，落实《中华人民共和国英雄烈士保护法》《烈士褒扬条例》要求，切实加强英雄烈士保护工作，维护英雄烈士尊严和合法权益，现就建立英雄烈士保护部门联动协调制度提出如下意见。

一、总体要求

（一）指导思想

以习近平新时代中国特色社会主义思想为指导，深入贯彻落实习近平总书记关于英雄烈士褒扬纪念工作重要指示批示精神，以维护国家利益和社会公共利益为目的，健全制度管理体系，加大联动协调力度，切实维护英雄烈士尊严和烈士烈属合法权益，在全社会树立尊崇英烈、捍卫英烈、学习英烈、关爱烈属的良好风尚。

（二）基本原则

坚持正确价值取向。坚持和加强党的全面领导，培育和践行社会主义核心价值观，坚持正确政治方向，大力发扬红色传统、传承红色基因、赓续红色血脉，凝聚奋进新时代的精神力量。

强化依法依规保护。严格贯彻落实英雄烈士保护法等法律法规政策，以事实为依据，以法律为准绳，充分利用法治手段，发挥法治作用，健全英雄烈士保护法治体制机制，不断提升联动协调制度的协同性、规范化水平，依法保护英烈合法权益。

广泛凝聚各方力量。树立“一盘棋”思想，强化“一体化”观念，在各级党委和政府领导下，充分发挥各有关部门职责作用，主动作为、协同推进，形成英雄烈士保护工作合力。

（三）工作目标

立足新发展阶段，贯彻新发展理念，建立健全系统完备、畅通有效、协同配合的英雄烈士保护联动制度，加强各地各部门协作，积极引导社会力量参与，促进依法共治，构建联动协调制度高效运行、整体合力持续增强、作用成效不断显现、治理能力显著提升的英雄烈士保护工作新发展格局。

二、保护内容

（一）依法保护英雄烈士事迹和精神

英雄烈士事迹和精神是中华民族共同历史记忆和宝贵精神财富，是社会主义核心价值观的重要体现，是以爱国主义为核心的民族精神的重要内容，禁止歪曲、丑化、亵渎、否定英雄烈士事迹和精神，严厉打击宣扬美化侵略战争和侵略行为等行为。

（二）依法保护英雄烈士姓名、肖像、名誉、荣誉

英雄烈士姓名、肖像、名誉、荣誉受法律保护。坚决打击侮辱、诽谤或者以其他方式侵害英雄烈士名誉、荣誉的行为。依法及时处理将英雄烈士姓名、肖像和事迹、精神等用于或者变相用于商标、商业广告等有害于社会主义道德风尚或者其他不良影响的商业行为，以及侵害英雄烈士名誉、荣誉的违法行为。

（三）依法保护英雄烈士纪念设施

英雄烈士纪念设施和烈士遗骸、遗物受法律保护。严肃查处有损纪念英雄烈士环境和氛围的活动，严肃查处破坏、污损英雄烈士纪念设施和烈士遗骸、遗物的行为，依法保护英雄烈士纪念设施和烈士遗骸、遗物不受毁损。

（四）依法保护英雄烈士及烈属的合法权益和地位

建立健全烈属服务保障体系，积极回应烈属期盼和社会关切，常态化关心关爱烈属，满腔热忱为其排忧解难，支持烈属依法维权，依法查处侵害英雄烈士及烈属合法权益的行为，增强烈属荣誉感和获得感。

三、工作制度

英雄烈士保护部门联动协调制度成员由退役军人事务、政法、宣传、网信、公安、司法、市场监管、文化旅游、广播电视、新闻出版、电影、文物、检察院和军队政治工作部门等组成，各部门各司其职、协调联动、形成合力，共同依法做好英雄烈士保护工作。部门联动协调制度原则上每年召开一次会议，对英雄烈士保护工作中出现的重大问题进行联合会商，研究部署英雄烈士保护重大事项，健全制度管理体系；遇到突发重大情况，经有关部门提议可随时召开。会议议定事项以会议纪要形式明确，各部门贯彻落实。全体会议一般由退役军人事务部门负责同志主持召开，其他部门有关负责同志参加。具体工作机制如下：

（一）日常联络机制

建立常态化联络机制，各部门明确专门联络

机构，指定具体联络人员，做好沟通协调、信息共享、线索移送、文件传输等日常联络工作。

（二）专题协调机制

相关部门可根据工作需要提议召开专题协调会议，并邀请其他有关部门参加，研究沟通部署阶段性重点工作，解决工作中遇到的矛盾问题。专题协调会议议定的重大事项及时通报各部门。

（三）信访举报受理机制

各部门要建立英烈保护信访举报受理机制，畅通信访、举报渠道，充分利用来信、来访、来电、邮件等各类信访、举报途径，确保烈属和社会各界对侵犯英雄烈士和遗属合法权益行为的信访、举报渠道畅通，有人接、有人办、及时有效处理。

（四）信息共享协同机制

加强信息共享的统筹规划和顶层设计，共建信息平台，由退役军人事务部牵头，各相关单位共同参与，通过技术手段，实现部门间相关数据实时共享；对了解、掌握的与英雄烈士保护相关的信息，按照职责分工及时向相关部门通报和反馈，做到事前有沟通、事中有协作、事后有结论。

（五）案件移送衔接机制

畅通案件移送渠道，各部门对发现的侵害英雄烈士合法权益相关线索，按照职责分工及时移送相关部门依法开展工作。涉嫌违反治安管理或涉嫌犯罪的案件，移送公安机关；需要提起公益诉讼的，移送人民检察院。

（六）协同开展工作机制

各部门围绕制定政策措施、破解难点问题等，建立联合调研、联合督导、联合查处的协同机制，定期开展业务培训交流。对具有普遍性、代表性的突出问题，强化一体化办案机制，共同会商研判，切实增强涉及国家重大部署、群众反映强烈、社会高度关注、影响特别恶劣等案件的联合处置能力。视情组织联合督查组，对英烈保护工作进行督查巡查，对重点案件落实整改情况进行跟踪回访。

四、职责分工

各部门按照工作职责，分工负责，相互配合，共同做好英雄烈士保护工作。

（一）退役军人事务部门

负责牵头协调、统筹推动组成部门依法履行职能职责、落实联动协调制度各项决策部署，具体承担联动协调制度年度会议组织筹备工作，研究英雄烈士保护政策，依法做好英烈精神弘扬、纪念设施保护、烈属权益维护等各项工作。

（二）党委政法委

牵头负责协调指导、监督检查审判机关、检察机关、公安机关、司法行政机关等部门依法积极做好英烈保护工作，加强对使用司法手段依法开展英烈保护工作重大实践和理论问题的调查研究，协调应对和妥善处置影响社会稳定的侵害英烈权益的重大事件。

（三）党委宣传部门

负责明确宣传导向，指导各地各部门深入挖掘英雄烈士事迹、精神内涵和时代价值，在烈士纪念日、重大历史事件等重要时间节点倡导开展主题教育活动，宣传弘扬英烈精神和事迹；推动英雄烈士纪念设施与爱国主义教育示范基地同频共振，打造主题突出、导向鲜明、内涵丰富的精品展陈。

（四）网信部门

负责依法监管网络信息，丰富网络监管手段，畅通受理举报渠道，依法依规处置侵害英雄烈士合法权益的互联网信息，将相关情况及时向有关部门通报。

（五）公安部门

负责依法打击处理侵害英雄烈士合法权益的行为，对违反治安管理或构成犯罪的，分别给予治安管理处罚或依法立案侦查。

（六）司法行政部门

负责英雄烈士保护法律法规草案的立法审查工作，将英雄烈士保护纳入全民普法教育内容，指导各地各部门做好英雄烈士保护法治宣传；为英雄烈士近亲属依法维护英雄烈士姓名、肖像、名誉、荣誉的行为提供法律咨询服务。

（七）文化旅游、文物部门

负责依法管理属于文物的烈士纪念设施，依法督办、查处破坏、污损或因违法建设损害管理范围内的纪念设施的行为；加强对涉及英雄烈士题材营业性演出剧（节）目的内容审核工作，严把内容准入关；加强营业性演出市场监管执法，依法查处含有损害英雄烈士名誉荣誉内容的营业性演出活动。

（八）市场监管、知识产权部门

市场监管部门依法查处在商标、商业广告等商业行为中使用或者变相使用英烈姓名、肖像，损害英烈名誉、荣誉的违法行为。知识产权部门负责对商标申请注册和商标使用行为进行监管。

（九）广播电视、新闻出版、电影部门

依法对利用广播、电视、电影、出版物等制作、播放载有损害英烈名誉荣誉节目的行为进行处罚。

（十）检察机关

立足法律监督，发挥刑事检察、公益诉讼检察等职能作用，通过批准逮捕、提起公诉、提起公益诉讼、提出检察建议、支持起诉等方式履行检察职责，加大办案力度，保护英雄烈士的姓名、肖像、名誉、荣誉，督促加强烈士纪念设施保护管理，维护国家利益和社会公共利益。

（十一）军队政治工作部门

积极支持和配合地方相关部门做好军队英烈和军烈属权益保护工作，依法保护管理军队管理的烈士纪念设施，对发现的侵害军队英烈、军烈属合法权益的违法行为，及时采取措施，并第一时间通报有关部门。

五、工作要求

（一）提高政治站位

各地各部门要坚决贯彻落实习近平总书记关于英烈保护工作的重要指示精神，深刻认识保护英雄烈士对培育和践行社会主义核心价值观的重要意义，坚定捍卫英雄烈士权益的鲜明价值导向，切实加强组织领导，分工负责、密切协作，全面落实各项措施，确保取得实效。

（二）整体统筹推进

各地各部门要坚持“一盘棋”思想，充分发挥联动协调制度作用，把英雄烈士保护工作摆上重要议事日程，及时研究解决有关重大问题，沟通相关情况，妥善处置突发事件，依法维护英雄烈士尊严和合法权益。

（三）综合施策发力

坚持以人民为中心发展思想，创新实践群众路线，组织动员人民群众、社会组织积极参与英烈保护工作。提高舆论引导能力，主动回应社会关切，着力规范英烈保护相关网络舆论秩序。建立健全督促检查机制，将英雄烈士保护工作作为绩效考评、“双拥模范城”评比的重要内容，共同推动英雄烈士保护工作形成常态化机制。

2021 年 6 月 15 日

退役军人事务部　财政部关于调整部分优抚对象等人员抚恤和生活补助标准的通知

退役军人部发〔2021〕36号

各省、自治区、直辖市退役军人事务厅（局）、财政厅（局），新疆生产建设兵团退役军人事务局、财政局：

经研究，决定从2021年8月1日起调整部分优抚对象等人员抚恤和生活补助标准，现将有关问题通知如下：

一、提高残疾军人（含伤残人民警察、伤残国家机关工作人员、伤残民兵民工）的残疾抚恤金、烈属（含因公牺牲军人遗属、病故军人遗属）的定期抚恤金、在乡退伍红军老战士（含在乡西路军红军老战士、红军失散人员）的生活补助标准，调整后的标准见附件。

二、各地要按照《军人抚恤优待条例》规定，加大资金投入，大力提高在乡老复员军人的生活补助标准，切实保障其生活水平。中央财政在现行补助标准的基础上，每人每月增加200元。

三、各地要按照每人每月不低于700元、不高于十级残疾军人抚恤金标准的原则，调整带病回乡退伍军人生活补助标准，每人每月提高标准不低于50元。中央财政对北京、天津、辽宁、上海、江苏、浙江、福建、山东、广东等9个省市，补助标准调整为每人每月280元；对河北、山西、吉林、黑龙江、安徽、江西、河南、湖北、湖南、海南等10个省，补助标准调整为每人每月420元；对内蒙古、广西、重庆、四川、贵州、云南、西藏、陕西、甘肃、青海、宁夏、新疆等12个省区市，补助标准调整为每人每月560元；对新疆生产建设兵团补助标准调整为每人每月700元。

四、对在农村的和城镇无工作单位且家庭生活困难的参战退役人员提高生活补助标准，每人每月提高50元，提至每人每月750元。中央财政对北京、天津、辽宁、上海、江苏、浙江、福建、山东、广东等9个省市，补助标准调整为每人每月300元；对河北、山西、吉林、黑龙江、安徽、江西、河南、湖北、湖南、海南等10个省，补助标准调整为每人每月450元；对内蒙古、广西、重庆、四川、贵州、云南、西藏、陕西、甘肃、青海、宁夏、新疆等12个省区市，补助标准调整为每人每月600元；对新疆生产建设兵团补助标准调整为每人每月750元。

五、对不符合评残和享受带病回乡退伍军人生活补助条件，但患病或生活困难的农村和城镇无工作单位的原8023部队退役人员，以及其他参加核试验军队退役人员（含参与铀矿开采军队退役人员）提高生活补助标准，每人每月提高50元，提至每人每月750元。中央财政对北京、天津、辽宁、上海、江苏、浙江、福建、山东、广东等9个省市，补助标准调整为每人每月300元；对河北、山西、吉林、黑龙江、安徽、江西、河南、湖北、湖南、海南等10个省，补助标准调整为每人每月450元；对内蒙古、广西、重庆、四川、贵州、云南、西藏、陕西、甘肃、青海、宁夏、新疆等12个省区市，补助标准调整为每人每月600元；对新疆生产建设兵团补助标准调整为每人每月750元。

六、对居住在农村和城镇无工作单位、18周岁之前没有享受过定期抚恤金待遇且年满60周岁的烈士子女（含新中国成立前错杀后被平反人员的子女）提高生活补助标准。中央财政在现行补助标准的基础上，每人每月提高50元，提至每人每月590元。

七、对从1954年11月1日试行义务兵役制后至《退役士兵安置条例》施行前入伍、年龄在60周岁以上（含60周岁）、未享受到国家定期抚恤补助的农村籍退役士兵提高老年生活补助标准，每服一年义务兵役每人每月提高5元，提至每服一年义务兵役每人每月补助50元。中央财政对北京、天津、辽宁、上海、江苏、浙江、福建、山东、广东等9个省市按上述补助标准的50%安排补助资金，对其他省区市、新疆生产建设兵团实行全额补助。

八、对新中国成立前加入中国共产党的农村老党员和未享受离退休待遇的城镇老党员调整生活补贴标准，每人每月提高50元，补助标准调整为：1937年7月6日前入党，提至每人每月870元；1937年7月7日至1945年9月2日入党的，提至每人每月810元；1945年9月3日至1949年9月30日入党的，提至每人每月730元。已享受优抚对象抚恤补助的老党员，不执行上述补贴标准，仍按每人每月50元标准发给生活补贴。已对老党员实行定额补贴的地方，补贴标准低于上述标准的，按照补差原则发给补贴；补贴标准高于上述标准的，仍按原补贴标准发给补贴。中央财政对北京、天津、上海、江苏、浙江、福建、广东等7省市，按上述补助标准的25%安排补助资金；对其他省区市、新疆生产建设兵团按上述补助标准的50%安排补助资金。

九、此次调整标准所需中央补助资金，由中央财政安排，另行下达。地方各级有关部门要认真落实地方应安排的资金，切实加强资金管理，保证及时、准确、足额地把抚恤金和生活补助费发放到优抚对象等人员手中。

附件：

1. 残疾军人、伤残人民警察、伤残国家机关工作人员、伤残民兵民工残疾抚恤金标准表
2. 烈属、因公牺牲军人遗属、病故军人遗属定期抚恤金标准表
3. 在乡退伍红军老战士、在乡西路军红军老战士、红军失散人员生活补助标准表

2021年6月17日

附件1

残疾军人、伤残人民警察、伤残国家机关工作人员、伤残民兵民工残疾抚恤金标准表

（从2021年8月1日起执行） 单位：元/年

残疾等级	残疾性质	抚恤金标准
一级	因战	106670
	因公	103300
	因病	99910
二级	因战	96530
	因公	91450
	因病	88030
三级	因战	84700
	因公	79600
	因病	74550
四级	因战	69420
	因公	62670
	因病	57590
五级	因战	54220
	因公	47410
	因病	44030
六级	因战	42360
	因公	40080
	因病	33860
七级	因战	32200
	因公	28820
八级	因战	20330
	因公	18610
九级	因战	16890
	因公	13560
十级	因战	11860
	因公	10140

附件2

烈属、因公牺牲军人遗属、病故军人遗属定期抚恤金标准表

（从2021年8月1日起执行）　　单位：元/年

烈属	因公牺牲军人遗属	病故军人遗属
33860	29080	27360

附件3

在乡退伍红军老战士、在乡西路军红军老战士、红军失散人员生活补助标准表

（从2021年8月1日起执行）　　单位：元/年

在乡退伍红军老战士	在乡西路军红军老战士	红军失散人员
73960	73960	33370

退役军人事务部 最高人民检察院
关于开展全国县级及以下烈士纪念设施
管理保护专项行动的通知

退役军人部发〔2021〕37号

各省、自治区、直辖市退役军人事务厅（局）、人民检察院，解放军军事检察院，新疆生产建设兵团退役军人事务局、人民检察院：

为深入贯彻习近平总书记关于烈士褒扬工作重要指示精神，落实中央领导同志有关批示要求，切实提升县级及以下烈士纪念设施管理保护水平，充分发挥烈士纪念设施在党史学习教育中红色阵地作用，根据退役军人事务部等13部门《关于建立英雄烈士保护部门联动协调制度的意见》（退役军人部发〔2021〕35号），现就开展全国县级及以下烈士纪念设施管理保护专项行动有关要求通知如下。

一、行动目标

对照“信息校核、规范整修、有效管护、宣传教育”四个“全覆盖”工作标准，对县级及以下烈士纪念设施，特别是散葬烈士墓管理保护工作存在墓体损坏、环境恶劣、管理缺失等问题进行摸底排查，对“庆祝建党百年英雄烈士纪念设施整修工程”实施情况进行监督检查，强化政治引领，坚持边查边改、以查促改，全面提升县级及以下烈士纪念设施管理保护水平，发挥正向社会效益。

二、工作标准

（一）信息校核全覆盖

各地根据全国烈士纪念设施数据采集校核要求，在2021年8月前对县级及以下烈士纪念设施逐一核实、建档造册，实现包括散葬烈士墓在内的县级及以下烈士纪念设施一处一档，烈士纪念设施、实物图片、环境图片、地图定位和管护单位准确对应，精确掌握县级及以下烈士纪念设施状况，及时掌握动态变化，实现信息化、动态化、精细化管理。

（二）规范整修全覆盖

在“庆祝建党百年英雄烈士纪念设施整修工程”实施中，各地按照有关通知要求，制定本地工程实施方案，科学测算资金需求，保证配套资金落实到位，确保每一处零散烈士纪念设施和散葬烈士墓得到规范整修。已集中在烈士陵园或集中管护点安葬的烈士墓，应按照庄严、肃穆、清净、统一的原则加以修缮。暂未集中管护的散葬烈士墓，除因文物保护等法律政策原因外，按照“应迁尽迁、集中管护”的原则，集中到烈士陵园或集中管护点安葬。确不具备集中管护条件的烈士纪念设施和散葬烈士墓，要突出英烈纪念元素，由相关部门确定整修方案并实施。对零散烈士纪念设施和散葬烈士墓的整修工程，应在2021年底前完成。

（三）有效管护全覆盖

各地要在2021年8月前对现有县级及以下烈士纪念设施和散葬烈士墓管护权责进行明确，确保每一处零散烈士纪念设施和散葬烈士墓管护责任可督可查。各地要统筹现有烈士纪念设施保护管理力量，以烈士陵园为中心，在周边地区零散烈士纪念设施或散葬烈士墓设立管护点，划定保护范围，设立保护标识，明确保护责任。对于目前属于宣传、文化旅游、文物保护等部门和军队实际管理的零散烈士纪念设施和散葬烈士墓，明确管护责任由所属单位承担，退役军人事务部门和当地检察机关应依法提出管理保护工作意见和要求。

（四）宣传教育全覆盖

各地要围绕庆祝建党百年活动，充分挖掘县级及以下烈士纪念设施的历史价值，收集整理重大历史事件、烈士生平等史料信息，在2021年8月前对辖区内每一处烈士纪念设施和散葬烈士墓背后的英烈故事进行挖掘宣传，让人民群众对每一处烈士纪念设施和散葬烈士墓“知其来”，充分发挥红色资源传承红色基因、服务党史学习教育、面向基层群众的宣传教育功能。

三、工作阶段

专项行动自2021年6月至2021年底开展，分部署动员、排查整改、重点检查、总结反馈四个阶段。

（一）部署动员

各省级退役军人事务部门和检察机关要根据通知部署要求，配备工作力量、建立协调机制，制定本地区具体方案，向市、县两级进行传达部署。（2021年6月底前完成）

（二）排查整改

各省级退役军人事务部门和检察机关组成专项行动工作组，对照工作标准，采取省级抽查，市县自查、互查等方式，对各市（地、州、盟）县级以下烈士纪念设施和散葬烈士墓管理保护问题进行全面排查。

市、县两级退役军人事务部门和检察机关要认真开展自查，可整改的立即监督整改；疑难问题形成整改方案，明确整改时间和责任主体；问题严重、影响恶劣，相关行政机关不依法履行监管职责的，由检察机关依法提起行政公益诉讼。

省级退役军人事务部门和检察机关要加大工作指导力度，对疑难问题及时会商研判，可统筹开展重点抽查、省内市县互查等方式，确保专项行动任务目标落实到位。在此基础上，会商形成问题清单和整改措施，各省退役军人事务部门和

检察机关在8月底前将全面排查情况、问题清单和整改方案分别报退役军人事务部和最高人民检察院。(2021年8月底前完成)

（三）重点检查

退役军人事务部、最高人民检察院及相关部门组成专项行动检查组，选择部分省份进行重点检查。检查组用10天左右的时间，对相关省份零散烈士纪念设施和散葬烈士墓管理保护情况进行检查，对该省份所报问题清单和整改情况进行核实和跟踪了解，对“庆祝建党百年英雄烈士纪念设施整修工程”实施和资金使用情况进行问效，对其专项行动效果进行评估。在重点检查结束时初步反馈问题。(2021年9月底前)

（四）总结反馈

退役军人事务部、最高人民检察院召开专项行动总结会议，梳理管护成效显著和失管脱管等问题严重正反两方面经验教训，反馈专项行动发现的问题清单。各地应在2021年12月底前，将专项行动发现问题整改情况报退役军人事务部、最高人民检察院。(2021年12月前)

四、保障措施

（一）建立协调机制

各省级退役军人事务部门和检察机关要建立专项行动协调制度，分别明确专项行动召集人、承办单位和具体负责人，落实专项行动部署动员、组织排查、配合检查及督促整改等工作。各级退役军人事务部门和检察机关要依托专项行动建立英烈保护常态化协作机制，及时对发现的县级及以下烈士纪念设施管理保护问题进行研判处置。根据需要，检察机关可在烈士纪念设施保护单位等设立公益诉讼英烈保护联系点。

（二）强化工作力量

各省级退役军人事务部门和人民检察院要选派政治过硬、业务熟练的骨干抓好专项行动，组织工作专班，在排查整改和重点检查等工作阶段可集中办公。要加强对专班人员的法律法规及政策培训，把公益诉讼法律、英烈保护和烈士纪念设施管理保护政策法规，以及本地区烈士纪念设施管理保护工作难点重点作为培训内容，为工作人员赋能。

（三）加强法规政策宣传

要把《中华人民共和国英雄烈士保护法》普法宣传和烈士纪念设施管理保护政策制度宣传贯穿专项行动始终，向公众宣传保护英烈的立法目的、保护手段和违法惩治等内容，让公众知晓烈士纪念设施纪念缅怀英烈、传承弘扬英烈精神的基本功能，促进形成自觉保护烈士纪念设施、捍卫尊崇英烈的社会氛围，为加强烈士纪念设施管理保护奠定坚实群众基础。

（四）督促整改落实

各地要对专项行动发现的问题建立台账、挂账督办。退役军人事务部门牵头制定整改方案，协调相关部门推动问题整改到位。检察机关综合运用磋商、检察建议、诉前圆桌会议、听证会等方式，推动地方政府和相关部门认领责任、落实整改任务；对拒不整改的，依法向法院提起行政公益诉讼；对故意破坏、污损烈士纪念设施的，依法追究法律责任。退役军人事务部和最高人民检察院在专项行动结束后，适时组织“回头看”检查。

2021年6月23日

退役军人事务部　中央宣传部　财政部
关于印发《全国县级以下英雄烈士纪念设施整修工程实施方案》的通知

退役军人部发〔2021〕47号

各省、自治区、直辖市退役军人事务厅（局）、党委宣传部、财政厅（局），新疆生产建设兵团退役军人事务局、党委宣传部、财政局：

为深入贯彻落实习近平总书记关于烈士褒扬工作重要指示精神，全面提升英雄烈士纪念设施保护管理水平，积极配合开展好党史学习教育、“四史”宣传教育，营造庆祝建党百年浓厚氛围，退役军人事务部、中央宣传部、财政部联合实施“全国县级以下英雄烈士纪念设施整修工程”，现将实施方案印发给你们，请认真遵照执行。

2021年8月17日

全国县级以下英雄烈士纪念设施整修工程实施方案

为贯彻落实习近平总书记关于烈士褒扬工作重要指示精神，切实解决部分县级以下（含县级）英雄烈士纪念设施保护管理存在的问题，全面提升英雄烈士纪念设施保护管理水平，充分发挥英雄烈士纪念设施铭记历史、缅怀英烈、教育后人的红色阵地作用，经报中央领导同志同意，组织实施“全国县级以下英雄烈士纪念设施整修工程”。现制定方案如下。

一、总体目标

按照“应迁尽迁、集中管护”的原则，重点对县级以下英雄烈士纪念设施进行集中整修，在2021年年底前基本完成整修任务，实现应集中尽集中、应修缮尽修缮，从根本上改善县级以下英雄烈士纪念设施整体面貌，大力提升英雄烈士纪念设施红色教育功能，深入营造崇尚英烈、学习英烈、捍卫英烈的社会氛围。

二、基本原则

（一）科学统筹，稳妥推进

英雄烈士纪念设施整修工作政治性、政策性和敏感性强，必须依据有关规定，加强统筹谋划，严格项目管理，妥善处理有关情况，积极做好群众工作，确保整修工程稳妥有序实施。

（二）聚焦重点，把握急需

坚持问题导向，注重“补短板”、强基础，梳理分析保护现状和修缮需求，重点开展县级以下亟待修缮英雄烈士纪念设施集中整修，避免大水漫灌，切实提升英雄烈士纪念设施整体效能。

（三）明确责任，地方为主

发挥地方政府主导作用，明确烈士纪念设施保护单位和管理单位主体责任。地方统筹用好中央财政补助资金及各渠道资金，提高工程质量，确保整修工程底线目标如期实现。

（四）巩固成效，持续发展

坚持建管结合，以实施整修工程为契机，建立健全烈士纪念设施特别是零散烈士墓保护管理长效机制，压实烈士纪念设施保护单位和管理单位责任，巩固整修成效，推动英雄烈士纪念设施保护管理可持续发展。

三、整修范围

（一）烈士墓整修

重点开展零散烈士墓集中迁移保护和县级以下英雄烈士纪念设施内烈士墓的整修，做好烈士墓主体建筑的维修，以及烈士墓周边道路、绿化、养护等配套公共服务设施的维护。

（二）其他烈士纪念设施整修

重点开展县级以下英雄烈士纪念设施内烈士英名墙、纪念碑亭、纪念塔祠、纪念塑像、纪念广场等纪念设施主体建筑的整修。

（三）烈士纪念堂馆改陈布展

重点开展县级以下英雄烈士纪念设施内烈士纪念堂馆的改陈布展。

四、整修标准

一是对零散烈士墓，原则上均实现就近迁移至烈士陵园或集中安葬地；对确因客观条件限制或法律政策规定等无法迁移的零散烈士墓，均应实现管理台账清晰、保护责任明确、定期巡查巡检。

二是县级以下英雄烈士纪念设施中的烈士墓和其他烈士纪念设施，均应实现墓体坚实牢固、碑文字迹清晰、主体建筑保护完好、周边环境清洁肃穆、配套设施便捷有效，整修质量达到相关工程建设标准。

三是县级以下英雄烈士纪念设施中烈士纪念堂馆5年内未进行改陈布展的及时得到更新，充分挖掘英烈事迹，做到与时俱进，增强展陈表现力、传播力、影响力。

五、资金安排

中央财政对英雄烈士纪念设施整修工程予以补助，重点保障县级以下亟待修缮的烈士墓和其他英雄烈士纪念设施（烈士纪念堂馆的改陈布展由地方安排资金予以保障）；各地按照当地整修工程总量等因素安排补助资金，确保实现县级以下英雄烈士纪念设施应集中尽集中、应修缮尽修缮的底线目标。

六、阶段任务

（一）2021年7月底前，各地按照本方案要求全面启动“全国县级以下英雄烈士纪念设施整修工程”，并逐级完成动员部署；

（二）2021年9月中旬前，各地全面摸清烈士纪念设施底数，切实掌握县级以下烈士纪念设施保护管理现状，建立逻辑清晰、内容完备、精准高效的烈士纪念设施数据库；

（三）2021年9月底前，各地汇总英雄烈士纪念设施整修规模概况，测算所需资金，综合分析整修范围和设施级别类型等，梳理形成本地区整修计划，明确整修内容、资金投向和绩效目标，由省级人民政府退役军人事务部门会同财政部门上报退役军人事务部褒扬纪念司和财政部社会保障司；

（四）2021年12月底前，各地基本完成英雄烈士纪念设施整修工程，各省级人民政府退役军人事务部门将整修工程实施和完成情况报送退役军人事务部褒扬纪念司；

（五）2022年2月底前，完成对英雄烈士纪念设施整修工程的项目验收工作。

七、保障措施

一是加强组织领导。要提高政治站位，把实施整修工程作为重要政治任务抓细抓实，最大程度发挥整修工程的正向社会效益。宣传部门要加强政治指导，财政部门要严格资金落实。退役军人事务部门要强化组织实施，坚决履行主位主责，加强整修工程全过程管理，要坚持目标导向，注重整修效果，确保县级以下烈士纪念设施“不漏一处”、应修尽修。

二是严格项目管理。要及时开展整修项目的组织、协调、监督等工作，确保项目及时开工。要对项目建设内容和规模严格把关，避免大兴土木、盲目整修、铺张浪费，杜绝“撒胡椒面”、不分重点。要强化全过程绩效管理，完善事前、事中、事后监督，结合烈士纪念设施数据采集校核工作，对项目原状、施工过程、工程验收全过程建立工作台账。遇到重大问题要及时请示报告，确保各项工作有序推进。

三是强化督导验收。退役军人事务部将会同中央宣传部、财政部等相关部门加强对整修工程的调研督导，重点对整修资金使用情况、绩效目标实现情况等进行监督检查，根据工作安排适时开展绩效评价。同时，根据各地工程量等因素合理确定验收批次，严格验收标准，对工作台账以及整修前后的实物照片、环境照片、坐标信息进行抽查，对整修目标未实现、项目验收不合格的地区予以通报，对未按规定使用中央财政补助资金的予以严肃处理。

四是立足长效管护。要以实现长效管护为导向，统筹发挥烈士纪念设施保护单位和基层退役军人服务中心（站）力量，同步实现规范整修和有效管护相统一。对集中管护的英雄烈士纪念设施，要划定保护范围，设立保护标志，明确保护管理责任，及时掌握管护情况。对采取就地保护措施的零散烈士纪念设施，要逐一建档立卡，明确负责管护的单位、集体或个人，基层退役军人事务部门要加强对管护情况的巡查巡检。缺乏管护力量的零散烈士纪念设施，由基层退役军人服务中心（站）承担管护任务，开展巡查清理、维护祭扫、史料收集和烈士寻亲等工作。

退役军人事务部等16部门
关于促进退役军人投身乡村振兴的指导意见

退役军人部发〔2021〕48号

各省、自治区、直辖市及新疆生产建设兵团退役军人事务厅（局）、发展改革委、教育厅（教委）、工业和信息化厅（委、局）、财政厅（局）、人力资源社会保障厅（局）、自然资源厅（委、局）、住房城乡建设厅（委）、农业农村（农牧）厅（局）、文化和旅游厅（局）、市场监管局（厅、委）、银保监局、工商联、乡村振兴局；中国人民银行上海总部，各分行、营业部管理部，各省会（首府）城市中心支行，深圳市中心支行，各国有商业银行、股份制商业银行，中国邮政储蓄银行；税务总局各省、自治区、直辖市、计划单列市税务局：

民族要复兴，乡村必振兴。习近平总书记和党中央高度重视乡村振兴，强调要“举全党全社会之力推动乡村振兴”，指出“乡村振兴，人才是关键”。退役军人是重要的人力人才资源，是社会主义现代化建设的重要力量。促进退役军人投身乡村振兴，既是响应国家号召、投身国家战略的具体体现，也是引导他们返乡干事创业、实现人生价值的重要途径，有助于推动农村基层社会治理现代化能力提升，有助于推动农业农村经济社会更快更好发展，有助于推动乡村国防动员能力进一步强化。现就促进退役军人投身乡村振兴提出以下指导意见。

一、拓宽就业渠道

（一）鼓励退役军人到乡村重点产业创业就业

引导有资金、有技术、懂市场、能创新的退役军人，在农业内外、生产两端和城乡两头创业，发展特色种植业、规模养殖业、加工流通业、乡村服务业、乡村旅游和休闲农业等特色产业。重点支持返乡退役军人创办农产品储藏保鲜、分等分级、清洗包装等农产品初加工主体，发展蔬菜、水果、食用菌、茶叶等产业，利用新技术改造提升传统食品加工。引导农业产业化龙头企业、民营企业积极招用退役军人。支持退役军人从事乡村保洁员、水管员、护路员、生态护林员等工作，进一步增加就业收入。

（二）支持退役军人领办新型农业经营主体

鼓励退役军人创办领办家庭农场、农民合作

社、农业社会化服务组织等新型农业经营主体和服务主体，并积极吸纳农村退役军人就业。支持退役军人中的乡村工匠、文化能人、手工艺人发挥自身特长，创办家庭工场、手工作坊、乡村车间等，开发剪纸、蜡染、刺绣、石雕、砖雕等乡土产业，领办兴办智慧农业、视频农业、直播直销等数字农业经营主体，创新产品营销模式，扩大销售市场，带动农民增收。

（三）持续引导退役军人参与乡村建设和基层治理

注重从退役军人党员中培养选拔村党组织书记，推动村党组织带头人队伍整体优化提升。落实艰苦边远地区乡镇公务员考录政策，适当降低门槛、放宽开考比例，鼓励县乡两级拿出一定数量的职位面向具有本地户籍或在本地长期生活工作的退役军人招考。鼓励复学的退役大学生士兵参加“一村一名大学生”“三支一扶”等计划，反哺农业农村。引导退役军人从事乡村教师、农业经理人、乡镇人民调解员等职业，在同等条件下优先聘用，充实乡村建设人才队伍。鼓励各地通过适当方式引导退役军人参与农村环境整治提升、乡村公共基础设施建设及基本公共服务活动。

二、强化培育赋能

（四）引导参加学历教育

鼓励退役军人报考农业类高职院校，按规定享受优待政策。支持返乡入乡退役军人依托弹性学制、农学交替、送教下乡等教学培养方式，就地就近接受职业高等教育。

（五）加强涉农类职业技能培训

支持返乡入乡退役军人参加农业类相关职业技能培训。鼓励职业院校围绕本地农产特色，瞄准本地新农村建设要求，推出一批实用性强、见效快的中短期培训项目，符合条件的按规定纳入职业培训补贴范围，不断提高返乡入乡退役军人农技致富能力。

（六）做好农业创业培训

依托高素质农民培育计划，支持符合条件的退役军人参与新型农业经营和服务主体能力提升、种养加能手技能培训、农村创业创新带头人培育、乡村治理及社会事业发展带头人培育等行动，提升退役军人创业就业能力。按规定将符合条件的退役军人纳入农村实用人才带头人示范培训、地方农业执法骨干培训、农村创业创新培训、农机合作社运营管理等培训范围，针对性提升退役军人参与乡村振兴能力。有序推动农村创业创新导师队伍建设，加快培训平台共建共享，探索“平台+导师+创客”服务模式。

三、加强政策支持

（七）落实财税优惠政策

对符合条件的返乡创业退役军人，按规定纳入创业扶持政策范围。对符合条件的返乡入乡创业企业提供创业担保贷款贴息支持。充分发挥农产品产地冷藏保鲜设施建设、农业产业融合发展等项目的示范引领作用，引导、鼓励退役军人参与。返乡入乡退役军人从事个体经营或在乡企业招用退役军人，可按规定享受税收优惠政策。退役军人在乡村创办中小微企业，吸纳就业困难人员并为其缴纳社会保险费的，按规定给予企业社会保险补贴。

（八）加大金融政策支持

鼓励和支持金融机构创新金融产品和服务方式，引导银行机构提供专属信贷产品，推广“互联网+返乡创业+信贷”等模式，满足退役军人返乡创业融资需求。发挥政府性融资担保机构作用，为符合条件的返乡入乡退役军人提供融资担保，鼓励保险机构为退役军人农业创业企业提供综合保险服务，支持退役军人创办的乡村企业。引导各类产业发展基金、创业投资基金投入返乡入乡退役军人创办的项目，鼓励社会资本设立退役军人返乡入乡创业基金，拓宽资金保障渠道。

（九）加大用地政策支持

严格落实相关法律法规，在农村土地承包经营权、宅基地使用权、房屋财产权、集体收益分配权保障过程中，对回到农村、符合条件的退役军人，加强信息对接，维护合法权益。鼓励各地制定细则，在新编县乡级国土空间规划、省级制定土地利用年度计划中做好各类用地安排，支持退役军人等返乡入乡创业就业人员发展农村产业融合发展项目用地需求。农村整治用地指标，优先用于符合条件的返乡入乡退役军人。允许在符合国土空间规划和用途管制要求、不占用永久基本农田和生态保护红线的前提下探索创新用地方式，支持退役军人创办乡村休闲旅游等新产业新业态。

（十）加大保障政策支持

符合住房保障条件的退役军人家庭纳入城镇住房保障范围。推动地方政府建立社保关系转移接续机制，将返乡创业退役军人的权益纳入法治保障。

四、优化服务保障

（十一）做好公共服务

鼓励公共人力资源服务机构免费为退役军人提供职业介绍、创业指导等服务。建立完善退役军人就业台账，动态跟踪退役军人返乡入乡就业创业情况。鼓励各地打通部门间信息查询互认通道，提高服务精准度。积极培育市场化中介服务机构，引导行业协会商会发挥作用，鼓励为退役军人提供专业服务。积极邀请、支持、组织退役军人涉农企业参加各类招聘活动，有条件的可以设置退役军人涉农专区或专场招聘。

（十二）发挥聚集功能

依托农村产业融合发展示范园、农产品加工园、高新技术园区等，按规定设立一批乡情浓厚、特色突出、设施齐全的退役军人就业创业园区。建设一批集“生产+加工+科技+营销+品牌+体验”于一体、“预孵化+孵化器+加速器+稳定器”全产业链的孵化实训基地、众创空间和星创天地等，帮助退役军人开展上下游配套创业。

（十三）强化宣传激励

通过优秀人才评选、创新创业比赛、职业技能大赛等途径，每年选树一批乡村人才中的退役军人先进典型，按照国家有关规定给予表彰，引导退役军人增强力争上游、务农光荣的思想观念。掀起退役军人“返乡创业光荣、自主创业光荣、服务创业光荣”的社会新风尚，用身边人身边事教育引导身边人，让退役军人学有榜样、干有方向。对招用退役军人较多的乡村企业典型予以宣传，在退役军人事务、农业农村、工商联等相关评选表彰活动中，同等条件下予以优先考虑。

各地各部门要高度重视、相互配合，形成齐抓共管的工作合力，结合实际情况，拿出管用措施，积极促进退役军人投身乡村振兴，让退役军人就业创业有成就感、有获得感、有归属感，为全面推进乡村振兴和加快农业农村现代化做出新的更大贡献。

2021年8月16日

退役军人事务部 中央文明办 民政部 关于加强退役军人志愿服务工作的指导意见

退役军人部发〔2021〕51号

各省、自治区、直辖市退役军人事务厅（局）、文明办、民政厅（局），新疆生产建设兵团退役军人事务局、文明办、民政局：

志愿服务是退役军人弘扬传统、奉献社会、奋发有为的实践平台。为贯彻落实党中央、国务院关于加强新时代退役军人工作的决策部署，推动退役军人志愿服务工作深入发展，全面打造“中国退役军人志愿服务”品牌，制定如下意见。

一、总体要求

（一）指导思想

坚持以习近平新时代中国特色社会主义思想为指导，深入贯彻习近平总书记关于退役军人工作重要论述，着眼传承人民军队优良传统，培塑志愿服务精神，发挥退役军人优势，自觉服务经济社会发展。依托基层退役军人服务机构，健全志愿队伍，完善运行机制，创新服务方式，丰富活动内容。引导广大退役军人自觉践行“若有战、召必回”的使命担当，努力在服务国家、奉献社会、凝聚群众中提升思想境界、激发奋斗精神，为建设中国特色社会主义现代化强国贡献力量。

（二）工作原则

一是加强党的统一领导。坚持党委领导、政府监管，自觉在各级精神文明建设指导机构统筹下开展工作，充分发挥基层党组织战斗堡垒作用，发挥党员志愿者先锋模范作用，强化思想政治引领，确保退役军人志愿服务工作正确方向。

二是突出退役军人特色。围绕退役军人在政治、军事、应急等方面的优势特长，开展主题鲜明、重点突出、内涵丰富的志愿服务，突出特色，展示特长，彰显特质。

三是依托服务体系运行。发挥退役军人服务保障体系全域覆盖、上下贯通的优势，坚持自愿参与和积极引导相结合，统筹做好志愿者招募注册、活动开展、管理保障等工作，规范有序运行。

四是坚持因地制宜服务。一切从实际出发，加强分类指导，因地、因时、因需开展志愿服务，科学合理设置志愿服务项目，做好身边事、服务周边人，提高志愿服务活动针对性实效性。

五是积极响应国家需要。围绕服务国家重大

战略和区域经济社会发展开展志愿服务，突出加强应急力量建设，遇有突发事件和急难险重任务，积极响应，做到“若有战、召必回”。

（三）目标任务

“十四五”时期，重点依托基层退役军人服务机构组建退役军人志愿服务队，逐步实现全域覆盖、管理规范、组织有序，培塑形成退役军人志愿服务精神，构建“一村（社区）一队伍、一地域一品牌”志愿服务格局。结合退役军人优势特长，加强专业应急力量建设，遇有情况能够区域协同、迅速响应。到2035年，在全面加强退役军人思想政治工作基础上，退役军人志愿服务工作制度更加完善、机制更加健全、运行更加规范；退役军人志愿服务在构建新发展格局、推动乡村振兴、助力生态文明建设、参与基层治理、维护社会稳定等方面作用发挥更加突出，“中国退役军人志愿服务”品牌更加响亮、价值更加彰显。

二、培塑退役军人志愿服务精神

（四）传承军魂

教育引导退役军人继承人民军队优良传统，永葆革命军人政治本色，赓续红色血脉，当好红色传人，自觉践行全心全意为人民服务根本宗旨。把拥军优属、拥政爱民光荣传统发扬光大，在志愿服务中巩固坚如磐石的军政军民关系。

（五）奉献社会

教育引导退役军人保持“人民子弟兵”勇于牺牲奉献的价值追求，乐于助人，甘于奉献，积极参与社会公益活动，弘扬中华美德，传递温暖关怀，在服务国家、奉献社会、凝聚群众中展示风采、赢得尊重、实现价值。

（六）勇于担当

教育引导退役军人把家国情怀和责任担当自觉融入志愿服务的具体实践，急难险重任务面前不畏艰险、攻坚克难，关键时刻冲锋在前、率先垂范，充分展示退役军人的价值追求和担当意志。

（七）团结奋斗

教育引导退役军人发扬集体主义精神，强化团结协作、奋发有为意识，树立大局观念，自觉将个人融入集体，在互助、友爱、进步中凝聚智慧力量，始终保持昂扬向上、奋斗奋进奋发精神状态。

（八）崇尚荣誉

教育引导退役军人发扬革命英雄主义精神，崇尚英雄、珍视荣誉、维护形象，自觉践行社会主义核心价值观，努力在见贤思齐、追求崇高中续写新的荣光。

三、聚焦退役军人志愿服务主要任务

（九）传承红色基因

引导退役军人牢记革命理想，发挥自身优势，当好红色故事宣讲员、国防教育辅导员、征兵工作宣传员。组织英雄模范、退役军人先进典型、军队离退休干部宣讲革命故事，宣传英烈事迹。鼓励退役军人兼任大中小学辅导员，定期开展国防教育、参与学生军训、组织主题活动。发挥退役大学生士兵作用，搞好征兵宣传。引导民兵预备役部队中的退役军人发挥骨干作用，强化国防后备力量建设。

（十）助力文明实践

引导退役军人积极参与文明城市（区）、文明村镇、文明单位、文明家庭、文明校园等群众性精神文明创建活动，深入开展学习实践科学理论、培育践行主流价值、丰富活跃文化生活、持续深入移风易俗等志愿服务，着力推进新时代文明实践。在庆祝建党、建军、新中国成立以及学雷锋纪念日等重要时间节点开展形式多样的主题志愿活动。有计划地组织退役军人参与国际国内重要会议、大型体育赛事和文化活动的志愿服务，展示过硬作风，树立中国退役军人志愿服务良好形象。

（十一）推动平安创建

引导退役军人积极参与基层综合治理、边境强边固防、和谐社会建设等活动。组织基层退役军人志愿者开展邻里守望、治安巡逻、交通引导、社区安全防范等志愿服务。支持符合条件的退役军人积极参与强边固防、兴边富民、边境秩序维护等志愿服务。鼓励德高望重的老党员、老同志义务开展人民调解、矛盾纠纷调处等，推动和谐社区、和谐乡村、和谐家庭建设，维护社会和谐稳定。

（十二）服务经济发展

引导退役军人紧紧围绕服务经济社会发展大局开展志愿服务，积极参与乡村振兴、生态保护、区域协调发展、“一带一路”建设等重大战略任务，结合本地区经济社会发展实际需要，把志愿服务项目与区域发展战略有机结合起来，围绕重点领域、重大工程、重要活动开展志愿服务，努力在服务大局、助力发展中彰显价值、产生效益。

（十三）协同应急救援

引导退役军人依法有序参与重大自然灾害、事故灾难、公共卫生事件等突发事件的抢险救灾、应急救援等工作。遇有突发情况，协调具有专业技能和救援经验的退役军人志愿服务组织或志愿者，协同开展专业救援、秩序维护、心理调适等工作。鼓励和支持有条件的退役军人志愿服务组织在政府应急指挥机构统一指挥协调下，有序参与跨区域应急救援。

（十四）开展双拥共建

引导退役军人积极参与双拥模范创建、民族团结进步创建和其他群众性双拥共建活动。鼓励有条件的退役军人志愿服务组织设置拥军优属服务项目，参与拥军支前活动，为现役官兵、军人家属纾困解难，解决后顾之忧。引导退役军人志愿服务组织或志愿者在八一建军节、新兵入伍月、老兵退役季等时间节点，到部队走访慰问，营造军民团结一家亲的浓厚氛围。

（十五）关爱困难老兵

引导退役军人志愿服务组织和志愿者助力基层退役军人工作，深入开展“四尊崇”“五关爱”“六必访”，积极参与“情暖老兵”公益行动。开展思想沟通、情感交流、困难帮扶等关心关爱活动，通过“一帮一”“结对子”等方式，提供创业支持、心理关爱、康养慰藉等志愿服务，帮助困难退役军人和其他优抚对象增强奋斗信心、创造美好生活。

四、加强退役军人志愿服务社会协同

（十六）融入基层治理

推动退役军人志愿服务向基层延伸、向实践拓展，融入基层治理体系，巩固社会治理阵地，助力形成共建共治共享的服务格局。探索建立村（社区）退役军人志愿服务队与“一村（社区）一（辅）警”联动机制，形成工作合力，将志愿服务触角延伸到基层一线、服务到群众身边。

（十七）推动融合发展

引导退役军人志愿服务在更宽领域、更广范围、更大平台上发展壮大，广泛吸纳社会力量参与，整合各类社会资源，形成多方参与、协作共进、优势互补的良好局面。鼓励退役军人志愿服务组织、志愿者在积极参与各类志愿服务活动中，固强补弱、取长补短，实现志愿服务社会效益最大化。

（十八）注重区域联动

探索建立省市区域协同联动的志愿服务工作协调机制，积极构建“属地化管理、区域化调度”服务格局，努力实现一方有难（需）、区域协同，发挥志愿服务整体效应。重视加强区域志愿服务力量大数据管理，提升退役军人志愿服务统一指挥的组织动员力、快速反应力、应急战斗力。

（十九）促进交流互鉴

重视加强与志愿服务相关职能部门、社会组织的工作交流，努力在学习借鉴中实现退役军人志愿服务的健康发展、持续发展、蓬勃发展。联合志愿服务特色鲜明、成效突出的单位或组织，通过实地见学、协同服务等形式，多元互动、互学互鉴、共同发展。

五、保障措施

（二十）强化政治引领

认真落实推进新时代文明实践志愿服务有关要求，准确领会新时代中国特色志愿服务的本质内涵、主要特征、目标任务，强化政治引领，凝聚思想共识，提升行动自觉，将培育和践行社会主义核心价值观贯穿始终，牢牢把握退役军人志愿服务工作的正确方向。

（二十一）完善服务管理

注重服务与管理并举，坚持“外在约束”与“启发自觉”相结合，建立完善“省级指导、市级统筹、区县主抓、服务中心（站）主做”的工作机制，分级管理、有序引导。依托退役军人服务体系，结合地域特点、资源优势，多模式组建志愿服务队伍，持续跟进服务，实施有效管理，发挥应有作用。

（二十二）健全保障机制

探索建立党委和政府有关部门主导、社会力量广泛参与的退役军人志愿服务管理保障机制，支持以政府购买服务方式，积极培育退役军人特色志愿服务项目。引导社会资金参与支持退役军人志愿服务发展，鼓励多渠道为志愿者提供必要的保险、补助、设备等物质保障，确保退役军人志愿服务制度化常态化。

（二十三）培养专业能力

重视加强退役军人志愿服务组织和志愿者能力建设，开展经常性知识培训和实践锻炼，不断提升志愿服务水平。采取示范培训、集中轮训与定期调训（度）等方式，加强专业型骨干队伍培养，为承担多样化志愿服务任务提供专业力量支撑。

（二十四）营造良好氛围

逐步建立以精神激励为主的褒扬机制，规范志愿服务记录，推选学雷锋志愿服务典型，并依据年度实绩在就业创业、评先评优、社会保障等方面给予适当礼遇，增强志愿者的荣誉感获得感，不断激发做好志愿服务的责任感使命感；大力宣传先进典型事迹，展现退役军人风采，为推进退役军人志愿服务工作持续健康发展营造浓厚氛围。

2021年8月26日

退役军人事务部等七部门退役士兵教育培训工作的指导意见

退役军人部发〔2021〕53号

各省、自治区、直辖市退役军人事务厅（局）、教育厅（教委）、财政厅（局）、人力资源社会保障厅（局）、征兵办公室，新疆生产建设兵团退役军人事务局、教育局、财政局、人力资源社会保障局、征兵办公室，各战区联合参谋部、政治工作部，各军兵种参谋部（战勤部）、政治工作部，军委机关各部门办公厅（秘书局、综合局）、政治工作局，军事科学院科研部、政治工作部，国防大学教育训练部、政治工作部，国防科技大学教务处、政治工作处，武警部队参谋部、政治工作部，各省军区（卫戍区、警备区）：

退役士兵为国防和军队现代化建设作出过重要贡献，是国家宝贵的人力资源。加强退役士兵教育培训工作，有利于促进退役士兵提升能力素质，有利于提高就业质量，有利于经济社会高质量发展，为全面建设社会主义现代化国家贡献新的力量。为贯彻《中华人民共和国退役军人保障法》，进一步做好退役士兵教育培训工作，现提出如下意见。

一、总体要求

以习近平新时代中国特色社会主义思想为指导，全面贯彻党的十九大和十九届二中、三中、四中、五中全会精神，坚持政府主导、社会支持，面向退役军士和退役义务兵，建立包括适应性培训、职业技能培训、学历教育和终身学习的教育培训体系，促进退役士兵为经济社会建设更好服务。

二、普遍推行适应性培训

（一）加强职业技能储备培训和离队前教育

军队做好面向现役士兵的教育培训，支持其在服役期间学习储备多种职业技能，取得更多职业技能等级证书；进一步完善退役士兵离队前教育工作。县级以上地方人民政府退役军人事务部门积极主动配合驻地部队按需开展“送技能进军营”、定期开展“送政策进军营”等活动，宣讲政策形势，加强择业指导，实现区域内驻军单位基本覆盖。

（二）实施即退即训

面向自主就业退役士兵开展适应性培训，帮助其尽快转变角色融入社会。培训工作由省（区、市）退役军人事务部门结合实际统筹安排，在自主就业退役士兵返乡报到后及时组织实施，培训时长不少于80学时。

（三）确保培训实效

适应性培训要强化思想政治引领，面向自主就业退役士兵开展安全保密教育，树牢组织纪律意识；宣讲退役政策，普及相关法律法规；开展心理调适，促进角色转换；实施职业指导，分析就业创业形势，引导合理就业预期；组织人才测评，提供就业推荐、职业培训项目推介。采用“互联网+培训”等多种教学手段，灵活安排教学，定期开展培训评估，确保教学效果。

三、全员开展职业技能培训

（四）优化培训模式

退役军人事务部门依托职业技能等级证书目录、职业技能培训机构目录中的机构面向自主就业退役士兵开展职业技能培训，实施学历证书+若干职业技能等级证书制度（1+X证书制度）和学分银行制度，建立学习成果认定、积累和转换机制。地方各级退役军人事务部门在省域内联网设立自主就业退役士兵培训台账，加强对参训人员和教育培训经费的管理，制定培训资助标准，建立培训资金省级统筹机制，实现培训待遇省域内通兑；依托现有资源统筹建立退役军人就业创业园地，发挥示范作用。鼓励各省（区、市）教育培训机构对接共享优质培训资源，促进自主就业退役士兵职业技能培训均衡化发展。自主就业退役士兵可在达到法定退休年龄前接受一次免费职业技能培训，按规定由各地退役军人事务部门、教育部门选择实施1+X证书制度且对接职业教育国家学分银行的职业院校及应用型本科高校作为培训基地开展培训，培训成果记入职业教育国家学分银行。自主就业退役士兵在培训基地学校以外的培训机构参加培训，可在退役军人事务部门、人力资源社会保障部门统筹下，按照规定程序和标准享受资助待遇。

（五）提高管理服务能力

对签约合作的承训单位按有关规定实施合同管理，建立健全激励约束机制，定期开展检查考核，提高培训质量。深化退役士兵职业技能培训工作“放管服”改革，提高服务效能。严格执行保密规定，确保退役士兵信息安全。结合培训项目实际，科学设定学时要求。推动军地有关部门建立军事专业与职业对应目录和军地职业技能证书衔接机制，对军事专业资格证书，地方可视作对应职业的同级技能证书，发挥同等效力，不再重新鉴定评价。

四、全力支持提升学历

（六）支持从高校应征入伍士兵退役后复学深造

支持入伍前已被普通高等学校录取并保留入学资格或者保留学籍的退役士兵入学或复学，经学校同意并履行相关程序后可转入本校其他专业学习，免修公共体育、军事技能和军事理论等课程，直接获得相应课程学分，允许适当延长修业年限。高职（专科）升普通本科、成人本科按规定免试入学。符合条件的退役大学生士兵参加全国硕士研究生招生考试按有关规定享受加分照顾。服役期间获二等功以上奖励，符合全国硕士研究生招生考试报考条件的退役士兵可申请免初试攻读硕士研究生。适度扩大“退役大学生士兵”专项硕士研究生招生计划规模。

（七）鼓励高中、初中学历退役士兵提升学历

退役士兵参加中职教育实行注册免试入学；报考高职院校免文化素质考试。符合条件的退役士兵参加全国普通高考、成人高考，按规定享受加分照顾。高等学校可按规定通过单列计划、单独招生等方式招考退役士兵。将退役士兵服役期间的学历教育和非学历教育学习成果按规定记入国家学分银行，实现退役前后学习成果贯通连续。建立健全行业教育合作机制，对适合退役士兵就业的行业，加大行业系统内院校招生力度，以专业教育促进退役士兵入行就业，努力实现“入学即入职”。

（八）注重提升教学质量

退役军人事务部门可根据学费减免政策指导退役士兵按需报考。教育等部门按照国家有关规定，规范退役士兵培养过程，将教学成效作为重要因素纳入院校考核评优的指标体系。培养院校要设计符合退役士兵特点的人才培养方案，采用地方订单定向培养等方式，严把教学质量和教育纪律关口，在学业考核上对退役士兵和其他在校生“同大纲、同标准”。

五、开展终身教育培训

（九）实行职业生涯全过程培训

将退役士兵培训纳入国家终身职业技能培训制度体系。以职业素养提升、技术更新、技能等级晋升为培养目标，鼓励用人单位定期组织退役士兵参加岗位技能提升和知识更新培训，拓展职业上升空间。退役军人事务部门依托就业企业合作签约机制，支持合作企业为受聘退役士兵提供多渠道、多层级、多频次的教育培训。紧紧围绕服务乡村振兴、打造“双创”升级版等国家战略，开展退役士兵创业培训。

（十）建设全国退役士兵网络学习平台

依托现有资源，集成网络教学、信息推送、职业能力倾向测试、学习台账登记、统计分析等功能，为退役士兵在线参加适应性培训、职业技能培训、学历教育和终身教育培训提供平台支撑。建立政府引导、多方参与的资源共建共享机制，鼓励各类教育培训机构在网络学习平台面向退役士兵发布优质课程、开展线上培训、实施教学管理，提升培训效能。

六、加强组织领导

（十一）强化协同发力

各地区、各部门要进一步提高政治站位，高度重视退役士兵教育培训工作，多措并举，抓出实效。建立健全部门间协调机制，退役军人事务部门统筹协调，相关部门各司其职、协调配合，统筹规划退役士兵教育培训工作。推动实现区域间协调联动，依托乡村振兴和区域一体化发展，对接共享优质教育培训资源。各地区结合实际，由教育等部门研究制定落实退役士兵终身教育培训政策的具体措施，建立年度报告、检查和评估机制。

（十二）优化经费保障

自2019年秋季学期起，对通过全国统一高考或高职分类招考方式考入普通高等学校的全日制在校自主就业退役士兵学生均实行学费减免，减免最高限额按规定标准执行；全日制在校退役士兵学生全部享受本专科生国家助学金。退役士兵参加全日制中等职业教育的，按规定享受中等职业教育国家奖助学金和免学费政策。

自主就业退役士兵适应性培训、职业技能培训经费可通过退役安置补助经费列支。地方财政要加强退役士兵教育培训经费保障，制定经费管理办法，提高资金使用效率。中央财政合理确定补助标准。有条件的地区在经费方面可对参战、军龄长、有立功受奖表现、所学技能多等级高的退役士兵学员适当倾斜，退役士兵各项教育培训经费按现有渠道拨付。

（十三）明确部门职责

退役军人事务部门负责退役士兵教育培训工作的协调推动；教育、人力资源社会保障等有关部门做好退役士兵招生录取、教学管理、技能鉴定评价、数据共享等工作；财政部门负责按规定落实退役士兵教育培训相关经费保障；军队有关部门负责组织实施士兵服役期间继续教育、离队前教育和退役后教育培训档案材料移交等工作，协同地方有关部门促进退役士兵军地技能证书有效衔接转换。

（十四）注重宣传引导

要创新宣传方式，充分运用各类新闻媒体，采取灵活多样形式，做好退役士兵教育培训工作的宣讲普及，提升相关政策影响力和知晓度。鼓励自主就业退役士兵在返乡报到和就业前的窗口期尽早参加职业技能培训。广泛开展各类交流活动，展示退役士兵参加教育培训成果，提高教育培训工作的吸引力。强化典型引领，积极宣传各地区、各部门开展退役士兵教育培训、提高服务质量的经验与成效，营造支持和服务退役士兵教育培训的良好环境。

2021年9月7日

退役军人事务部等8部门关于进一步加强烈士纪念设施规范管理的意见

退役军人部发〔2021〕62号

各省、自治区、直辖市退役军人事务厅（局）、党委宣传部、党史和文献部门、民政厅（局）、文化和旅游厅（局）、文物局、检察院，新疆生产建设兵团退役军人事务局、党委宣传部、党史和文献部门、民政局、文化体育广电和旅游局、文物局、检察院，各战区、各军兵种、军委机关各部门、军事科学院、国防大学、国防科技大学、武警部队政治工作部（局、处），解放军军事检察院：

为深入贯彻习近平总书记关于烈士褒扬工作重要指示精神，认真落实中共中央办公厅、国务院办公厅、中央军委办公厅印发的《烈士纪念设施规划建设修缮管理维护总体工作方案》，现就进一步加强烈士纪念设施规范管理提出如下意见。

一、总体要求

以习近平新时代中国特色社会主义思想为指导，深入贯彻落实习近平总书记关于烈士褒扬工作重要指示精神，用心用情用力保护好、管理好、运用好烈士纪念设施这一重要红色资源，明确管理权责、推进归口管理、夯实基层基础、提升综合效能，更好发挥烈士纪念设施弘扬英烈精神、赓续红色血脉的红色阵地作用，以英烈事迹和精神激励广大干部群众奋斗新时代、创造新业绩。

二、强化部门协同，推进规范管理

（一）积极推进归口管理

退役军人事务、宣传、文化和旅游、文物、民政等相关部门以及军队有关单位要根据《烈士纪念设施规划建设修缮管理维护总体工作方案》有关要求，按照分类指导、因地制宜、利于保护、便于利用的原则，有序逐步推进烈士纪念设施统一归口退役军人事务部门管理。由民政部门负责保护管理的烈士纪念设施，应按照机构改革有关要求，划归退役军人事务部门归口管理。由宣传、文化和旅游、文物和军队管理的烈士纪念设施，除位于军事禁区、军事管理区等客观条件制约之外，原则上应归口到退役军人事务部门统一管理。暂未明确部门管理权责的烈士纪念设施，应由同级人民政府退役军人事务部门负责管理保护。新建的烈士纪念设施一律由退役军人事务部门负责管理保护。

（二）坚持分类施策

由宣传、文化和旅游、文物等部门管理的革命纪念地、旅游风景区的旧址、革命博物馆、纪念馆内相关烈士纪念设施，目前确不具备由退役军人事务部门统一管理条件的，可由原单位进行日常管理，同时要明确保护管理责任，订立管护责任清单，接受退役军人事务部门的业务指导和监督检查。由军队管理的烈士纪念设施，不宜移交退役军人事务部门管理的，负责实际管理的军队有关单位，应积极支持退役军人事务部门实施有效保护监督。

（三）强化部门协同

退役军人事务、宣传、文化和旅游、文物等相关部门和军队有关单位要依托英雄烈士保护部门联动协调制度，明确部门责任、整合业务资源、消除管护盲区，推动形成保护管理合力。省级人民政府退役军人事务部门要牵头对辖区内烈士纪念设施逐一明确管理保护权属、订立权责清单，确保管理保护责任可督可查。检察机关要发挥公益诉讼等检察监督职能，通过检察建议、提起诉讼等方式，加大对烈士纪念设施管护责任的监督力度。

三、夯实基层基础，实现长效管护

（四）实现信息化、动态化管理

退役军人事务部门要会同有关部门对烈士纪念设施逐一核实、建档造册，实现包括零散烈士墓在内的烈士纪念设施一处一档，烈士纪念设施、实物图片、环境图片、地图定位和管护单位准确对应，精确掌握烈士纪念设施状况和变化，实现信息化、动态化、精细化管理，为开展红色资源专项调查提供基础信息。宣传、文化和旅游、文物等相关部门和军队有关单位要配合做好实际管理的烈士纪念设施数据校核工作，确保烈士纪念设施数据库覆盖全面、内容翔实、更新及时。

（五）完善零散烈士纪念设施管理保护机制

要坚持“应迁尽迁、集中管护”的原则，将零散烈士纪念设施及烈士墓就近迁移到烈士陵园实施有效管护。按文物保护等法律法规规定和政策要求，实施就地保护的零散烈士纪念设施，要统筹现有烈士纪念保护管理力量，以烈士陵园为中心，在周边地区零散烈士纪念设施及烈士墓设立管护点，划定保护范围，设立保护标识，明确保护责任。缺乏管护力量的零散烈士纪念设施，由基层退役军人服务中心（站）承担日常管护任务，开展巡查清理、维护祭扫、史料收集和烈士寻亲等工作。

四、强化宣教功能，提升综合效能

（六）规范烈士纪念设施规划建设

将烈士纪念设施宣教功能作为核定其保护级别的重要依据，综合考虑行政区划、人口分布和群众祭扫纪念缅怀需求，合理规划建设烈士纪念设施。严控烈士纪念设施新建、改扩建审批，严格审批程序，不得未批先建、边报边建。新建、改扩建烈士纪念设施要坚持简朴节约、不大兴土木的总体要求，规模、规制要与纪念主题和功能定位相符，不贪大求洋、盲目追求高大上，应体现应有功能和内在精神。

（七）优化特定主题烈士纪念设施整体功能

围绕大革命、土地革命、全民族抗日战争、解放战争、抗美援朝战争等主题，在党史军史重大事件纪念地规划建设国家级烈士纪念设施，推动形成围绕特定主题，以国家级烈士纪念设施为中心、省级烈士纪念设施为重点、其他烈士纪念设施为补充的烈士纪念设施体系。依托中心和重点纪念设施对同一主题烈士纪念设施展陈内容全收录，推动“互联网+烈士纪念设施建设”，打造宣教功能“云矩阵”，实现同一主题、同一烈士文物资料和展陈内容网络“一键互通”，提升宣传教育整体功能。

（八）打造烈士纪念设施精品展陈

要优化展陈内容，坚持政治性、思想性、艺术性相统一，注重把宏大叙事与细节呈现、场景再现结合起来，坚持将唯物史观贯彻始终，恰如其分地评价设施纪念的英雄烈士群体和个人。创新展陈方式，适度、恰当运用现代科技手段，加强数字化、网络化展示，增强表现力、传播力、影响力。退役军人事务部门要配合宣传、党史和文献等部门严格实行展陈内容和讲解词审查，确保展陈内容和英烈讲解尊重历史、符合事实。要积极培育英烈讲解员和研究员队伍，探索采取专兼结合、志愿服务等方式，吸纳教师、机关干部、退役军人、离退休干部和青少年学生参加英烈讲解志愿活动、英烈事迹和精神研究。

（九）加大对烈士遗属的关怀关爱

退役军人事务部门要会同有关部门指导烈士纪念设施保护单位和负责管护零散烈士纪念设施的退役军人服务中心（站）建立常态化联系烈属机制，与烈士纪念设施纪念或安葬的烈士亲属定期联系，为其提供现场祭扫必要服务或代祭扫服务。烈士纪念设施所在的革命纪念场所或旅游风景区应当对烈士父母（抚养人）、配偶、子女免费开放，方便其祭扫。退役军人事务部门和实际管护单位要掌握烈士墓祭扫情况，积极稳妥推动烈士寻亲工作。

五、工作要求

（十）加强组织协调

各部门要坚持“一盘棋”思想，充分发挥英雄烈士保护联动协调制度作用，把推进烈士纪念设施规范管理提上重要议事日程，建立重大问题联合研判制度，及时研究解决有关重大问题，沟通相关情况，难点问题挂账督办，推动烈士纪念设施规范管理要求落实到位。

（十一）综合施策发力

坚持系统观点，创新实践群众路线，组织动员人民群众、社会组织积极参与烈士纪念设施保护工作。要提高舆论引导能力，主动回应社会关切。建立健全督促检查机制，将烈士纪念设施规范管理作为绩效考评、双拥模范城（县）创建考评的重要内容。

（十二）联合督促落实

退役军人事务部会同最高人民检察院、中央宣传部、文化和旅游部、国家文物局和中央军委政治工作部等，依托全国县级及以下烈士纪念设施管理保护专项行动、退役军人工作综合督查等，对各地烈士纪念设施保护管理情况进行检查，对保护管理利用不规范，保护管理责任存在漏洞、盲区，以及保护管理职责履行不到位等情况进行通报批评，拒不整改的，依法追究相关法律责任。

2021年11月1日

退役军人事务部等7部门关于加强和改进退役军人人事档案管理利用工作的意见

退役军人部发〔2021〕65号

各省、自治区、直辖市退役军人事务厅（局）、教育厅（教委）、财政厅（局）、人力资源社会保障厅（局）、档案局，新疆生产建设兵团退役军人事务局、教育局、财政局、人力资源社会保障局、档案局，各战区、各军兵种、军委机关各部门、军事科学院、国防大学、国防科技大学、武警部队政治工作部（局、处）：

为有效解决退役军人人事档案管理利用面临的突出问题，进一步提升工作的科学化、制度化、规范化、信息化水平，根据《中华人民共和国退役军人保障法》《中华人民共和国档案法》《干部人事档案工作条例》《军队档案条例》等法律法规规定，结合进入新发展阶段做好退役军人工作的新任务新要求，现就加强和改进退役军人人事档案管理利用工作提出如下意见。

一、总体要求

（一）指导思想

坚持以习近平新时代中国特色社会主义思想为指导，深入贯彻习近平强军思想和习近平总书记关于退役军人工作重要论述，聚焦退役军人人事档案管理利用工作面临的老难题和新挑战，创新思路举措，加强顶层设计，积极稳妥实施，推动形成权责清晰、管理规范、服务优质、运转高效、安全可靠的退役军人人事档案工作制度机制，更好地维护退役军人合法权益，服务国防和军队建设，服务经济社会发展。

（二）基本原则

——加强统筹设计。坚持服务全局、立足现状、着眼长远，围绕退役军人人事档案管理利用，加强科学设计，厘清部门职责，完善政策措施，健全工作机制，夯实基层基础，确保工作高质量发展。

——坚持问题导向。针对退役军人人事档案管理职责分工不明确，保管利用不规范，遗失缺件补办难，信息化程度不够高，作用发挥不明显等重难点问题，综合施策，源头治理，有序化解。

——注重改革创新。按照体现时代性、把握规律性、富于创造性的思路，适应军地相关改革，主动回应退役军人新关切和军地基层新需要，补齐政策“空白点”，连通工作“衔接点”，有效提升退役军人人事档案管理和服务水平。

——强化协同配合。退役军人事务部门牵头负责，密切军地、部门之间协作配合；明确退役军人事务系统各级职责，强化上下协同，加强基层能力建设，发挥安置地退役军人服务中心作用，提高工作效率和质量。

二、主要任务

（三）明确职责分工

按照依法管理、统筹协调、属地负责的原则，明确各级相关部门职责。退役军人事务部负责全国退役军人人事档案工作的统筹规划和监督指导，建立健全退役军人人事档案管理利用制度机制。地方各级退役军人事务部门负责本行政区域内安置的退役军人人事档案管理利用等工作。各级退役军人服务中心、军休服务管理机构等服务保障机构，根据要求承担具体任务，提供相关延伸性、辅助性服务。退役军人人事档案管理接受同级党委组织部门和档案主管部门的监督和指导。教育、财政、人力资源社会保障，以及军队相关部门在各自职责范围内做好退役军人人事档案管理利用工作。

（四）规范档案交接

退役军人人事档案由军地相关单位区分不同安置方式进行移交接收，其转递应当按规定通过机要渠道邮寄或派专人取送，严禁由退役军人本人自行携带。

1.作转业、逐月领取退役金、复员安置的退役军官，以及作安排工作、逐月领取退役金安置的退役军士和作安排工作安置的退役义务兵的人事档案，由军队相关单位政治工作部门按规定向县级以上退役军人事务部门和相关部门移交。

2.作自主就业、供养安置的退役军人的人事档案，由军队师、旅、团级单位政治工作部门按规定向安置地退役军人事务部门移交。

3.作退休安置的退役军人的人事档案，由军队师级单位政治工作部门按规定向安置地退役军人事务部门移交。

（五）严格档案审核

军地各级相关部门应当在各自职责范围内，按照档案管理权限和相关规定，严格整理审核退役军人人事档案，严禁弄虚作假。

1.军队相关单位整档审核。军人退役时，其所在团级以上单位应当按照《军队档案条例》等有关规定，整理、审核退役军人人事档案，确保要素齐全、清晰完整、真实准确，同时按照管理权限留存退役军人人事档案数字复制件。工作中，要加强对退役军人人事档案的保密审查和脱密处理，并在档案封皮、档案袋及档案材料《转递单》中明确保密要求。

2.退役军人事务部门和相关部门审核。县级以上退役军人事务部门和相关部门接收退役军人人事档案后，应当按规定进行审核。对于退役士兵，属于入伍批准、义务兵注册、军士退役时本衔级注册相关证表缺失的，其人事档案材料中应当具备中央军委政治工作部统一制发的《士兵档案材料证明信》。

3.加强军地协作合力解决难题。退役军人人事档案审核过程中，军地双方要加强沟通，在各自职责范围内为对方审档核查提供便利和协助。对档案材料蓄意作假伪造的，由军队按照有关规定认定和处理后进行移交；对属于退役军人弄虚作假骗取安置待遇的，由县级以上退役军人事务部门和相关部门取消相关安置待遇。

（六）实行分类管理

对于本意见实施后移交的退役军人人事档案，按照分类归集、属地管理的原则，根据不同安置方式确定相应管理机构。

1.转业军官和安排工作退役士兵的人事档案，由县级以上退役军人事务部门和相关部门移交接收安置单位进行管理。

2.逐月领取退役金退役军人、复员军官、自主就业退役士兵、分散供养退役军人，以及灵活就业退役士兵和视为放弃安排工作待遇退役士兵、视为放弃安置待遇退役士兵的人事档案，一般由安置地退役军人事务部门委托所属退役军人服务中心存放。其中，入伍时是普通高等学校在校学生的退役士兵，退出现役后复学的，其人事档案由安置地退役军人事务部门转交相关学校进行管理。

3.退休和集中供养退役军人的人事档案，一般由安置地退役军人事务部门委托所属军休服务管理机构、优抚医院存放管理。

（七）有序转接档案

对于本意见实施前存放在其他部门以及因特殊情况由本人保存的退役军人人事档案，按照应转尽转、积极稳妥、循序渐进的原则，由安置地退役军人事务部门指导所属退役军人服务中心进行有序转接。人事档案转接工作各地可在有条件的地区先行试点，再逐步推开，原则上应于2023年底前完成。

1.对于存放在地方乡（镇、街道）、人民武装部、公共就业和人才服务机构，以及授权管理流动人员人事档案机构等单位的退役军人人事档案，由安置地退役军人事务部门牵头，指导所属退役军人服务中心会同原档案管理单位进行全面摸底造册，建立工作台账，制定转接计划，分批分步进行交接。

2.对于存放在档案馆的退役军人人事档案，由其继续管理；已设置自主择业专门管理服务机构的地区，自主择业军队转业干部人事档案仍由其继续管理。

3.对于退役军人因特殊情况由本人自行保管的人事档案，实行一事一批，按照个人申请、县级审批的程序办理。由退役军人本人自主自愿向安置地退役军人事务部门提出书面申请，如实填写《退役军人人事档案移交申请表》（见附件），申请书中本人应对其人事档案材料的真实性作出承诺，申请书和申请表必须由本人签名。安置地退役军人事务部门应当与申请人共同启封其人事档案（已启封的须申请人书面说明原因），并按规定进行复印，供后续审核使用，人事档案复印件须申请人本人签字确认，之后，当面密封其人事档案并加盖公章暂存。安置地退役军人事务部门可委托所属退役军人服务中心，根据人事档案复印件信息商有关部门仅对申请人军人身份信息进行核实，属于退役军人的应当及时作出审批，按规定存放其人事档案；对于经核查不属于退役军人的，不予批准，并书面向申请人说明理由、通知取档。日后，退役军人根据审核交接后的人事档案提出相关待遇申请等事项的，安置地退役军人事务部门应当按照一事一审的原则，商军地有关部门对相应档案材料另行审核。

（八）完善基础设施

各级退役军人事务部门要按照《档案馆建筑设计规范》（JGJ25–2010）等相关规定，结合实际加快档案库房建设，分别设置办公、整理、阅览和档案库房等，配备必要的档案装具以及温湿度检测调控系统、消防系统、安防系统等设施设备，夯实硬件基础，不断提高现代化、规范化、标准化建设水平。目前自建档案库房确有困难的地区，可继续委托档案管理机构暂时保管退役军人人事档案，同时加快协调推动自建档案库房工作。

（九）建立数字档案

各级退役军人事务部门要按照《干部人事档案数字化技术规范》（GB/T33870–2017）等相关技术标准对退役军人人事档案进行数字化，严格规范档案目录建库、档案扫描、图像处理、数据存储、数据验收、数据交换、数据备份、安全管理等基本环节，不断加强与业务系统和数据库关联融合，确保数字人事档案真实、完整、可用、安全，且与纸质人事档案保持一致。退役军人数字人事档案的利用、转递和保密等按照纸质人事档案相关规定执行。

1. 对于本意见实施后县级以上退役军人事务部门新接收年度退役军人人事档案，由其指导所属退役军人服务中心及时进行数字化工作。其中，转业军官和安排工作退役士兵，以及复学普通高等学校在校学生退役士兵人事档案，应当在转交其接收安置单位或相关学校前完成档案数字化工作；作其他方式安置的退役军人人事档案，应当在接收档案后6个月内完成数字化工作。

2. 对于本意见实施后从各部门按规定接收的历年退役军人人事档案，以及由军休服务管理机构、优抚医院、自主择业军队转业干部管理服务机构等部门管理的退役军人人事档案，由相关退役军人事务部门指导所属退役军人服务中心于2025年底前全部完成人事档案数字化工作。

（十）改进日常服务

各级退役军人事务部门要根据人事档案管理法规规定，因地制宜，聚焦档案收、管、存、用、安全、保密等事项，建立健全符合国家档案标准、体现退役军人特点的人事档案管理利用制度规范和标准指南，确保工作有章可循、有据可依。地方各级退役军人服务中心要统筹利用现有资源，明确承担退役军人人事档案日常保管利用工作的机构和人员，逐步建立完善“统一存放，免费服务”的工作机制，优化办理流程，提高服务质效。对于暂时委托档案机构管理的退役军人人事档案，退役军人事务部门要结合工作实际，制定完善退役军人人事档案托管办法，加强日常监督指导，确保档案存放管理安全、使用规范便捷。对于部分退役军人人事档案丢失、损毁或个别材料缺失的情况，军地各级相关部门要分类施策、稳妥处理，积极探索建立退役军人人事档案查证渠道，研究处理办法，为落实相关待遇提供依据。对于退役军人死亡满5年的，其人事档案管理按有关规定执行。退役军人人事关系和劳动关系按有关法律法规执行。

三、工作保障

（十一）提高思想认识

退役军人人事档案是军人参军入伍、政治

思想、服役表现等的历史记载，是全面了解军人服役经历、确定其退役后各项待遇的重要依据，是做好应急备战人才储备的基础支撑，军地各级有关部门特别是退役军人事务部门要进一步提高政治站位，强化大局意识，切实把加强退役军人人事档案管理利用工作摆上重要位置，采取有力措施，确保各项任务有序推进、落地见效。

（十二）建立工作机制

军地各级有关部门要增强政治责任感和工作主动性，建立健全在党委政府领导下，退役军人事务部门牵头，军地各相关部门各司其职、合力共为的工作机制，推动退役军人人事档案管理利用工作高质量发展。

（十三）加强队伍建设

各级退役军人事务部门要把“政治可靠、忠诚履职、担当奉献、坚持原则”作为选配退役军人人事档案工作人员的首要条件，档案工作人员原则上应当具备相应的专业知识和技能，其中档案专业人员可以按照国家有关规定评定专业技术职称。要加强业务学习培训，不断提升档案工作队伍的政策水平和综合素养。

（十四）强化督导问效

各级退役军人事务部门要会同相关部门建立退役军人人事档案管理利用工作考评机制，采取跟踪调度、现场指导、定期通报等方式及时跟进了解情况，解决重难点问题。对于在退役军人人事档案管理利用工作中出现的违纪违法行为，要严格依法依规予以处理，构成犯罪的，依法追究刑事责任。

本意见适用于符合《中华人民共和国退役军人保障法》规定且移交地方安置的退役军人，自2021年11月9日起施行。各地相关部门可根据本意见精神，结合实际制定具体实施办法，进一步规范细化工作流程，切实做好本地区退役军人人事档案管理利用工作。

附件：

退役军人人事档案移交申请表（略）

2021年11月9日

退役军人事务部关于印发《〈烈士光荣证〉管理工作暂行规定》的通知

退役军人部发〔2021〕66号

各省、自治区、直辖市退役军人事务厅（局），新疆生产建设兵团退役军人事务局：

《〈烈士光荣证〉管理工作暂行规定》已经退役军人事务部2021年第十六次部务会议审议通过，现予印发，请结合实际认真贯彻执行。

2021年11月10日

《烈士光荣证》管理工作暂行规定

第一章 总则

第一条 为规范《烈士光荣证》管理，维护烈士称号荣誉性、严肃性，在全社会广泛营造尊崇英烈、关爱烈属的浓厚氛围，根据《中华人民共和国英雄烈士保护法》《烈士褒扬条例》等制定本规定。

第二条 本规定所称《烈士光荣证》，是党和国家向烈士遗属颁授的烈士光荣纪念证书，是纪念缅怀烈士、彰显烈士崇高荣誉、传承弘扬英烈精神的荣誉载体和象征。

《烈士光荣证》不作为享受相关待遇的凭证。

第三条 退役军人事务部建立《烈士光荣证》制作和发送等烈士证书管理档案；地方各级人民政府退役军人事务部门应当建立《烈士光荣证》发放、补发和持证烈士遗属信息登记、变更等烈士证书管理档案。

烈士证书管理档案是烈士档案的一部分，保管期限为永久。

第四条 《烈士光荣证》管理工作坚持统一领导、分级实施，依法管理、以人为本，体现尊崇、彰显荣誉的原则。

第二章 制作

第五条 公民在保卫祖国和社会主义建设事业中牺牲，在2018年5月1日后评定为烈士并完成备案的，制作发放《烈士光荣证》。

第六条 退役军人事务部负责印制《烈士光荣证》，并发送给持证烈士遗属户籍所在地省级人民政府退役军人事务部门。

第七条 《烈士光荣证》为横版设计，证芯图案由红旗、国徽、金色花环边框、两侧华表组成，信息内容由文头、正文、落款、证书编号组成。

《烈士光荣证》有存放版和悬挂版两种版式，存放版配装镶嵌国徽的封面外夹，悬挂版配装红木色边框。

第八条 《烈士光荣证》登记内容包括烈士姓名、牺牲时间、牺牲原因和证书编号、制发日期。

烈士姓名以烈士生前身份证件登记姓名为准；没有身份证件的，以历史档案资料记载姓名为准。

烈士牺牲时间以死亡证明或人民法院宣告死

亡确定的日期为准；没有上述时间的，以历史档案资料记载的牺牲时间为准。

烈士牺牲原因按照《烈士褒扬条例》《军人抚恤优待条例》等规定的牺牲情形填写；2011年8月1日前牺牲的，按当时相关政策规定的牺牲情形填写。

证书编号由汉字和10位数字组成。编制标准为前冠汉字“国烈”，第1至4位数字为烈士备案完成年份号，第5至10位为顺序码，以评定时间为序，评定时间相同的按姓氏笔画排序。

制发日期使用阿拉伯数字，填写烈士证书实际制作日期。

第三章　颁授

第九条　《烈士光荣证》由持证烈士遗属户籍所在地县级以上人民政府在每年9月30日烈士纪念日举行仪式颁授。

《烈士光荣证》颁授仪式一般公开举行，组织颁授仪式的县级以上人民政府退役军人事务部门制定工作方案，报请同级人民政府批准后实施；对不宜公开的烈士，颁授仪式可以单独组织，具体方式由组织颁授仪式的县级以上人民政府退役军人事务部门会同烈士生前所在单位和烈士遗属协商确定。

第十条　《烈士光荣证》由烈士遗属协商确定一名遗属持有，并书面告知持证烈士遗属户籍所在地县级人民政府退役军人事务部门；持证烈士遗属为现役军人且无户籍的，书面告知其经常居住地县级人民政府退役军人事务部门。

协商确定持证烈士遗属按照下列顺序：第一顺序为烈士的父母（抚养人）、配偶、子女；第二顺序为烈士的兄弟姐妹。协商不通的，按照下列顺序确定一名持证烈士遗属：（一）父母（抚养人）；（二）配偶；（三）子女，有多个子女的发给长子女；（四）兄弟姐妹，有多个兄弟姐妹的发给其中的年长者。无上述亲属的，《烈士光荣证》由烈士评定机关存档管理。

第十一条　《烈士光荣证》一般由持证烈士遗属本人领取；持证烈士遗属本人领取有困难的，也可由组织颁授仪式的退役军人事务部门根据持证烈士遗属意愿另行确定参加颁授仪式的领取代表。

持证烈士遗属经常居住地与户籍所在地不一致的，可以在8月31日前向户籍所在地县级人民政府退役军人事务部门申请在经常居住地参加颁授仪式。收到申请的县级人民政府退役军人事务部门应当与其经常居住地县级人民政府退役军人事务部门协调，在收到申请后10日内通知本人办理意见。

第十二条　颁授仪式工作方案应明确具体时间、地点、参加人员、着装要求、颁授程序和仪式的主持人、宣读人、颁授人等内容。

第十三条　颁授仪式应当在具备条件的广场、会场或者烈士纪念设施举行，可以与烈士纪念日公祭活动统筹组织。

第十四条　颁授仪式应当庄严、肃穆、隆重、节俭，现场显著位置悬挂或摆放仪式标识，摆放鲜花或花篮。

参加颁授仪式的人员应当着装得体，言行庄重。

第十五条　颁授仪式一般由组织仪式的县级以上人民政府退役军人事务部门负责人主持，县级以上人民政府负责人颁授《烈士光荣证》。

第十六条　举行颁授仪式时应当邀请烈士遗属代表、烈士生前所在单位干部职工代表、学校师生代表、退役军人代表、公安民警代表、国家综合性消防救援队伍指战员代表和社会各界群众代表参加，有条件的可以邀请解放军或武警部队官兵代表参加。

第十七条　《烈士光荣证》颁授仪式一般按照以下程序进行：

（一）礼兵就位；

（二）礼迎烈士遗属；

（三）宣布仪式开始，奏唱中华人民共和国国歌；

（四）宣读烈士评定决定；

（五）向烈士默哀；

（六）颁授《烈士光荣证》；

（七）少先队员向烈士遗属代表献花；

（八）礼送烈士遗属；

（九）宣布颁授仪式结束。

第四章　持证烈士遗属变更

第十八条　持证烈士遗属确定后原则上不再变更。持证烈士遗属死亡的，符合本规定第十条规定条件的其他烈士遗属可以向本人户籍所在地县级人民政府退役军人事务部门申请变更；申请人为现役军人且无户籍的，可以向其经常居住地县级人民政府退役军人事务部门申请。

第十九条　申请变更持证烈士遗属，应当提交以下材料：书面申请（包括烈士信息、原持证烈士遗属信息、与烈士的关系和申请理由等），申请人身份证件复印件、原持证烈士遗属死亡证明等，有其他符合持证烈士遗属条件的，还需提供协商一致的变更协议。

第二十条　县级人民政府退役军人事务部门应当对申请材料进行审查，对于材料不齐备或者不符合法定形式的，应当告知申请人补正材料；烈士遗属中无符合持证条件的，应当告知申请人不予变更，《烈士光荣证》可以由烈士后人自行协商，妥善保管。

第二十一条　县级人民政府退役军人事务部门对报送的材料初审后，认为符合变更条件的，应当提出变更意见，通过全国褒扬纪念信息管理系统逐级上报省级人民政府退役军人事务部门审核；不符合变更条件的，告知申请人理由。

第二十二条　省级人民政府退役军人事务部门应当对报送的材料进行审核，对符合变更条件的，在全国褒扬纪念信息管理系统内审核通过；不符合变更条件的，予以驳回。

申请人与原持证烈士遗属户籍所在地不属同一省份的，应当征求原持证烈士遗属户籍所在地省级人民政府退役军人事务部门意见。原持证烈士遗属户籍所在地省级人民政府退役军人事务部门应当及时核查，认为可以变更的，予以确认；认为不能变更的，应当不同意并告知理由。

第五章　证件补发

第二十三条　持证烈士遗属应当珍惜爱护、妥善保管《烈士光荣证》。因不可抗力或非持证烈士遗属主要责任等原因导致《烈士光荣证》灭失或遗失的，持证烈士遗属可以向本人户籍所在地县级人民政府退役军人事务部门申请补发。

第二十四条　申请补发《烈士光荣证》，应当提交以下材料：书面申请（包括烈士信息、持证烈士遗属信息、与烈士的关系和申请理由等），申请人身份证件复印件，登报遗失声明等。

第二十五条　县级人民政府退役军人事务部门对报送的材料初审后，认为符合补发条件的，应当提出补发意见，通过全国褒扬纪念信息管理系统逐级上报退役军人事务部审核；不符合补发条件的，驳回申请并告知申请人理由。

第二十六条　退役军人事务部对报送的材料进行审核。符合补发条件的，予以补发，证书登记内容保持不变，制发日期填写补发日期；不符合补发条件的，予以驳回。

补发的《烈士光荣证》由持证烈士遗属户籍所在地县级人民政府退役军人事务部门及时送达持证烈士遗属。

第六章　监督管理

第二十七条　任何组织和个人不得仿制、伪造、变造、买卖、出租《烈士光荣证》，不得将《烈士光荣证》用于商业广告、制作商标或者其他商业性用途，不得用于娱乐活动，不得进行丑化、玷污、破坏《烈士光荣证》的活动。

各级人民政府退役军人事务部门发现前款不当行为的，应当会同相关部门依法及时处置。

第二十八条　各级人民政府退役军人事务部门应当会同有关部门加强对《烈士光荣证》管理，接受社会监督。相关单位和工作人员有下列情形之一的，上级人民政府退役军人事务部门应当责令改正，并视情节轻重依法追究责任：

（一）为不符合条件的对象制作发放《烈士光荣证》的；

（二）违反规定办理《烈士光荣证》持证烈士遗属变更的；

（三）违反规定补发《烈士光荣证》的；

（四）不履行法定职责并造成社会不良影响的；

（五）利用职务便利谋取私利的。

第二十九条　违反规定发放或补发的《烈士光荣证》，由持证烈士遗属户籍所在地县级人民政府退役军人事务部门依法收回，逐级交回退役军人事务部。

违反规定变更持证烈士遗属的，由受理持证烈士遗属变更申请的县级人民政府退役军人事务部门进行纠正，按照本规定第四章持证烈士遗属变更程序，逐级上报省级人民政府退役军人事务部门审核批准。

第七章　附则

第三十条　各级人民政府退役军人事务部门在办理变更持证烈士遗属或补发烈士证书事项时，一般应当在15日内完成本级需要办理的事项。情况复杂的，经本级退役军人事务部门负责人批准，可适当延长办理期限。

第三十一条　烈士遗属中无中国境内公民的，烈士证书由烈士生前户籍所在地县级人民政府退役军人事务部门管理。

第三十二条　《烈士证明书》与《烈士光荣证》具有同等法律效力，参照本规定管理。《烈士证明书》需要补发的，按照本规定程序补发《烈士证明书》。

第三十三条　本规定自发布之日起施行。过去有关烈士证书管理规定与本规定不一致的，以本规定为准。

退役军人事务部关于印发《退役军人、其他优抚对象优待证管理办法（试行）》的通知

退役军人部发〔2021〕67号

各省、自治区、直辖市退役军人事务厅（局），新疆生产建设兵团退役军人事务局：

为落实《退役军人保障法》有关要求，做好退役军人、其他优抚对象优待证管理工作，我部制定了《退役军人、其他优抚对象优待证管理办法（试行）》。现印发给你们，请遵照执行。

2021年11月15日

退役军人、其他优抚对象优待证管理办法（试行）

第一章　总则

第一条　为规范退役军人和烈士遗属、因公牺牲军人遗属、病故军人遗属等其他优抚对象优待证（简称优待证）制发、使用和服务管理，维护持证人权益，提高优待服务管理水平，依据《中华人民共和国退役军人保障法》和国家有关规定，制定本办法。

第二条　优待证分为“中华人民共和国退役军人优待证”“中华人民共和国烈士、因公牺牲军人、病故军人遗属优待证”两种，分别面向符合条件的退役军人和烈士遗属、因公牺牲军人遗属、病故军人遗属等其他优抚对象发放。

本办法适用于优待证的申请、审核、制作、发放、使用、服务、管理及其他相关工作。

第三条　优待证是持证人彰显荣誉的载体、享受优待的凭证。

第四条　优待证服务管理工作坚持彰显荣誉、规范有序、精准动态、便捷安全的原则。

第五条　退役军人事务部负责指导全国优待证制发和服务管理工作，确定并适时调整合作银行范围。省（区、市）退役军人事务厅（局）负责明确本地区优待证服务管理具体要求，在退役军人事务部确定的合作银行范围内，确定本地区合作银行，推进优待证在本地区的使用。市、县退役军人事务局负责本地区优待证发放和服务管理工作。

第六条　优待证全国统一制发，统一式样，印有优待证种类名称、持证人姓名、持证人性别、持证人相片、发放单位等信息。

优待证全国统一编号并以加密方式储存于优待证芯片内，提供数据服务使用。

第七条　持证人应模范遵守法律法规，保守国家和军事秘密，践行社会主义核心价值观，积极参加社会主义现代化建设，在社会生活中发挥先锋作用，引领良好道德风尚，珍惜维护荣誉，爱惜优待证。

第八条　退役军人事务部加强优待证服务管理工作信息化建设，建立完善全国优待证服务管理信息系统，为做好优待证服务管理工作提供支持。

第二章　功能

第九条　优待证由退役军人事务部联合相关合作银行共同制作，优待证以银行借记卡为载体，不具备透支功能。

优待证关联的个人银行账户按相关规定管理。

合作银行按照国家有关要求做好金融功能相关的服务管理，配合做好优待证服务管理及优待项目拓展等工作，为持证人提供优先优惠等优待服务。

第十条　持证人凭优待证按照《中华人民共和国退役军人保障法》和国家有关规定，享受公共交通、文化、旅游等方面的优待服务。

国家将不断调整基本优待目录清单项目，以优待证为识别认证载体，充分发挥优待证服务使用功能，更好地为持证人服务。

第十一条　持证人凭优待证享受发放省份提供的优待服务。

鼓励各地在有条件的基础上，将本地提供的优待服务面向全国持证人开放。

第十二条　鼓励企业、社会组织等社会各界为持证人提供多元化优待服务。

第十三条　地方各级退役军人事务部门应积极推广优待证在本地区、相关行业领域的应用，不断扩大优待证使用范围、提高优待证知晓度。

在保持式样标准不变、主要功能不变、管理主体不变、工作流程不变的前提下，可以通过优待证搭载其他公共服务功能。

第十四条　退役军人事务部适时推出电子优待证，实现持证人信息在线查验、优待项目线上服务与线下渠道有效衔接等功能。

第十五条　在基于优待证开展金融领域应用时，应当按照网络安全、个人信息保护等法律法规和国家有关规定要求，履行个人金融信息保护责任，切实保障持证人资金与信息安全。

第十六条　各级退役军人事务部门应逐步实现通过优待证关联的个人银行账户发放抚恤补助金、慰问金等。

第三章　申请

第十七条　退役军人和烈士遗属、因公牺牲军人遗属、病故军人遗属等其他优抚对象原则上应向户籍地乡镇（街道）退役军人服务站提出申请。不在户籍地常住的，可向常住地乡镇（街道）退役军人服务站提出申请。

本办法施行后，安置地退役军人事务部门接收退役军人时，可依对象本人意愿完成申领。

无民事行为能力或限制民事行为能力人，需由监护人提出申请。

第十八条　两种优待证申领条件均符合的申请人，可根据意愿申领其中一种。

具有双重或多重身份的对象，其相关身份均写入优待证芯片，按规定享受相应的优待服务。

第十九条　申请人可申请由户籍地或常住地省份发放优待证。

若申请由常住地省份发放优待证，应符合常住地省（区、市）退役军人事务厅（局）有关规定。如不符合常住地省（区、市）退役军人事务厅（局）有关规定，可根据申请人意愿转为申请户籍地省份发放优待证。

第二十条　申请人提出申请前，应建档立卡。

申请人完成建档立卡后，可通过互联网提出线上申请，也可向户籍地或常住地乡镇（街道）退役军人服务站提出申请。

第二十一条　本人提出申请的，需提供居民身份证、近期1寸白底免冠电子相片等相关证件或材料。

委托他人申请的，受托人还需提供受托人居民身份证及委托书等相关证件或材料。

第四章　审核

第二十二条　乡镇（街道）退役军人服务站对符合受理条件的，应检查申请材料内容是否完备、申请优待证种类是否明确等。

符合要求的，提交县退役军人服务中心核实。

第二十三条　县退役军人服务中心依据申请材料，核实对象身份是否真实、申请优待证种类是否准确等。符合要求的，报县退役军人事务局初审。

初审通过的，报市退役军人事务局审核。

审核通过的，报省（区、市）退役军人事务厅（局）备案。

初审通过后，应在30个工作日内完成审核及备案。

第二十四条　申请由常住地省份发放优待证的，由常住地所在省（区、市）退役军人事务厅（局）负责审核、备案。

第二十五条　申请人有下列情形之一的，审核不予通过。

（一）服役期间被部队除名、开除军籍的；

（二）处于被剥夺政治权利期限内的；

（三）处于服刑、羁押、通缉期间的。

第二十六条　申请人受过刑事处罚、被开除中国共产党党籍、被开除公职或存在严重影响身份荣誉的其他情形的，由省（区、市）退役军人事务厅（局）综合考虑相关因素进行审核，审核情况报退役军人事务部备案。

第二十七条　省（区、市）退役军人事务厅（局）备案后，将制证所需信息提供给合作银行。合作银行依照有关法律法规规定予以办理。

第二十八条　省（区、市）退役军人事务厅（局）应定期将优待证制发情况报退役军人事务部。

第二十九条　对未受理或未通过核实、初审、审核的，受理申请的退役军人服务站应及时向申请人反馈情况，并作出说明。

第五章　制发

第三十条　省（区、市）退役军人事务厅（局）监督有关单位按照《中国金融集成电路（IC）卡规范》等相关要求和标准制作优待证，确保数据存放、传输、使用安全。

第三十一条　受理申请的退役军人服务站在收到优待证时，应做好登记并清点数量、检查外包装是否破损等。

受理申请的退役军人服务站一般应在收到优待证后10个工作日内通过主动送达、集体颁发或双方约定的其他方式发放，并做好登记。

退役军人服务站收到优待证3个月后仍无法联系到申请人的，应将该优待证逐级上交至省（区、市）退役军人服务中心。

第三十二条　申请人收到优待证核对证面信息无误后，按照有关规定激活金融功能。

证面信息有误的，申请人应及时联系受理申请的退役军人服务站，交回已领优待证，并由省（区、市）退役军人事务厅（局）按相关程序重新制作。

第六章　补换

第三十三条　优待证遗失后，持证人应及时告知受理申请的退役军人服务站，并按照银行有关规定挂失。

第三十四条　优待证遗失的，持证人可在办理正式挂失手续后，提出补领申请。

补领新证后找回原证的，持证人应当将原证交回受理申请的退役军人服务站。

第三十五条　出现下列情形之一的，持证人可以申请更换优待证。

（一）优待证损坏不能在读卡设备上正常读取的；

（二）优待证证面污损、残缺，信息无法辨认的；

（三）优待证证面信息需要变更的；

（四）持证人户籍地或常住地省份发生变化的；

（五）两种优待证申领条件均符合的持证人需要变更优待证种类的；

（六）其他需要更换的情形。

出现前款第一项、第二项情形的，持证人应持本人居民身份证到合作银行更换；出现前款第三项、第四项、第五项、第六项情形的，持证人应向受理申请的退役军人服务站提出更换申请，并按有关规定办理。

第三十六条　需要变更优待证发放省份的，持证人应先取消相应的银行金融账户，凭银行出具的金融账户取消证明申请更换。

第三十七条　持证人在申请更换优待证时，须交回原持有的优待证。

第三十八条　优待证首次申领免费。

因优待证卡片质量问题造成无法使用的，按相关金融规定认定后，可免费更换；符合第三十五条第三项、第四项、第五项情形的，可免费更换。

除上述情形外，需要更换或补领的，相关费用按照合作银行有关规定执行。

第七章　收回

第三十九条　持证人存在下列情形之一的，经省（区、市）退役军人事务厅（局）批准，由受理申请的退役军人服务站收回其优待证，并报退役军人事务部备案。

（一）伪造、变造、买卖、出租、出借优待证的；

（二）使用虚假证明材料骗领优待证的；

（三）户籍注销的；

（四）被剥夺政治权利的；

（五）处于服刑、羁押、通缉期间的；

（六）被开除中国共产党党籍或者被开除公职的；

（七）存在严重影响身份荣誉的其他情形的。

第四十条　确认收回的，省（区、市）退役军人事务厅（局）及时通知合作银行暂停应收回优待证的非柜面业务办理功能；仍有相关金融功能需要使用的，由合作银行在完成金融功能转移后协助收回。

第四十一条　收回的优待证，由省（区、市）退役军人服务中心负责登记销毁。

第四十二条　持证人被收回优待证后，相关情形消失、能够主动改正错误并积极消除负面影响的，可以重新申请优待证，由省（区、市）退役军人事务厅（局）综合考虑相关因素进行审核，审核情况报退役军人事务部备案。

第八章　监督管理

第四十三条　对伪造、变造、买卖、出租、出借优待证，故意污损、划刻、破坏优待证或者恶搞、丑化、玷污优待证形象，将优待证用于商业、娱乐活动，以及其他不恰当使用优待证的行为，各级退役军人事务部门应当及时予以制止、督促纠正、批评教育。涉嫌违法犯罪的，依法协调相关部门处理。

第四十四条　省（区、市）退役军人事务厅（局）应定期会同同级公安、民政、人力资源社会保障等部门对生存、婚姻、社保等信息进行比对，及时更新对象信息，实现精准管理。

第四十五条　各级退役军人事务部门、退役军人服务中心（站）以及有关单位的工作人员，在优待证服务管理工作中应按照职能职责做好工作。对因履职不力造成严重社会影响的，依法依规问责追责。

第四十六条　地方各级退役军人事务部门可委托所属退役军人服务中心协助配合开展有关工作。

第四十七条　各级退役军人事务部门、退役军人服务中心（站）应采取技术手段和服务管理措施，保护持证人个人隐私，依法使用有关信息。

第四十八条　各级退役军人事务部门、退役军人服务中心（站）、合作银行应加强合作，共同建立服务体系，及时解答对象关于优待证申请使用、优待政策、优待项目等咨询，妥善处理投诉，建立办理反馈机制，主动接受社会监督。

第九章　附则

第四十九条　本办法所指的烈士、因公牺牲军人、病故军人的遗属，是指烈士、因公牺牲军人、病故军人的配偶、父母（抚养人）、子女，以及由其承担抚养义务的兄弟姐妹。

第五十条　军级以上退休干部在移交省军区系统后申领优待证的，具体由省军区（卫戍区、警备区）政治工作部门与省（区、市）退役军人事务厅（局）对接办理。

第五十一条　中国人民武装警察部队依法退出现役的警官、警士和义务兵等人员，适用本办法。

第五十二条　本办法自印发之日起施行。

退役军人事务部　司法部关于印发《关于加强退役军人法律援助工作的意见》的通知

退役军人部发〔2021〕73号

各省、自治区、直辖市退役军人事务厅（局）、司法厅（局），新疆生产建设兵团退役军人事务局、司法局：

为加强退役军人法律援助工作，依法维护退役军人合法权益，退役军人事务部、司法部共同制定了《关于加强退役军人法律援助工作的意见》。现印发给你们，请结合实际抓好贯彻落实。

2021年12月7日

关于加强退役军人法律援助工作的意见

退役军人法律援助工作是加强退役军人服务保障的重要举措，是维护退役军人合法权益的一项重要民生工程。推进退役军人法律援助工作，对于建立健全退役军人权益保障机制，完善公共法律服务体系，具有重要意义。为全面落实中共中央办公厅、国务院办公厅《关于完善法律援助制度的意见》和《中华人民共和国退役军人保障法》《中华人民共和国法律援助法》等政策法律制度，加强退役军人法律援助工作，现提出如下意见。

一、总体要求

（一）指导思想

以习近平新时代中国特色社会主义思想为指导，全面贯彻落实党的十九大和十九届二中、三中、四中、五中、六中全会精神，全面贯彻习近平法治思想，深入贯彻习近平总书记关于退役军人工作重要论述和法律援助工作重要指示精神，增强“四个意识”、坚定“四个自信”、做到“两个维护”，紧紧围绕广大退役军人实际需要，依法扩大法律援助范围，提高法律援助服务质量，确保退役军人在遇到法律问题或者合法权益需要维护时获得优质高效的法律帮助。

（二）基本原则

坚持党的领导，突出党总揽全局、协调各方的领导核心作用，把党的领导贯穿到退役军人法律援助工作的全过程和各方面。坚持以人为本，把维护退役军人合法权益作为出发点和落脚点，努力满足退役军人法律援助需求。坚持政府主导，落实退役军人事务部门、司法行政部门退役军人法律援助工作的部门责任，同时激发各类社会主体参与的积极性。坚持改革创新，立足退役军人工作实际，积极探索退役军人法律援助工作规律，创新工作理念、机制和方法，实现退役军人法律援助申请快捷化、审查简便化、办案标准化。

（三）工作目标

到2022年，基本形成覆盖城乡、便捷高效、均等普惠的退役军人法律援助服务网络，退役军人法律援助工作全面覆盖。到2035年，基本形成与法治国家、法治政府、法治社会基本建成目标相适应的退役军人法律援助供给模式，退役军人的满意度显著提升、共享公共法律服务成果基本实现。

二、加强法律援助体系保障

（四）设立服务窗口站点

退役军人事务部门可以根据实际工作情况在退役军人服务中心（站）设立法律咨询窗口，为退役军人提供法律咨询、转交法律援助申请等服务。法律援助机构可以根据工作需要在退役军人服务中心设立法律援助工作站，在乡镇、街道、农村和城市社区退役军人服务站设立法律援助联络点，就近受理法律援助申请。

（五）加强人员力量建设

退役军人事务部门可以通过政府购买法律服务等方式，择优选择律师事务所等法律服务机构为退役军人提供法律咨询服务。司法行政部门可以整合公共法律服务资源，积极引导律师等法律人才为退役军人提供法律援助服务。鼓励和支持法律援助志愿者在司法行政部门指导下，为退役军人提供法律咨询、代拟法律文书等法律援助。加强法律援助人才库建设，鼓励符合条件的退役军人积极参与法律援助志愿服务工作，加强法律知识培训，提高法律援助人员专业素质和服务能力。

（六）建立服务规范标准

推进退役军人法律援助工作规范化标准化建设。退役军人法律咨询窗口、法律援助工作站（联络点）应当建立来访人信息登记制度，完善解答咨询、受理转交申请等工作制度。推动援务公开，对法律援助申请条件、流程、渠道和所需材料等进行公示。省级退役军人法律咨询窗口、法律援助工作站每周至少安排半个工作日、市和县至少安排一个工作日专业人员值班服务，乡镇、街道、农村和城市社区退役军人法律咨询窗口、法律援助联络点做好日常服务。

三、拓宽法律援助覆盖范围

（七）扩大援助范围

在法律援助法规定事项范围基础上，根据当地经济社会发展水平和退役军人法律援助实际需求，依法扩大退役军人法律援助覆盖面。有条件的地区，要将涉及退役军人切身利益的事项纳入法律援助范围，降低法律援助门槛，尽力使更多退役军人依法获得法律援助。法律援助机构要认真组织办理退役军人涉及确认劳动关系、支付劳动报酬、工伤事故、交通事故、食品药品安全事故、医疗事故人身损害赔偿等方面的法律援助案件，依法为退役军人提供符合标准的法律援助服务。

（八）强化咨询服务

退役军人事务部门要在法律咨询窗口、法律援助工作站（联络点）安排专业人员免费为来访退役军人提供法律咨询，全面了解案件事实和来访人法律诉求。对咨询事项属于法律援助范围的，应当提示来访人享有依法申请法律援助的权利，并告知申请法律援助的条件和程序；对咨询事项不属于法律援助范围的，可以为来访人提出法律建议；对咨询事项不属于法律问题或者与法律援助无关的，可以告知来访人应咨询部门或渠道。司法行政部门要将退役军人作为公共法律服务的重点对象，为退役军人开辟法律援助绿色通道，在现有的公共法律服务实体平台普遍设立退役军人优先服务窗口。有条件的地区，在法律服务网设立退役军人专栏，或者在“12348”公共法律服务热线平台开通退役军人专线，优先为退役军人解答日常生产生活中遇到的法律问题。

四、完善法律援助工作机制

（九）建立协作机制

退役军人事务部门、司法行政部门要建立健全退役军人法律援助工作协作机制，强化退役军人工作政策制度、退役军人身份和经济困难状况等信息沟通，促进实现信息共享和工作协同。法律援助机构在办理退役军人法律援助事项时，需要核查申请人经济困难状况的，退役军人事务部门应当予以配合。建立健全法律援助服务资源依法跨区域流动制度机制，鼓励和支持律师、法律援助志愿者等在法律服务资源相对短缺地区为退役军人提供法律援助。

（十）优化办理程序

退役军人法律咨询窗口、法律援助工作站（联络点）可以接受退役军人的法律援助申请，经初步审查，符合法律援助条件的，应当及时转交法律援助机构办理，也可以引导申请人通过法律服务网在线申请。法律援助机构要把退役军人作为重点援助对象，对退役军人的法律援助申请，可以优先受理、优先审查、优先指派。

（十一）提高办案质量

根据退役军人法律援助案件性质、结合法律援助人员专业特长，法律援助机构应当合理指派案件承办人员，注意挑选对退役军人工作有深厚感情、熟悉涉军法律和政策、擅长办理同类案件的法律援助人员为退役军人提供法律援助服务，提高案件办理的专业化水平和质量。法律援助机构、法律援助人员对提供法律援助过程中知悉的国家秘密、商业秘密和个人隐私应当予以保密。

（十二）加强跟踪督办

健全退役军人法律援助案件服务质量监管机制，综合运用质量评估、受援人回访等措施强化案件质量管理，督促法律援助机构和人员依法履行职责。对疑难复杂案件，法律援助机构可以联合退役军人事务部门以及相关部门共同研究，加强跟踪检查，保证受援人获得优质高效的法律援助。

五、丰富法律援助服务方式

（十三）加大普法宣传教育

退役军人事务部门要加强法治宣传教育，普及法律知识，增强退役军人法治意识，引导退役军人依法表达合理诉求、依法维护权益。退役军人事务部门、司法行政部门可以组织人员通过入户走访、座谈沟通等多种方式，及时了解退役军人法律援助需求。

（十四）完善便民服务机制

加强退役军人法律援助信息化建设，推动互联网、大数据、人工智能等科技创新成果同退役军人法律援助工作深度融合。退役军人事务部门、司法行政部门应当通过服务窗口、电话、网络等多种方式为退役军人提供法律咨询服务。法律援助机构对老年、残疾等行动不便的退役军人，视情提供电话申请、上门服务。

六、切实加强组织领导

（十五）强化责任担当

各级退役军人事务部门、司法行政部门要认真履行组织、协调和指导退役军人法律援助工作的职责，充分发挥职能作用。退役军人事务部门、司法行政部门要加强沟通协调，密切工作配合，建立制度化、规范化的工作衔接机制。法律援助机构要丰富服务内容，创新服务方式，不断提高为退役军人提供法律援助服务的能力和水平。

（十六）加强检查指导

建立退役军人法律援助工作责任履行情况考评机制、报告制度和督导检查制度。将退役军人法律援助工作作为法治政府建设的重要任务，作为退役军人工作考核的重要内容。退役军人事务部门、司法行政部门要加强跟踪指导，积极协调解决法律援助工作中的难点问题，及时总结推广实践证明行之有效的典型做法和有益经验。

（十七）做好宣传推广

加强舆论引导，广泛宣传退役军人法律援助工作的重大意义，宣介退役军人法律援助工作成效。加强宣传表彰工作，对在退役军人法律援助工作中作出突出贡献的组织和个人，按照有关规定给予表彰、奖励。积极营造鼓励创新的良好氛围，促进退役军人法律援助工作健康持续创新发展。

退役军人事务部等11部门关于印发《退役军人逐月领取退役金安置办法》的通知

退役军人部发〔2021〕82号

各省、自治区、直辖市及新疆生产建设兵团党委组织部、政府教育厅（教委、局）、公安厅（局）、财政厅（局）、人力资源社会保障厅（局）、住房城乡建设厅（委、局）、退役军人事务厅（局）、医保局；国家税务总局各省、自治区、直辖市、计划单列市税务局；各战区联合参谋部、政治工作部，各军种政治工作部、后勤部，战略支援部队参谋部、政治工作部，联勤保障部队战勤部、政治工作部，军委机关各部门有关局（厅），军事科学院、国防大学政治工作部、管理保障部，国防科技大学政治工作处、供应保障处，武警部队政治工作部、后勤部：

现将《退役军人逐月领取退役金安置办法》印发给你们，请遵照执行。

退役军人逐月领取退役金安置制度，是我国退役军人安置政策的重大调整，适应了新时代军地改革发展的新形势、新要求，对进一步做好退役军人安置工作，实现人才资源的合理配置，促进经济和社会发展，加强国防和军队建设，服务军队备战打仗具有重要意义。军地各相关部门要充分认识政策调整给退役军人工作带来的变化，统一思想，加强领导，及时研究解决工作中遇到的矛盾和问题，切实把《退役军人逐月领取退役金安置办法》贯彻落实好。要采取有力有效措施做好逐月领取退役金退役军人各项服务保障工作，帮助他们积极融入社会，更好实现自身价值。要引导广大退役军人保持和发扬人民军队的优良传统，服从组织安排，积极参加地方建设，奋发有为，努力为全面建设社会主义现代化国家作出新的贡献。

2021年12月24日

退役军人逐月领取退役金安置办法

第一章　总则

第一条　为规范退役军人逐月领取退役金安置工作，根据《中华人民共和国退役军人保障法》等有关法律法规，制定本办法。

第二条　本办法适用于以逐月领取退役金方式安置的退役军官和退役军士。

第三条　逐月领取退役金安置，坚持突出服役贡献、体现尊重优待、鼓励就业创业、纳入社会保障的原则。

第四条　国务院退役军人工作主管部门负责统筹全国逐月领取退役金退役军人接收安置工作。省级人民政府退役军人工作主管部门根据国家下达的逐月领取退役金退役军人安置计划进行档案审核和安置地审定。市、县级人民政府退役军人工作主管部门负责本行政区域内逐月领取退役金退役军人接收安置、服务管理、教育培训、就业创业扶持、退役金核准发放等工作。

中央军委政治工作部门负责统筹全军逐月领取退役金退役军人审核移交工作。军队团级以上单位有关部门负责本单位逐月领取退役金退役军人档案整理、服役情形认定、退役金核定等工作。省军区（卫戍区、警备区）负责全军安置到所在省（自治区、直辖市）逐月领取退役金退役军人的移交，并配合当地做好接收安置工作。

中央和国家机关有关部门、各地有关部门、军队有关单位在各自职责范围内做好相关工作。

第二章　安置对象和安置地

第五条　大校以下军官退役时符合下列条件之一的，由本人申请，经审核批准后可以以逐月领取退役金方式安置：

（一）担任军官满16年的；

（二）担任军士和军官累计满16年的；

（三）服役满20年的；

（四）直接选拔招录军官、特招入伍军官晋升（授予）少校以上军衔后达龄退役的。

第六条　军士退役时符合下列条件之一的，由本人申请，经审核批准后可以以逐月领取退役金方式安置：

（一）担任军士满16年的；

（二）服役满18年的；

（三）晋升（授予）四级军士长以上军衔后，在本衔级服役满6年且服役累计满14年的。

第七条　军官、军士有下列情形之一的，不以逐月领取退役金方式安置：

（一）超过50周岁且可以作退休安置的；

（二）因伤残可以作退休安置或者经医学鉴定基本丧失工作能力的；

（三）受审查尚未作出结论或者留党察看期未满的；

（四）被开除党籍或者因故意犯罪受刑事处罚的；

（五）法律法规规定的其他原因不宜作逐月领取退役金安置的。

第八条　逐月领取退役金的退役军官、退役军士可以在本人原籍、入伍地或者入伍时户口所在地安置，也可以按照下列情形选择安置地：

（一）可以在配偶随军前、结婚时或者现户口所在地安置，无配偶的可以比照驻地军人配偶随军条件在驻地安置；可以在本人父母或者配偶父母任何一方户口所在地安置，本人父母双方或者一方为军人的，可以在父母任何一方的原籍、入伍地或者离退休安置地安置；军官符合规定条件的，可以在子女户口所在地安置，军官、军士的子女为现役军人且符合驻地军人配偶随军条件的，也可以在子女部队驻地安置。其中，随配偶或者配偶父母安置的，须符合军队有关现役军人结婚的规定。

（二）夫妻同为军官的，双方或者一方以逐月领取退役金方式安置，可以在任何一方的部队驻地、原籍、入伍地或者入伍时户口所在地安置；夫妻一方为军官，另一方为当年符合安排工作、逐月领取退役金、退休或者供养条件的军士，双方或者一方以逐月领取退役金方式安置，可以在任何一方的部队驻地、原籍、入伍地或者入伍时户口所在地安置；夫妻同为军士的，双方或者一方以逐月领取退役金方式安置，可以在符合随军条件一方的部队驻地安置。

（三）国家规定的其他情形。

易地安置落户在国务院确定的超大城市的退役军官，应当符合国家和军队关于退役军官在该超大城市安置落户的有关规定；易地安置落户在国务院确定的超大城市的退役军士，应当结婚满2年且符合该超大城市关于落户的相关政策规定。入伍时是普通高等学校在校学生的退役军官、退役军士，退役后不复学的，其安置地为入学前的户口所在地。

第三章　退役金发放与调整

第九条　退役金区分国家法定退休年龄前后两个阶段发放。达到国家法定退休年龄前，按照规定逐月发放退役金；达到国家法定退休年龄后，按照规定享受基本养老金、职业年金等养老保险待遇，并继续保留一定比例退役金发放终身。

第十条　依据本办法出台当年军人工资、全国城镇单位就业人员平均工资，综合考虑军官、军士队伍建设和退役军人安置实际，确定退役金计发基数，具体标准见附表1。

第十一条　国家建立退役金调整机制。根据经济社会发展水平、财力状况等因素，参照企业和机关事业单位退休人员基本养老金调整幅度和频次，调整退役金。

第十二条　退役金根据担任军官、军士年限，按照计发基数一定比例确定，具体计发比例按照下列规定执行：

（一）担任军官满16年或者担任军士和军官累计满16年的退役军官，退役金按照计发基数的60%确定；超过16年的，每多1年计发比例增加2%；符合本办法第五条第四项规定，不满16年的，每少1年计发比例减少2%。

（二）担任军士满16年的退役军士，退役金按照计发基数的50%确定；超过16年的，每多1年计发比例增加2%；符合本办法第六条第三项规定，不满16年的，每少1年计发比例减少2%。

第十三条　对获得军队功勋荣誉表彰，以及长期在艰苦边远地区和特殊岗位服役的退役军官、退役军士，按照计发基数一定比例增发退役金，具体增发比例按照下列规定执行：

（一）服役期间获得三等功、二等功、一等功的，计发比例分别增加2%、4%、8%；获得四等战功、三等战功、二等战功、一等战功的，计发比例分别增加2%、4%、8%、12%；获得勋章、荣誉称号的，计发比例增加15%；获得二级表彰并经批准的、一级表彰的，分别按照二等战功、一等战功标准增加退役金计发比例。多次获得功勋荣誉表彰的，计发比例可以累加，累加比例不超过15%；同一等级功勋荣誉表彰累加的增发比例，不超过上一等级的增发比例；同一事由获得两次以上功勋荣誉表彰的，增发比例就高执行。

（二）在西藏自治区、三类以上艰苦边远地区服役满10年的，计发比例增加5%；超过10年的，在西藏自治区和六类、五类、四类、三类艰苦边远地区每多1年计发比例分别再增加2%、1.5%、1.2%、0.8%、0.5%。在特类岛、一类岛、二类岛服役，分别参照在五类、四类、三类艰苦边远地区服役的相关标准增加计发比例。同一地区符合艰苦边远地区和海岛两种增发情形的就高执行。

在上述地区服役增发退役金的比例可以累加，除安置在上述地区外，累加比例不超过15%。

（三）在飞行、舰艇、涉核岗位服役满10年的，计发比例增加5%。担任作战部队师、旅、团、营级单位主官累计满3年的退役军官，计发比例增加2%。

第十四条　按照本办法第十二条和第十三条规定计算的退役金计发比例，累计不得超过100%。

第十五条　逐月领取退役金的退役军人在西藏自治区、三类以上艰苦边远地区服役满10年，安置在上述地区，且按照规定缴纳基本养老保险费的，达到国家法定退休年龄前发给地区补助，具体标准见附表2。地区补助标准随国家艰苦边远地区津贴标准调整，其中西藏自治区补助标准按照六类艰苦边远地区津贴标准相应调整。

达到国家法定退休年龄前，在上述地区无实际工作生活情形连续超过12个月，或者本人户籍迁出上述地区的，自下月起停发地区补助。

第十六条　逐月领取退役金的退役军人，达到国家法定退休年龄时，保留当月退役金（含艰苦边远地区补助）的一定比例，自下月起按照规定发放终身。其中，担任军官、军士16年的保留20%，每多1年保留比例增加1%，每少1年保留比例减少1%，保留比例不超过25%。在海拔3500米以上地区服役且安置在该类地区的，在该类地区每服役1年保留比例再增加1%，最多不超过10%。

保留的退役金按照本办法第十一条规定调整。

第十七条　确定退役金计发比例以及相关待遇时，担任军官和军士年限、服役年限，以及艰苦边远地区服役年限、特殊岗位服役年限等，不满12个月的按月折算。年限起止时间按照任职命令确定。

本办法关于军官、军士服役时间（含在艰苦边远地区和特殊岗位服役时间），均不包含受刑事处罚服刑时间以及批准退役后滞留部队时间。

第十八条　逐月领取退役金的退役军人被录用为公务员或者聘用为事业单位工作人员的，自被录用、聘用下月起停发退役金，其社会保险按照国家规定转移接续。

逐月领取退役金的退役军人违法犯罪的，按照国家有关规定中止、降低或者取消退役金，其社会保险待遇按照国家有关规定执行。

第四章　相关待遇保障

第十九条　逐月领取退役金的退役军人，依据其军衔等级、服役贡献等享受着制式军装参加重大庆典活动，以及去世后根据条件安葬在军人公墓等国家法律法规明确的政治待遇。

退役军人党员管理按照有关规定执行。

第二十条　逐月领取退役金的退役军人基本养老保险和职业年金补助，按照安置到企业的退役军人办法计算。保险关系、补助资金根据国家和军队有关规定转移。退役后就业的按照国家有关规定接续缴纳基本养老保险费，未就业的可以以灵活就业人员身份参加基本养老保险。符合国家规定基本养老保险待遇领取条件的，享受养老保险待遇。

第二十一条　逐月领取退役金的退役军人按照规定参加安置地基本医疗保险，享受相应的医疗保险待遇。退役时，医疗保险关系按照规定转移至安置地医疗保障经办机构，服役期间个人账户资金按照规定转入本人新的账户。退役后因个人身心状况、家庭实际困难等原因无法就业的，参加职工基本医疗保险单位缴费部分由安置地退役军人工作主管部门向当地医疗保险费征收机构缴纳，所需经费由安置地人民政府解决；个人缴费部分由个人按照规定缴纳。逐月领取退役金的退役军官在参加职工基本医疗保险的基础上，参照公务员医疗补助标准，享受相应待遇。

第二十二条　逐月领取退役金的退役军人，享受国家和军队有关规定明确的住房待遇。服役期间的住房公积金，按照规定在其离队时根据本人意愿可以一次性发给本人，也可以转移接续到安置地。转移接续到安置地的，可按照安置地规定享受使用权益。符合条件的人员申请安置地保障性住房时，同等条件下予以优先安排。

第二十三条　逐月领取退役金的退役军人，享受国家扶持退役军人就业创业和教育培训的各项优先优惠政策。因身体状况、技能水平等原因未能就业，以及连续失业一定时间仍未就业的，地方各级人民政府提供有针对性的职业介绍、就业指导等服务；符合就业困难人员条件的，按照规定享受社会保险补贴、公益性岗位安置等就业援助政策。

第二十四条　采取逐月领取退役金方式安置的退役军官和符合随军条件的退役军士，其配偶子女随调随迁入学等，分别按照转业军官和安排工作退役军士有关规定执行。

第二十五条　逐月领取退役金的退役军人去世的，按照国家有关规定发给抚恤金和丧葬补助费，其基本养老、基本医疗保险个人账户和军人职业年金账户资金余额可以继承。

第二十六条　逐月领取退役金退役军人的退

役金、地区补助、教育培训、服务管理经费等，由中央和地方按照财政事权和支出责任划分分别承担。

第五章　附则

第二十七条　中国人民武装警察部队退役警官、退役警士适用本办法。

本办法有关军官的规定适用于军队文职干部。

在军官制度改革中未参加等级转换的退役军官，参照本办法执行。

新的士兵制度施行后，对应套改新军衔后的军士，适用本办法。

第二十八条　本办法由退役军人事务部和中央军委政治工作部负责解释。

第二十九条　本办法自发布之日起施行。

附表1

退役军官退役金计发基数表（2021年）

军衔	待遇级别	计发基数（元）	军衔	待遇级别	计发基数（元）
上尉	待遇级别17	10500	中校	待遇级别13	12050
	待遇级别16	10700		待遇级别12	12630
	待遇级别15	10900		待遇级别11	12850
	待遇级别14	11100		待遇级别10	13300
少校	待遇级别16	11000	上校	待遇级别11	13400
	待遇级别15	11100		待遇级别10	14100
	待遇级别14	11300		待遇级别9	14400
	待遇级别13	11550		待遇级别8	15100
	待遇级别12	11900	大校	待遇级别9	14760
				待遇级别8	15500
备注	1.中校（营级正职）、待遇级别15级，退役金计发基数执行少校、待遇级别14级计发基数；中校（营级正职）、待遇级别14级，退役金计发基数执行少校、待遇级别13级计发基数。 2.未实行等级转换退役军官的计发基数，上尉副连级和正连级、副营级对应执行上尉待遇级别17级、16级标准；少校副营级、正营级、副团级对应执行少校待遇级别16级、15级、13级标准；中校副团级、正团级对应执行中校待遇级别13级、11级标准；上校正团级、副师级对应执行上校待遇级别11级、9级标准；大校副师级、正师级对应执行大校待遇级别9级、8级标准。 3.退役文职干部计发基数，文职7级科员、副科级对应执行上尉待遇级别17级、16级标准；文职6级副科级、正科级、副处级对应执行少校待遇级别16级、15级、13级标准；文职5级副处级、正处级对应执行中校待遇级别13级、11级标准；文职4级正处级、副局级对应执行上校待遇级别11级、9级标准；文职3级副局级、正局级，对应执行大校待遇级别9级、8级标准。 4.未实行等级转换专业技术退役军官和退役文职技术干部的计发基数，按照上述第2、3条相当待遇的退役军官和退役文职干部标准执行。 5.低于本表明确的军衔或待遇级别的，计发基数执行上尉待遇级别17级标准；高于本表明确的待遇级别的，计发基数执行大校待遇级别8级标准。					

退役军士退役金计发基数表（2021年）

军衔	衔级年限	计发基数（元）	军衔	衔级年限	计发基数（元）
四级军士长	6年	8800	二级军士长	4年	10400
	7年	8900		5年	10600
	8年	9000		6年	10800
三级军士长	4年	9350	一级军士长	4年	11450
	5年	9550		5年	11650
	6年	9750		6年	11850
备注	1.退役军士军衔低于四级军士长的，计发基数按照四级军士长最低标准执行。 2.在本衔级服役时间，低于本表明确的衔级最低年限的，按照衔级最低年限标准执行；高于本表明确的衔级最高年限的，按照衔级最高年限标准执行。				

附表2

安置在西藏和艰苦边远地区补助标准表（2021年）

类别	军衔	地区补助标准（元/月）						
		西藏自治区			六类地区	五类地区	四类地区	三类地区
		四类	三类	二类				
军官	大校	10780	10290	9800	4160	3300	1900	1200
	上校	10450	9975	9500	3700	3100	1700	1000
	中校	9460	9030	8600	3600	2700	1500	850
	少校	8800	8400	8000	3500	2280	1300	710
	上尉以下	7150	6825	6500	3320	2030	1100	615
军士	三级军士长以上	6160	5880	5600	3320	2030	1100	615
	四级军士长以下	5236	4998	4760	3120	1870	1000	545
备注	1.安置在新疆天空、塔什库尔干地区的，执行西藏自治区四类补助标准。 2.安置在西沙群岛、中建岛、南沙群岛的，分别执行四类地区、五类地区、六类地区补助标准。 3.中校（营级正职）和未实行等级转换的营级退役军官，执行少校补助标准；未实行等级转换的副团级、正团级、师级退役军官，分别执行中校、上校、大校补助标准；文职7级执行上尉补助标准，文职6级副科级、正科级执行少校补助标准，文职6级、5级副处级执行中校补助标准，文职5级、4级正处级执行上校补助标准，文职4级、3级局级执行大校补助标准。未实行等级转换的专业技术退役军官，按照相当待遇的退役军官标准执行。							

退役军人事务部办公厅关于印发《退役军人信访服务工作办法》的通知

退役军人办发〔2021〕51号

各省、自治区、直辖市退役军人事务厅（局），新疆生产建设兵团退役军人事务局：

现将《退役军人信访服务工作办法》印发给你们，请结合实际认真贯彻执行。

2021年12月17日

退役军人信访服务工作办法

第一章　总则

第一条　根据《中华人民共和国退役军人保障法》《信访条例》等有关规定，为切实维护退役军人合法权益和良好信访秩序，结合退役军人事务工作实际，制定本办法。

第二条　践行以人民为中心的发展思想，规范完善退役军人信访服务工作流程和机制，提升退役军人信访工作制度化、规范化、专业化、信息化水平，形成从首办到结案责任明晰、衔接顺畅、便捷高效、闭环管理的运行体系，推动合理诉求依法按政策解决、矛盾问题及时就地化解，不断增强广大退役军人的荣誉感、归属感、获得感。

第三条　各级退役军人事务部门应当进一步畅通信访渠道，认真处理来信、来电、网上信访，热情接待来访，主动倾听退役军人的意见、建议和要求，接受退役军人监督，满腔热忱为退役军人服务。

第四条　退役军人信访服务工作坚持以下原则：

（一）坚持属地管理、分级负责，突出基层导向、强化源头治理；

（二）坚持首办负责、一办到底，程序规范、结果公正，经得起检验；

（三）坚持代办服务、全程跟踪、闭环管理，最大程度方便退役军人；

（四）坚持“三到位”，即诉求合理的解决问题到位、诉求无理的思想教育到位、生活困难的帮扶救助到位，推动“事心双解”。

第五条　退役军人应当依法理性逐级信访，自觉维护社会公共秩序和信访秩序；反映情况应当客观真实，不得捏造、歪曲事实。

第六条　本办法适用于退役军人事务部门职权范围内的信访事项。

第二章　推行信访代办

第七条　建立基层信访代办机制，乡镇（街道）退役军人服务站设立信访代办员，村（社区）退役军人服务站设立信访信息员。

第八条　村（社区）退役军人服务站信访信息员主要职责：

（一）根据实际定期走访，精准掌握辖区内每名退役军人情况，重点掌握有信访诉求的退役军人情况，确因人户分离等原因无法走访的，可通过电话、网络等方式定期联系了解情况并做好相关记录；

（二）每7日梳理汇总辖区内退役军人反映的信访诉求，并按照“一人一册”建立台账，向乡镇（街道）退役军人服务站信访代办员报告；

（三）对村（社区）能力范围内的信访诉求，及时协调帮助解决；对能力范围外的，及时上报乡镇（街道）退役军人服务站信访代办员，并跟踪办理进展，及时向当事人反馈。

第九条　乡镇（街道）退役军人服务站信访代办员主要职责：

（一）每月逐一走访辖区内有信访诉求的退役军人，及时掌握相关情况；

（二）对村（社区）退役军人服务站信访信息员上报和退役军人直接反映的信访诉求，建立“三到位”台账；

（三）接到相关信访诉求之日起，2日内提出初步办理意见并向退役军人服务站站长报告，站长应在5日内明确办理意见；

（四）对乡镇（街道）能力范围内的信访诉求，应积极协调推动，在30日内办结；对能力范围外的，应在站长有明确办理意见后3日内向县级退役军人事务部门报告；

（五）认真履行代办职责，全程跟踪信访事项办理过程，每7日通过村（社区）退役军人服务站信访信息员向当事人反馈进展情况，直至案结事了。

第十条　信访代办实行站长负责制，乡镇（街道）退役军人服务站站长应每月研究调度信访代办情况，协调推动矛盾化解。

第十一条　对不属于退役军人事务部门职权范围的信访事项，信访信息员、代办员应做好解释说明，告知退役军人向有权处理的部门反映问题。

第三章　压实首办责任

第十二条　首办责任单位按以下规则确定：

（一）退役军人依法逐级提出诉求的，收到信访事项的退役军人事务部门为首办责任单位；

（二）退役军人跨越有权处理的本级或上一级退役军人事务部门提出诉求的，收到信访事项的退役军人事务部门应在1个工作日内进行转送（交办），有权处理的退役军人事务部门为首办责任单位；

（三）乡镇（街道）退役军人服务站上报的信访事项，首办责任单位一般为县级退役军人事务部门，如不属县级退役军人事务部门职权的，逐级报请上级退役军人事务部门指定首办责任单位；

（四）“三跨三分离”等涉及两个或两个以上同级退役军人事务部门的信访事项，首办责任单位难以确定的，由其共同的上一级退役军人事务部门研究确定。

第十三条　首办责任单位中，按岗位职责承担受理、办理的工作人员为首办责任人。上级退役军人事务部门交办、督办的信访事项，以及其他由领导接访、阅批或包案处理的信访事项，由首办责任单位领导或接访、阅批、包案领导指定首办责任人。

第四章　规范办理程序

第十四条　各级退役军人事务部门统一使用全国退役军人信访信息系统登记办理信访事项，并实行实名制操作，明确首办责任单位和首办责任人。

第十五条　收到退役军人信访事项，应做好登记，县级及以上退役军人事务部门应及时在全国退役军人信访信息系统中录入退役军人姓名、住址、身份证号码、联系方式、主要诉求及相应的事实、理由等主要内容，做到要素完整、客观、准确。

第十六条　对退役军人提出的信访事项，能当场答复解决的，应当场答复解决；不能当场答复解决的，应当自收到信访事项之日起15日内决定是否受理，并出具书面告知书。

第十七条　对退役军人提出的信访事项，应建档立卡、协调处理、一办到底，通过主动联系、登门入户、蹲点协调等方式解决实际问题。对首办责任单位办理进展缓慢、按期未办结的信访事项，上级退役军人事务部门应进行督办。

第十八条　信访事项应当自受理之日起60日内办结，出具书面答复意见送达当事人，并告知申请复查（复核）的期限和机关。情况复杂，未能按规定期限办结的，经本单位负责人批准，可以适当延长办理期限，但延长期限不超过30日，并书面告知延期理由及期限。

第十九条　对情况重大、紧急的信访事项，应当立即向上级退役军人事务部门报告相关情况，并报请本级退役军人事务部门主要负责同志批办，防止延误。

第二十条　上级退役军人事务部门交办、督办的信访事项，首办责任单位和首办责任人的主要职责除第十四条至第十九条所列条款外，还应履行以下职责：

（一）按照“一人一策，一案一册”要求，逐案建立台账，靶向精准制定化解措施；

（二）按照“一个案子、一名领导、一个方案、一包到底”的标准落实领导包案责任，推动矛盾问题及时就地解决；

（三）首办责任单位主要领导应在接到交办、督办信访事项3日内登门了解情况、做好工作；

（四）交办事项应在60日内、督办事项应在30日内办结，以“一案一报”的方式向上级退役军人事务部门书面报告，并及时将办理情况和办理结果录入全国退役军人信访信息系统；

（五）配合上级退役军人事务部门对信访事项办理情况进行逐案审核，审一案、结一案、销一案，办理不到位、质量不过关的一律发回重办；

（六）上级退役军人事务部门发回重办的信访事项，要第一时间向主要负责人报告，并按程序办理到位，做到不到位不结案。

第二十一条　严格按照《信访条例》规定做好复查（复核）工作。受理复查（复核）申请的单位应当自收到申请之日起30日内出具书面复查（复核）意见书，并送达当事人。补充申请材料、听证等所需时间不计算在内。复查（复核）应做到事实清楚、证据充分、定性准确、程序规范、档案完备，确保在实体和程序上都不留瑕疵。

第二十二条　信访事项复查（复核）后，当事人仍以同一事实、同一理由不断信访，复查（复核）机关应逐级报至省级退役军人事务部门进行复审认定，经主要负责人签字确认后报省级党委、政府分管领导知悉。

第二十三条　各级退役军人事务部门对已复审认定的信访事项不再受理、交办、考核，但应对当事人进行思想疏导、解疑释惑，理顺其情绪。对生活确有困难的，依据有关规定及时帮扶救助。

第二十四条　信访事项结案后，应将审核认定结果录入全国退役军人信访信息系统，实现信息共享。省级退役军人事务部门应将已结案的信访事项及时向同级信访部门通报，并上报退役军人事务部。退役军人事务部定期将已结案的信访事项报送国家信访局。

第五章　推动攻坚化解

第二十五条　对在首办责任单位层面难以解决的信访事项，按照“一案一报、一事一议”原则，及时报上级退役军人事务部门进行专题研究、协调推动。

第二十六条　对属于本级政府职权范围且案情复杂的信访事项，提交同级党委退役军人事务工作领导机构或信访工作联席会议协调化解。

第二十七条　对涉军队、涉中直企业、涉多省份等“三跨三分离”特殊疑难信访事项，由退役军人事务部组织有关单位精准协调。

第二十八条　坚持领导包案，综合运用法律、政策、经济、行政等手段和教育、协商、调解、疏导等办法，进行集中攻坚。

第二十九条　组织有退役军人参加的第三方矛盾调处志愿服务队，积极参与矛盾纠纷化解工作。

第三十条　对疑难、复杂的信访事项，可视情邀请人大代表、政协委员、律师、退役军人代表等举行公开听证，通过陈述、举证、质询、辩论、评议等方式，查明事实，厘清责任，依法依规处理。

第三十一条　有条件的地方建立省、市、县、乡四级视频会商系统，对信访事项开展联合接待、会商、研判、调度，合力推动化解。

第六章　督查考核及责任追究

第三十二条　建立科学规范的退役军人信访服务工作考核评价制度，将及时响应率、一次办结率、矛盾化解率、退役军人满意率作为评价内容。

第三十三条　上级退役军人事务部门负责督导下级退役军人事务部门信访事项受理办理情况，对责任不落实、程序不规范、工作不到位的，应当及时督促、责令改正。

第三十四条　各级退役军人事务部门应将信访事项办理情况纳入综合督查范围，视情在适当范围通报。

第三十五条　对责任不落实、程序不规范、实体不公正，甚至弄虚作假，造成严重后果的，依法依规追究相关单位和人员的责任。

第七章　附则

第三十六条　属退役军人事务部门服务的其他优抚对象信访事项办理，参照本办法执行。

第三十七条　各地可根据实际工作需要制定实施细则。

交通运输部　教育部　财政部　人力资源和社会保障部　退役军人事务部　中华全国总工会关于加强高素质船员队伍建设的指导意见

交海发〔2021〕41号

各省（自治区、直辖市）交通运输厅（局、委）、教育厅、财政厅、人力资源社会保障厅、退役军人事务厅、总工会，各省级地方海事管理机构，各直属海事局：

为深入贯彻落实《交通强国建设纲要》，优化船员职业发展环境，推动建设高素质船员队伍，提出以下指导意见。

一、拓宽船员培养渠道

（一）激励航海相关专业招生

将航海相关专业纳入人才紧缺专业范畴；优化航海相关专业体检条件，科学制定招录计划；支持中西部省份企事业单位从事船员培训业务；鼓励非航海相关高等院校毕业学生参加船员职业技能培训。

（二）支持退役军人加入船员队伍

校企联合培养退役军人从事船员职业，对接优质资源，保障退役军人顺利上岗；取消退役军人参加航海类教育培训的招生指标限制和跨省异地审批限制；助推安排退役军人培训就业的企业按规定享受财税优惠政策；鼓励企事业单位优先招聘持有大副、大管轮及以上适任证书的退役军人。

（三）多渠道吸纳培养船员

帮扶渔业船员、军事船舶复转人员通过等效认可及补差培训从事商船船员职业；调动好经济欠发达地区富余劳动力资源，实施短期船员培训，引导经济欠发达地区走船员致富路。

二、提升船员职业素养

（四）提升综合素质

推进爱国主义、社会公德、职业道德、法治观念、责任意识、安全意识、权益保障等内容进大纲、进教材、进课堂、进考题，大力实践社会主义核心价值观，着力提升船员综合素质。

（五）注重培训实效

加强船员考试设施、设备建设，联合推进船员教育培训“双师型”师资队伍建设，激励优秀管理级船员进入航海教师队伍；强化实践教学和实际操作训练要求，提高船员的关键操作能力、应急应变能力和航海英语运用能力。

（六）优化培养模式

深化产教融合，鼓励校企合作，推行船员订单式培养；探索建立资源共享型实习实训模式；深化船员培训考试发证管理改革，倡导航海相关专业开展错峰实习，推行“理论考试—船上见习—实操评估”分段式培养模式，优化船员职务晋升制度。

（七）铸造航海教育培训品牌

推动航海相关专业建设，协同制定航海相关专业教学标准，优化课程设计和人才培养方案，注重适应航运新业态需求和发展的学科专业建设。

三、强化企业主体责任

（八）推进公司船员自有化

航运公司要建立稳定的船员队伍，提高自有船员比例，建立运行船岸互转工作机制，畅通自有船员队伍航运公司内部发展渠道。依法合规使用劳务派遣，严格遵守劳务派遣岗位及用工比例的规定。

（九）保障船员权益

航运公司要建立健全符合船员职业特点的工资分配制度，完善工资正常增长机制，保障船员在船服务期间获得合理劳动报酬，待派期间支付不低于船员用人单位所在地最低工资标准，探索股权激励措施。优化船员在船期间生活工作条件，定期安排船员体检，保障船员身心健康。建立海嫂之家，制定关爱海嫂举措，帮扶存在实际困难的船员家庭。倡导尊崇船员职业、尊重船员劳动的企业文化。

（十）完善公司再培训制度

航运公司要落实船员培养主体责任，再培训覆盖船员见习、晋升、履职等环节，完善船员终身教育制度，健全船员职业档案制度；将船员培养纳入公司安全与防污染管理体系，确保取得实效。

四、优化船员服务

（十一）加强顶层设计

制定《中国船员发展规划（2021—2035年）》，完善船员法规体系，以制度驱动高素质船员队伍建设。

（十二）便利船员办事

深化“互联网+船员”服务，实施船员证书电子化；推行船员政务跨省通办、不见面审批、一网通办、一件事一次办；办好船员民生实事，推动船员享受全海域廉价网络通信服务。

（十三）促进船员职业发展

汇聚政府、工会、行业协会、航运企业资源，搭建船员就业及职业发展公共服务平台；建立船员服务热线；实施船员身心健康关爱行动；建立船员市场信息发布机制；发布年度《中国船员发展报告》。

（十四）加强国际合作

提升我国船员事务国际话语权，深化与共建“一带一路”国家和海运发达国家的航运交流合作，推进我国船员证书国际认可和船员培训智力输出，加强大型邮轮、危化船等高级船员的培训培养，助力提高我国国际船员劳务市场供给能力水平。

五、完善船员权益保障制度

（十五）构建和谐劳动关系

督促航运公司、船员服务机构按照《劳动合同法》《船员条例》《2006年海事劳工公约》等规定，落实劳动保障制度。及时掌握中资方便旗船舶情况，督促中资航运公司、船员服务机构按照海事劳工公约要求保障船员权益。健全海上劳动关系三方协调机制，推动开展行业集体协商，制定推广船员劳动合同范本和集体协议范本。规范船员服务机构职业中介和劳务派遣行为。

（十六）促进行业自律

充分发挥行业组织作用，制定航运公司、船员服务机构和船员职业行为规范，完善信用管理机制，优待诚信，联合惩戒失信，规范船员市场秩序，优化营商环境和船员从业环境。

（十七）落实职业优惠政策

深化船舶专业技术人员职称制度改革。落实船员相关税收优惠政策。完善事业单位船员工资制度。推动港口所在地地方政府在远离城镇、周边无相关社会服务设施的偏远港区完善公共服务设施，为靠港期间船员提供基本生活服务。

六、培育航海文化

（十八）弘扬航海文化

全媒体宣传航海文化，加强舆论引导。组织开展航海文化培育活动，支持有关文学、影视、音乐、戏剧、美术等创作，鼓励各地建设航海文化教育基地；加强航海科普能力建设，加强青少年海洋教育和航海文化教育，组织航海院校夏令营、实习船出访等活动。

（十九）提升船员职业荣誉

在“中国航海日”“世界海员日”，组织开展向社会开放的船员主题活动，宣传船员职业和贡献；开展船员劳动竞赛和技能大赛，培育大国工匠，加强先进典型培树，开展推广宣传活动，不断提升船员的社会认可度和美誉度。

2021年4月29日

民政部　退役军人事务部
关于做好新时代民政领域退役军人服务保障工作的意见

民发〔2021〕50号

各省、自治区、直辖市民政厅（局）、退役军人事务厅（局），新疆生产建设兵团民政局、退役军人事务局：

为贯彻落实中共中央、国务院关于做好新时代退役军人工作的决策部署，深入推进民政领域退役军人服务保障相关工作，制定如下意见。

一、总体要求

以习近平新时代中国特色社会主义思想为指导，深入贯彻党的十九大和十九届二中、三中、四中、五中全会精神，坚持以人民为中心的发展思想，进一步完善制度机制，细化落实举措，积极做好民政领域退役军人工作，切实履行好民政部门在退役军人救助帮扶、社区服务、养老服务以及引导社会力量参与退役军人保障工作等方面的职责，扎实推进困难退役军人脱困解困，不断增强广大退役军人的荣誉感、获得感和幸福感。

二、任务措施

（一）兜牢困难退役军人基本生活保障底线

全面落实基本生活救助政策，将符合条件的退役军人和其他优抚对象及其家庭全部纳入最低生活保障、特困供养或临时救助范围，保障其基本生活。积极开展低保边缘家庭救助工作，低保边缘家庭中的退役军人和其他优抚对象重病重残的，经个人申请，可按照单人户纳入低保范围。在核算家庭经济状况时，退役军人和其他优抚对象的优待抚恤金等不计入家庭收入，就业创业产生的必要工作成本，可适当给予扣减。纳入特困供养范围的退役军人和其他优抚对象，根据其意愿优先安排入住特困人员供养服务机构。对因遭遇突发事件、意外伤害、重大疾病等原因导致基本生活暂时陷入困境的退役军人和其他优抚对象，在落实社会救助保障基础上，加大临时救助力度，帮助其渡过难关。

（二）加强退役军人相关社会组织管理工作

各地要依法依规加强对社会组织的管理和政策指导，不断增强社会组织活力，积极配合业务主管单位、行业管理部门，提升社会组织为退役军人提供服务的能力，发挥社会组织积极作用。依法、按程序设立关爱退役军人的专项基金、基金会等。配合有关部门依法查处退役军人相关非法社会组织。

（三）鼓励选派优秀退役军人到城乡社区工作

各地要切实贯彻落实中共中央、国务院《关于加强和完善城乡社区治理的意见》和中共中央办公厅、国务院办公厅《关于加强和改进城市社区居民委员会建设工作的意见》，不断加强城乡社区工作者队伍建设，配合有关部门选派优秀退役军人到村（社区）担任专职工作人员，积极发挥退役军人在社区治理、志愿服务、常态化疫情防控、移风易俗等方面的作用。加强城乡社区服务体系建设，开发社区服务岗位，引导退役军人领办、参办社区服务机构或从事社区服务业，进一步提升社区服务能力和水平，为退役军人在社区创业、就业创造良好氛围。

（四）做好退役军人养老服务有关工作

继续深化公办养老机构改革，推进公办养老机构入住评估和轮候制度，优先接收老年退役军人。鼓励有条件的养老机构减免入住老年退役军人一定比例的照护费用。有条件的地区可联合退役军人服务站，定期开展退役军人中的独居、空巢、留守老年人巡访、探视等工作，给予精神慰藉，积极防范、及时发现处置意外风险。加强疫情防控常态化下特殊困难老年退役军人关爱服务工作。鼓励养老机构与优抚医院、光荣院、军休服务管理机构深度合作共建，实现人才共育、资源共享、优势互补。提升军休养老服务水平，鼓励养老机构、社会工作机构和社会组织入驻军休服务管理机构。支持有条件的地方利用军休服务管理机构闲置房产等设施，以公建民营的形式建立专业养老机构为军休干部服务。

（五）动员引导慈善力量和社会工作专业力量为退役军人提供服务

支持引导具有相关宗旨、业务范围的慈善组织为退役军人、优抚对象提供关爱服务和帮扶援助。在公益慈善项目展示、公益日、对口帮扶等项目活动中重视对困难退役军人的关爱帮扶。民政部门要积极配合退役军人事务部门开展以“情暖老兵”为主题的相关公益活动。推动乡镇（街道）社会工作站建设，扩展基层社会工作服务平台，鼓励、引导社会工作专业力量为退役军人提供心理疏导、矛盾调处、社会融入、能力建设等专业服务。

（六）营造退役军人受尊重的浓厚氛围

在办理涉及民政领域的婚丧嫁娶事项时，落实退役军人优先原则，积极提供便利条件。支持推进军人公墓建设，引导专业殡葬服务机构提供规范化服务，树立宣传新时代退役军人传承革命传统、带头响应殡葬改革的正面典型。免除领取国家定期抚恤补助对象的基本殡葬服务费用。退役军人参与救助、抢险、救灾等获得见义勇为荣誉称号的，应给予其家庭更多的关爱帮扶和精神关怀。大力宣传民政领域退役军人先进事迹，教育引导广大退役军人自觉弘扬光荣传统和优良作风，退役不退志、退伍不褪色，建功新时代。

三、工作要求

（一）提高思想认识

退役军人为国防和军队建设作出了重要贡献，是社会主义现代化建设的重要力量。做好新时代民政领域退役军人服务保障工作，是落实强军战略的重要举措，对助力国防军队建设和经济社会发展、维护社会和谐稳定具有重要意义。各地民政、退役军人事务部门要从倍加关心爱护、倍加尊重优待退役军人的高度，进一步对接需求、创新方式、提升能力、强化服务，加大兜底保障和服务力度，发挥民政部门做好退役军人服务保障方面的职能作用。

（二）切实履职尽责

民政部门负责全面落实基本生活救助政策，鼓励退役军人在社区发挥作用，做好退役军人养老服务保障等相关工作。退役军人事务部门负责开展常态化走访慰问、包联或结对帮扶、引导社会力量参与退役军人工作，根据有关规定，对符合条件的退役军人在享受社会救助、养老服务、社区服务等政策的同时，采取提供资金、实物、社会化服务等方式，提供援助帮扶，形成合力，助力解决退役军人实际生活困难。

（三）加强沟通协调

各地民政、退役军人事务部门要加强沟通协调、信息共享，及时会商交流情况，研究解决存在问题。退役军人事务、民政部门要定期开展退役军人有关数据与低保、特困人员等数据的共享比对，并将比对结果录入全国困难退役军人帮扶援助服务系统。要加强对已脱贫退役军人的监测排查，确保社会救助兜底保障不遗漏。乡镇（街道）及村级退役军人服务站点、社会救助服务站点、相关工作人员要协同开展退役军人走访慰问、摸底排查等工作，根据需求有针对性地提供帮扶服务。

（四）强化工作指导

省级民政、退役军人事务部门要加强工作指导，积极开展创新试点，及时总结交流民政领域退役军人服务保障工作的经验做法。要加强政策衔接，将民政领域退役军人服务保障工作融入乡村振兴战略，融入党中央关于加强基层治理体系和治理能力现代化、改革完善社会救助制度、建设基本养老服务体系等重大决策部署。要加强监督检查，健全工作机制，推动各项政策措施落地见效。

2021年5月31日

教育部办公厅等六部门关于做好2021年高职扩招专项工作的通知

教职成厅函〔2021〕9号

各省、自治区、直辖市教育厅（教委）、发展改革委、财政厅（局）、人力资源社会保障厅（局）、农业农村（农牧）厅（局、委）、退役军人事务厅（局），新疆生产建设兵团教育局、发展改革委、财政局、人力资源社会保障局、农业农村局、退役军人事务局：

高职扩招是党中央、国务院抓“六稳”、促“六保”的重要举措，对实现教育强国、人才强国、制造强国、质量强国具有重要意义。为贯彻落实好2021年《政府工作报告》关于“完成职业技能提升和高职扩招三年行动目标”的要求，增强职业技术教育适应性，确保高职扩招专项工作圆满完成，现就有关事项通知如下。

一、严格招生考试

各地要严格落实招生计划，综合考虑生源情况、办学条件等因素，对照《职业教育专业目录（2021年）》和相关专业设置管理办法，合理确定分学校招生计划。引导学校优先考虑设置适合扩招群体人员特点的专业，并指导学校做好分专业招生计划安排。继续执行《教育部办公厅关于做好2019年高职扩招专项考试招生工作的通知》文件精神，严格落实“质量型扩招”要求，建立健全省级统筹的高职分类考试招生制度，大力推进“文化素质+职业技能”评价方式，加强对各类生源职业技能测试的考核。在鼓励退役军人、农民工、下岗工人、高素质农民等人群和基层在岗群体报考的基础上，积极动员符合条件的灵活就业人员报考。严格报名资格审核，加大对中介机构违规组织生源报考的打击力度。继续统筹做好本地新冠肺炎疫情防控和高职扩招考试组织工作，精心组织高职扩招专项考试的报名和招录工作。

二、抓好教学质量

各地要严格落实《教育部办公厅关于做好扩招后高职教育教学管理工作的指导意见》（教职成厅函〔2019〕20号）。严格执行“标准不降、模式多元、学制灵活”原则，修订完善专业人才培养方案，深化校企“双元”育人，推进现代学徒制培养、订单培养、定向培养等人才培养模式创新，实施多元评价，严把教学质量关。各地要指导学校做好思想政治教育和价值引领，规范公共基础课程设置，开齐开足思想政治理论课。深化教师、教材、教法改革，推进“课堂革命”。加强对退役军人、下岗失业人员、农民工、高素质农民等群体的日常管理，规范学生顶岗实习的组织管理，做到合理编班、科学管理，确保学有所获、学有所成。

三、做好就业工作

各地要落实稳岗扩岗支持政策，多渠道做好高职扩招毕业生就业工作，优先支持就业困难毕业生求职就业，支持毕业生创新创业带动就业。鼓励各地多渠道招录毕业生到农村工作，服务乡村振兴战略。指导学校加强就业创业指导工作，将职业发展与就业指导、创新创业教育等列为必修课或限定选修课。各地要做好毕业生顶岗实习工作。积极引导学生参与1+X证书制度试点，帮助毕业生取得多类职业技能等级证书，提高毕业生的就业本领。

四、改善办学条件

各地要摸清办学家底，将改善办学条件纳入当地“十四五”职业教育发展规划、高等教育发展规划、教育基建规划中。加强高职院校教师队伍建设，加快补充急需的专业教师，提升教师面向不同生源学生组织实施教育教学的能力。完善职业学校自主聘任兼职教师的办法，畅通行业企业高层次技术技能人才从教渠道，推动企业工程技术人员、高技能人才与职业学校教师双向流动。积极引导、鼓励相关行业和企业多渠道筹措资金支持高职发展。

五、加强组织领导

在国务院领导下，各有关部门各司其职，加强协同联动，继续实行高职扩招集中调度机制，各地按要求定期向教育部报送招生数据。各地要系统梳理高职扩招两年来的工作做法，在招生考试、教育教学、人才培养方案制订等方面形成一批新的典型经验。各地要加强对职业院校的督导评估。加强对退役军人等重点群体的统计标识。要加大高职扩招相关政策的宣传力度，积极宣传普通高等学校专升本扩招、职业教育本科试点等有力政策，切实做好组织动员工作，确保高质量完成任务目标。

2021年6月15日

2021年大事记

退役军人工作大事记

一月

1月1日，《中华人民共和国退役军人保障法》正式施行。

1月6日，钱锋同志主持召开2021年全国双拥工作领导小组办公室第一次主任办公会议。

1月16日，退役军人事务部会同中央宣传部、中央军委政治工作部印发《关于授予贵州安顺“兵支书”脱贫攻坚代表队等2个集体和丁国年等18名同志“最美退役军人”称号的决定》。

1月19日，退役军人事务部办公厅印发《学习推广新时代“枫桥经验”2021年度重点工作安排》。

1月21日，退役军人事务部召开学习推广新时代“枫桥经验”视频会议，推进部署2021年度退役军人服务保障体系建设工作。朱天舒同志主持会议并讲话。

1月27日，退役军人事务部会同国家发展改革委、科技部、财政部、自然资源部、商务部、海关总署、税务总局印发《关于促进退役军人到开发区就业创业的意见》。

二月

2月1日，全国双拥工作领导小组、退役军人事务部、中央军委政治工作部向全国双拥模范、广大官兵和优抚对象发出慰问信，致以节日问候和诚挚祝福。

2月3日，退役军人事务部、财政部、中央军委国防动员部联合印发《关于进一步做好义务兵家庭优待金发放工作的通知》。

2月3日，退役军人事务部委托广东省退役军人事务厅转发《退役军人事务部致在香港、澳门特区烈属和抗战老战士的慰问信》。

2月5日，全国双拥工作领导小组第三十一次全体会议在京召开，中央政治局委员、国务院副总理、全国双拥工作领导小组组长孙春兰出席会议并讲话。孙绍骋、钱锋同志出席会议。

2月7日，孙绍骋同志出席退役军人事务部宣传中心挂牌仪式并揭牌。钱锋同志主持。方永祥、朱天舒、常正国同志出席。

2月9日，常正国同志赴全国工商联参加座谈会，研究建立部际合作机制，合力促进退役军人稳定就业等工作。

2月19日，中共中央总书记、国家主席、中央军委主席习近平给上海市新四军历史研究会的百岁老战士们回信，向他们致以诚挚问候和美好祝福。

2月23日，孙绍骋同志参加中国共产党成立100周年庆祝活动领导小组第二次全体会议。

2月25日，退役军人事务部联合公安部、财政部、交通运输部、文化和旅游部，召开2021年清明烈士祭扫工作视频部署会议。常正国同志出席会议并讲话。

三月

3月3日，孙绍骋同志主持召开专题工作会议，研究退役军人及其他优抚对象建档立卡工作。朱天舒同志出席。

3月3日，钱锋同志主持召开2021年全国双拥工作领导小组办公室第二次主任办公会议，学习贯彻全国双拥工作领导小组第三十一次全体会议精神。

3月3日，中央宣传部向全社会宣传发布全国爱国拥军模范拉齐尼·巴依卡同志的先进事迹，追授“时代楷模”称号。

3月4日，退役军人事务部召开军休服务信息化平台试点工作视频会议，部署启动平台第二阶段试点工作。

3月4日，退役军人事务部会同国家文物局印发《关于充分利用好革命文物资源及烈士纪念设施服务党史学习教育的通知》。

3月8日，朱天舒同志会见民政部社会救助司司长刘喜堂一行，就做好民政领域退役军人服务保障工作、发挥其优势作用进行交流。

3月11—17日，中央电视台社会与法频道连续七天播出《榜样的力量——最美退役军人》系列节目。

3月15日，孙绍骋同志出席部传达学习全国两会精神干部会议并讲话。

3月15日，退役军人事务部与农业农村部、全国妇联联合召开全国推动返乡入乡人员创业就业工作视频会议。

3月16日，退役军人事务部与全国工商联在京举行部际合作协议签署仪式。孙绍骋同志出席签署仪式并讲话。常正国同志主持。

3月22日—4月10日，退役军人事务部组织开展“守护·2021清明祭英烈”主题宣传教育活动，倡导网上祭扫新风。

3月25日，国家退役军人服务中心印发《庆祝建党百年促进退役军人服务中心（站）政治文化环境建设工作方案》。

3月28日，退役军人事务部、中央军委政治工作部、全国双拥办联合印发《关于组织开展向拉齐尼·巴依卡同志学习的通知》。

3月30日，退役军人事务部办公厅印发《全国退役军人创业创新大赛组织实施暂行办法》。

3月30日，退役军人事务部办公厅印发《各级退役军人服务中心（站）建设管理指导标准（试行）》。

3月30日，孙绍骋同志出席境外烈士纪念设施保护管理领导小组全体会议并讲话。

3月31日—4月1日，全国双拥办在河北省邯郸市组织召开全国社会化拥军工作现场座谈会。

3月31日，方永祥同志出席全国部分退役士兵社会保险补缴工作视频会议并讲话。

3月31日，退役军人事务部、人力资源和社会保障部等6部门印发《关于开展2021年全国民营企业招聘月活动的通知》。

3月31日，常正国同志出席全国退役军人就业创业工作视频会议并讲话。

四月

4月2日，退役军人事务部正式上线开通“烈士寻亲政府公共服务平台”。常正国同志出席启动仪式并致辞。

4月6日，困难退役军人帮扶援助服务系统升级后上线运行。

4月12—13日，孙绍骋同志带队赴河北省唐山市调研退役军人工作。

4月13—15日，常正国同志赴山东省调研退役军人工作，召开军人公墓规划建设政策座谈会。

4月19日，退役军人事务部与中国残联、人力资源和社会保障部、国家税务总局、市场监管总局、国家医保局联合印发《关于做好全国残疾人按比例就业情况联网认证“跨省通办”有关工作的通知》。

4月19日，退役军人事务部举行新闻发布会，介绍退役军人事务部庆祝建党100周年有关活动情况，并回答记者提问。

4月20日，退役军人事务部主办的“老兵永远跟党走——中国共产党成立100周年系列庆祝活动”官网正式上线运行，活动官方微信公众号、微博、抖音号、头条号同步开通。方永祥同志出席上线仪式并讲话。

4月20日，退役军人事务部启动2021年部分优抚对象短期疗养活动。短期疗养共安排四期，每期100人。

4月22日，退役军人事务部会同国家发展改革委、民政部、中国残联印发《“十四五”时期社会服务设施兜底线工程实施方案》。

4月22日，孙绍骋同志出席退役军人事务部2021年全面从严治党暨党风廉政建设工作会议并讲话。钱锋同志主持。林国耀同志讲话。方永祥、朱天舒、常正国同志出席。

4月22—23日，2021年全国退役军人事务厅（局）办公室主任会议在湖南省韶山市召开。

4月25日，中共中央总书记、国家主席、中央军委主席习近平到广西桂林全州县才湾镇红军长征湘江战役纪念园，向湘江战役红军烈士敬献花篮，参观红军长征湘江战役纪念馆。

4月26日，退役军人事务部会同中央宣传部、中央军委政治工作部印发《关于开展2021年度“最美退役军人”学习宣传活动的通知》。

4月26日，中央组织部、中央党校（国家行政学院）和退役军人事务部联合举办的退役军人工作专题研讨班在京举行。

4月26日—11月9日，《追寻中国共产党百年奋斗历程　建强百家红色退役军人服务站》实践展示视频上线运行，退役军人事务部官方微信公众号共展播109家，带动省级层面建强“红色退役军人服务站”2790家。在学习强国、今日头条等公众号同步观看量逾亿人次。

4月27日，退役军人事务部会同财政部印发《关于庆祝中国共产党成立100周年加强英雄烈士纪念设施修缮保护的通知》。

4月27日，退役军人事务部、中央军委政治工作部联合印发通知，部署2021年度安排工作退役士兵移交安置工作。

4月29日，退役军人事务部会同交通运输部、教育部、财政部、人力资源和社会保障部、全国总工会印发《关于加强高素质船员队伍建设的指导意见》。

4月30日，退役军人事务部办公厅印发《关于开展“兵支书”建档立卡工作的通知》。

五月

5—8月，开展烈士寻亲，推进在韩志愿军烈士遗骸DNA数据库建设，采集鉴定第七批在韩志愿军烈士遗骸和疑似烈士亲属DNA信息并进行比对分析，共为4名归国在韩志愿军烈士确认身份。

5月14日，“老兵永远跟党走·让退役军人成为全社会尊重的人”主题演讲比赛复赛在山东省青岛市成功举办。方永祥同志出席。

5月14日，方永祥同志在山东省青岛市主持召开退役军人移交安置政策制度建设专题座谈会。

5月17—20日，钱锋同志带队赴陕西省调研双拥、优抚事业单位建设等工作，慰问烈士遗属，看望老战士。

5月18日，退役军人事务部会同文化和旅游部、中央军委政治工作部、中央广播电视总台等8部门在中国人民革命军事博物馆举办“致敬国家丰碑”全国红色故事讲解员大赛启动仪式。孙绍骋同志出席启动仪式并讲话。

5月18—25日，退役军人事务部组织部分“最美退役军人”代表赴海南进行短期疗养。

5月19—20日，孙绍骋同志带队赴河北省石家庄市调研退役军人工作。

5月21日，退役军人事务部召开中国退役军人关爱基金会工作座谈会。孙绍骋同志出席会议，并为基金会名誉理事长、副理事长、理事颁发聘书。常正国同志主持。

5月25日，中央政治局委员、国务院副总理孙春兰赴山东省开展专项调研，考察了解山东省军休干部服务保障、医养结合、退役军人服务保障体系建设、退役军人就业创业扶持等工作情况。

5月27日，全国退役军人事务系统学习推广新时代“枫桥经验”现场交流会在河北省张家口市召开。孙绍骋同志出席会议并讲话。

5月27日，孙绍骋、常正国同志赴河北省张家口市调研，考察桥东区退役军人服务中心、退役军人创业园，了解社区“兵支书”基层治理情况等，慰问退役军人老党员。

5月27—28日，全国弘扬英烈精神座谈会在上海市召开。

5月28日，退役军人事务部组织的“老兵永远跟党走·让退役军人成为全社会尊重的人”主题演讲比赛决赛在京举行。方永祥同志出席活动。

5月31日，中央网信办、中央党史和文献研究院、教育部、退役军人事务部、共青团中央联合举办的“以青春之我　耀信仰之光”全网重大主题宣传活动在上海市龙华烈士纪念馆启动。常正国同志出席启动仪式并致辞。

5月31日，退役军人事务部、民政部联合印发《关于做好新时代民政领域退役军人服务保障工作的意见》。

六月

6月1—2日，全国省（区、市）双拥工作领导小组办公室主任会议在山东省青岛市召开。钱锋同志出席会议并讲话。

6月2—11日，全国“最美退役军人”代表和张富清先进事迹讲述人，先后赴北京、山东、四川、云南、贵州、福建、安徽等7省（市）开展“红心永向党　奋进新时代”先进事迹巡回报告。

6月3日，退役军人事务部办公厅会同国家发展改革委办公厅、民政部办公厅、中国残联办公厅印发《关于编制“十四五”时期社会服务设施兜底线工程一揽子整体解决方案的通知》。

6月9日，钱锋同志主持召开2021年全国双拥工作领导小组办公室第三次主任办公会议。

6月10—11日，“传承优良传统　在党的领导下推动新时代退役军人工作高质量发展”研讨交流会在陕西省延安市举行。方永祥同志出席。

6月15日，退役军人事务部等13部门印发《关于建立英雄烈士保护部门联动协调制度的意见》。

6月17日，退役军人事务部、财政部联合印发《关于调整部分优抚对象等人员抚恤和生活补助标准的通知》，再次提高定期抚恤补助。

6月21—25日，全国烈士纪念设施数据校核工作培训班在安徽省宣城市举行，全国退役军人事务部门150余人参加培训。

6月22日，常正国同志出席全国退役军人志愿服务工作部署会议并讲话。

6月22—24日，党委退役军人事务协调、信息工作业务培训班在内蒙古自治区包头市举行。

6月23日，退役军人事务部、最高人民检察院印发《关于开展全国县级及以下烈士纪念设施管理保护专项行动的通知》。

6月23日，退役军人事务部办公厅印发《关于组织退役军人先进典型持续开展红色宣讲活动的通知》。

6月25日，退役军人事务部办公厅印发《关于进一步做好烈士遗属优待工作的通知》。

6月27日，退役军人事务部与最高人民检察院联合发布红色资源保护公益诉讼典型案例。

6月28日—7月1日，退役军人事务部组织191名军队英模中健在的老同志、烈士和因公牺牲人员遗属、全国优抚对象代表参加庆祝中国共产党成立100周年大会及文艺演出观演活动。

6月30日，全国退役军人事务系统组织开展“光荣在党50年”纪念章颁发工作，庆祝中国共产党成立100周年。

七月

7月2日，退役军人事务部办公厅印发《关于做好2021年高职扩招退役士兵相关工作的通知》。

7月5日，退役军人事务部印发通知，下达2021年度中央企业接收安置安排工作退役士兵岗位计划并提出工作要求。

7月5日，《军人抚恤优待条例（修订草案）》开始面向社会公开征求意见。

7月6日，退役军人事务部办公厅印发《关于开展全国示范型退役军人服务中心（站）分级验收工作的通知》。

7月9日，退役军人事务部办公厅联合应急管理部办公厅印发《关于做好国家综合性消防救援队伍面向退役士兵招录消防员工作的通知》。

7月12—16日，退役军人权益维护工作培训班在天津市蓟州区举办。

7月12—13日，退役军人服务保障设施项目实施工作现场经验交流会在青海省西宁市召开。

7月19日，退役军人事务部办公厅印发《第二届全国退役军人创业创新大赛总体方案》。

7月20日，退役军人事务部、中央军委政治工作部联合下发通知，要求做好“八一”期间拥军优属、拥政爱民工作。

7月20日，退役军人事务部全国首批军休老年大学揭牌暨网上军休老年大学开通仪式，在北京、上海、大连、宁波、青岛、深圳等6地同步举行。方永祥同志出席活动。同日，网络“军休所”正式开通。

7月20—23日，方永祥同志带队赴浙江省杭州市、湖州市、绍兴市开展退役军人移交安置工作专题调研，主持召开座谈会，对《退役军人安置条例（草案）（征求意见稿）》征求意见建议。

7月23日，退役军人事务部荣获“党在我心中”中央和国家机关青年党史知识大赛冠军。

7月28—31日，孙绍骋同志带队赴贵州省调研退役军人工作。

7月28日上午，退役军人事务部召开专家咨询委员会第二次全体会议。钱锋同志出席会议并讲话。

7月28—29日，退役军人事务部组织军地部门在福建省厦门市召开信息工作座谈会。

7月30日，中央宣传部、退役军人事务部、中央军委政治工作部和全国双拥工作领导小组办公室联合发布第三届“最美拥军人物”先进事迹。

7月31日，退役军人事务部组织创作的首部退役军人题材话剧《兵心》在解放军歌剧院举行首演。

7月下旬—10月下旬，在北京连续举办四期全国退役军人就业创业工作骨干示范培训班。

八月

8月1日，《人民日报》、新华社、中央广播电视总台、解放军报等媒体刊发《致全体退役军人的一封信》。

8月6日，退役军人事务部举行接受捐赠仪式，日照钢铁控股集团有限公司向中国退役军人关爱基金会捐赠5000万元人民币。孙绍骋同志出席活动并向捐赠企业颁发捐赠证书。

8月16日，退役军人事务部等16部门联合印发《关于促进退役军人投身乡村振兴的指导意见》。

8月17日，退役军人事务部会同中央宣传部、财政部印发《全国县级以下英雄烈士纪念设施整修工程实施方案》。

8月23日，退役军人事务部、中央组织部等8部门联合印发通知，部署2021年度全国转业军官安置工作。

8月26日，退役军人事务部会同中央文明办、民政部印发《关于加强退役军人志愿服务工作的指导意见》。

8月26日—9月8日，2021年度北京地区转业军官全员适应性培训班在京举办。

8月27日，退役军人事务部印发《全国“最美退役军人”学习宣传活动先进典型评选办法（试行）》。

九月

9月1—3日，第八批在韩志愿军烈士遗骸装殓交接迎回安葬工作圆满完成，共迎回109位在韩志愿军烈士遗骸和1226件烈士遗物。孙绍骋同志在沈阳主持迎回仪式，出席安葬仪式并致悼念词。常正国同志赴韩国分别出席装殓和交接仪式。

9月2日，孙绍骋同志在辽宁省沈阳市调研退役军人工作。

9月3日，退役军人事务部组织在京抗战烈士遗属代表参加纪念中国人民抗日战争暨世界反法西斯战争胜利76周年座谈会。

9月6日，方永祥同志出席2021年度中央单位和北京市市级单位转业军官安置统一考试部署会议并讲话。

9月7日，退役军人事务部等7部门联合印发《关于全面做好退役士兵教育培训工作的指导意见》。

9月12日，退役军人事务部会同中央军委政治工作部、中央军委后勤保障部印发《关于开展军队医院与优抚医院结对帮扶工作的通知》。

9月12日，2021年中央单位和北京市市级单位转业军官安置统一考试在北京城市学院（顺义校区）举行。方永祥同志及军地有关部门同志到考场巡考。

9月13—19日，孙绍骋同志带队到新疆维吾尔自治区乌鲁木齐市、喀什地区，新疆生产建设兵团第三师、第十二师等地，调研服务保障、安置就业、褒扬纪念等工作。

9月14日，钱锋同志在新疆维吾尔自治区调研，到喀什地区塔什库尔干县提孜那甫乡看望慰问“时代楷模”、全国爱国拥军模范拉齐尼·巴依卡家属。

9月14—15日，退役军人教育培训工作推进座谈会在贵州省遵义市召开。

9月14—16日，退役军人事务部在甘肃省酒泉市举办2021年中央企业接收安置安排工作退役士兵政策培训班。

9月16—17日，全国退役军人事务系统对口援疆工作会议在新疆维吾尔自治区乌鲁木齐市召开。孙绍骋同志出席会议并讲话。钱锋同志出席。

9月27日，烈保中心专家委员会成立大会暨第一次全体会议在京召开。常正国同志为专家颁发聘书并讲话。

9月27—28日，全国退役军人就业创业政策落实推进会暨就业援疆工作推进会在新疆维吾尔自治区乌鲁木齐市召开。

9月27—29日，全国党委退役军人事务工作领导小组办事机构调查研究工作培训班在宁夏回族自治区银川市举办。

9月28日，全国退役军人工作理论研讨会在京召开。孙绍骋同志出席会议，并向中国政法大学、浙江大学、华中师范大学、中山大学、中国社会科学院大学、江苏师范大学、西北政法大学等7家高校的相关研究机构授予“退役军人事务研究基地”牌匾。钱锋同志出席会议并讲话。

9月28日，退役军人事务部举行“致敬英烈·关爱烈属”公益募捐活动启动仪式，正式设立中国退役军人关爱基金会“英烈关爱基金”并启动募捐。常正国同志主持仪式。

9月30日，退役军人事务部组织保障在京老战士和烈士亲属代表等参加天安门广场向人民英雄敬献花篮活动，指导全国2000多个县级以上人民政府广泛开展烈士公祭仪式。

十月

10月8日，退役军人事务部印发《关于加强退役军人事务信息化建设的指导意见》。

10月11日，退役军人事务部、人力资源和社会保障部等5部门联合印发《关于开展2021年金秋招聘月活动的通知》。

10月12—15日，2021年全国褒扬纪念系统和烈保中心业务培训班在贵州省贵阳市举办。

10月15日，中央宣传部、退役军人事务部、中央军委政治工作部联合发布2021年度“最美退役军人”先进事迹。

10月19日，第二届“追寻先烈足迹”短视频征集展示活动成果报告会在中国人民革命军事博物馆举行。常正国同志出席会议并致辞。

10月19—21日，马飞雄同志带队到江苏省调研退役军人就业创业工作。

10月20—21日，退役军人教育培训工作现场交流会在江苏省南通市召开。马飞雄同志出席会议并讲话。

10月31日，退役军人事务部会同中央宣传部、中央军委政治工作部印发《退役军人事务部关于授予四川省革命伤残军人休养院老战士宣讲团等2个集体和于文静等17名同志“最美退役军人”称号的决定》。

十一月

11月1日，退役军人事务部等8部门联合印发《关于进一步加强烈士纪念设施规范管理的意见》。

11月5日，退役军人事务部办公厅印发《关于开展2021年度退役军人服务中心（站）“百名优秀主任（站长）”遴选活动的通知》。

11月9日，退役军人事务部、教育部等7部门联合印发《关于加强和改进退役军人人事档案管理利用工作的意见》。

11月10日，退役军人事务部印发《〈烈士光荣证〉管理工作暂行规定》。

11月15日，退役军人事务部印发《退役军人、其他优抚对象优待证管理办法（试行）》。

11月22日，钱锋同志主持召开2021年全国双拥工作领导小组办公室第四次主任办公会议。

11月25日，退役军人事务部会同文化和旅游部、中央军委政治工作部、中央广播电视总台举办“致敬国家丰碑”全国红色故事讲解员大赛决赛，退役军人事务系统选手在决赛中取得专业组银奖1名、铜奖1名，志愿组金奖1名。

11月29日，退役军人事务部、中央军委政治工作部召开退役军人服务保障先进单位及个人（含军休工作先进单位及个人、先进军休干部）表彰视频会议。方永祥同志出席会议并宣读表彰决定。常正国同志作总结讲话。马飞雄同志主持会议。

11月30日，退役军人事务部召开退役军人保障法颁布一周年电视电话会议。孙绍骋同志、全国人大社会委员会副主任委员李培林同志、司法部副部长刘炤同志出席并讲话。钱锋同志主持。

十二月

12月1日，退役军人事务部修订出台《军队离休退休干部服务管理办法》。

12月6日，退役军人事务部协同中华慈善总会联合开展“情暖老兵·关爱帮扶”公益行动，向部分地区困难退役军人和其他优抚对象捐赠1000件羽绒服，帮助他们温暖过冬。

12月7日，退役军人事务部、司法部联合印发《关于加强退役军人法律援助工作的意见》。

12月14日，钱锋同志出席退役军人、其他优抚对象优待证申领启动仪式并讲话。中国工商银行、中国农业银行、中国邮政储蓄银行、中国光大银行行长参加。

12月14日，退役军人及其他优抚对象建档立卡信息系统正式上线。

12月14日，退役军人事务部召开新闻发布会，介绍退役军人、其他优抚对象优待证有关工作开展情况和下一步安排，并回答记者提问。

12月14日，退役军人事务部思想政治和权益维护司与北京百度网讯科技有限公司签订合作协议，将第一批30万个基层退役军人服务中心（站）地理位置推入百度地图平台。

12月14日，退役军人事务部、中央军委政治工作部、全国双拥工作领导小组办公室联合下发《关于做好新年春节期间拥军优属拥政爱民工作的通知》。

12月17日，退役军人事务部办公厅印发《退役军人信访服务工作办法》。

12月17日，退役军人事务部召开伤病残退役士兵接收安置工作视频会议，部分省份退役军人事务部门有关同志参加。

12月17日，《退役军人安置条例（草案）》开始面向社会公开征求意见。

12月21日，举办全国退役军人思想政治和权益维护系统线上培训班。

12月22日，全国退役军人事务厅（局）长会议在京召开。会议围绕推动退役军人工作高质量发展，总结2021年工作、部署2022年重点工作任务。孙绍骋同志出席会议并讲话。钱锋同志主持。林国耀、常正国、马飞雄同志出席。

12月24日，退役军人事务部、中央组织部等11部门联合印发《退役军人逐月领取退役金安置办法》。

12月26日，退役军人事务部印发《关于组织退役军人开展重温誓词活动的通知》。

12月27日，孙绍骋同志带队赴北京市调研法律政策落实情况。

12月28日，退役军人事务部印发《关于做好2022年元旦春节期间困难退役军人走访关爱和帮扶援助工作的通知》。

12月30日，退役军人事务部会同财政部、教育部、人力资源和社会保障部、中央军委国防动员部印发《学生资助资金管理办法》。

12月30日，退役军人事务部办公厅印发《关于表扬全国退役军人服务中心（站）“百名优秀主任（站长）”的通报》。